The Discipline of Crossing Borders

A Genealogy of Global Management Fundamentals

琴坂将広 立命館大学経営学部国際経営学科 准教授

グローバル経営の本質を「知の系譜」で読み解く

領域を超える経営学

ダイヤモンド社

はじめに

混同されがちですが、実践の科学としての経営学と、社会科学としての経営学は異なります。経営学を探究する研究者は、経営者でも、記者でも、証券会社のアナリストでも、経営コンサルタントでもありません。経営学者は、実学としての経営学の知識伝達の媒体としてこれらの中間地点にいるべき存在です。

さらに経営学者は、経営という行為とそれを行う組織と個人の事実を収集し分析することで、人類の知識体系への貢献を探し求める存在なのです。

「これまでに、最もよく使った経営分析のフレームワークは何ですか?」

私はかつて起業家でした。また、マッキンゼー・アンド・カンパニー（マッキンゼー）という外資系経営コンサルティング会社にも勤務していました。そして、退職してオックスフォード大学で研究生活を始めて以降も、非常勤のコンサルティングを引き受けています。

そのため、こうした質問をされたことは一度や二度ではありません。

その都度、自分の経験を思い返してはみるものの、不思議なことに、書籍や雑誌でよく見かけるようなフレームワークを使った記憶は一度もありません。また、経営学の教科書にはよく掲載されている「ファイブフォース分析」「SWOT分析」などに至っては、実際の事業の現場では使ったことも見たことも聞いたこともありませんでした。

それは当然のことかもしれません。

もし、みなさんが、大金を支払って経営コンサルタントと契約した立場だとしたらどうでしょうか。彼らがファイブフォース分析とSWOT分析を提示してきたら、きっと机を叩いて、椅子を蹴り上げ、顔を真っ赤にして席を立ってしまうことでしょう。

もしかしたら、実務を知らない研究者や、本当の問題解決を知らないコンサルタントが、こうしたフレームワークを振りかざしてビジネス雑誌にも勝てない議論を続けたり、いわゆる〝グレイヘア・コンサルティング〟（経験のみを売りにして、アドバイスを行うコンサルティング）で企業を混迷に導いたり、こうした不十分な分析で実務家の失笑を買う例もあるのかもしれません。

しかし、世界を相手に戦う経営の実務の場で、経営学者が解説するような一般的な概念がそのまま使われることはほぼあり得ません。逆に、実務家向けに書かれた経営書が一般に評価されることはあっても、経営学の研究の第一線で探究されているような学術的な理論や概念が、そのまま経営の現場に活かされることはまずないのが現状です。

本書は、オックスフォード大学をはじめとする欧米のビジネススクールで教えられている最新の知見を紹介します。そして、自分自身も企業を経営し、海外の様々な国でマッキンゼーのコンサルタントとして働き、今も非常勤のアドバイザーとして働いている経験から、これらの学術的な理論や概念をできる限り噛み砕いて解説します。

経営学は、実務の最前線で戦う方々に価値ある知見を提供しながらも、同時に、科学としての進化のために普遍的な価値を探求するという困難な挑戦に直面しています。もちろん、その挑戦が難しいからこそ、経営学がおもしろいのはたしかです。

経営学とは、人類の現実の最前線で、現実をそのままの事実として捉えて、理解することを求める学問です。人間社会に対する究極的な関心がなければ、根源的な価値の提供にはつながりません。しかし、逆に言うと、ある高みに達することができれば、これ以上ない洞察を得られる学問領域である、と私は信じています。

私はこれまで、「実務」と「研究」の中間点とも言えるような独特の経歴を歩んできました。研究だけではなく、実務の最先端に関わることができているからこそ、歴史や理論といった基本に立ち帰る重要性を、自信を持って主張できます。

そこで、まずは私自身が何者であるかをご紹介すると同時に、それを背景として生み出された、本書のテーマについて簡単に解説しておきます。

経営者、コンサルタント、学者それぞれの視座を得た経験

日本に生まれ、日本に育ち、海外の経験が数回の旅行以外になかったときから、私は「国際」という言葉に興味を持っていました。

国の境を越えること。自分が所属する集合体とは異なる集合体に触れること。それは、日本という国に生まれ育つことによって、暗黙的に「当然」と理解していることが成り立たない場所に対する興味でした。

経営に触れる最初のきっかけとなったのは、大学に入学するより以前の話。それは、友人が立ち上げ、私自身も運営に参加したあるウェブサービスでした。黎明期に立ち上げたサービスは急速に拡大したものの、残念ながら、十分な経営の知識がなかった私たちは、その急激な成長がもたらした経営課題を解決できず、このサービスを閉鎖することとなります。

その後、大学に入学した私は、最初は研究に没頭しようと考えていました。しかし、魅力的で優秀な友人たちとの出会いにより、またしても事業運営の世界に引き込まれていきました。

そして、さらなる偶然と必然が積み重なり、結局は情報技術と小売という領域で2つの会社の代表取締役、1つの会社の取締役として「経営」という行為を実体験することになりました。

ただし、そのときに経験したのは、経営戦略とは無縁とも言える世界です。

戦略がなかったわけではありません。しかし、極小のベンチャー企業の経営者はその時間の大半を実務、つまり現場の作業に費やします。代表取締役とは名ばかりで、その実態は受託営業本部長や店舗立ち上げの担当者でした。しかしそれは、刺激的で激動の毎日でした。

システム開発会社の一覧を手に入れると、仕事を取るために、片っ端から電話をかけました。逃げてしまった外注先の穴を埋めようと、休息も睡眠も取らずに製品を完成させたこともあります。実店舗のレジスターを叩いたり、お客さまに店頭で商品を売り込んだのは、いま思えば貴重な経験でした。

この3社は、当時の自分にとっては十分な収益を挙げていたとはいえ、私がいた当時は中小企業とも呼べない小さな会社でした。しかし、自分自身で事業を運営したことは、経営学者としての私の基盤を作っているといっても過言ではありません。

一方で、実際に経営という行為を体験するなかで、経営者としての自分の成長に大きな限界を感じていたことも事実です。

自分に足りないものは何か。それは、日本だけではなく、広く世界を知ることだと思うに至り、また自分を鍛え直すためにも、私はマッキンゼーという組織で働くことを選びます。

とにかく国境を越え、できるだけ多くの地域で、多様な業種を経験しなければならない。

マッキンゼーに入社してからの私は、通信、業務用電子機器、運輸、医薬品、携帯電子機器、飲料、食品、化学製品、情報メディア、産業政策など、多様な分野の戦略立案とその実行支援を担当することにしました。東京とドイツのフランクフルトに拠点を置き、北欧、西欧、中東、東南アジア、東アジアの9ヵ国の支社に短期出向することで、現地の「プロ」と共に働く機会を得られたことは貴重な経験です。

また、1つの国に閉じない複数の国と地域を対象とした国際的な戦略課題を主に扱ったことと、休日を活用して精力的に世界各地を回ったことで、記録に残っている限りでも世界60ヵ国200都市以上を巡る機会に恵まれ、日米欧だけではなく、中東や中国、韓国、東南アジア、アフリカに至るまでの世界を知ることができたのは幸運だったと思います。

そうして、各国の企業や政府、ヨーロッパや東南アジアを起源とする多くの多国籍企業の経営者と討論する機会をいただくなか、ある疑問がわき上がってくることに気づきました。

「これだけ多様な国と地域を経営するための、普遍的で最適な解は存在するのか」

この疑問を抱えたままコンサルタントとして進むのか、それとも、コンサルティングのなかで生まれた未解決の疑問に立ち向かうべきなのか。

悩みに悩んだすえ、私はその解を探す道を選び、マッキンゼーを退職して、オックスフォード大学のサィード・ビジネススクールで研究の道を志すことを決意します。

そして、2009年に経営研究の優等修士号（MSc. In Management Research with Distinction）を取得し、博士課程に進学。授業や研究の助手をしながらさらに研究活動を進め、

2013年に経営学博士号（D.Phil. in Management Studies）を取得しました。
現在は日本に帰国し、立命館大学経営学部国際経営学科で准教授を拝命しています。

大学時代、自分で事業を行っていたときの私は、関わっている目の前の事業にとっての最適解を追い求めていました。また、コンサルタントとして働いていたときの私は、特定の事業領域において、特定のある時期に、特定の企業が取るべき最適解を探し求めていました。

しかし、オックスフォード大学では、できるだけ個別の事業領域に関わらず、また時期を問わず、一般的な企業が取ることができる、またはすでに取っている解決策の分布を議論するようになりました。学問を行うということ、時空を超えても変わることのない、普遍的な説明を追い求めるなかで模索したものは、必ずしも、特定の企業の最適解を指し示すものではありませんでした。

実務を極め、大学の教壇に立つ方は数多くいらっしゃいます。また、長年の学術研究の成果から、実務家に貴重な知見を提供される研究者も多くもおられます。しかし、実業としての経営に貢献すること、そして学問としての経営に貢献すること、この2つは密接に関わりつつも、異なるものであると確信するに至りました。

冒頭でも述べたように、今の私は、「実務」と「研究」の中間地点にいるように感じています。
したがって、中間地点に立ち、中間地点にいるからこそできること、そこから見えてきたものをお伝えしたいと考えています。

本書を通じ、理論的、実証的、裏付けのない主張を安易に信用しないための、より根源的な経営という行為と、それを行う個人や組織を探究する経営学について、少しでも理解していただくことを希望しています。

経営学とは、さらに「国際」とは何かに迫る

本書では、経営学のなかでも、とくに国際経営、グローバル経営、国際経営戦略論を語る際に、最低限知っておかなければならない要素を俯瞰できるように構成されています。

旅のガイドブックを見ただけで、その行き先のすべてをわかることはないと思います。しかし、ガイドブックには、行き先の魅力が伝わるような写真や説明が彩りを添えながら、迷わず歩くための情報が詰め込まれていることでしょう。

本書が目指すのは、まさに「国際経営」という旅のガイドブックと言えると思います。

もちろん、すべて読んでいただくのが理想ですが、目次をご覧いただき、関心を持たれる箇所だけをお読みいただいても構いません。全体としての流れは存在するものの、各章ごとの内容は独立しているため、まさにガイドブックのように、関心を持てるパートから目を通していただいても問題ない構成としています。

第Ⅰ部「経営学は何を目指すのか」では、「経営学とは何か」という問いに対して、私自身の答えを提示させていただきます。小さい会社ながらも経営を経験し、コンサルタントとして外から企業に触れ、そして、オックスフォード大学で学問としての経営学を修めるにあたり、行き着いた1つの答えです。

第Ⅱ部「『経営』はどのように国境を越えたのか」では、人類の起源をひも解くことから、国際経営の起源と進化の系譜を探ります。あまり知られていませんが、多くの国際経営の文献が示す起源よりもはるかに古く、少なくとも紀元前3500年には国際経営という行為は存在していました。国際経営の進化の背景にある、技術と権力を俯瞰し、経営学を歴史から振り返っていただくことで、より深く「グローバル経営」の本質を把握していただければと期待しています。

第Ⅲ部「社会科学としての国際経営論」では、「国際経営」という研究分野が培ってきた理論の体系について、その学問の誕生、そしてそれが生み出した基本的な考え方、さらにはその発展の経緯を示します。ここでは、社会科学としての経営学の側面から、とくに貿易と対外直接投資という最も根源的な国際経営の要素に焦点を当て、代表的な文献を紹介しながら、最新の研究課題の事例にまで迫ります。

第Ⅳ部「実学としての国際経営論」では、まずはセミ・グローバル化する現代を描写します。前時代的な、「多国籍企業は世界に展開する大きな企業である」という理解を超え、現代、そして近未来における「世界的な価値の連鎖」という現実を理解していただきます。ここでは、より実践の科学としての経営学の側面から、とくに国際経営戦略論の根源課題と、その理論的な発展をたどります。さらには、「価値連鎖の戦略」という、社会科学と実学の融合系として、現在、私が提唱している最新の国際経営戦略の考え方をご紹介します。

第Ⅴ部「新興国市場で変わる経営の『常識』」では、昨今話題の「新興国」そして「グローバル人材」というキーワードを再解釈します。国際経営の研究は、新興国の存在感が増すにつれ、その重要性だけではなく、理論的な複雑性も増してきました。新興国に展開すること、それらの挑戦を受けることの意味を解説し、またその複雑性と戦うための人材像を示します。

最後に、第Ⅵ部「100年後の世界市場を予測する」では、将来の世界においてどのような事業環境の変化が起こりつつあるかを予測し、また多国籍企業が担うべき責任について議論します。新興で小さな企業であっても国際的に事業を展開する時代では、世界市場がどのような方向性に進むかを知ることが不可欠です。そのための方法論を紹介すると同時に、すでに見えてきた未来の姿をご紹介します。

このように、第Ⅰ部〜第Ⅵ部まで、まずは経営学とは何かという本質的かつ、大枠の議論から始めます。そして、紀元前3500年にまで遡る国際経営の歴史をひも解きながら、関連する諸処の理論の発展を200年以上前にまで遡りつつ、最先端の議論に至るまでの流れを概観します。そのうえで、国際経営戦略という1つの領域に視点を絞り、その理論の形成から最新の理論課題を議論するだけではなく、とくに新興国とグローバル人材という個別課題については深く細部に触れます。さらには、長期の世界戦略を立案するために不可欠な、世界経済の将来像を描き出すための考え方を紹介するのが本書の全体の流れです。

本書は、多国籍企業と国際経営戦略を軸に、グローバル経営の本質を探ります。

国際経営という領域は、古く見えて実は新しい領域であり、知られているようで、知られていない経営学の領域です。しかし、いわゆるグローバル化の進展によりどのような規模の企業を語るときにおいても、海外との連携を図ることの意味と必要性が急速に高まりました。

そのため、国際マーケティングや、国際戦略、国際研究開発など、「国際」や「グローバル」という言葉は溢れかえるように乱立しているのが現実です。しかし、本書で議論するのは、こうした個別の議論よりも普遍的な、「領域を超えること」のもたらす意味とも言えます。

「国際化」とは、領域を超える行為といえます。ある一定の文化、法、組織、行動様式を共有するかたまりに生まれた個人や組織が、別の一定のかたまりとの対話を始め、そしてその違いを乗り越えたとき、領域を超える存在として、国際的な個人や組織となり得ます。

領域を超える意味とは何か。なぜ組織は領域を超えるのか。より単純化すれば、なぜ組織は国際化するのか。なぜ組織は輸出入を行い、海外に進出するのか。

こうした、マーケティングや生産分業や人的資本管理などの個別議論が共有する、「国際」という言葉がもたらす根源的な意味合いを考えるための知見を、本書は提供します。

本書を議論の出発点として、またガイドブックとして、とても深く厳密な手法で探究された研究成果に皆様が触れられることを望んでいます。私個人としてではなく、集合知としての国際経営論から知見を差し上げることが、私の目論見なのです。

そのためにも、本書では、国際経営論の社会科学的な蓄積を厳密に参照して引用すると同時に、国際経営論の実践の科学としての現状を、事例を通じてわかりやすく解説します。厳密でありながらも、学術書のような読みにくく、わかりにくい部分は極力排除するように努めました。そして、実務家や学習者にとって理解しやすいように考慮しつつも、国際経営の最前線に立つ方々にとっても歯応えのある内容に仕上げました。

現在、グローバル経営の最先端にいらっしゃる方には、すでにご存じの知見を体系化するための道具として役立てていただくことができます。さらに、国際経営の研究者の方にも、未だ日本では十分に知られていない、欧米の最先端の研究を参照する基礎文献として活用いただけるはずです。

また、それ以上に、国際経営に関心があり、これからその力と知識を蓄えようとされる大学院博士・修士課程、ＭＢＡ（Master of Business Administration）課程、学部生、そして、すべてのビジネスパーソンにとって十分に楽しめ、価値のある内容だと信じています。

皆様が本書から何かを得ていただけることを、心から希望しています。

領域を超える経営学　目次

はじめに 001

第I部 経営学は何を目指すのか 027

第1章 経営学の二面性 028

わかりやすいようで複雑な経営学 028
経営学は2つの顔を持っている 030
「役に立たない」と評価する実務家 032
「二流の学問である」と突き放す研究者 036
経営学は二流の学問ではない 040
ポーターの論文数はたったの7本 042
二面性の解消は永遠の課題 047

第2章 経営学は領域を超える 050

経営学者に経営の答えはわからない 050

実学としての経営学は、「原理原則」「経験則」「代替案」を提供する 052

社会科学としての経営学は「知の探究」を行う 057

多様な学問領域が集う探究の「場」 061

経営学は領域を超える 065

知の系譜としての国際経営論 068

第Ⅱ部 「経営」はどのように国境を越えたのか 073

第3章 多国籍企業とは何か 074

「多国籍企業」とは何か 075

中心機能を柔軟に移転させる企業の登場 079
1つの企業からは全体像が見えない時代 082

第4章 多国籍企業はいつ生まれたのか 085

多国籍企業の起源に迫る 085
紀元前3400年の多国籍企業 087
歴史から、現在の研究課題を考察する 092

第5章 権力と技術で発展する多国籍企業 096

古代法典にみる国家権力の作用 096
「権力」と、その企業への影響 099
国際経営進化の源泉をバスコ・ダ・ガマに見る 102
ロバと石版から、ジェット機とタブレットへ 108
世界中の価値がつながる時代の経営 111

第Ⅲ部 社会科学としての国際経営論 115

第6章 セミ・グローバリゼーション時代の到来 116

第二のグローバル化が進む現代 116
フラットな世界の実現はまだまだ遠い 120
経済指標が語るフラット化していない世界の現実 123
世界が1つになったら何が起きるのか？ 127
セミ・グローバリゼーションの時代 129

第7章 多国籍企業と国際経済学 132

アダム・スミスからたどる輸出の意義 133

スミスの「絶対優位」からリカードの「比較優位」へ 135
ヘクシャー＝オリーンの定理から新貿易理論の登場まで 142
経営学と国際経済学が融合していく 146
経営学は他の領域を最もどん欲に吸収している学問である 149

第8章 企業はなぜ、海外に進出するのか 151

海外進出の4つの誘因 151
多国籍企業論の起源はスティーブン・ハイマーの「独占の優位」 155
「取引コスト理論」の国際経営への応用 159
立地、所有、内部化の3要素を内包した「折衷理論」 163
「資源ベース理論」を取り込む多国籍企業論 166
「制度」の議論を融合させる 168
多様な議論こそが社会科学の本質である 172

第Ⅳ部 実学としての国際経営論 175

第9章 「国際」とは何を意味するのか 176

国際経営研究は時代とともに進化する 176
経営戦略と「国際」経営戦略の違いとは？ 178
「異質性による負債」を読み解く4つの要因 183
つながりがない環境で国際化に挑戦する 185

第10章 黎明期を迎えた国際経営戦略論 189

I-Rフレームワークが示す2つの「圧力」 189
階層に切り分けて「国際」を分析する 193
機能ごと、事業ごとに、グローバル化の程度は異なる 195
全社戦略決定のプロセスを4つの分類から導く 198

４つの産業群それぞれの最適解の原型とは 203
国際経営戦略の世界はどこに向かうのか 208

第11章 2000年代以降の国際経営戦略論 213

世界上位１００の経済体の半数は国ではなく企業 214
ＩＢＭのＣＥＯが提唱した「グローバル統合企業」の概念 218
ゲマワットの功績は分析の体系化にある 222

第12章 価値連鎖の戦略とは 227

「価値連鎖の戦略」で組織の枠を超えた戦略を構築 227
iPhoneから読み解く「勝ち組」企業の正体 230
大切なのは自社の影響力を保ち続けること 234
1つひとつの価値連鎖を理解し、影響力を担保する 239
多様な価値連鎖のポートフォリオを最適化する 242

第13章 生まれながらのグローバル企業が誕生 247
「ボーングローバル企業」という新潮流 247
世界を使って起業する時代 249
国際経営論に突きつけられた疑問 255

第V部 新興国市場で変わる経営の「常識」 261

第14章 新興国市場を読み解く3つの要素 262
新興国市場を理解するための3つの要素 264
社会資本への理解は不可欠である 265
制度的な資本を「仲介」する6つの存在 267
新興国の制度設計における様々な課題 269
現地特有の「非市場要因」は無視できない 273

3つの要素は相互作用でも変化する 276

第15章 「非常識」な新興国に挑戦する可能性とリスク 280

新しい発想で前提を打ち崩して成功する企業 281
新興国ではゼロベースから捉え直す 284
ナイキとアップルが直面した新興国進出の大きなリスク 290
グーグル、ファイザー、シーメンスに下された厳しい評価 294
「非常識」な市場で成功を収める前提とは 297

第16章 後追いでも同質でもない、新たな多国籍企業の登場 300

10年で急速な成長を遂げる新興国 300
1960年代から始まった議論の変遷 302
新興国からの挑戦は先進国の後追いを越える 305
新興国が世界で戦うための3つの道 308
「二重のとんぼ返り」戦略 311
新興国の批判は日本の歴史の自己否定 315

第17章　本物の「グローバル人財」を考える　318
寿司職人スクールが最大のグローバル人材輩出企業　319
経営者は人材採用の理想と現実に頭を抱えている　322
グローバルリーダーに求められる条件　326
グローバルリーダーの資質とは　330
中途半端なグローバル人材より、将来のグローバルリーダー　333
日本人が脈々と受け継ぐ挑戦の系譜　336

第VI部　100年後の世界市場を予測する　341

第18章　2000年の歴史で見通す100年後の世界　342
2050年の先進国は現在の先進国ではない　344
年収300万円の価値をグローバルに考える　347

1800年の流れを変えた、過去200年の3つの革命 351
100年後のために200年前を振り返る価値 355

第19章 資本主義の多様性を受け入れる 357

90年代前半から始まった多様性の議論 358
制度の隙間がハンディではなく、強みになることもある 362
制度の変化は急速には起こりにくいという現実 366
世界は最高で唯一の社会制度に統合されるのか 369

第20章 「企業の倫理」が未来を変える 372

不平等な世界への多国籍企業の責任とは 372
競争し、成長することで生まれる負の側面 374
善悪では片付かない、企業倫理の枠を超える判断 378
「共益価値の創造（CSV）」という概念の登場 381

第21章 「都市の成長」が描く新しい世界 384
未来の世界は国ではなく都市単位で創られる 384
国家単位の産業振興政策の終わり 387
地域を基準に職場を選ぶ可能性 391
「多様性の組み換え」で本格的な都市の時代へ 393

第22章 「ブラック・スワン」に備えるシナリオ分析 396
予測できる未来とできない未来を切り分ける 396
予測が的中するかどうかは重要ではない 400
あり得ない「ワイルド・カード」を可視化する 405

終章 経営学の未来とは 408
「誰が言ったのか」ではなく「何を言ったのか」 408
経営学に用意された４つの未来 411

おわりに 416
参考文献・ウェブサイト一覧 431
人名索引 435
事項索引 441

第 I 部

経営学は何を目指すのか

The Discipline of
Crossing Border

第1章 経営学の二面性

わかりやすいようで複雑な経営学

経営学という学問分野は、一見わかりやすいようで複雑な要素を持っています。実態は複雑なものであるのに単純だと認識されていることが、多くの誤解につながっているとさえ言えます。そこで、グローバル経営の議論に進む前に、まずは「経営学とは何か」という基本的な問いについて考えてみたいと思います。

実は、経営学には、「社会科学の研究領域としての経営学」と「経営という行為の実践の理論としての経営学」という二面性が存在します。経営学は、他の社会科学と同様に、人間社会の構造と動態を説明し得る普遍的な理論を探求します。同時に、経営という行為を行う組織と個人に対して、実学として実践に資する知識と考え方を提供しなければならないのです。このシンプルな事実が、オックスフォード大学で博士号を修めるなかで気づいた、重要な、しかし見過ごされがちな事実でした。

経営学が持つこの二面性こそが、複雑性の源泉です。そして、この二面性は理解されているようで理解されていません。さらに、この二面性は、ときとして「経営学は役に立たない学問」であり、「経営学は二流の学問体系である」という2つの誤解につながるのです。

道具というものは、特定の目的を成し遂げるために開発され、特定の使用方法を意図して作られています。もちろん、偶然により意図せざる効用を発揮することもあるかもしれませんが、そのような事例は稀に過ぎないかと思います。

人間社会の仕組みを解き明かそうとするために作られた枠組みは、特定の企業の行動を説明するにはどうしても大味にならざるを得ません。数千の企業の行動を説明できる理論は、その中の1つの企業にとっての最適解を、必ずしも示すとは限らないのです。

逆に、限られた数の卓越した成功の実践事例から、広く一般的な企業の成功要因を見出すことは難しい行為です。その企業の直面した特殊な状況に適合された行動様式を、異なる状況に置かれた他者が実践して同様の結果になるとは限りません。

つまり、この二面性は、根源的に異なる方向性を探究する二つの側面と言えるのです。しかし、その二兎を追うことを期待されるのが、経営学という学問です。

経営学は2つの顔を持っている

実務家の中には、「いろいろと経営書を読んだし、経営学の理論も勉強したが、結局頭でっかちな議論ばかりで、経営の現場ではまったく使えない」と考えている方がいます。具体性に欠ける議論に終始し、現場では役に立たないと考えられているのです。

一方で、他の学問領域の研究者の中には、「経営学には理論が存在しない」「経営学は科学ではない」と声高に叫ばれる方々がいます。経営学には骨格となる理論体系が存在せず、個別の企業の業績改善の方策を探し求めることに終始している、と。

残念ながら、質の低い資料にたどり着いた結果として幻滅してしまったという事実も散見されます。しかし、それ以上に、異なる目的のために作り出された作品を、適切ではない基準で評価されている事実にも気づかされるのです。

私自身、実務家としての立場から、多くの経営書を読みました。たとえば、ゲイリー・ハメル氏の『Competing for the Future』[*1]、クレイトン・クリステンセン氏の『The Innovator's Dilemma』[*2]や、チャン・キム氏とレネ・モボルニュ氏の『Blue Ocean Strategy』[*3]、そして最近ではビジャイ・ゴビンダラジャン氏らの『Reverse Innovation』[*4]といった作品は、皆さんもご存じかもしれません。

では、これらの作品が、個々の企業の具体的課題に対する処方箋を直接的に提示するのでしょ

*1 Hamel, Gary., and Prahalad, C. K. 1996. *Competing for the Future.* Harvard Business School Press.（『コア・コンピタンス経営——未来への競争戦略』一條和生訳、日本経済新聞社、2001年）

*2 Christensen, Clayton M. 2000. *The Innovator's Dilemma: When New Technologies Cause Great Firms to Fail.* HighBridge.（『イノベーションのジレンマ——技術革新が巨大企業を滅ぼすとき』玉田俊平太監修、伊豆原弓訳、翔泳社、2001年）

*3 Kim, W. Chan., and Mauborgne, Renée. 2005. *Blue Ocean Strategy: How to Create Uncontested Market Space and Make the Competition Irrelevant.* Harvard Business School Press.（『ブルー・オーシャン戦略——競争のない世界を創造する』有賀裕子訳、ランダムハウス講談社、2005年）

*4 Govindarajan, Vijay., and Trimble, Chris., foreword by Nooyi, Indra K. 2012. *Reverse Innovation: Create Far From Home, Win Everywhere.* Harvard Business Press Books.（『リバース・イノベーション——新興国の名もない企業が世界市場を支配するとき』渡部典子訳、ダイヤモンド社、2012年）

うか。「する」と言えばするでしょう。しかし、そこに書かれている議論のみをもって経営者の方々が意思決定をして、事業戦略を実行することはもちろんできません。

また、これらの作品は社会科学としての経営学に参照され得るものでしょうか。これも「YES」と「NO」が併存すると言わざるを得ません。ある意味、これらの著書を誤解したまま高く評価する方も多く見られます。

これらの優れた作品が説く理は、普遍性を持つ一般法則としての要素を持ちます。しかし、一般法則の中に存在する個別の事例は、必ずしも一般法則が示す平均値の特性を示すとは限らないのです。逆に言えば、一般の方々に対して広く学術的な成果をお伝えするために、必ずしも科学的ではない要素を含んでいるとも言えます。

これらの優れた経営書は、まさしく経営学の直面する二面性の、いわば中間地点に位置していると言えます。学術的知見を求める立場と実学的知見を与える立場のまさに中間地点に存在し、そして評価されている名作だと言えます。

しかしながら、中間地点を狙うがゆえに、作品単体のみを評価しようとするならば、経営のプロから見れば「よくできた学術参考書」であり、研究の職人から見れば「一般向けの啓蒙書」として位置づけられることがあるのです。

これは、"by design"と言えます。つまり、中間地点に位置づけるという目的のために設計された作品であり、両極の一方に偏った評価軸から見るのは、あまり適切ではないとすら言えるでしょう。そしてこれはまさに、経営学そのものに対しても言えるのです。

こうした二面性の両立は困難ですが、経営学は、この二兎を追うことが求められます。つまり、人間社会の構造と動態を説明し得る普遍的な理論を探求しながらも、現場における経営の実践に資する知見を提供しなければならないのです。

では、なぜこの二面性が課題なのでしょうか。

それは、経営学がまったく異なる目的を持った2つのオーディエンスを抱えているという事情も背景にあると言えます。実務家と研究者、双方の聴衆を満足させることが、経営学には求められているのです。

「役に立たない」と評価する実務家

「経営学は役に立たない」と感じられている実務家の方々は、経営学に実学としての役割を期待されていると言えるでしょう。

目の前の経営課題に対して、具体的に実行可能な打ち手を提示してもらいたい。にもかかわらず、大味で、漠然としていて、納得感はあるけど実行のしようのない頭でっかちな議論が並べられている。そう感じられている方もいます。要は、肝心なところがわからないと。

私自身が、中小企業の経営者やマッキンゼーのコンサルタントとして経営戦略を検討し、実行しようとしていたときも、書店で経営書を手に取るといつも、彼らと同じような感想を持っていました。

「内容が一面的で、これでは具体的な意思決定と実行に移せない」

多くの書籍は、アイディアとしてであったり、また発想の源泉としてはたしかに役に立つと感じたことはあったものの、最も肝心なところで役に立つことはありませんでした。つまり、答えを与えてくれなかったのです。自分や自分の顧客が直面している状況を鑑みると、たいていの書籍は大味過ぎました。

実務家として意思決定を下そうとすると、すべての要素を多面的に捉えて意思決定と実行をせざるを得ません。それこそ、自分自身の事業への思い入れであったり、表には出せない過去の遺産であったり、その案件に張り付ける担当者の経験と能力や期末決算の装飾の具合に至るまで、統合的な思考と実行が求められます。

もちろん、特定の会社に張り付いて、現場の状況を深掘りするのであれば、網羅的で統合的な分析と、それに基づいた実行策の提案と実行もできるでしょう。実際、コンサルタントとして私が実践し、自信を持てる結果につながったプロジェクトは、いつもそのようなものでした。

ヨーロッパのある企業に向けて行った組織変革のプロジェクトでは、提言の骨格、すなわち「理論的にたどり着く、その会社の組織構造のあるべき姿」は、わずか1週間足らずで見えてきました。では、残りの1ヵ月半に何をしていたかというと、組織変革の対象となる、該当するアジア地域の経営層の方々との意見交換と摺り合わせ、それに伴って見えてきた社内のわだかまりを解消するために、経営会議を世界中でこなし、社内横断的なワークショップを運営することでした。

なぜ、このような手順に大半の時間を割いたのか。それは、経営の教科書を読んですぐ解るような答えは、経営陣には自明であったからです。

その答えに対して、どうして社内の抵抗があるのか、どうしたらこの変革を実行できるかを考えるためには、管理会計上の仕組み、人事評価の制度設計、異なる事業部間の戦略の相互干渉、さらには社内の人間関係を理解し、それらを解き明かすことが必要でした。まさに、包括的な打ち手の設計と実行が必要だったのです。

誤解を恐れずに言えば、1冊の本は所詮1冊の本です。組織の設計に関する本は、組織の設計に関してしか教えてくれません。理想的な設計を描き、「それが理想的である」と関係者を説得し、合意を取り付け、それを実行するためには、1冊の本だけでは学び得ない統合的な知見と実行のパッケージが必要と言えます。

しかし、ときとして、経営学者は実務家から過度の期待を受けるのです。

「専門家として、実学を探究する集団なのだから、私たち実務家に答えを伝授できるだろう」

このように期待されるのです。なかには、世界には「良い経営」という普遍的な答えが存在しており、それを学ぶことができると考えている方もいます。

私がオックスフォード大学のビジネススクールで助手をしていたとき、MBAに取り組む学生から質問を受けつけていました。時折聞かれたのが、「このケース教材の正しい答えはなんですか?」という単刀直入な質問です。おそらく、私が成績評価をしていることもある程度予想していたのでしょう。評価する人間なら、正解を知っているはずであるという前提で聞きにきていたのだと思います。

当然ながら、そんなものはありません。答えの方向性はあるかもしれませんが、どのような意思決定も、一概に正しい、間違っているということは言えないからです。

ただ、経営学の中にも、比較的確度が高い「答え」を持つ領域が存在します。これには議論があるかもしれませんが、簿記と会計、生産と物流管理、市場調査法などの領域は、基本的な知識が伴わないとまったく議論にならないかと思います。こうした領域では、これらを知らなかった組織や人がこれらを知ることによって、確たる改善を実現できる可能性が高くなります。

もちろん、他社に比べて大きく差別化しようとするのであれば、これらの領域でも定跡を超えた発想力や独創性が必要となります。逆に言えば、その定跡の部分が比較的少ないのが、全社戦略や、製品開発など他の領域なのであろうと感じています。

しかし、ここで重要なのは、実学としての経営学は必ずしも完全な「答え」を提供できるとは限らないということです。研究成果を元にした知見を提供することはもちろん可能ですし、行われていますが、それだけで実務家の方々を100%満足させるものにはなり得ません。

経営学は、実践の理論、すなわち実学として実務家の方々の厳しい目にさらされています。そして、その実務家こそが、現実の最前線で戦い、新しい現実を創り出している当事者です。

経営学は、経営学が研究対象とする現実を創り出す方々に絶えず注目され、経営学の分析がもたらす知見を厳しく評価される位置に存在していると言えます。そして、その実務家の方々の期待を可能な限り満たすことが期待されているのです。

このオーディエンス、つまり実務家は、包括的で、具体的で、実現性のある答えを提示できる作品を求めています。大味な議論は、本質的には望まれていません。多くの事例に当てはまる、広範な状況下で当てはまるフレームワークは、実務家が根源的に求めているものではないはずです。なぜなら、彼らの関心は、どうすれば自らの事業をより良い方向に導けるかであり、普遍的な一般法則としてどのような傾向があるかは、付属的な議論に過ぎないからです。

「二流の学問である」と突き放す研究者

その一方、「経営学は二流の学問体系である」と考えられている研究者の方々がいます。

彼らは、「経営学が見出した一般法則には、どのようなものがあるのか?」と質問を投げかけてきます。経営学がどのような知の体系を作り出してきたのか、どのような理論的な蓄積を実現してきたかについて知りたいというのです。

その質問の背景にあるのは、ある意味では大きな先入観です。

この世界を支配する普遍的な一般法則を探求する行為を科学（Science）とするならば、経営学者の行為は科学とは呼び得ないとされ、様々な流行が現れては消え続けるなか、最新の事例を追いかけては、それを説明できる〝取って付けた〟論理を作り続けるのが経営学である、と見なされているようにも思えます。

所詮は実学である。ときには、そういった空気を感じることすらあるのです。

『オックスフォード英語辞典』によれば、「Science」とは「観察や実験を通じて、物質的な自然界の動態と構造を系統的に研究する理知的で実践的な行為」（The intellectual and practical activity encompassing the **systematic** study of the structure and behavior of the physical and natural world through observation and experiment.）と定義されています。また、「systematic」という言葉は、『新英和中辞典』（研究社）によれば、「組織的な、系統的な、規則正しい」と訳せます。

この組織的、系統的という部分は極めて重要です。数百年以上におよぶ他の学問体系に比べれば、経営学における学問の体系化の歴史的な蓄積は浅く、学問として見なすのに十分な、系統的な知識の体系が創り出されてはいないと見做されていると感じることがあるのはたしかです。

たしかに、経営学は元来、実学を意識して発展してきた学問体系でした。世界の経営学の大学院の源泉をたどれば、それらは「プロフェッショナルスクール」、すなわち実務家の養成機関として設立されてきたことも歴史的事実として指摘しなければなりません。経営学の研究機関たるビジネススクールの歴史的経緯そのものが、もう一方のオーディエンス、実務家の側を大きく意識したものだったのです。

歴史と伝統を重んじるオックスフォード大学は、50年ほど前までは、このように考える伝統的な研究者の集まりでした。

ビジネススクールの前身であるOCMS（The Oxford Centre for Management Studies）は、1965年に設立されています。その当時は、大学の一部ではあるが「実学を扱う」組織であり、正式な学部ではないとされていました。これが学部に正式に格上げされたのは1991年のことであり、現在のように急激な成長を遂げ始めたのは、2001年の現キャンパスの完成以後だと考えても良いと思います。

これはオックスフォード大学に限った話ではありません。全世界で最古のビジネススクールである、フランスのESCP Europe（パリ商業大学院ヨーロッパ）が設立されたのは1819年です。[*5]しかし、経営を学問する、教えるという取り組みは、すぐに広がりを見せることはありませんでした。その後、1908年に、ハーバード・ビジネス・スクールが世界で最初のMBA課程を開始します。1908年、わずか100年ほど前のことです。

＊5　ESCP Europe. "ESCP Europe, The World's First Business School.", http://www.escpeurope.eu/escp-europe/history-of-escp-europe-business-school/, (accessed2014-1-26).

ただでさえ歴史の蓄積が浅い経営学は、さらに大きな困難を克服しなければなりません。経営学は、絶えず変化し続ける社会、経済、経営環境、つまり複雑な要素が絡み合った現実世界をそのまま切り取り、刻々と移り変わる動態を分析して、理論化することが期待される学問領域でもあるのです。この難しさは、実験室のような環境を準備でき、数式で因果関係を網羅的に示すことや、実験を繰り返すことで再現性を示すことが容易である他の学問領域と対比することで理解することができるでしょう。

もちろん、比較的容易であるからこそ、そのような学問領域では、極めて厳密な作法に従う必要があるのは事実です。しかし、ここで重要なのは、それが可能であること、その高度な手法を手に入れた熟練の研究者にとっては、普遍的な一般法則を発見し、それを科学的に指し示すことができるという事実なのです。

経営学が探究する対象である経営環境と経営行動には、これが極めて困難です。それらは多様であり、刻々と移り変わっています。経営という行為に作用し得る要因は無数に存在します。しかし、それらを網羅的に捉えることは極めて困難であり、できる限り説明力の高い理論的枠組で、言わば妥協する必要があります。そして、組織間の関係や文化など、数値化しにくい、測定しにくい要因をも考慮することが求められるのです。

こうした大きな困難を背景にして、自然科学に比較すれば、どうしても内部妥当性も外部妥当性も低い研究成果が多くなる傾向があるであろうことを、否定することはできません。

しかし、とはいえ、経営学が科学の道を諦めることはあり得ないのです。

経営学は二流の学問ではない

私がオックスフォード大学で理解したのは、社会科学としての経営学を確立しようとする先人たちの歩みでした。

世界の第一線の研究者の方々は、真摯に、他の学問分野で培われた、実証データ、分析手法、理論体系を、経営学という新たな学問体系に取り入れようと貪欲な探究を続けています。そして、経営学というまだ新しい学問分野がこれまでに培った知見を相互に紹介し合い、影響され合い、組織的に、系統的に、1つの系譜としての発展を編み出そうとしていました。

もしかしたら、そこで生み出されている知見は、実学としては役に立たないものなのかもしれません。私は、ビジネスの実務を8年間経験したのち、オックスフォード大学の大学院経営研究課程（MSc. Management Research）に入学しました。入学して間もなく、これまで実学で学んできたものと、研究領域としての経営学で教えられている理論体系の大きなギャップに愕然としたのを覚えています。

ではなぜ、私たち経営学者は経営を研究するのでしょうか？

この疑問に対する私なりの答えを見出すまでに、それほどの時間はかかりませんでした。たしかに、学問としての経営学は未だ黎明期と言えるかもしれません。しかし、それを研究する意義は極めて大きいのです。なぜなら、経済や政治と同じ、あるいはそれ以上に、経営という行為と、それを行うために生み出された数々の組織体が、今や多くの人間の行動と人生に多大な影響を与え、経済と政治に無視できない影響を与えているからです。

100年、500年と残るような一般法則、それを生み出すことは極めて困難な挑戦です。自然科学の諸分野や、伝統ある他の学問領域に比較すれば、経営学は未だに「二流の学問体系」と言われてもおかしくないのかもしれません。

しかし、100年足らずの歴史の中で、経営学は急速な発展を遂げてきました。そして、絶えず進化し続ける経営という行為と経営体という人間組織を、それが極めて困難な観察と実験の対象にもかかわらず、深く、深く理解しようと進んできた経営学は、現在においても、将来においても「二流」であるとは、私は思いません。

人間の行動である経営という行為や人間の創り出した経営体という人間組織を、自然法則のように客観的で、厳密に探究し得るかについては議論があることでしょう。また、多種多様な、そして絶えず移り変わろうとする経営という行為を理論化したとしても、それに反証可能かどうかは、複雑な前提条件の広がりを考えれば疑問の余地もあるでしょう。人間社会の構造と動態を説明し得る普遍的な理論を見出すことができるとするのは、実証主義的な立ち位置に寄りすぎているのかもしれません。

しかし、近年の経営学においては、科学的な手法を用いて、再現性を確認できる理論や命題を見つけ出そうとする試みが広く価値を認められて、その主流を担いつつあります。少なくとも欧米の経営学の研究者の間では、経営学という研究領域も、自然科学と同じように研究を積み重ねていくことで、より高次元の理解の水準に到達できるのではないかという自信が生まれつつあるのです。*6

ポーターの論文数はたったの７本

経営学は二面性を持っています。

つまり、経営学は、経営という行為の実践を助けるための実学の体系であると同時に、領域学的な性質を持った社会科学の研究領域です。実学として事業運営に関わる者に対して有益な学術的知見を提供し、先端的な事象と先駆的な取り組みの事実を取り込むことが期待されています。同時に、領域学的な性質を持ち、多様な学問領域の知見を用いた現象観察と理論構築を行うことで、人類の知の体系の前進にも貢献することが求められるのです。

すなわち、経営学は、社会科学の１つの領域として経営に関わる知見を探究し、同時に、それを実務家に提供することを通じて、答えを処方するのではなく、実務家自身の思考の限界を広げてもらうことを目的としているとも言えるでしょう。

*6　社会科学としての研鑽を積む経営学の欧米事情については、入山章栄氏が2012年の著作でわかりやすく紹介している。（入山章栄『世界の経営学者はいま何を考えているのか——知られざるビジネスの知のフロンティア』英治出版、2012年）

ただし、科学としての高い厳密性を持った研究成果を形にする力と、その研究成果をもとにして、実務家にとって価値のある情報の発信をする力は似て非なるものであり、両立は難しいと言えます。この二面性の両立は、経営学にとっての永遠の課題なのです。

ハーバード大学大学院のマイケル・ポーター氏をご存じでしょうか。日本の経営書に触れたことがある方であれば、耳にしたことがあるかと思います。とくに、1980年に出版された『Competitive Strategy』[*7]は実務家に多大な影響を与えました。

彼は、企業だけにとどまらず、国家や非営利組織の競争戦略にも知見を披露し、また最近ではアメリカの競争力を取り戻すためのプロジェクトを立ち上げて尽力されています。すでに65歳を超えていますが、精力的に活動されている世界的な経営学者です。

では、ポーター氏がこれまでに何本の学術論文[*8]を発表されてきたかご存じでしょうか？驚かれるかもしれませんが、わずか7本です。実務家にこれほどまでに大きな影響をおよぼし、80年代以降の経営戦略に多大な影響を与えたとされるポーター氏は、研究領域としての経営学に対して、継続的に作品を発表されてきたわけではないのです。

2012年の『Fortune（フォーチュン）』の記事において、ポーター氏は著書を回想してこう答えています。

「『競争の戦略』に対して一番大きかった批判は、こんなのは自明だ、という批判でした。昔は

*7　Porter, Michael E. 1980. *Competitive Strategy: Techniques for Analyzing Industries and Competitors,* Free Press.（『新訂 競争の戦略』土岐坤・中辻萬治・服部照夫訳、ダイヤモンド社、1995年）

*8　ここでいう学術論文とは、『Financial Times（フィナンシャル・タイムズ）』が選定した42の経営学におけるAクラスの査読付き学術誌に掲載された学術論文を指します。『Harvard Business Review（ハーバード・ビジネス・レビュー）』のような実務家向けの雑誌は除きます。

それを言われて憤慨したものですが、今は、それが目的であったと理解しています。つまり、複雑な問題を取り上げ、それをあたかも非常に明白で自明の法則であるかのごとく説明するということです[*9]」

ポーター氏が『競争の戦略』で議論した要素は、研究者の間ではそれまで何度も議論されていたことなのかもしれません。そして、そこで主張されている内容は、科学的な研究成果の蓄積が薄かったのかもしれません。しかし、ポーター氏が言うように、その議論を、実務家がより良い意思決定を行うための案内となり得るように作品としてまとめあげ、提示したことは、間違いなくこのうえない貢献と言えるでしょう。

このように、実務家に多大な影響をもたらすことができる経営学者はたしかに存在します。しかし、同じだけの成果を、学術研究の側面からも成し遂げ続けることは、至難の業なのです。

その一方では、経営学に限らず、広く欧米の社会科学において、「Publish or Perish」という言葉が繰り返し叫ばれるようになってきています。すなわち、「研究業績を出すか、さもなければ消え去れ」という熾烈な研究成果重視の世界です。

テニュア（終身在職権）と呼ばれる正規雇用の身分を手に入れるまでは、欧米の経営学者は不安定な有期契約に甘んじなければなりません。そして正規雇用の身分を手に入れるには、研究業績が必要です。研究業績というのは、単に本数を出せば良いのではなく、国際的に価値を認められ

＊9　Colvin, Geoff. October 15, 2012. "There s no quit in Michael Porter." *CNNMoney,* http://management.fortune.cnn.com/2012/10/15/michael-porter/, (accessed 2013-12-20).

る、Aクラスの査読付き学術誌に掲載されることが求められる世界です。

そのため、とくに若手の研究者は、研究にほとんどの力を注ぎ込みます。もちろん、知識の足腰を付けるという意味では重要な行為です。しかし、少し行き過ぎているのではないか、研究のための研究が行われているのではないか、という疑問の声も上がっています。

つまり、研究に注力するあまり、実社会に対して意味のある貢献、言い換えれば、実務家にとっての価値という意味合いにつながる研究成果が生まれづらくなっているのではないかという懸念です。これは、社会科学としての経営学を志向するあまり、逆に実践の科学としての意義が軽視されているのではないかという危惧とも言えます。

全世界で最も大規模な経営学のカンファレンスは、「Academy of Management（アカデミー・オブ・マネジメント）」の年次総会です。近年は、毎年1万人近くの経営学の研究者が集い、数多くの最新の知見を発表しています。私自身も、毎年継続的に出席し、論文や自分の考えを発表している、いわば檜舞台です。多くの研究はまずここで発表され、そして優れた学術論文へと磨きこまれていくのです。

2004年のテーマは、〝Creating Actionable Knowledge（実行され得る知見を創造する）〟でした。なぜこのテーマが選ばれたのか、それは、欧米の経営学者のある種の危機感の表れともいえるでしょう。

このカンファレンスのテーマの説明として、次のような危機感が表明されています。

「私たちは、科学的に厳格で強固な経営学の知識を作り上げるに至りました。実際、私たちが生成してきた経営と組織に関する理論と知識の体系は驚くべきものです。しかしながら、その理論と知識が実際に活用されることに関しては、極めて成功に遠い状況が続いています。私たちの知識の大半は研究と実践の間のギャップを乗り越えることができておらず、学問の世界に閉じこもっているのです。その結果、私たちの研究成果に触れたり、その実践的価値を評価する実務家は限られています。彼らはもっと読みやすい、人気のある実務家向けの書籍や、彼ら自身の経験で事業を運営しているのです[*10]」

つまり、経営学という研究領域は、次第に確固たる学問体系を作り出しつつあるが、その一方で、その成果がほとんど実務家に反映されていないのではないかという問題意識です。そして、全世界の経営学者が集う1年に1度の国際会議において、その問題意識が中心テーマとして取り上げられ、議論されたという事実は非常に重要です[*11]。

もちろん、この二面性は容易に突破できる壁ではありません。第一に、経営学の学問としての高度化が進み、そこで用いられる研究や分析の手法が次第に難解なものとなろうとしているためです。厳密性を高め、ときには実験室的な環境を志向し、その結果、科学としての立ち位置は向上したのかもしれません。しかし、専門化が進んだ結果として、実務家には理解の難しい部分も大きくなっているのです。

そして同時に、実務家が望む知見の水準も目に見えて高くなってきています。それはもちろん、

*10 Cummings, Thomas G., and Jones, Yolanda.,"Creating Actionable Knowledge.", http://meetings.aomonline.org/2004/theme.htm, (accessed 2013-12-20).

*11 この問題に対する議論は未だ続いています。そして、少しずつ改善を見せているのかもしれません。たとえば、2010年、経営学の学習と教育を取り扱う著名な専門誌である『Academy of Management Learning & Education(アカデミー・オブ・マネジメント・ラーニング・アンド・エデュケーション)』に、たとえ学術論文であっても、実務家に対する貢献を意識する傾向が少しずつ高まっている、という興味深い報告がありました(Bartunek, Jean M., and Rynes, Sara L. 2010. "The Construction and Contributions of "Implications for Practice": What's in Them and What Might They Offer?" *Academy of Management Learning & Education* 9(1): 100-117.)。

現代における事業と組織の運営が高度化してきていることに起因します。さらにそれを背景として、実務に携わる方々の知識の水準が飛躍的に高まりつつある現実も指摘できると言えるでしょう。

二面性の解消は永遠の課題

では、この二面性を突破できる研究者は存在するのでしょうか。

2012年の『Academy of Management Learning & Education（アカデミー・オブ・マネジメント・ラーニング・アンド・エデュケーション）』に掲載された論文が[*12]、興味深い分析を行っています。

この論文には、マイケル・ポーター氏のように、実務家に対して広く出版や講演などを通じて影響力をもたらすビジネススクールの教員は、どの程度、学術研究に時間を割いているかという分析が含まれています。「Thinkers 50（世界の50人の著名経営思想家）[*13]」という、世界の実務家に影響力があるとされる50名の経営者、コンサルタント、経営学者のリストがあります。このリストの2011年版に記載されている21名の経営学研究者を対象として、彼らがどの程度、『Financial Times（フィナンシャル・タイムズ）』が選定するトップジャーナルに学術論文を掲載されているかを調査したものです（表1-1参照）。

結果は、多くの方にとって驚くべきものかもしれません。

*12 Martin, Roger. 2012. "The Price of Actionability." *Academy of Management Learning & Education* 11(2): 293-299.
*13 Thinkers50, http://www.thinkers50.com/, (accessed 2013-12-20).

表1-1 「Thinkers50」に登場する経営学者の学術論文数ランキング（2011年）

順位	研究者名	所属校	博士号等取得年	全論文合計	2002～2011年合計	学位取得後年数	年平均論文数
1	クレイトン・クリステンセン	HBS	1992	4	0	20	0.20
2	チャン・キム	INSEAD	1984	18	1	28	0.64
3	ビジャイ・ゴビンダラジャン[a]	Tuck	1976	13	1	36	0.36
5	マイケル・ポーター	HBS	1973	7	0	39	0.18
13	ニティン・ノーリア	HBS	1988	10	3	24	0.42
14	ロバート・カプラン	HBS	1968	21	1	44	0.48
16	リンダ・ヒル	HBS	1984	0	0	28	0.00
18	テレサ・アマビール	HBS	1977	4	1	35	0.11
20	リチャード・ルメルト[b]	Anderson	1972	6	1	40	0.15
21	リチャード・ダベニー	Tuck	1987	13	1	25	0.52
22	ジェフリー・フェファー	Stanford	1972	39	7	40	0.98
25	ロザベス・モス・カンター	HBS	1967	6	0	45	0.13
26	ニルマリャ・クマー	LBS	1991	9	2	21	0.43
27	パンカジ・ゲマワット[c,d]	IESE	1982	11	6	30	0.37
28	ハーミニア・イバーラ[d]	INSEAD	1989	8	2	23	0.35
30	ヘンリー・ミンツバーグ	Desautels	1968	12	0	44	0.27
31	コンスタンチノス・マルキデス[b]	LBS	1990	6	1	22	0.27
35	エイミー・エドモンドソン	HBS	1996	10	5	16	0.63
41	ラケシュ・クラーナ	HBS	1998	0	0	14	0.00
44	アンドリュー・カカバッツィ	Cranfield	1977	0	0	35	0.00
48	シーナ・アイエンガー	Columbia	1997	5	5	15	0.33
	中間値			**8**	**1**	**18**	**0.33**

[a] HBS MBA; [b] HBS DBA; [c] HBSPhD; [d] Former HBS faculty member
Note. HBS = Harvard Bisiness School; KBS = London Business Sdcool; IESE = Business School at University of Navarro

出典：Martin, Roger. 2012. "The Price of Actionability." *Academy of Management Learning & Education* 11(2): 293-299. より一部筆者加工

平均約30年の経歴を持つ21名の研究者の論文本数の平均は9・6本でした。さらに、出版点数の上位3名を除外すると、この平均は6・9本まで落ち込みます。

この論文の著者であるトロント大学のロジャー・マーティン氏はこう述べています。

「研究者が、研究の世界において意味があるレベルの発信を保ちながら、同時にアイディアの発信者として実業界に認知される価値を提供するのは限りなく稀（Very rarely）と言える」

この数字が多いのか少ないのか、これは議論のあるところでしょう。しかし、世界で最も著名な21名の経営学研究者を抜き出してこの数字です。一般には名が知れていないが、この数字を上回る数の学術論文を継続的に発表している研究者が無数に存在するのが事実

なのです。

この事実が指し示すところは、やはりこの2つの側面の両立が極めて難しいということだと言えるでしょう。この2つを同時に成し遂げるのは、経営学という研究分野全体としても、その中に生きる研究者個人としても、永遠のテーマと言える課題なのです。

第2章

経営学は領域を超える

経営学者に経営の答えはわからない

経営学は、他の社会科学と同様に、人間社会の構造と動態を説明し得る普遍的な理論を探求します。同時に、経営という行為を担う組織と個人に対して、実学として実践に資する知識と考え方を提供しなければならないといえます。そして、この課題に日々取り組んでいるのが、経営学の研究者であり、広義の経営管理理論を教授し、将来の実務家を養成している世界中の経営学部や、ビジネススクールのMBA課程です。

では、実践の理論としての経営学は、実務家にどのような知見を提供すべきなのでしょうか。

この設問の根源的な課題は、経営学は直接的な答えを提供することはでき得ない、という点にあります。なぜなら、経営の意思決定における最善は無数に存在するからです。最善を定義する価値判断基準が無数に存在し、どれが最良であるかを議論するのは極めて困難なのです。

現実の世界において、実務家が意思決定を行う際には、総体的な状況を判断し、予測し、信念を持って意思決定を行い、実行することが求められます。そのとき、どのような価値判断基準を用いて、どれを重視するでしょうか。そこには多くの不確定な要素が入り込みます。

もちろん、その不確定な要素をも含めて理論化することは可能かもしれません。しかし、現実的に現代の経営学が実現しているのは、実務家に対して直接的な答えを提供するのではなく、その答えを描き出すために必要な材料を提供するに過ぎないのです。

経営学のトップジャーナルである『Academy of Management Journal（アカデミー・オブ・マネジメント・ジャーナル）』の編集長であり、ロンドン大学インペリアル校のゲリー・ジョージ氏は、同校のビジネススクールのインタビューに応えて、こう語っています。

「多くの意味で、経営学は実務家に解決策を処方する医師のような存在ではないのです。経営学はむしろ、実務家がより良い意思決定を行うために、原理原則（Principles）、経験則（Heuristics）、代替案（Contingencies）を提供する案内人と言えます[*1]」

経営学者は、実務家にはなり得ません。それは経営コンサルタントが経営者にそのままではなり得ないのと同様かと思います。もちろん、意見はあるかもしれません。しかし、それは意見に過ぎず、経営学者に答えはわからないのです。これはまさに、私が考えてきたことと同じでした。

人間社会の構造と動態を説明し得る普遍的な理論を探求する行為から得られる知見は、原理原

＊1　Smith, Colin. December 18, 2012, "Gerry George in focus: the work behind his Editor-in-chief title.", *Imperial College London*, http://www3.imperial.ac.uk/newsandeventspggrp/imperialcollege/newssummary/news_18-12-2012-16-10-15, (accessed 2013-12-20).

則、経験則、代替案に過ぎません。経営学者の知見は、個別の企業がこうすれば目的を達成できるという直接的な回答に、必ずしも結び付くとは限らないのです。

しかし、逆に言えば、経営学の知見を原理原則、経験則、代替案として適切に理解し、身につけることができるならば、それはもちろん、実務の糧となるはずなのです。

実学としての経営学は、「原理原則」「経験則」「代替案」を提供する

では、実学としての経営学とは、どのようなものなのでしょうか。私自身が理解した、「原理原則」「経験則」「代替案」という3つの要素について簡単に解説したいと思います。

第一に、原理原則とは、企業や個人の認識や行動が依拠する基本法則です。

これは定跡とも言えるでしょうか。定跡とは、将棋やチェスにおいて古くから研究されてきた最善の手順、いわば戦術です。一手一手に入念な検討が重ねられており、その結果として、とくに序盤では、盤石に一定の成果を挙げることができます。

もちろん、将棋やチェスも定跡だけで勝利することはできません。定跡を重ねたのちに開ける地平が、本当の勝負の舞台であるのは言うまでもないのです。定跡を無視して勝負をするのは極めて困難ですが、定跡を知るだけで最終的な成果につながることはありません。

また、定跡も絶えず進化しています。

たとえば、マイケル・ポーター氏の作り出した「ファイブフォース分析（Five forces）」という分析手法があります。これは、1979年の『Harvard Business Review（ハーバード・ビジネス・レビュー）』の記事[*2]を原典として、1980年の『競争の戦略』（第1章＊7参照）の主要な部分を構成している考え方です。

これは言わば原理原則のようなもので、多くの産業の状況を説明し、多大な影響を与えました。しかし、その後の30年以上にもおよぶ研究成果は、時代の進化や新しい発見を反映し、この定跡を拡張し、または批判し、磨き込み続けてきたとも言えます。

その進化の実際に踏み込むのはいささか肩の荷が重いですが、たとえば、ポーター氏が2008年に『ハーバード・ビジネス・レビュー』に上程した〝The Five Competitive Forces That Shape Strategy〟[*3]は、そうした議論の進展に対して、彼自身がどのようにファイブフォース分析を拡張したかについて貴重な視座を与えてくれます。いかに優れた原理原則であっても、時代の変化や新しい発見を絶えず反映して進化し続けていく必要があるのです。

第二に、経験則とは、観測や実験などの経験の蓄積によって得られた法則性を指します。必ずしもつながりの背景に存在する構造や因果関係を解明する必要はありません。言い換えれば、過去の企業や個人を調査した結果、ある特定の状況に直面した企業や個人が、ある一定の行動をとることで成果につなげていた、という認識に基づく主張です。

これらの事実が積み重なると、あたかもそれは絶対的に正しいかのように認知され始めること

＊2 Porter, Michael E. March 1979. "How Competitive Forces Shape Strategy." *Harvard Business Review*, http://hbr.org/1979/03/how-competitive-forces-shape-strategy/ar/1, (accessed 2014-2-2).
＊3 Porter, Michael E. January 2008, "The Five Competitive Forces That Shape Strategy." *Harvard Business Review*, http://hbr.org/2008/01/the-five-competitive-forces-that-shape-strategy/ar/1, (accessed 2014-1-18).

もあります。暗黙的な了解事項としてそれが正しいとされ、それが議論されることもなく、慣習や慣例として企業の運営と組織に根付いてしまうことも多々あります。

経験則は、構造変化の少ない産業における意思決定や、特定の繰り返し作業を磨き込むことには大きな成果を発揮するでしょう。最たる例は、ものづくりかもしれません。とくに伝統工芸の生産工程においては、経験則というのは大きな力を発揮します。職人の長年の経験と繰り返しに基づく勘と感性、それが生み出すしなやかな意思決定の連鎖は、ときとして高い水準の成果につながります。

ただし、ここで重要なのは、まず、例外があるということです。すべての企業と個人にそれが当てはまるとは限りません。また、経済と社会が絶えず変化しているということです。経験則が生まれた背景や前提条件が、もはや自らが意思決定するタイミングでは成り立たないこともあり得るのです。つまり、新しい生産機械が導入されたり、新開発の素材を導入すれば、これまでの経験則が必ずしも役に立つとは限らないと言えるでしょう。これらはもちろん、原理原則にも当てはまる重要な点です。

そして、第三に、経営学は代替案を提示します。

代替案とは、異なる可能性の広がりとも言えます。ある企業が取ろうとしている選択肢に対して、それとは異なる選択肢の広がりを提示することです。どのような選択肢が存在し得るのか、そして、個々の選択肢にはどのような特徴があるのか、それを指し示すことで、実務家が最善の選択肢を取ることを支援します。

もちろん、それも答え、すなわち、企業が実際に取り得る具体案を提示し、その実行に至る道筋を付けるには至りません。あくまで発想の方向性を提示するのみです。しかし、優秀な経営者は、その発想の方向性を提示されることで、その先に広がる自社の動きが手に取るように想像できるのです（少なくとも、そう言われる多くの経営者の方々にお目にかかりました）。

経営のフレームワークは、もし活用できる場所を探すとするのであれば、とくに代替案を提示する目的で力を発揮します。

たとえば、ポーター氏は、事業戦略の類型は、「コスト・リーダーシップ戦略（Cost leadership strategy）」「差別化戦略（Differentiation strategy）」「集中戦略（Segmentation strategy）」があると解説しました。チャン・キム氏とレネ・モボルニュ氏のブルー・オーシャン戦略では、「アクション・マトリックス（Action matrix）」というフレームワークを提示しています。ブルー・オーシャン市場を生み出すには、「取り除く」「増やす」「減らす」「付け加える」の4つの打ち手が考えられるというものです。

また、単純に経営の先進事例を紹介するというのも、代替案の提示という意味では大きな価値を持つでしょう。こうした〝尖った〟事例は、定量的な分析手法を用いた分析では、外れ値として認識されてしまう事例です。すなわち、原理原則や経験則から考えると成り立つ可能性が低いと思われるような手法を、なんらかの革新的な方法で実現している個人や組織を紹介します。

この「尖った事例」を紹介することについては、経営学の研究者よりも、ジャーナリストである雑誌記者や新聞記者のほうが強みを持っているかもしれません。おもしろい事例を発見してきて、「これが新しい。なぜ新しいかはこういう仕組みだからだ」と主張する作品は、研究としての経営学ではほぼ成り立ち得ません。しかし、実学としての経営学では、大きな価値を持つものなのです。そして実際に、多くの実務家がその価値を感じています。

このように、直接的に答えを出すことはなくとも、経営学は実学として実務家の意思決定に役立つ情報を発信することを目指して、日々探求を続けています。そして、その探求とは、人間社会の構造と動態を説明し得る普遍的な理論を探求する行為から得られる知見であり、そうであるからこそ、経営学は社会科学の一端を担う学問であると言えるのです。

個々の実務家が直面する状況のすべてに対して、経営学が直接的な答えを提供できるようになるのは、少なくとも近い未来のことではないでしょう。いや、それができるのであれば、経営という実践の行為は、より高次元の思考を必要とする活動と見なされるようになるかもしれません。

優れた成果につながる経営は、厳密な科学（Rigorous science）を元に、独創的な芸術（Originative art）たる自己の将来像を描き出し、その実現に向けて計算された冒険（Calculated venture）を推し進めるための一連の行動の集合体である、と私は考えています。この行為の進化に終わりが見出せない以上、経営学という行為も、絶えず進化し続けることが求められるのです。

社会科学としての経営学は「知の探究」を行う

実務家に対して、経営学が実学として継続的に価値をもたらすためには、研究領域としての研鑽を絶やすことができません。

しかし、研究領域としての経営学の目的は、他の学問と同様に、真理の追求、知の探究、それ自体と言えます。

私は、オックスフォード大学で「Doctor of Philosophy in Management Studies（D.Phil. in Management Studies：経営学博士号）」を取得しました。「D.Phil.」は、「Ph.D.」とほぼ同じ意味を持ちますが、オックスフォード大学などが採用している呼称です。

なぜ突然こんなことを書いたのか、それは、「Doctor of Philosophy in」の部分が、研究領域としての経営学を解説するうえで重要だからです。

ある日、私は、博士課程で哲学を専攻する友人にこんな質問をしました。

「哲学科の博士を取得すると『Doctor of Philosophy』という称号が授与されるのか？」

とりとめのない質問です。それに対する答えは単純明白でした。

「いや、『Doctor of Philosophy in Philosophy』という称号が授与される」

これは、様々なことを考えさせられる回答でもありました。

「Philosophy in Philosophy」、これは一見すると不思議な表現です。これが何を意味するかを理解するには、「Philosophy」という言葉の語源をたどることが必要です。

『オックスフォード英語辞典』によると、その語源はラテン語の「philo-sophia」、つまり「love of wisdom（智慧を愛する）」とあります。この「Philosophy」の意味は、私たちがすぐに思い浮かべる学問としての哲学とは異なるものです。

また、学問としての哲学は、「the study of fundamental nature of knowledge, reality, and existence」と定義されています。そして「Doctor」は、この文脈では、元来のラテン語における「Teacher（先生）」という意味、中世英語では「Learned person（学んだ人）」と捉えることができます。

すなわち、「Doctor of Philosophy in Philosophy」とは、単純に意訳すれば、「学問としての哲学の智慧を愛することを学び、教える人」となります。つまり、「Doctor of Philosophy in Management Studies」は、「学問としての経営学の智慧を愛することを学び、教える人」と意訳することができるのです。[*4]

世界には、数限りない、「Doctor of Philosophy in XXXX」が存在します。経済学、社会学、文化人類学、物理学、化学、コンピュータサイエンス……数え尽くすことができません。しかし共通しているのは、その学問分野が対象としている領域の智慧を、そして普遍的な真理を探求しているという事実です。

＊4　より詳細な博士号と研究機関としての大学の歴史に関しては、ウィリアム・クラーク氏の『Academic Charisma and the Origins of the Research University』（Clark, Willam. 2006. The University of Chicago Press.）を参照。

その意味では、経営学も他の学問領域と何ら変わるところはありません。研究領域としての経営学は、人間行動とそれが織りなす世界を、「経営」を通じて理解するための「学問領域（A field of scholarship）」です。知の探求という人間の根源的な行為の一部である学問、すなわち、ある一定の領域に形作られる知見と知識の探究、その一分野である社会科学の探究、さらに、その中に存在する経営学の探究と言えます。

これが意味することは、研究領域としての経営学は、必ずしも実学的な要素を持つものではないということです。普遍的な真理を探求する行為は、ときとして人間を助けることはありますが、必ずしも人間の行動を助けるとは限りません。

様々な理由が挙げられますが、たとえば、マクロとミクロの間のギャップを指摘することができます。わかりやすい例の1つは、「景気」ではないでしょうか。

社会や経済の全体の動向は、その中に生きる1人ひとりにとっては、把握することが難しいと言えます。それは前述のように、より大きな枠組全体の平均的な方向性と、その中に存在する個人や組織の方向性は、必ずしも一致するとは限らないからです。

もちろん、両者は関連しています。全体が個人や組織に影響しており、個人や組織が全体に影響しているのは事実です。その意味では、両者を理解しようとするのが学問としての正しい態度とも言えます。しかし、1つの調査や理論を元にして両者を理解しようとするのは、極めて難しい行為なのです。

定量的な調査が明らかにするものは、多くの場合、全体の総和的な傾向を示すことです。たとえば、アジアの企業1万2000社の調査に基づいた知見は、1万2000社の全体的な傾向を示すことができます。しかし、自明のことではありますが、1万2000社のすべてが平均的な行動を取るわけではないのです。その知見だけが、直接的に個々の企業の意思決定につながることはありません。

より専門的に言えば、社会科学としての経営学の定量研究に用いられる統計手法は、その大半が正規分布の法則性を前提に分析が組み立てられており、明らかにしようとするのはその分布の形状であり、全体の特性であり、個々の要素、とくに平均から乖離した要素ではないのです。研究領域としての経営学も、他の学問分野と同様に、全体的な傾向、普遍的な真理を探求することが主流です。そのため、普遍的な事実を探求するという行為の途上で、個々の実務家や経営組織の一定数には必ずしも当てはまらない議論が生み出されるのは事実なのです。

実務家は、平均的な成功ではなく、飛び抜けた外れ値の成功を求めます。平均的で一般的な傾向は、旅における地図のように役に立つことはあっても、それ自体が目的地に連れて行ってくれるものではないのです。

多様な学問領域が集う探究の「場」

同時に、研究領域としての経営学は興味深い性質を持っています。それは、非常に学際的であり、領域学的であるということです。

領域学というのは観察対象を固定します。経営学の場合、その観察対象は「経営という行為と、それを行う組織と個人」に固定します。その一方、この観察対象をどう見るかに関しては、大きな自由度を残しているのです。

このような実態を直喩して、著名な経営学者であるヘンリー・ミンツバーグ氏は、とくに戦略論の世界をアフリカの原野（サファリ）のようであると言いました。[*5] 多種多様な動物、つまり理論体系が共存しており、1つの生態系、すなわち戦略論という分野を作り出している、と。

なぜ、このような多種多様な生態系が生まれるのか、その1つの理由は、経営学が領域学的な性質を持つからです。

そのため、この大きな自由度を背景にして、様々な理論体系を究めた研究者がこの研究領域に参入しています。大きくは、経済学、社会学、認知心理学が最も主流を形成する理論体系であると思います。ただし、この3つの学問分野に限らず、たとえば、物理学や人口動態学、そして考古学の知見を持つ研究者も経営学の領域に参入してきているのです。

＊5 Mintzberg, Henry., Ahlstrand, Bruce., and Lampel, Joseph. 1998. *Strategy Safari: The Complete Guide Through the Wilds of Strategic Management.* Financial Times Prentice Hall.（『戦略サファリ』齋藤嘉則監訳、木村充・奥澤朋美・山口あけも訳、東洋経済新報社、1999年）

異分野から参入してくるこれらの研究者は、その分野で培われた分析手法や理論体系を、経営という行為と、それを行う組織と個人に固定して立論しています。

ゲーム理論の考え方を経営戦略に援用できないか。人口動態の推計手法をもとに、産業の発展と衰退を予測できないか。生物学の知見をもとに、組織構造の発展と相互の影響を理解することはできないか。高度な数学の技術を用いて、金融市場の動態を解明できないか。このように多種多様な研究が行われているのです。

たとえば、オックスフォード大学で戦略論を教えているトーマス・パウエル氏が2011年に『Strategic Management Journal（ストラテジック・マネジメント・ジャーナル）』に発表した「Neurostrategy」という学術論文[*6]があります。この論文は、脳科学の知見を社会科学である経営学、とくに戦略論にどのように応用できるかを論じた大変興味深いものでした。パウエル氏は、経営学の教員だけではなく脳科学の研究者との共同研究を進めており、経営に関する意思決定において、MRI（Magnetic Resonance Imaging：核磁気共鳴画像法）などの最新機材を用いながら、脳がどのような働きを示しているかを研究しています。

他分野の理論体系であっても、その後の研究で経営という行為とそれを行う個人と組織に特化した知見に発展を遂げている理論体系は、数多く存在すると言えます。その結果、経営学という学問領域は様々な理論体系を内包したジャングルのような世界になるのです。

そして、経営学という研究領域をさらに捉えにくくしているのは、経営学が内包しなければな

*6 Powell, Thomas C. 2011. "Neurostrategy." *Strategic Management Journal* 32(13): 1484-1499.

らない観察対象自体も、極めて複雑であるという事実です。会計、組織、人事、販売、戦略、開発、生産……と行為の広がりがあり、またそれを行う組織の形も様々であり、そこに生きる人々も多様な特性を示します。

この意味では、化学に近い部分もあるかもしれません。多種多様な物質の性質と相互作用を探究するこの学問領域も、数えきれないほど多種多様な物質を対象として実験と観察を行っている学問体系です。私の友人に化学レーザーを研究している研究者がいますが、彼は、生化学や有機化学の分野にはまったく自信がないと述べていました。

誤解を恐れずに言えば、経済学と社会学に比較的近い理論体系を用いて経営を分析している私には、物性物理学の知見をどのように企業組織の進化の説明に活かせるのか、人工知能の研究がどうサプライチェーンマネジメントに活かせるのか、こうしたジャングルの逆側の世界については、又聞き以上の理解をすることは困難です。

まったく異なる理論体系が併存し、それらが同じ対象、つまり経営という行為とそれを行う個人と組織を説明できる普遍的な真理を探求する。それが、研究領域としての経営学です。その行為を通じて、多種多様な角度から、実務家に対して原理原則、経験則、代替案を提示しようと日々研鑽を続けていると言えるのです。

全世界を探しても、この深遠な学問領域の全容を把握している研究者を私は知りません。誰もがみな、自分たちの見えている世界を中心に、あたかもそれが世界の中心であるかのように、この果てしない地平を理解しようとしているように思えます。もし、「これが経営学だ」とか、「これが経営学の歴史である」と言い切る主張があるとしたら、そうした主張は疑ってください。そうそう簡単に言い切れるほど、この研究領域は単純ではありません。

一時期、欧米では、定量研究を重視しすぎる傾向がありました。そして日本の研究者の多くが、現在でも欧米では定量的な研究が主流であり、定性的な研究、とくに事例研究は受け入れられていないと誤解しています。

しかし実際は、定性研究が否定されているわけではありません。事実、ワシントン大学のダスティン・ブルーム氏らが２０１１年に『Journal of Management Studies（ジャーナル・オブ・マネジメント・スタディーズ）』に発表した「Qualitative Research in Management：A Decade of Progress（経営学における定性研究：過去10年の進展）」[*7]によれば、欧米のトップクラスの学術誌５誌[*8]を調査した結果、１９９９～２００８年の間に１９８編の定性研究が発表されていました。

そして、２００９～12年の『Academy of Management Journal（アカデミー・オブ・マネジメント・ジャーナル）』の最優秀論文賞（Best Paper Award）を見ると、10本中７本が定性的手法を活用していることがわかります。同様に、２０００～10年でも定性研究は半数を数えます。そして、これは『Administrative Science Quarterly（アドミニストレイティブ・サイエンス・クォータリー）』など他の学術誌でも同様の傾向が見られます。つまり、数自体は必ずしも多くはありませんが、トップクラスの学術誌にも十分掲載され得る研究が生み出されており、またその成果は極めて高く評価さ

＊7　Bluhm, Dustin J., Harman, Wendy., Lee, Thomas W., et al. 2011. "Qualitative Research in Management: A Decade of Progress." *Journal of Management Studies* 48(8): 1866-1891.

＊8　アメリカ発の『Academy of Management Journal』『Administrative Science Quarterly』『Journal of Vocational Behavior』、ヨーロッパ発の『Journal of Management Studies』『Organizational Studies』の5誌。

れているると言えるのです。

もちろん、定性的研究手法を行う研究者も、実証主義に基づいた科学的手法を確立しつつあるという現実は指摘できます。しかし、民族誌的手法（Ethnographic approach）や談話分析（Discourse analysis）、単一の事例（Single case-study）に基づいた研究も数多く発表されています。つまり、欧米の経営学では事例研究は掲載されない、というのは正確な理解とは言えない状況です。

全体像が見えないということは、巨大企業の経営者が、必ずしも自社の隅々の末端に至るまでを理解しているとは限らないというのと同じことなのかもしれません。経営学という研究領域は、個人の認知限界を超えるほどに、確立された学問分野としての存在感を示しつつあるのです。

経営学は領域を超える

本章は、これ以降、経営学の中の国際経営論、とくに多国籍企業論と国際化戦略を探究します。国際経営論というのは、50年ほど前までは注目を集める研究領域ではありませんでした。諸国間での交易は長年行われていましたが、対外直接投資、すなわち企業が外国の資産に直接投資し、それを自分自身で管理運営する行為が、それほど一般的ではないと考えられていたためです。

たしかに、限られた大企業は国際経営を行っていました。しかし、「国際」という事実よりも、複雑化した事業ポートフォリオや組織構造の運営が主要課題と見なされ、「国際」という事実が大きく取り上げられることは稀だったのです。

急速な経済社会構造の変化が、この状況を劇的に変えようとしているのは周知の事実です。そして、多くの企業が国境を越えて連携し、これまでは企業に事業の対象とされていなかった〝遠い〟国と地域でさえも、事業展開の対象として検討されるようになりました。

この傾向は人的、物的、財務的力を持つ大企業に限られた話ではありません。10人や20人の小規模な企業や創業初期の若い企業であっても、世界中から最適の資源を調達し、それを世界で最も魅力的な市場に対して販売することが、自社にとって最良の選択肢となりつつあります。

これを背景として、「国際」という言葉は、企業のどのような機能を語るうえでも欠かせない言葉とされています。そして、ありとあらゆる経営学の基礎科目が、この「国際」という文字を冒頭に加冠しました。その結果、国際マーケティング、国際経営戦略、国際会計、国際人事管理、国際法務など、ある種縦割り型に「国際」という言葉が語られるようになりました。

つまり、国際経営論は、経営学全体と同様に領域学的な性質を持っています。

この分野は、研究対象を国や地域の境を超えて経営を行う組織や個人に対象を固定していると言えます。そして、経営学の各領域が独自に培った理論や知見が、この研究対象に対してどのように援用できるかを探究しているとも言えるのです。

しかし、それと同時に、これも経営学全体と同じように、独自のディシプリン、すなわち理論と知見を作り出そうと歩んできたことは、強く強調しなければなりません。

研究領域としての国際経営論において、私は、多国籍に展開する組織の行動を左右する基本力（Fundamental forces）とは何かを探し求めています。したがって、その関心を背景として私が研鑽を重ねてきた国際経営論は、戦略やマーケティングなどの個別の議論の背景にある、さらに一般的な要因の探求とも言えます。

- なぜ「国際」である事実が組織にとって課題なのか。
- なぜ組織は国境を越えて取引を行うのか。
- なぜ組織は海外の資源を内部に取り込もうとするのか。
- なぜ組織は特定の歩調で国際化を進めるのか。

これらは、国際経営論、とくに多国籍企業論が長年探究してきた根源的な研究課題の例です。調整コストや取引コスト、また資源や知識、そして市場競争や制度要因といった概念を用いて、個人、企業、環境の3つの異なる次元から、「国際」という言葉がもたらす根源的な意味合いが探究されてきました。

もちろん、「国際」だけではなく、「多国籍」や「グローバル」という概念も分析の範囲に入ると言えます。そして、詳しくは後半で議論しますが、現在と近未来に広がる「途上国市場」と「グローバル」の可能性は、まさに研究と実務の両面において最先端の課題となっています。

比較的歴史が浅い経営学という学問体系の中でも、国際経営論はさらに発展途上にある学問領域と言えるかもしれません。したがって、この分野をどう捉えればよいかは、様々な議論があることかと思います。

これは、欧米の経営学の研究や、教科書等の教育資料を眺めてみても同じことが言えます。国際経営すなわち「International Business」や「International Management」の領域の定義は、根幹となる部分はありますが、全体としては多種多様です。経営学全体にも言えるように、極めて古く、そして新しい分野である国際経営論は、1人の人間だけでその全体像をつかみきることは極めて難しいと言えます。

しかし、これまでの学術的な蓄積を背景にすれば、そこに1つの解釈を加えることができます。ばらばらな部品の寄せ集めとしての国際経営論ではなく、1つの「知の系譜」としての国際経営論を生み出すことは、もちろん可能なのです。

知の系譜としての国際経営論

本書が描き出す国際経営論は、1つの知の系譜、すなわち解釈としての国際経営論です。世界に、これが唯一の正しい「国際経営論」である、というものが存在するとは私は思いません。その意味では、ある種の解釈主義の観点から描き出そうとしているとも言えます。逆に言えば、もし「これが〝正しい〟国際経営論である」と主張する作品があるのならば、その正当性に私は疑問を持つでしょう。

オックスフォード大学に在籍していたとき、私は、「Global Strategy」や「Global Business」というコースの助手（Teaching assistant）を担当していました。そのとき、サィード・ビジネススクールが調査した、ヨーロッパの主要なビジネススクールが教える「International Business」や「International Management」科目のシラバスと主要参考文献の一覧を参照する機会に恵まれました。さらに、アメリカのビジネススクールのシラバスも参照し、その多様性の中に共通項を見出そうとしました。

結果、もちろんそこには、極めて多くの多様性があり、担当する教員の専門分野や解釈によって、各科目が描き出そうとしている国際経営の姿は大きく異なるものでした。しかし同時に、多くの研究者が共通して考える重要事項とも言える事柄が存在していたのも事実です。したがって、その重要事項を紡ぎ合わせることで、数多くの研究者が作り上げてきた国際経営論という世界を、1つの主観的な視点を持ってしながらも、有益な形でお伝えすることができると考えています。

「国際」とは、領域を超えるという行為です。ある一定のかたまりを構成し得る文化、法、組織、人、行動に育《はぐく》まれた個人や組織が、別の一定のかたまりとの対話を始め、そしてその違いを乗り越えたとき、領域を超える存在となり得ます。

経営学という学問自体が、実は領域を超えるという性質を持ちます。社会学、経済学、心理学、考古学、文化人類学、脳科学、数えきれない学問分野との学際連携を遂げながら、単に営利組織の構造と動態を説明しようとするだけではなく、非営利組織、非政府組織、政治、行政、など多様な組織体の多様な目的実現への応用を進めつつあります。

その意味で、「領域を超える」という言葉は、経営学全体をも指し示します。研究領域としての経営学と、その一部である国際経営論が目指すこと、それは共に領域を超えることでもあるのです。そして、実学としての両者が指し示そうとすることも、領域を超えることなのかもしれません。

私は、実践の理論としての経営学と、研究領域としての経営学の二面性を乗り越えるために、実践の側から旅を始め、研究の側の入り口にたどり着きました。そして、研究側での活動を通じて、また実践への貢献をもできる研究者でありたいと願っています。

私が研究領域として探究している国際経営論は、販促や人事といった具体的な議論の背景にある「国際」という事実がもたらす根源的な影響であり、より基本的な力を指し示すことが、私が研究者として目指している方向性です。そして、それを明らかにすることを通じて、同時に実践の理論としての国際化戦略を確立したいとも考えています。

「国際経営」を探究する学徒でありつつ、多国籍企業の幹部の方々と対等に議論させていただくために、実務と研究の両面で世界を飛び回る生活を続けてきました。言わば、双方の中間地点に立ち、既存の枠組みに縛られずに、しかし、過去の蓄積を解釈する力を身につけてきたからこそ見えたものがあると、私は確信しています。

本書では、私が編纂者となり、この国際経営論という領域に1つの新しい解釈をもたらしたいと考えています。そして、その解釈を通じて、国際経営論という経営学の研究分野の1つを、改めてご紹介しようと思います。

経営学全体の1つの分野を構成する、そして経営学全体とも似通う性質を持つ国際経営論の紹介を通じて、皆様に、この学問の持つおもしろさと、意思決定の参考となり得る原理原則、経験則、代替案をお伝えしたいと考えています。

第 II 部

「経営」はどのように国境を越えたのか

The Discipline of
Crossing Border

第3章

多国籍企業とは何か

　国際経営論は、経営学の1つの領域です。ただ、1つの領域とは言え、国際経営論全体を教科書のように詳細に解説することができるかと問われれば、その答えは本書の枠組みを大きく超えるものとなります。

　たとえば、国際経営論における世界最大の学会である「Academy of International Business（アカデミー・オブ・インターナショナル・ビジネス）」が設立されたのは1959年、参加者は近年1000名を超えています。つまり、この研究領域は少なくとも50年以上の歴史を持っており、その知識の体系は、すでに大きな広がりを持ちつつあるのです。

　とは言え、1つのテーマを選び、この国際経営という領域に関連する知識の広がりを示すことは、限られた紙面を持ってしても可能です。全体の枠組みから見ればそれは限られた一部に過ぎないとも言えますが、一部であるとはいえ、全体の議論の根源をなす知識と理論の体系を描き出すことから、全体像のイメージを捉えていただくことに大きな意義があると考えます。

欧米のビジネススクールにおいても、もちろん、私が学んだオックスフォード大学においても、歴史をひも解き、根源的な、より大枠の理解から深めていくのが定跡です。ここからは、「多国籍企業」という言葉を軸として、まずはその歴史と発展をどう捉えればいいのかを考えていきたいと思います。

「多国籍企業」とは何か

多国籍企業。

この言葉を聞いて、皆様は何を思い浮かべるでしょうか。

世界中に事業展開する。その結果として、数万人の従業員を雇用し、兆円を超える売上を誇る巨大な企業。そういった姿が思い浮かぶのではないかと思います。ときには、日本で事業を展開する外資系企業が思い浮かぶかもしれません。逆に、歴史と伝統ある日本の輸出産業を思い浮かべる方もいらっしゃるでしょう。

実際、この言葉自体の定義も様々です。

この研究分野の大家であるイギリスのレディング大学ヘンリー・ビジネススクールのアラン・ラグマン氏は、「多国籍企業は母国に本社を持ち、それ以外に1つ以上の国で活動を行う企業である」としています。[*1] 同じく、多国籍企業論の理論研究で世界的な成果を残したジョン・ダニング氏は、「多国籍企業は、対外直接投資を行い、1ヵ国以上において付加価値を生み出す活動を所有するか、なんらかの方法で支配する企業である」と定義しています。[*2]

これら以外にも、狭義の定義から広義の定義まで、この言葉自体が指し示すものには多くの広がりがあります。探究の対象とする概念自体に広がりがある。この事実そのものが、社会科学の1つの特性を示しているとも言えるでしょう。

なぜこうしたことが起きるのでしょうか。それは、社会と経済そのものが変化しており、私たちが多国籍企業と認識している組織体そのものの形すら、歴史と共に変化しているからです。

社会科学は、絶えず変化し続ける概念を捉え続けることが求められる学問体系です。過去には存在しなかったものを発見・認知することも、今は存在しない未来の概念の存在を予見することも行われます。多国籍企業という言葉が指し示すものも、絶えず変化し続ける概念なのです。

実は、この言葉が使われ始めたのはそれほど昔ではありません。経営学を探究する人間が「多国籍企業」を探究し始めたのは、1960年代からと言われています。

最初にこの言葉が登場したのは、1960年にデビッド・リリエンタール氏が「Management and Corporations 1985」というシンポジウムで発表した「The Multi-national Corporation（多国籍企業）」という論文です。[*3] さらに、同年に発表されたスティーブン・ハイマー氏の『The International Operations of National Firms』[*4]は、これまでの対外直接投資という国家単位での資

*1 Rugman, Alan M., and Collinson, Simon L. 2012. *International Business 6th Edition.* 38. Pearson.
*2 Dunning, John H., and Lundan, Sarianna M. 2008. *Multinational Enterprises and the Global Economy 2nd Edition.* 3. Edward Elgar Publishing.
*3 Lilienthal, David. 1960. "The Multinational Corporation. In Anshen, Melvin., and Bach, George Leland., eds." *The Management and corporations, 1985: a symposium held on the occasion of the tenth anniversary of the Graduate School of Industrial Administration, Carnegie Institute of Technology.* 183-204. McGraw-Hill.
*4 ハイマー氏の没後、1976年に書籍として出版された。Hymer, Stephen H. 1976. *The International Operations of National Firms: A Study of Direct Foreign Investment.* MIT Press.（『多国籍企業論』宮崎義一編訳、岩波書店、1979年）

金移動を中心とした分析から、1つひとつの企業に着目した分析が主流となる、転換点となりました。

その後、国を単位としてではなく企業を単位として、なぜ海外に存在する経営資源に対して、企業自身が直接投資を行う必然性があるかについての学術研究が、幅広く行われるようになります。その結果として、さらに様々な言葉が生まれました。それは観察対象である組織体の特性の変化に対応して、異なる言葉を用いることもできるからです。

そして現代では、国内企業、国際企業、多国籍企業、グローバル企業（または世界企業）という言葉を別々の概念として捉え、その言葉の使い分けによって各企業の国際化の段階を示すことが、少なくとも教科書のうえでは行われています。

すなわち、国内企業（Domestic company）を海外との取引がないか、海外とは輸出入のみを行う企業、国際企業（International company）を、母国を中心として海外に生産や販売などの拠点を展開する企業、多国籍企業（Multi-national company）を、母国以外にも拠点となり得るべき中核拠点が存在し、世界の主要市場で事業を展開する企業、グローバル企業（Global company）を、多国籍企業よりも広範囲な事業機能を多様な地域で展開する企業とみなすことができます。

このように、多国籍企業という言葉は、厳密には企業の国際化の段階を示す1つの言葉とも言えます。しかし一般には、「多国籍企業」という概念は、これらの国際化の段階の言葉の区別なく、単に国際展開をしている企業として認知されているのではないでしょうか。

近年では、グローバル統合企業（Globally integrated enterprise）という概念も提唱されています。これはＩＢＭの会長兼ＣＥＯ（最高経営責任者）であったサミュエル・パルミサーノ氏が、２００６年の『Foreign Affairs（フォーリン・アフェアーズ）』に寄稿した「The Globally Integrated Enterprise（グローバル統合企業）」という論文*5によって言及されている概念です。その中では、国や地域にかかわらず、必要な事業機能を最適な場所から動的かつ柔軟に調達し、提供できる企業であると説明されています。

従来の企業の概念が、本社を中心として海外に拠点を作り、権限移譲を通じて各市場や商品群への最適化を図っていたのに対して、グローバル統合企業は、経営資源を世界規模で一元管理すると同時に、それを世界規模で最適化、同期化し、それにより国や地域の枠を超えて必要な資源を調達し、最適な商品やサービスを柔軟にそして迅速に顧客に提供できる組織とされています。

つまり、１つの本社が特定の国に存在し、絶えずそこを中心に事業を展開するという発想は、もはや最先端とは成り得ないという主張です。それぞれの事業ごとに、事業を展開するうえで最適な拠点ポートフォリオが存在するとし、その最適な拠点ポートフォリオは、市場状況に応じて柔軟に変化させるべきだという主張にもつながるでしょう（詳細は第11章２１８ページ）。

*5 Palmisano, Samuel J. 2006. “The Globally Integrated Enterprise.” *Foreign Affairs* 85(3): 127-136.

中心機能を柔軟に移転させる企業の登場

実際、そのような動きは現実的に起きています。

身近な例を挙げれば、２０１２年の三菱商事の発表は象徴的なものとも言えます。２０１２年12月、三菱商事は売上高７０００億円以上を誇る金属資源トレーディング事業の本社機能をシンガポールに移管しました。[*6] 素材需要の中心がアジア新興国に移りゆくなか、金属資源トレーディング事業の経営幹部、戦略立案機能、人事機能などの主要機能を、より市場に近いシンガポールに移転させるという意思決定です。日本を象徴する企業の1つとも言える三菱商事が、日本国内事業の売上が極めて大きいにもかかわらず、金属資源トレーディング事業の本社をシンガポールに移管したことは大きな反響を呼びました。

これには、より市場を熟知した人材を確保し、税制面での優位を最大限に活用し、国内への依存をできるだけ早期に解消したいという思惑が見てとれます。日本という国が衰退している、していないという議論とは関係なく、企業は全世界市場を吟味し、最適な事業構成を探し求めているのです。

また、２０１２年5月には、日産自動車も、北米をはじめ全世界で展開している高級ブランドであるインフィニティの本社機能を香港に移転しました。[*7] 日本市場では販売されていないイン

＊6　三菱商事. 2012-12-21. "シンガポールにおける金属資源トレーディング子会社の新規設立と金属資源トレーディング事業の会社分割（吸収分割）による三菱商事ユニメタルズへの承継に関するお知らせ", http://www.mitsubishicorp.com/jp/ja/pr/archive/2012/html/0000017938.html,（アクセス2013-12-20）.

＊7　Nissan Motor Company. May 23, 2012. "Eyeing Expansion, Infiniti Opens Hong Kong Global Headquarters.", http://reports.nissan-global.com/EN/?p=4715, (accessed 2013-12-20).

フィニティブランドの経営機能を、成長市場である中国の玄関口であり、また東南アジアへも地理的に近い香港に配置することで、より現地市場のニーズを反映したマーケティングにつなげていこうとしていると言われています。

インフィニティにとって、北米に次ぐ第二の市場である中国で販売の意思決定を一元化すると同時に、人材の採用面でのメリットも大きいとの観測もあります。香港であれば、日本よりも容易に実績と実力ある企業の経営幹部を採用することができます。また、中国市場を重視すると考えたとき、香港において中国市場を理解する人材の層の厚さは言うまでもないでしょう。

同様に、2013年12月には、日立製作所が情報・通信システム事業や鉄道事業の本社機能の一部を海外に移転する方針を明らかにしています。これは、売上高目標や投資計画を立案する機能を移転する計画で、情報・通信システムの戦略部門をアメリカに、鉄道事業をイギリスに移転させるというものです。

日立製作所の中西宏明社長は、毎日新聞のインタビューに対して、「市場の一番盛り上がっているところ、変化の激しいところにコントロールタワーを持っていくことが重要。いろいろな判断を現地側でやらないと本当の成長はできない」と語っています。[*8] もはや本社機能の分散配置は、珍しいものではなくなりつつあります。

さらに、より機動的に本社機能を移動させるという意思決定も行われています。

*8 横山三加子. 2013-12-09.「日立社長:本社機能の一部、来年にも海外移転へ」毎日新聞, http://mainichi.jp/select/news/20131210k0000m020064000c.html,（アクセス2013-12-20）.

顕著な例としては、世界的なホテルチェーンであるスターウッド・グループを挙げることができるでしょう。2011年6月、スターウッドは、経営機能を1ヵ月間中国に移動するとして話題を呼びました。その成果をもとに、2013年4月には、今度は本社機能をドバイに1ヵ月間移転させています。[*9]

本社機能を1ヵ月移転させるとは、どういうことでしょうか。計画では、200名以上のスターウッドの経営幹部がアメリカ、ヨーロッパ、アジアからドバイに滞在し、ドバイから各地域のオペレーションを監督すると同時に、中東各地域の顧客や関係各社を精力的に訪問するとしています。

このような意思決定の背景として、スターウッドのCEOであるヴァン・パーシャン氏はこう述べています。

「新たなホテル開発案件の8割以上は急速に成長する新興市場に存在する。真に世界的な事業をコネチカット（スターウッドの本社）から運営するのは単純に不可能である」

成長の中心地点に経営幹部を配置し、その中心が移動するとともに、機動的にその中心を変えていく。そういったことも現実的となりつつあるのです。

もちろん、多くの企業にとって、パルミサーノ氏の提唱した概念を実現することは困難です。事業と組織構造の柔軟性、経営幹部の指導力、様々な要素が合わさってはじめて、極めて複雑な組織運営のうえに実益を重ねることができるようになるためです。

*9 Starwood. March 4, 2013. "Starwood Hotels and Resorts Relocates Global Headquarters to Dubai for Month-Long Immersion.", http://development.starwoodhotels.com/news/5/540-starwood_hotels_and_resorts_relocates_global_headquarters_to_dubai_for_month-long_immersion, (accessed 2013-12-20).

実際、アラン・ラグマン氏とアラン・バーベク氏が2004年に『Journal of International Business Studies（ジャーナル・オブ・インターナショナル・ビジネス・スタディーズ）』に発表した論文[*10]では、多くの企業は依然として母国とその周辺市場に大きく依存していることが説明されています。そこでは、売上規模上位500の多国籍企業の売上分布を分析すると、平均して8割以上の売上が、その企業の本社が存在する地域内に帰属していると指摘されているのです。

この論文はすでに10年前の論文です。したがって、その後の急速な変化はこの状況を変えつつあることも考えられるでしょう。しかし依然として、私たちの直面している現実は、想像よりも進んでいないのかもしれません。

1つの企業からは全体像が見えない時代

ある種の未来を予言しようとしたパルミサーノ氏が提唱した概念は、すでに10年近く前の概念となりました。依然としてその概念を体現させようとしている企業は、一部の限られた企業にすぎないのかもしれません。しかし、最先端を望む組織は、その先を見据えているはずです。

私は、OECD（経済協力開発機構）が制定している「The OECD Guidelines for Multinational Enterprises（OECD多国籍企業行動指針[*11]）」が述べる特徴が、多国籍企業が直面している事実、そして未来の姿を最も反映していると考えています。

*10 Rugman, Alan M., and Verbeke, Alain L. 2004. "A perspective on regional and global strategies of multinational enterprises." *Journal of International Business Studies* 35(1): 3-18.
*11 OECD. 2011. "OECD Guidelines for Multinational Enterprises.", http://www.oecd.org/daf/inv/mne/oecdguidelinesformultinationalenterprises.htm, (accessed 2014-1-26).

２０１１年の定義は次のようなものでした。

「多国籍企業体は、経済のすべての領域に存在する。多国籍企業体は通常、１つ以上の国に設立された、いくつかの企業や他の組織体によって構成され、それらの企業や組織体はそれぞれの事業を様々な形態によって協働させている。これらの協働においては、限られた数の企業が他の企業の活動に多大な影響を与えることがあり得るが、その権力の程度はそれぞれの構成体によって様々である。そして、その所有の形態は、私有、公有、その混在がある」

ここでは、「Multinational Enterprises」を多国籍企業ではなく、「多国籍企業体」と訳しました。[*12]

それは私が、現代における多国籍企業論は、企業単体ではなく、ＯＥＣＤが提唱するような価値の連鎖、すなわち、複数の企業の集合体として分析を進めるべきであると考えているからです。

世界は絶えず形を変えており、それに伴って多国籍企業の最先端も進化しています。多国籍企業とは何かを考えるときに、１つの企業だけを見ていては、全体像はもはや見えない時代となりつつあるとも言えるのです。

約50年前に、多国籍企業論は国家単位の投資行動の分析から、企業単位の投資行動の分析に進化しました。それと同じように、私たちが捉えるべき多国籍企業の形は、単一の企業から複数の企業の集合体へと変化しつつあるのです。

そのため、地理的な選択を動的に柔軟に行えると同時に、未来の多国籍企業は１つの企業としての境界も動的に柔軟に行える企業であるべきなのです。それは、世界的な価値の連鎖をどのよ

*12 日本政府の訳は、「これらの企業は,通常,二以上の国において設立される会社又はその他の事業体から成り,様々な方法で活動を調整できるように結び付いている。これらの事業体の一又は二以上のものは,他の事業体の活動に対して重要な影響力を行使し得るが、企業内における事業体の自治の程度は,多国籍企業毎に大きく異なり得る。その所有形態は,民有,国有又はその混合たり得る」（OECD［経済協力開発機構］閣僚理事会. 2011-5-25."OECD 多国籍企業行動指針　世界における責任ある企業行動のための勧告 2011年", http://www.mofa.go.jp/mofaj/gaiko/csr/pdfs/takoku_ho.pdf, [accessed 2013-12-20].）

うに設計するべきか、という問いでもあります。複数の企業群がおりなす価値の連鎖のネットワークを理解することが、現代における多国籍企業論の研究課題です。

第4章

多国籍企業はいつ生まれたのか

多国籍企業の起源に迫る

多国籍企業の起源はどこにあるのでしょうか。

よく耳にする説明は、東インド会社が世界最初の多国籍企業だとするものです。組織としての組成は1600年設立のイギリス東インド会社が、株式会社としての設立年の観点からは1602年のオランダ東インド会社が最古とされます。

しかし、国家の権力を背景として植民地諸国に領土と自治権を持ち、さらには数千人規模の軍隊と100隻以上の軍船を保持していたこれらの組織は、見方によっては国家の一部であり、独立した営利組織であるとは必ずしも言えないかもしれません。

実際、20世紀前半から急速に拡大した国際石油資本をその起源とする議論も可能でしょう。第二次世界大戦後に急速に成長したフォードやユニリーバなどの民間多国籍企業をその先駆けとすることも可能です。

つまり、この議論は、多国籍企業をどのように定義するかによって答えが変わるのです。

実はOECDのような広い定義、すなわち現代の多国籍企業の事業運営の実態を反映するような定義を用いて多国籍企業の起源を遡ろうとすると、それは商いと交易の時代にまで遡ります。文明の黎明を背景として地域の多様性が生まれ、それにより交易の可能性が生まれた時代、それは今よりも数千年以上昔の話です。

その起源をどこまで遡れるのか、私たちにはわかりません。なぜなら、証拠がほとんど残っていないからです。

数千年前というと、記録を残すこと自体が特別な行為であり、また手間のかかる行為でした。現代のように電子的に自動で記録される世界ではありません。石を削り、石版に彫り込むことが必要な時代でした。人間同士のつながり、行動様式や技術の伝播、地理的広がりを拡大していく行為を国際化と言うのであれば、その起源は有史以前に遡ります。

ジョージタウン大学のジョン・マクニール氏とシカゴ大学のウィリアム・マクニール氏は、世界の発展を人間同士の交換行為、協調と競争行為の網の目の広がりと考えたとき、世界の歴史は再解釈ができると説明しました。彼らが2003年に出版した『The Human Web（人類のネットワーク）』[*1]は、人間社会とそれが創り出した文明の発達を、濃淡のある網の目（web）の発達と捉え

＊1　McNeill, John. R., and McNeill, William H. 2003. *The Human Web: A Bird's-Eye View of World History*. W.W. Norton.

ています。そして、交易、すなわち都市間の情報と物品の交換の起源を、メソポタミア文明の起源であるシュメールの都市間交易、すなわち紀元前4000年頃に求めました。

もちろん、人間のある特定の集団と、離れた場所にいる別の集団の間の情報や物品の交換を交易の起源とするのであれば、それは人間の存在以前にまで遡る歴史を持つと言えるかもしれません。いずれにせよ、私たちは限られた貴重な記録を頼りに、人類の起源を追うのと同じように、国際経営の起源を追う必要があるのです。

紀元前3400年の多国籍企業

では、明確に記録の残っている多国籍企業の起源を考えたとき、どこまで遡ることができるのでしょうか。マクギル大学のカール・ムーア氏とカリフォルニア州立大学のデビッド・ルイス氏は、2009年に出版した『The Origins of Globalization（グローバル化の起源）』[*2]において、記録に残る最古の組織的な交易行為の記録は、やはりメソポタミア文明まで遡れると説明しています。

チグリスとユーフラテス川に囲まれた肥沃な大地に起こったメソポタミア文明は、紀元前3500年頃には文明としての明確な形を持つに至りました。遅れること数百年してエジプト文明が生まれ、さらに遅れて紀元前2600年頃にはインダス文明が登場しています。

これらの文明のそれぞれにおいて、交易は行われていたでしょう。定住し、食料を生産し、特

*2 Moore, Karl., and Lewis, David C. 2009. *The Origins of Globalization*. Routledge.

定の階層が社会を支配し、人々の分業が始まります。そして、組織の定義を、2人以上の人間が継続的に特定の目的を達成するための仕組みとするならば、この時代には組織が存在した明白な事実が残っています。

実際、紀元前4000年頃のレバント、すなわち東部地中海沿岸地方、現在のイスラエルやレバノンの地域にはすでに多数の工場があり、分業体制が確立されていたという指摘があります。[*3]つまり、紀元前4000年前にはすでに、現在の私たちが「企業」と読んでいる組織の原型が存在していたと言えます。

同じく、カール・ムーア氏とスーザン・ライド氏が2008年に『Business History（ビジネス・ヒストリー）』に発表した論文[*4]は、マーケティングにおけるブランディングという行為の起源は、少なくとも紀元前2250年のインダス文明や紀元前300年のギリシャにまで遡ることができると説明しています。つまり、ある組織が、自らの生産した製品を別の組織の製品よりも優れたものであると主張する行為の起源も、少なくとも紀元前2250年まで遡ることができるのです。

文明の登場以前から、人間は助けあうことにより暮らしを豊かにしてきました。狩りにおける役割分担は、企業における役割分担に近い概念も存在します。成果の予想がなくしては、農作物への投資は成り立ち得ません。まさに原始的な形であれ、私たちは人間となると同時に、あるいはそれ以前から、事業と組織の原型を持っていたのです。

*3 Peregrine, Peter N., and Ember, Melvin., eds. 2002. *Encyclopedia of Prehistory: Volume 8: South and Southwest Asia*. Kluwer Academic/Plenum.

*4 Moore, Karl., and Reid, Susan. 2008. "The Birth of Brand: 4000 Years of Branding History." *Business History* 50(4): 419-432.

そう考えれば、多国籍企業の起源が数千年前に遡ることも不思議ではありません。もちろん、多国籍企業が行う国際経営という行為も、突然登場したなどということはあり得ないでしょう。人類は次第に知識と経験を積み重ね、そして次第に交易すなわち交換行為を行う対象を広げていったことが想像できます。

まさにジョン・マクニール氏とウィリアム・マクニール氏が説明するように、網の目のような人間同士のつながりが次第に成長していき、濃淡を見せ始め、お互いにつながりあうことで、私たちが交易と認識する行為に発展していったと考えられます。

最初は同じ集落の内部において交換行為を行っていた集団が、次第に集落間での情報交換の習慣を身につけ、物品の交換を始めました。そしてその交易が次第に距離を増し、その頻度を増していく。それが積み重なることで、次第に私たちが交易と呼ぶような広がりと規模を示すこととなったのでしょう。

この時代には、チグリス川とユーフラテス川が大きな役割を果たしたと見られています。川という〝高速道路〟を用いることで、人間の力だけでは運び得ない物量を組織的に取引することが可能となったのです。川という自然を船という技術を使って人間が活用することで、数百キロを超えて人と物が行き来することも現実的に可能となりました。

ある時点から、人々の交換行為の密度に濃淡が生まれます。そして次第に、交換行為が頻繁に行われる場所、すなわち都市が成長しました。

この発展に大きな役割を果たしたのは、統治の権力と宗教施設でした。なぜなら、権力と宗教施設の中心には、お金と人が集まるからです。すなわち、人々は自発的か、それとも権力によって半強制的になのか、宗教施設を中心とした都市に資源を集約させ、神に祈るための供物として捧げ、もしくは神に祈るための施設やその装飾として用いました。

人々が集えば、そこに集う人々に対してのサービスを提供する商業が発展し、さらに都市が成長していきます。紀元前3500年には、ウルク（古代メソポタミアの中心都市）の人口は1万人を超え、600年後の紀元前2900年には5万人を超えたと言われています。現代に比較すれば緩やかな成長と言えますが、都市は着実に経済活動の規模を拡大していきました。

さらに、都市の中心たる宗教施設、すなわち寺院が、資源の集積と人々を動員する力を用いて次第に広い領域との交易を開始します。そして、記録に残る人類最古の多国籍企業体としての体制を持つに至るのです。

紀元前3400～3200年頃のウルクの寺院は、北部ペルシア、レバント、コーカサスをつなぐ交易経路を活用し、それを支配しようとすることを狙って次第に活動領域を広げていきました。ロバの隊列と木舟の往来によりサプライチェーンを構築し、彼らは北部の拠点から銅や木材などの資源を調達し、それを容器や道具に加工して一般家庭や他の寺院に提供していました。

先述の『グローバル化の起源』では、ウルクの寺院の交易活動についてこう解説しています。

「ウルクの寺院は、交易拠点をイラン西部、そして陸路と水路が交差する重要都市であるニネベ（イラク北部）、テル・ブラック（シリア北部）、サムサット（トルコ東部）、そしてカルケミシュ（トルコとシリアの国境付近）に持っていた。（中略）現在の地中海東部沿岸地方とイランをつなぐウルクの交易拠点は、不完全ながらも現代の多国籍企業への最初の一歩である。各拠点は寺院によって直接運営され、遠方の母国から指示を受けると同時に、異国の地に継続的に拠点として存在して経営資源と、さらに後には市場すら探し求めていた」

すなわち、ウルクの寺院は、自らが支配力をおよぼせる領域から遠く離れた場所に複数の拠点を継続的に直接所有しており、その拠点を活用して経営資源を調達すると同時に、製品市場を探し求めていたのです。これは、前章の多国籍企業の定義に極めて近いと言えるでしょう。

もちろん、寺院と現代の多国籍企業とは異なり、所有者がはっきりしていたわけではなく、利益を追い求めていた事実や、各拠点で生産活動に従事していたかどうかまでは確認できません。しかし、カール・ムーア氏とデビッド・ルイス氏が言うように、少なくともこれは「Proto-multinationals」、つまり多国籍企業の原型と言えるかと思います。

寺院の構成員は、当時の文明によって認識されていた「世界」を、織物や穀物を銅や希少石や材木と交換するために、隅々まで縦横無尽に活用していました。当時の限定された世界と、限定された技術、限定された商材によるとはいえ、これだけの広範囲に交易を展開していたその運営は見事なものと言えます。

つまり、多国籍企業の起源は、少なくとも紀元前3400年頃まで遡ることができるのです。

歴史から、現在の研究課題を考察する

無論、現代の企業と、紀元前数千年前に行われていた交易は大きく異なります。しかし、現代の企業に対しても示唆に富む発見を、歴史の事実は伝えることができるのです。経営学というレンズを通してみると、歴史となった事実もまた別の事実として見えてきます。

たとえば、アブラハム・カーメリ氏とギデオン・マークマン氏が2010年に経営学のトップジャーナルである『ストラテジック・マネジメント・ジャーナル』に発表した論文[*5]は、ローマ帝国の歴史から経営学に知見をもたらした作品です。

この論文がテーマとしたのは「組織の復元力（Organizational resilience）」、すなわち、組織の停滞や困難に対して対抗し、それを克服する能力でした。これはローマ帝国を1つの組織とみなして、なぜ長期にわたってそれが繁栄したかを分析し、戦略論への知見を得ようとした研究です。

この論文が指摘するように、たしかにローマ帝国は極めて優れた「組織運営」の事例です。最大で230万平方マイルの領域を支配し、そして1000年以上継続しただけではなく、言語、科学、宗教、建築、哲学、法律、そして統治にいたる広範な遺産を後世に残しました。

統治機構としてのローマ帝国にとってなぜそれが可能であったのか、この論文ではとくに成立

*5 Carmeli, Abraham., and Markman, Gideon D. 2011. "Capture, governance, and resilience: strategy implications from the history of Rome." *Strategic Management Journal* 32(3): 322-341.

初期の紀元前509年から338年の期間に着目し、ローマ帝国の戦略を分析しています。そしてその分析を通じて、組織がどのように優れた「組織の復元力」を獲得することができるのかを立論しています。

そしてその分析の結果として、ローマ帝国の初期の成功の背景には、市場（領土）を拡大する「獲得戦略（Capture strategy）」と市場（領土）の管理監督を最適化する「統治戦略（Governance strategy）」が必要であるとして、さらにその2つの戦略を補完する4つの補助的戦術（「省力化（Saving power）」「拠点化（Stronghold base）」「孤立化／弱体化（Isolating and weakening）」「前哨拠点化（Forward outposts）」）があると主張しました。

歴史上となっているからこそ、数多くの研究や記録をもとに、現代にも示唆に富む知見を生むことができた事例と言えるかもしれません。

歴史から学ぶという観点では、ジョン・アンドレアス・オルセン氏とコリン・グレイ氏が編纂し、軍事戦略の歴史を扱った『The Practice of Strategy（戦略の実践）』[*6]のような作品も示唆に富みます。この作品は、営利企業の戦略ではなく、まさに軍事戦略の歴史を取り扱った作品ですが、もちろん実務家としての目を通せば、学びを得る要素も多いと思います。アレクサンダー大王の大遠征や、100年戦争、そしてナポレオン戦争。政治や社会の変遷としてではなく、これらを組織運営、戦略の立案と実行と捉えたとき、現代の経営組織にも有意義な知見を見出すことができるでしょう。

＊6 Olsen, John Andreas., and Gray, Colin S., eds. 2011. *The Practice of Strategy: From Alexander the Great to the Present*. Oxford University Press.

実際、軍事の専門家と経営の専門家の共同により執筆された『失敗の本質』[*7]は、歴史から経営学を学ぶという観点からは極めて優れた成果を挙げていると言えます。この本は、組織の構造と運営という観点から戦時体制下の日本軍を分析した名著であり、破綻に至る組織の構造と統制に関してのある種の真理を書き表しています。

また、スレシュ・コーサ氏が2010年に『Strategic Entrepreneurship Journal（ストラテジック・アントレプレナーシップ・ジャーナル）』に発表した研究開発に関する論文[*8]も、すでに50年近くを遡った第二次世界大戦後の初期のアメリカにおける最初の民間ジェット旅客機の開発の事例をもとに、現代にも通じる知識流通の知見を生み出しています。この論文では、ダグラス・エアクラフトやロッキード、そしてボーイングなどの企業間において、製品開発の知見がどのように生み出され、組織間を流通したかを議論することで、現代にも適応できる優れた知見を与えました。

経営という行為は、人類の起源にまで遡る行為です。そして、そのような過去を眺めることからも、私たちは経営という行為とそれを行う組織に関する有益な知見を得ることができます。

経営学は領域学的な学問であり、数限りない理論体系を応用することができます。そして同時に、経営という行為と、それを行うための組織は、広義に捉えれば人間社会の起源から始まる膨大な広がりを持っているのです。つまり、経営学を通じて世界を見ることはできるのです。

事業に用いられる技術や、事業が運営される市場環境が異なるとはいえ、根源的には紀元前の多国籍経営と現代の多国籍経営は、多くの共通項、すなわち似通った困難と可能性を持っている

*7 『失敗の本質——日本軍の組織論的研究』（戸部良一・寺本義也・鎌田伸一・杉之尾孝生・村井友秀・野中郁次郎著、ダイヤモンド社、1984年）
*8 Kotha, Suresh. 2010. "Spillovers, spill-ins, and strategic entrepreneurship : America's first commercial jet airplane and Boeing's ascendancy in commercial aviation." *Strategic Entrepreneurship Journal* 4(4): 284-306.

と言えます。遠隔地に進出することによる困難と、遠隔地に進出することがもたらす有形無形の便益を比較したとき、便益がコストに勝る場合に遠隔地への進出が長期的に継続可能であると単純化することもできます。

さらに広く捉えれば、多国籍企業という研究領域においてだけではなく、戦略や組織、そして研究開発などの他の領域においても、歴史を通じて根源的な要素を抽出しようとする努力には大きな意義があるといえるでしょう。

第5章

権力と技術で発展する多国籍企業

太古の世界に始まった経営という行為とそれを行うために誕生した組織は、その後、幾多の変遷を経て現代の姿に進化しました。そこには多くの起業家たちの創造的行為があり、数々の偶然が作用しています。

しかしながら、そこにひときわ大きな影響を与えた外的要因が2つあります。

それは、権力と技術です。

古代法典にみる国家権力の作用

国家権力の作用は、様々な形態をもって現れます。それはあからさまであることもあれば、表に出ない形であることもあります。気まぐれなこともあれば、法の形式に従い規則的に適用されることもあります。すなわち、果たして国家権力がどのように国際経営の発展に寄与したかに一様の答えを出すことは困難と言えます。

しかし、答えを出せないとしても、いくつかの例を示すことは容易にできるでしょう。

前章で、多国籍企業の起源は少なくとも紀元前3400年頃まで遡るとしました。その当時やそれ以前においても、ときの権力がなんらかの保護やなんらかの規律の制定に動いていたことは考えられます。なぜなら、世界最古のいくつかの法典、すなわち体系的に編成された成文法の集合体にも、既に交易の核となる用船に対して、いくつかの法制度が明示されているからです。つまり、交易が国家にとっての重要な活動であることが、すでに認識されていたのです。

たとえば、紀元前1930年頃に制定された「エシュンナ法典」には、船長の過失により交易の積載物に損失があった場合は、船長に補填の責任があると記載されており、また貨車や船、そしてロバの賃貸の価格に関しての規制が行われていることがわかります。[*1] また、紀元前1960～1870年頃に制定された「リピト・イシュタル法典」にも、欠損が多いため詳細は不明ではあるものの、第4条と第5条に、交易にとって最も重要な手段である用船（Hiring of boats）に関する記述があることが発見されています。[*2]

「目には目を」で日本でも一般に知られている、紀元前1750年の「ハンムラビ法典」には、より詳細な成文法があります。そこには、船の運賃は積載できる量に比例して定額であることや、造船の費用は大きさに対して一定とし、造船所は1年間の保証を付ける義務が示されています。

＊1　Yaron, Reuven. 1988. *The laws of Eshnunna*. Magnes Press.
＊2　Steele, Francis R. 1948. "The code of lipit-ishtar." *American Journal of Archaeology* 52(3): 3-28.

さらには、船代は前払いとして、運送代理店が支出に対して責任を持つことが求められています。

これらの背景に国家が交易の重要性を認識した事実があるのは、想像に難くありません。

すでに紀元前2000年頃には、メソポタミア文明の人々は、材木や油をエジプトのメンフィスに輸出し、油やデーツなどの果実をバーレーンに送り、象牙をインドから輸入していました。数万人が居住する都市が多数存在しており、周辺部から都市部への食料輸送だけではなく、それらの都市をつなげる交易は大きな重要性を持っていたと考えられます。

無論、それ以後の世界でも、そして現在でも、国家による貿易に関する介入は随所で見られます。国家が交易を促進するために法規を整備し、そして国境通過のプロセスを簡略化して関税負担を軽減させることは、揺り戻しもありながらも、大きな流れとしては少しずつモノとサービスのやり取りを容易にしてきました。

また、国家間の協調関係も大きな影響を与えました。

たとえば、12世紀頃から成立したハンザ同盟は、ドイツの都市国家間の通商協定であり、14世紀には現在のロシア西部沿岸からイギリス南部沿岸に至るまでの広がりを見せました。この同盟を背景として、各地の商人は積極的に新しい交易路を開拓し、そして新たな商材によって遠隔地をつなげていくことになります。

近年でも、2013年に日本が参加を表明したTPP（環太平洋戦略的経済連携協定）は、このような国家間協調の例と言えます。またこれに限らず、NAFTA（北米自由貿易協定）やメルコスール（南米南部共同市場）、そしてEU（欧州連合）のような多国間協定の形態は、現在には無数に存在します。もちろん、二国間で締結される協定の重要性は言及するまでもありません。

より広範囲な国と地域を含む枠組みとしても、GATT（関税及び貿易に関する一般協定）や、それを発展させたWTO（世界貿易機関）の枠組みをはじめとする国際機関の活動が、広範囲にわたって国家間の貿易を進展させる流れに影響を与えてきました。

「権力」と、その企業への影響

こうした自由貿易の流れによって、不利益を被る生産者も存在するでしょう。

より低コストで生産できる国と地域や、より高度な技術を持つ国と地域で生産されたモノやサービスが容易に流入する環境を作り出すことは、総体としての生産量を引き上げることにつながるとしても、すべての生産者を幸福にするとは限りません。なぜなら、生産の再編の過程において、一部の生産者に対して便益がもたらされ、一部の生産者の困難をもたらすからです。

これは何も新しいことではありません。たとえば、国内においても、全国に展開するチェーン店が地方に進出することで、消費者が多くの場合より安く、より多くの商品やサービスを得るための代償として、効率性に劣る数多くの規模の小さな事業者が危機に直面しました。

すなわち、これは消費者の立場からすれば、同水準の商品がより安く手に入る可能性が高まるということも意味しています。また、これまで手に入らなかった商品に手が届くようになるという意味にもつながるかもしれません。

そして、モノやサービスの流通が促進されることは、国際展開をできる優位性を持つ組織が、より高度な国際化の次元に到達することを促進するでしょう。その善し悪しはわからずとも、少なくとも、一部であれ多国籍企業という形態の発展につながることは、たしかなように思えます。

国家間の協調が国際経営の発展を助ける一方で、国家間の対立はときに国際展開を妨げます。とくに戦争のような事態では、敵性国家との間の輸出入は消滅し、また現地で運営されていた組織はその資産を没収されることが多々あります。経済危機を背景とした各国の保護政策が行き過ぎれば、世界恐慌後に発生したようなブロック経済化が進行することもあり得ます。

また、自国の企業が海外で成功することは国家にとっての便益が存在するため、1つひとつの国家も、それぞれ輸出産業の保護育成政策を行います。国家はTPPやWTOのような要請との折り合いをつけながら、関税や非関税障壁により自国の産業を守り、同時に自国の産業が国際競争力を付けることができるように、多様な側面からの支援や統制を行ってきました。

様々な揺り戻しもありながらも、しかし、総体としての国際協調の進展と、各国の輸出入自由化政策の結果として、現代はより複雑で高度な国家間の経済的つながりを持ち得るように成長してきたのが現実です。

もちろん、ここで言う権力とは国家権力のみを指し示すものではありません。国家が統治を行う以外にも、市場の参加者自身が話し合いの場を設けることで市場全体に統制をおよぼすことが行われています。

顕著な例は、技術標準です。

たとえば、1906年に設立されたIEC（国際電気標準会議）は、広範囲におよぶ電気電子工学技術の体系を標準化しています。製品の開発や販売に用いられる単位や用語を統一し、また部材の信頼性、互換性、安全性を担保しています。

また、1947年設立のISO（国際標準化機構）は、多少の重複はあるものの、IECがカバーしない広範な領域の標準化を推し進めています。その他にもIEEE（アイ・トリプル・イー）は、学術会議という性格以外に規格制定と標準化の推進を行っており、同様の団体は他にも多数存在します。

このように公に存在とその影響力が認められている組織以外にも、市場に対して統制を与える市場参加者の集団は存在します。限られた参加者がその他の参加者に統制を与えることも、全員が民主的に統制を実現することもあるでしょう。行き過ぎれば取引の促進に害悪となりますが、こうした非公式のつながりが国際化を助けることは、往々にしてあり得るのです。

これらの国際的な団体がもたらす力は、国家権力に勝るとも劣らない部分があります。その力とは、国境を越えて、考え方や慣習の違う企業同士の取引のコストを低減させ、ときとしてそれに参加する企業の競争力を高めることができる力です。国境を越えた企業間の連携が少しずつとはいえ主流となりつつある事実に、こうした工業規格などの普及とその利用は少なからず影響を与えています。こういった人工言語の整備は、英語やフランス語などの代表的な自然言語の世界的な普及以上に、国際経営に大きな意味を持ちました。

影響力のある外的要因として、市場全体に影響力をもたらすことのできる権力の影響は、極めて重要なものです。紀元前の時代とは異なり、現代社会には数多くの技術標準や規制、条約、国際協調体制などが存在します。

これらの段階的な整備と発展とときを同じくして、多国籍企業は国際化の程度を高め、そして、その高まりがさらに高次元の国際協調や標準化の呼び水となる循環が連鎖してきました。パックス・ロマーナ（ローマの平和）の時代に地中海貿易が急拡大したように、統治機構の安定と統合、集団内における意思の共有、そして離れた地域間での自然言語と人工言語の統一は、地域間交易を強く推進したと言えるのです。

国際経営進化の源泉をバスコ・ダ・ガマに見る

権力と並びもう1つの外的な原動力となったのは、技術の進化と言えます。

もちろん、技術の進化と言ってもその進化の形態は様々であり、その影響がもたらす範囲も多様です。しかし、なかでもとくに多国籍企業の進化、ひいては国際経営の進化に最も大きな影響を与えたのは、人と物の移動手段の発達と、情報通信やグローバルなメディアの成長です。

たとえば、海運の世界における革新は、鉄道輸送や航空貨物の発展以上に、紀元前から現代にわたって大きな影響をもたらしてきました。無数の事例があるかと思いますが、ここでは海運の専門家であるマーティン・ストップフォード氏が2009年に出版した『Maritime Economics 3rd edition（海運経済学・第三版）』[*3]に説明されている例を1つ紹介します。

この本は海運に関する包括的な解説書で、海運の歴史から船舶の設計、そして船舶運賃の計算に至るまで、800ページ以上にわたって専門家以外にも理解できる良書です。その中に記載されていた、バスコ・ダ・ガマがいかにして喜望峰を抜ける航路を開拓したかというエピソードはとても興味深いものでした。

なぜなら、国際経営の広がりを飛躍させたこの航海の成功の背景には、まさに技術の進化が欠かせなかったと言えるからです。そして、それは単にある技術や手段が発明されたという事実ではありません。技術の進化と、ときの権力者と、冒険者たちが織り成した物語の結果としての、国際経営の進化なのです。

当時、つまり15世紀の終わりに至るまで、インドと西欧を結ぶ交易ルートは中東を経由せざるを得ない状況が長く続いていました。交易ルートを押さえた中東の商人たちは、アジアの香辛料

＊3 Stopford, Martin. 2009. *Maritime Economics 3rd edition*. Routledge.

や物品を西欧の装飾品などと交換することで莫大な利益を挙げていたのです。

それは代替ルートが存在しないという事実が築き上げた独占の優位によるものでした。そして、極めて高い交渉コストや不確実性を背景に、この2つの領域のつながりは極めて限定的なものでした。

この状況を背景として、幾度にもわたり西欧からアフリカ大陸西岸を抜けて喜望峰へと到達するルートに挑戦者が挑みました。しかし、風と潮流に依存する当時の外洋船では、南岸に到達することは極めて困難でした。

海洋と気象に関する理解が進んだ現在であれば、その理由は明白です。アフリカ西岸では、年間を通じて潮流が南から北に向かって流れています。そして風も同様です。季節を問わず、絶えず目的地である喜望峰の方向から風が吹いているため、希望峰を回る航路は、長年にわたり未開拓のまま残されていました。

蒸気船が実用化されたのは、300年近くも先の18世紀終わりのことです。クリストファー・コロンブスやバスコ・ダ・ガマが使用していたキャラック船[*4]には、もちろんエンジンは付いていません。キャラック船は複数のマストと複数の帆を持つことで、当時としては高い航海性能を有し、また外洋航海で想定される嵐にもある程度の耐久性のある優れた船でした。しかし、風向に対してまっすぐ進んでいくことはできず、長いアフリカ西岸の航海を行うのは不可能に等しい冒険でした。

＊4 遠洋の荒れた海でも安定する、当時としては巨大な帆船(全長30～60メートル程度)。積載量が大きく、貿易船として広く用いられた。

この困難の解決に大いに貢献したのが、方角を指し示す羅針盤と、天体の位置から自船の位置を計算できるアストロラーベを用いた航海法の普及でした。この2つの技術と、船の進行速度から計算した航行距離を組み合わせることで、地球上における自船の位置を推測することが可能となったのです。

すなわち、方角を示す羅針盤によって船の進行方向を把握し、また、船の進行速度と時間から、船がどの程度進んだかを計算します。さらに、アストロラーベを用いて、自船の緯度を知ることで、自船の航海の経路を比較的正確に記録することが可能となりました。

もちろん、記録が可能となっただけでは、新航路は生まれません。変わったのは、失敗の記録を残すことで学ぶことができるようになったという事実です。

これまでは闇雲に挑戦しては失敗していたものが、技術の進化によって、どういう経路であれば何が起こるかに関する知見を蓄えることが、これまで以上に容易になりました。これに挑戦者の実践が積み重なることで、経営環境の革新が起きたのです。

実は、バスコ・ダ・ガマの成功には陰の立役者がいます。それはバルトロメウ・ディアスというポルトガル人で、1488年にヨーロッパ人で初めて喜望峰に到達した人物です。

ディアスは、潮流と風の困難にもかかわらずアフリカ沿岸を少しずつ進んでいき、ついに喜望峰に到達しました。しかし残念なことに、彼は喜望峰に到達するまでの困難に疲れ果てた部下の説得に従い、アジアを見ることなくポルトガルに帰国したと言われています。

ただ、ディアスの冒険は無駄ではありませんでした。彼が喜望峰に到達し、その正確な緯度を記録すると同時に、アフリカ西岸の地図を作り出すことに成功したことが、9年後に航海を開始したバスコ・ダ・ガマの成功につながります。なぜか。それは、アフリカ西岸を航海して喜望峰に到達することは可能だが、風向きも潮流も延々と目的地の方角から向かってくることがわかり、同時に、その目的地がどこにあるのかを十分に把握することができたからでした。

羅針盤とアストロラーベを用いて、喜望峰の位置とアフリカ西岸の知識を得たバスコ・ダ・ガマは、これまでの船隊が取らなかった革新的な航路を取ります。すなわち、ポルトガルからアフリカ西岸を進むのではなく、ポルトガルから南大西洋に南西の方向、つまり、現在のブラジルの方向に向かって舵を切ったのでした。

これにより、南東から吹いてくる風を斜め横から受けて、より効率的に前に進むことができます。また海流もこれまでのように航海の邪魔をしません。

ポルトガルから10週間ほど進んだところで、彼のアストロラーベが喜望峰の緯度に到達したことを示しました。すると今度は東へと舵を切り、喜望峰と同じ緯度を保ちながら絶えず東へ進みます。そして、出港から3ヵ月後には、喜望峰近くの陸地を発見することに成功したのです。

バルトロメウ・ディアスが喜望峰付近に到達するまでは、出発から5ヵ月以上の時間がかかりました。向かい風の中で航海するのは大変な労力であったと想像できます。それに対して、十分な余力を残していたバスコ・ダ・ガマは、その後、インドのカリカットに到達し、多くの困難を経てポルトガルへの帰還に成功します。それでも極めて困難な航海の結果、出発時に150名ほどいた船員は、寄港時には3分の1近くまで減っていたと言います。

バスコ・ダ・ガマの成功は羅針盤とアストロラーベによって記録され、まずポルトガルから南西に舵を切り、その後喜望峰の緯度に到達した時点で東に進むという航路の開拓へとつながりました。実際、バスコ・ダ・ガマの成功を受けてペドロ・アルヴァレス・カブラルによって編成された第2回遠征隊は、航路に従って南西に舵を切った結果、意図せずに南米のブラジルを発見することになったのです。

つまり、交易経路の発見に期待したときの権力者の支援を受けて、挑戦者たちが新しい航路の開拓に挑む背景には、その挑戦による知識の蓄積を可能とした技術の進化があったのです。そして、この新航路の開拓によって次第に新たな交易路が整備され、ポルトガルの国際展開は、ブラジル、アフリカ沿岸全域、そしてインドに至る広がりを見せました。これにより、国際経営の広がりが飛躍的に進化し、またそれがもたらす利潤もより大きなものとなりました。

もちろん、遠洋航海に耐え得る堅牢性を誇ったキャラック船自体や、それを操船する航海術の進化、さらにはアストロラーベの実用化に貢献した天体の知識など、数えきれない多くの科学技術の進化が背景にあったのは言うまでもありません。

権力の力と技術の進化を背景として、人類が経営を行う領域はさらなる広がりを見せ、それを担う国際組織も複雑性を増していったのです。

ハンザ同盟の商人たちも、ハンザ同盟の存在だけをもって新たな交易路を開拓していけたわけではありません。この一例に示されたような権力と技術と冒険の物語[*5]が幾重にも連なり、太古の時代に誕生した多国籍企業の原型は、いつの日か全世界を取り込む規模へと成長していきました。

ロバと石版から、ジェット機とタブレットへ

バスコ・ダ・ガマの航海から約100年後に設立されたイギリスとオランダの東インド会社は、現在の尺度から見ても、多国籍として差支えのないほどの広範囲な領域に事業を展開するに至りました。

そしてこの頃、つまり17世紀の初めには、フランスやイギリスをはじめとする各国が、アメリカ大陸への進出も本格化させています。すなわち、人間が地球のほぼ全域において経済活動をつなげていく世界市場の時代が到来します。

その後の技術の発展は、情報、人、モノが加速度的に領域を超えて広がることにつながりました。これにより、地理的により遠い地域に進出することや、その後に運営することが困難であった地域が、企業にとって次第に可能性のある選択肢へと変化します。

もちろん、企業の取り扱う商材の特性に程度が左右されるとはいえ、少なくとも国際的に事業を運営するのに必要な絶対的かつ最低限のコストは、過去に比べれば大幅に低下しました。

*5 歴史と貿易に関して、より多くのエピソードを知りたい方は、こちらの著作を推薦します。Pomeranz, Kenneth L., and Topik, Steven C. 2012. *The World That Trade Created: Society, Culture, and the World Economy, 1400 to the Present 3rd edition.* M.E. Sharpe.（『グローバル経済の誕生――貿易が作り変えたこの世界』福田邦夫・吉田敦訳、筑摩書房、2013年）

現在、世界には約4000の空港が存在し、約2万5000の航空経路において、年間5000万回以上の民間航空輸送が行われています。また、商用登録されている船舶は18万隻におよび、約1000の国際港の間を、約2万5000の海洋航路が結ぶ時代となりました。*6

航空輸送においては、1970年に運用が開始されたボーイング747型機が、ジェット機による民間人の大量輸送の時代を切り開きました。その後の航空輸送の発達は、わずか数十年で海外という場所を民間人にとっても身近なものに変えようとしています。

実際、たとえばアメリカ国内の航空運賃は、規制緩和が行われた1979年以降毎年下がり続け、2011年の航空運賃の平均価格は、現在価値に換算した1980年の平均よりも40%低くなっていることがわかります。*7 そして、DHLのような国際運送サービスを使えば、ロンドンのお昼に出した書類が翌日の午前10時30分までにはニューヨーク市内の同僚に届く時代となりました。*8

また、海上輸送においては、1970年代から始まったコンテナ船の普及が、船の規格と港の規格の標準化にも貢献し、海上運輸の飛躍的な拡大を実現させました。*9 現代の世界最大級のコンテナ船は、時速50キロメートルで巡航し、全長397メートルの船体に1万5000個の20フィートコンテナ（最大積載量20トン）を搭載できます。12日間で太平洋を横断し、そのコンテナを数日で積み替え、すぐにまた復路に向けてもやいを解くのです。*10 需要の多い商材に特化した専用船の進化も目覚ましく、今では自動車会社が日本からブラジルまで自動車を輸送しても、10万

*6 O'Danleyman, Grastivia., Lee, Jake Jungbin., Seebens, Hanno., et al. March 28, 2011. "Complexity in human transportation networks: A comparative analysis of worldwide air transportation and global cargo ship movements." *Cornell University Library*, http://arxiv.org/abs/1103.5451, (accessed 2014-1-18).

*7 Perry, Mark J. October 6, 2012. "Even with baggage fees, the 'miracle of flight' remains a real bargain; average 2011 airfare was 40% below 1980 average." *AEIdeas*, http://www.aei-ideas.org/2012/10/even-with-baggage-fees-the-miracle-of-flight-remains-a-real-bargain-average-2011-airfare-was-40-below-1980-level/, (accessed 2013-12-23).

*8 DHL. "Get Rate and Time Quote". http://www.dhl.co.uk/en/express/shipping/get_rate_time_quote.html, (accessed 2013-12-23).

*9 Levinson, Marc. 2006. *The Box: How the Shipping Container Made the World Smaller and The World Economy Bigger*. Princeton University Press.（『コンテナ物語――世界を変えたのは「箱」の発明だった』村井章子訳、日経BP社、2007年）

*10 Maersk, Emma. "Container vessel specifications." http://www.emma-maersk.com/specification/, (accessed 2013-12-23).

円もかからない時代が実現しました。

さらに、情報通信においては、1850年にドーバー海峡をつないだ海底通信ケーブルが、1865年にはアメリカ大陸とヨーロッパをつなぎ、その後はわずか100年で全世界規模の情報通信網に発展しました。そして、光ファイバーによる多重通信技術の進化により、数百ギガビット毎秒の通信速度で世界各地を結ぶに至ります。同時に、衛星通信の発明とその大容量化は、世界中のどこにいても通信回線に接続することを可能にしました。

1990年代に始まったパーソナルコンピュータの普及とインターネットが、世界を1つにする流れをさらに加速させているのはご存じのとおりです。世界を流通する映画やドラマのような世界的な情報コンテンツの浸透が市場参入を容易にすると同時に、離れた拠点の情報を瞬時に把握することも可能となったのです。

太古の昔にロバと石版で始まった国際経営の進化は、現代において新たな次元に到達しようとしています。現代という時代は、これらの変化、すなわち、政府政策と国際協調、国際標準の普及、人と物の移動手段の進化、情報通信とメディアの発展を外的な要因として、権力の思惑や挑戦者たちの成功と挫折に左右されながら、数十年前には考えられない経営の技術と、組織形態を求める時代となりつつあるのです。

世界中の価値がつながる時代の経営

有史以来、変貌を遂げ続ける多国籍企業は、今や「多国籍企業体」とも定義できる、世界中に張り巡らされた価値の連鎖を構成する存在となりつつあります。

世界に展開する事業を運営される実務家は、早朝や深夜の時間帯にも電話会議をこなし、ことあるごとに世界中に分散した重要拠点を訪問する必要性に迫られています。そして、そのような広範囲の広がりを持つ複雑な組織体と、それを運営するための手法を観察対象とする経営学も、この急速な流れに取り残されないために耐えず前に進もうとしているのです。

実際、世界百数十ヵ国で事業を行う生活というのは、どのような生活なのでしょうか。

たとえば、2009年に公開された『Up in the Air』(『マイレージ、マイライフ』パラマウントピクチャーズジャパン／日本公開は2010年)の主人公のように、1年中飛行機で各地を飛び回る実務家が着実に増え続けていると感じています。

日産自動車とルノーのCEOを務めるカルロス・ゴーン氏は、月に48時間は飛行機に乗り、年間15万マイルを飛行していたと言います。『Forbes(フォーブス)』の記事[*11]によれば、たいてい月の第1週はパリでルノーに注力し、第3週は横浜で日産自動車に注力することを決め、第2週と第4週はプライベートジェットで両社が展開する世界中の販売、生産、開発拠点を巡っているそう

*11 Muller, Joann. May 5, 2006. "The Impatient Mr. Ghosn", *Forbes*, http://www.forbes.com/forbes/2006/0522/104.html, (accessed 2013-12-23).

です。

また、ソニーのCEOである平井一夫氏も、就任から1年余りで地球5周分以上の距離、つまり12万5000マイル以上を移動したと報道されています。国内外に散らばる研究開発と製造の拠点を足を使って駆け巡り、現場の活力を呼び覚ます。そのために、重要拠点には頻繁に自ら足を運んでいると言うのです。[*12]

実は、私自身も、経営コンサルタントとしてマッキンゼーのフランクフルト支社に所属していたときには、2年間で国際線に180回、世界各地のホテルに500泊するような生活をしていました。

たとえば、ドイツ企業のアジア戦略を考える際に、ドイツに閉じこもって戦略を考えられるわけはありません。チームで手分けをして、アジアの主要市場すべての関係者の話を聞き、顧客を知り、調査を行い、社内の状況を把握して、初めて実行され、そして成果につながる提案が生まれます。中東のある国の経済産業政策に関連したプロジェクトに携わったときも、中東諸国を精力的にめぐりました。

オックスフォードに移ってからも、毎月1回以上は海外に調査や研究やコンサルティングの仕事で出かけました。そのスタイルは、立命館大学に移ってからも変わりません。

ここ数年はとくにグローバル人材という言葉が流行り始めていますが、国際経営の最前線では、かなり以前から世界市場での戦いが現実となり、課題として認識されていました。

＊12　多部田俊輔．2013-5-12．「平井ソニー、トヨタに学ぶ　張氏の教え胸に現場走る 本業・電機の復活探る」日本経済新聞，http://www.nikkei.com/article/DGXZZO54850170Q3A510C1000000/，（アクセス2013-12-23）．

世界市場はたしかに生まれつつあります。そして、そこで勝ち残るための事業を行うためには、私たちは、技術や理論を最大限に活用して、その世界の現実を掌握する必要があるはずです。

それには、大きな視野で世界の進化を捉える必要があります。まずは起源に立ち返り、超長期的な流れを理解し、数年の変化に惑わされない感覚を養うのが、国際経営の前提条件なのです。

第 III 部

社会科学としての国際経営論

The Discipline of
Crossing Border

第6章 セミ・グローバリゼーション時代の到来

第二のグローバル化が進む現代

ハーバード大学のジェフリー・ジョーンズ氏は、著書[*1]の中で、現代を「新グローバル経済の時代」と呼んでいます。国際経営の経営史を研究する彼は、金本位制の普及が始まる1880〜1929年の世界恐慌までを「第一次グローバル経済」としています。そして、戦争とそれがもたらした分断の時代を挟んで、中国の改革開放政策が始まった1979年以降を新グローバル経済の時代と定義しました。

実際、19世紀は第一次グローバル経済といえる世紀でした。蒸気船や鉄道、そして海底ケーブルが世界をつなぎました。世界は自由貿易政策を推進すると同時に、植民地化によるグローバル統合を進め、また金本位制や国際財産権の確立が、大国間の

＊1 Jones, Geoffrey. 2005. *Multinationals and Global Capitalism: From the Nineteenth to the Twenty-first Century*. Oxford University Press.（『国際経営講義』安室憲一・梅野巨利訳、有斐閣、2007年）

大きな戦争がなかったこの時代に、これまでに類を見ない世界市場の登場をもたらしました。ときを同じくして、19世紀には近代的な大企業の先駆けが誕生し、大量生産と大量販売、さらに経営者の時代が訪れたと、同じく経営史を研究していたアルフレッド・チャンドラー氏が『The Visible Hand』[*2]で説明しています。

ジョーンズ氏が新グローバル経済の時代と呼ぶ現代は、世界戦争の時代がもたらした保護主義と対立の時代からの急速な揺り戻しとも言えるかもしれません。

保護主義と対立の時代、敵性国家の企業の活動は制限され、国際金融制度は崩壊し、人とモノの移動は規制され、共産圏は西側の世界から隔離されていました。しかし、植民地の解体、冷戦の終結、中国の開放、第三世界の発展、新たな国際協調体制と自由貿易の推進の流れが、再度、そして現代に続くグローバル経済の流れを創り出したのです。

このような流れを信奉する考え方として最も著名なのは、トーマス・フリードマン氏が2005年に出版した『The World Is Flat』[*3]だと言えます。

実は、経営コンサルタントの大前研一氏は、フリードマンのこの著作の原案は彼が1990年に発表した『The Borderless World』[*4]であるとしています。[*5]実際、この著作に記されている「Interlinked Economy（相互連結経済圏）」は、まさしくフラット化する世界が表されている世界の原型ともいえるものであるのはたしかです。[*6]この著書で示されている世界的な企業の姿は、まさに現代の到来を予期しており、そのため、本書は日本国外でも大きな影響を与えました。

*2　Chandler, Jr, Alfred D. 1977. *The Visible Hand: The Managerial Revolution in American Business*. Belknap Press.（『経営者の時代 上・下』鳥羽欽一郎・小林袈裟治訳、東洋経済新報社、1979年）

*3　Friedman, Thomas L. 2005. *The World Is Flat: A Brief History of the Twenty-first Century*. Allen Lane.（『フラット化する世界 上・下』伏見威蕃訳、日本経済新聞社、2006年）

*4　Ohmae, Kenichi. 1990. *The Borderless World: Power and Strategy in the Interlinked Economy*. HarperCollins Publishers.（『ボーダレス・ワールド』田口統吾訳、プレジデント社、1990年）

*5　大前研一, 小川剛. 2012-2-20.“私は「物理学」で世界を見ている”, *PRESIDENT online*, http://president.jp/articles/-/5616,（アクセス2013-12-23）.

*6　市場のグローバル化に関しては、1983年のセオドア・レビット氏の記事が先駆的。Levitt, Theodore. May 1983. “The Globalization of Markets” *Harvard Business Review*, http://hbr.org/1983/05/the-globalization-of-markets, (accessed 2014-2-2).

いずれにせよ1990年代の初めから2000年代の初めにかけて、グローバル化という流れが一般にも認知されるようになります。前章の最後で解説したような技術、ジェット機やコンテナ船、そして通信衛星や海底ケーブルによる情報通信が普及の段階に到達し始めたのは、たしかに70年代以降でした。

実際、戦後から全世界の商品貿易量は飛躍的に伸びました。WTOのデータ（図6-1参照）を見ると、とくに1970年代以降の拡大、そして2000年代に入ってからの成長が顕著です。また、IMF（国際通貨基金）のデータ（図6-2参照）から、1982年以降の過去30年間の世界総生産の伸びと世界総輸出の伸びを比較してみると、世界がその経済規模以上に貿易量を増やしていることもわかります。

2000年代に入るまでは、経済と貿易の成長は同じように進んでいました。しかし、とくに過去15年間における貿易量の拡大には目を見張るものがあります。

近年では、2008年頃のリーマン・ショックにより一端は後退を見せたものの、その後は急速に回復基調にあると言えます。ある一面ではたしかに、私たちは新しいグローバル経済の時代に突入しつつあると言えるでしょう。

図6-1 商品貿易量は1970年代以降に拡大

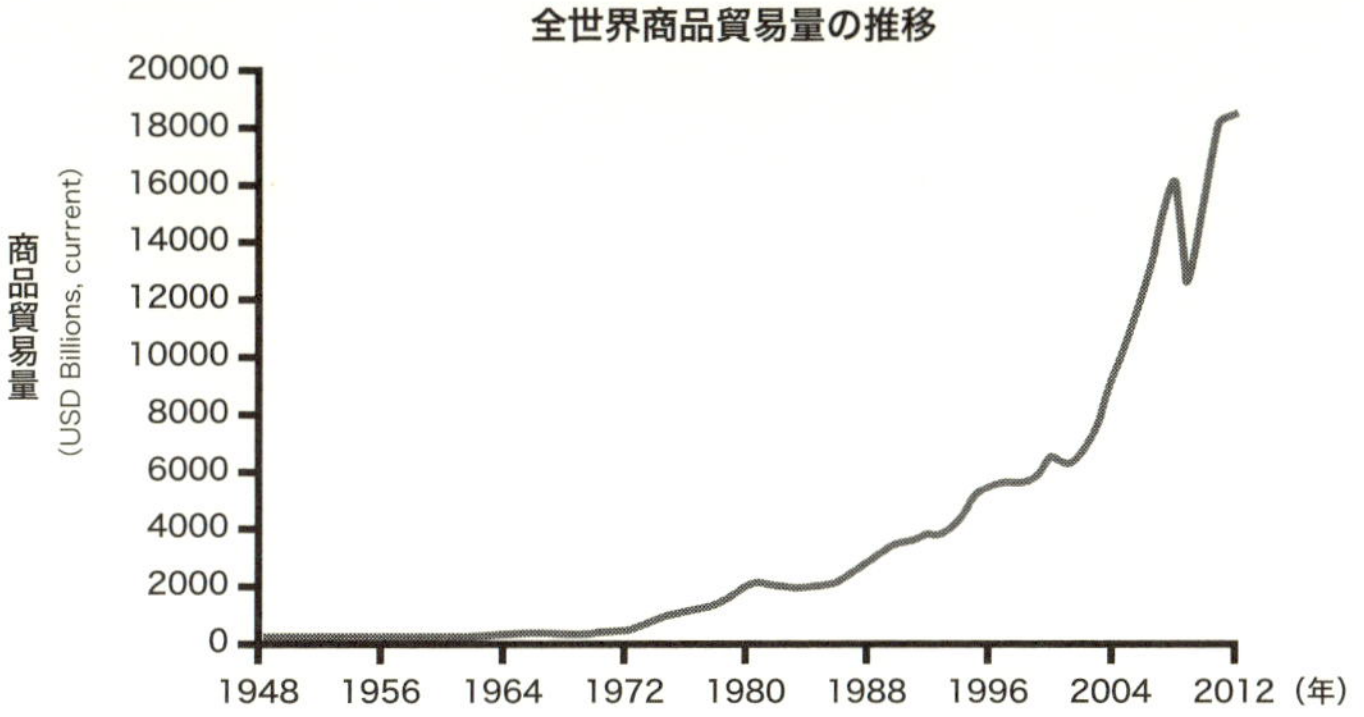

出典：The World Trade Organizationより一部筆者加工

図6-2 2000年代以降に経済と貿易の均衡が破れる

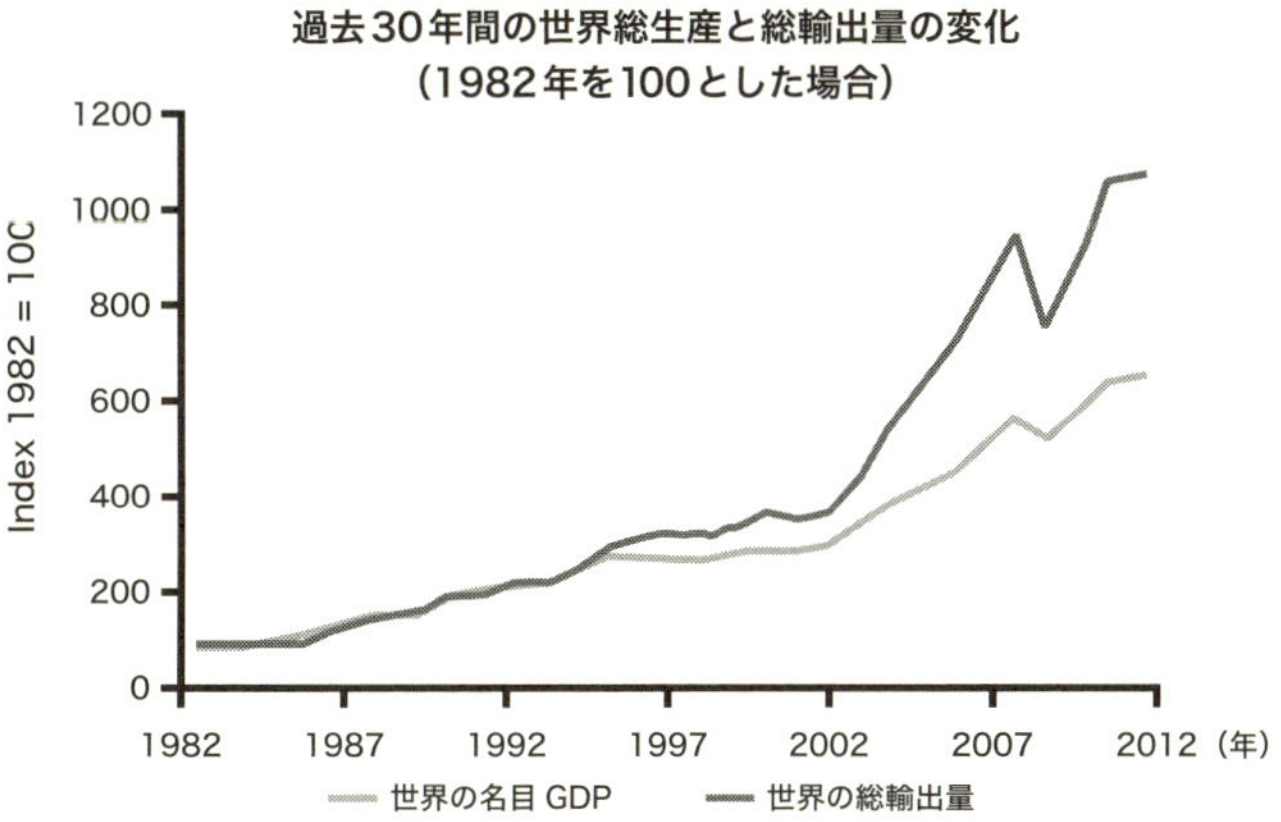

出典：IMF Word Economic Outlook Databaseより一部筆者加工

フラットな世界の実現はまだまだ遠い

では、完璧に「フラットな世界」は到来するのでしょうか。国境のないフラットな時代、それは本当にやってくるのでしょうか。

その世界の実現は遠いと言えます。グローバリゼーションという言葉や、グローバル化という言葉が叫ばれる現在ですが、現状は真にボーダーのないフラットな時代にはほど遠いのが実情です。そして、情報通信技術によって他国の情報を得ることが容易になり、貧乏な青年であっても世界を旅することができるようになった現在は、逆に、世界に存在する違いをより強く認識できる時代でもあるのです。

このような当たり前の世界の現実を、明確に視覚化してくれるサービスが1つあります。これは「Gapminder.org」というウェブサイトで、*7 非常に高機能な統計データの視覚化ツールを無料で提供しています。このサイトの強みは、自分自身で時系列の統計データをクロス分析したうえで簡単に動画を作成できる点です。

例として、図6-3に、米ドル建て購買力平価換算の1人あたりGDP（国内総生産）と平均寿命で見た、世界の違いを示します。世界の違いを議論する際、貧富の格差に関してはよく理解されていますが、それが平均寿命と相関関係にあることはよく知られていません。私たちは、平均

*7 Gapminder World. http://www.gapminder.org/, (accessed 2014-1-20).

図6-3　国家間の格差は縮小傾向にある

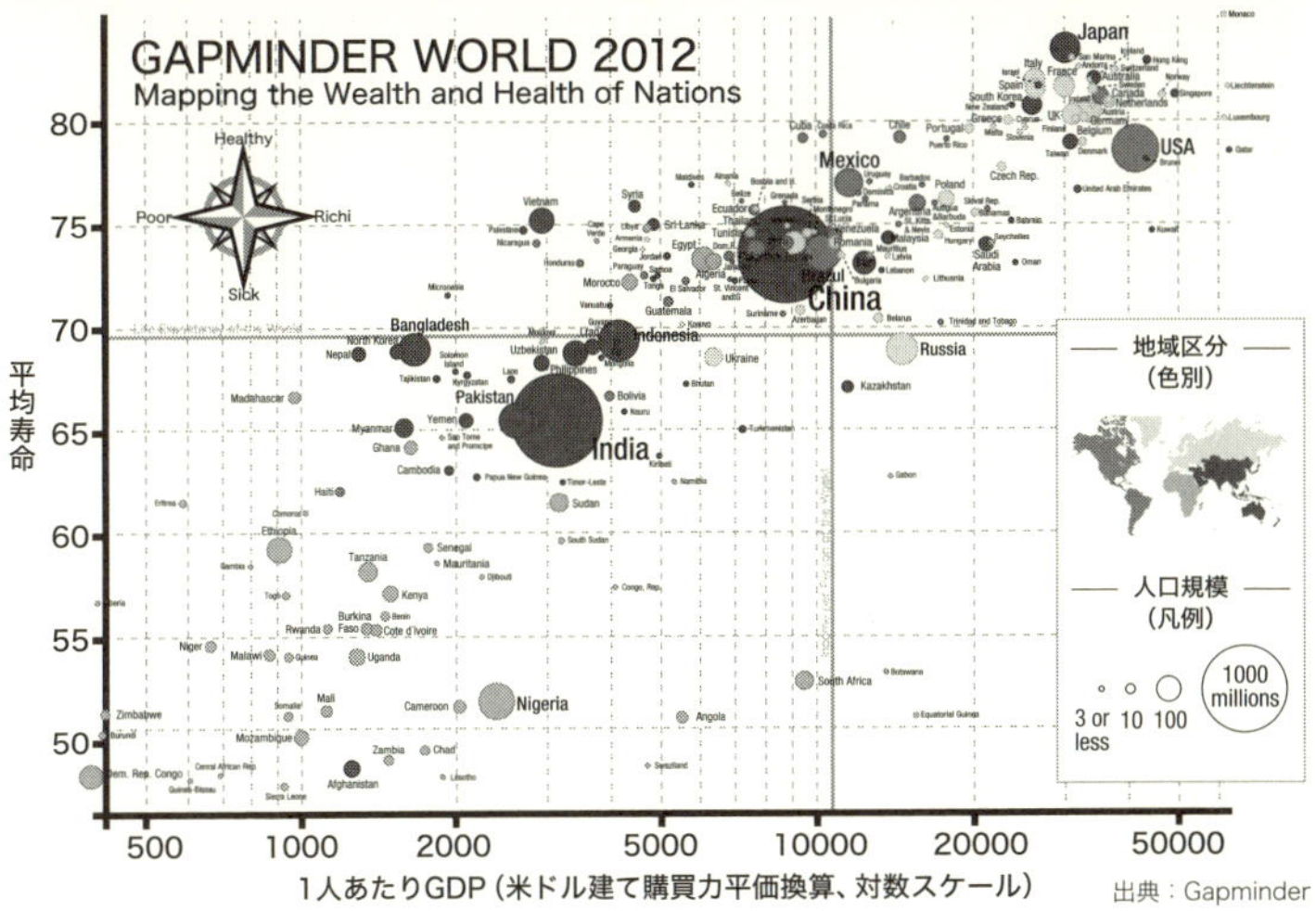

出典：Gapminder

的に見れば極めて豊かであり、健康で長い人生を送っていることがわかります。

このクロス分析の時系列変化から見て取れるのは、一部の国が急速な経済成長を遂げているとは言え、1960～2011年までの推移を眺めれば、国家間の格差が縮まっているようには見えないという事実です。たしかに、一部の急成長する国家の存在は確認できますが、それは一部に過ぎません。

一部の国の急成長の影には、成長に届かない幾多の国々の現実があります。下位、中位の国々における豊かさが向上していく一方で、先進国も少しずつ成長を続けており、その差はなかなか埋まるようには見えません。そこには、メディアにはなかなか伝えられない、サイレント・マジョリティが隠されているのです。

無論、1人あたりのGDPと平均寿命だけで各国の違いが把握できると主張するわけではありません。単純な豊かさだけではなく、世界各国の市場特性を比較した指標としてよく引用されるのは、たとえば『The Wall Street Journal（ウォール・ストリート・ジャーナル）』とヘリテージ財団が共同で毎年作成している「経済自由度指数（Index of Economic Freedom）[*8]」です。

この指標は、法の支配（Rule of law）、小さな政府（Limited government）、規制の効率性（Regulatory efficiency）、公開市場（Open markets）の4つのカテゴリーに分類できる10個の指標によって算出されています。ある意味において経済的自由主義に近い発想で作られており、政府を否定せずとも、自由取引と自由競争が発展に寄与するとの考え方をもとに、184ヵ国を評価し、174ヵ国に関して完全なデータセットを提供しています。

10個の指標は、法の支配には、財産権（Property rights）と汚職からの自由度（Freedom from corruption）。小さな政府には、財政の自由度（Fiscal freedom）と政府支出（Government spending）。規制の効率性には、事業の自由度（Business freedom）、労働の自由度（Labor freedom）、通貨制度の自由度（Monetary freedom）。そして、公開市場には、貿易の自由度（Trade freedom）、投資の自由度（Investment freedom）、さらに金融制度の自由度（Financial freedom）がそれぞれ定義されています。この10個の指標それぞれに100点満点の評価を行い、それを単純平均したものが、最終的にその国の経済自由度となります。

＊8 Miller, Terry., Holmes, Kim R., and Feulner, Edwin J. 2012. “Chapter 1 of 2013 Index of Economic Freedom.” *The Heritage Foundation and The Wall Street Journal*, http://www.heritage.org/index/, (accessed 2013-12-24).

図6-4　世界の多様性はいまも維持されている

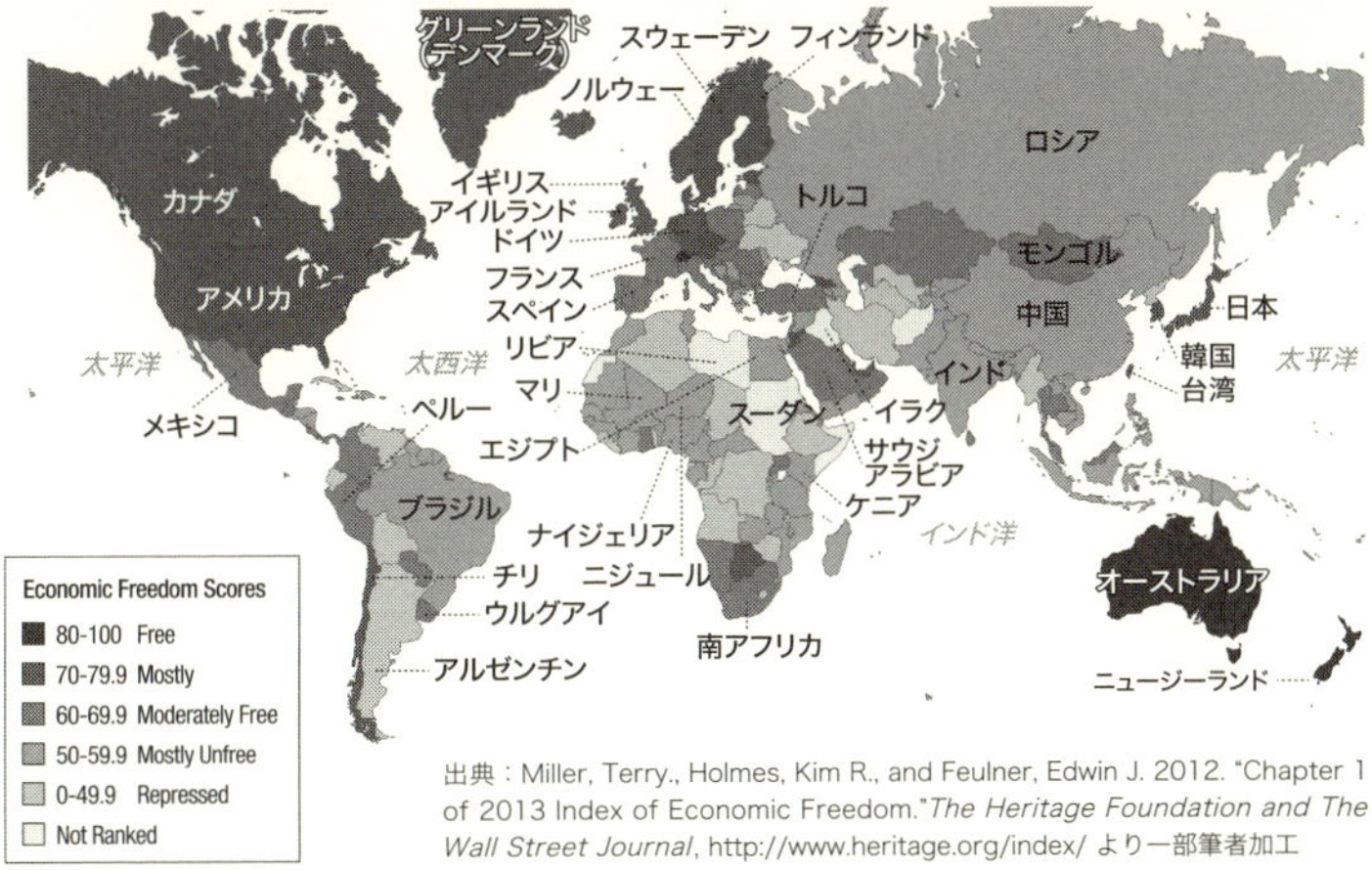

出典：Miller, Terry., Holmes, Kim R., and Feulner, Edwin J. 2012. “Chapter 1 of 2013 Index of Economic Freedom.”*The Heritage Foundation and The Wall Street Journal*, http://www.heritage.org/index/ より一部筆者加工

この尺度を元に世界地図を塗り分けたものが、図6－4です。このように、経済自由度から見ても、世界にはまだ大きな多様性が残っていることがわかります。経済格差や、人々の生活と健康水準だけではなく、企業が活動する際に重要な要素となる市場の統制の程度から見ても、世界が1つになっているとは言えない状況なのです。

経済指標が語るフラット化していない世界の現実

また、これらの研究よりも、さらに企業や国同士のつながりに視点を当てた研究もあります。

たとえば、ハーバード大学とマサチューセ

ッツ工科大学（MIT）の共同研究から生まれた「The Observatory of Economic Complexity（経済複雑性の観測所）」[*9]は、「Gapminder.org」と同じく、視覚的に輸出入や交易関係の統計を眺めることができるウェブサイトです。ここで紹介されている「経済複雑性指標（Economic Complexity Index）」という概念は、単なる総量である国民総生産では把握できない、そして、単純な資本や労働では表現されない知識経済の全体像を描き出そうという試みです。

この指標では、より多くの商品を輸出できる国、また他の国では輸出されていない商品を輸出できる国を、より経済の多様性（Diversity）を持ち、偏在性（Ubiquity）が低い商品を輸出できるとしています。これは輸出入のデータを用いて世界各国の経済活動の複雑性を説明しようとした試みであり、実際、彼らはこれによって各国の経済発展の将来を伝統的な手法と同じ、あるいはそれ以上に正確に予測できると主張しています。

原典の資料を参照いただけるとわかるように、この指標にもサービス産業が反映できていない点などの弱点は存在します。しかし、この指標もまた、世界に存在する多様性を示す優れた仕組みの1つと言えるでしょう。

ちなみに、この指標は現在も日本が首位を保つ指標でもあります。2008年のデータを使ったこの指標の最新版では、日本は世界で第1位です。第2位はドイツであり、アメリカは13位、中国は29位となっています（図6-5）。

ここで紹介した他にも、たとえば世界銀行の「世界ガバナンス指標（World Governance Indicators）[*10]」

*9 The Observatory of Economic Complexity. http://atlas.media.mit.edu/, (accessed 2013-12-23).
*10 Worldwide Governance Indicators. http://info.worldbank.org/governance/wgi/index.aspx#home, (accessed 2013-12-23).

図6-5　日本が世界のトップとなる経済複雑性指標

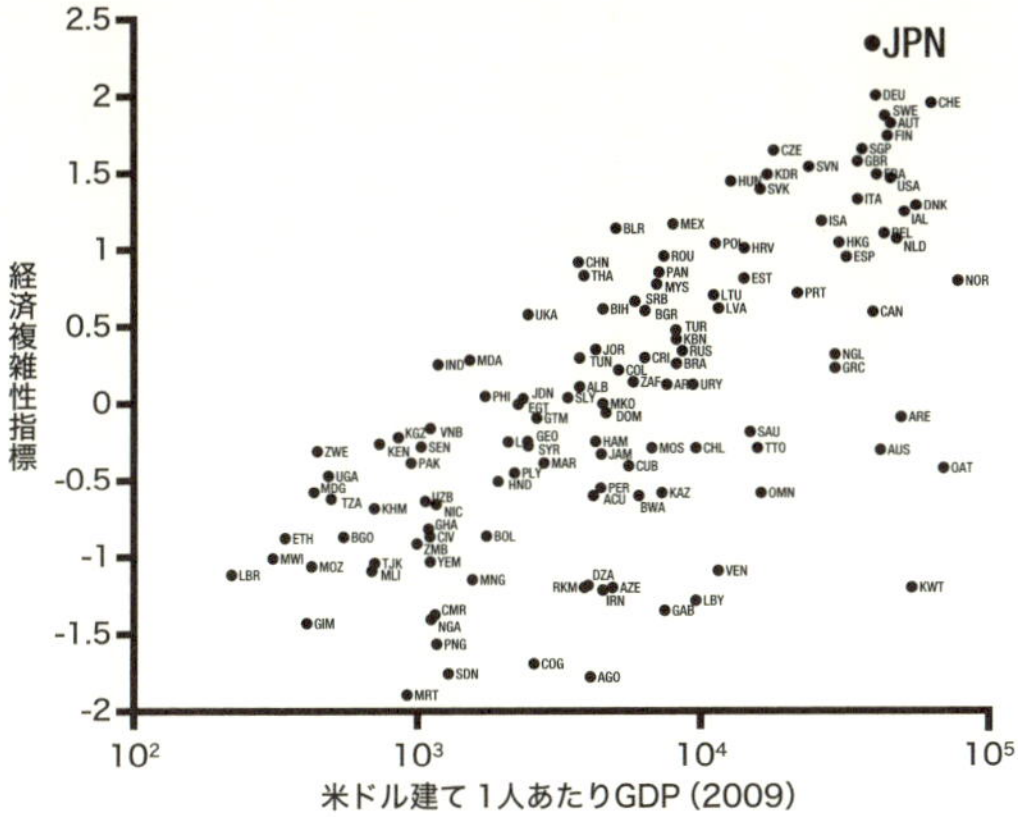

出典：The Observatory of Economic Complexity より筆者作成

は、起業家や経営者、専門家、そして一般市民の捉えた世界215ヵ国の統治機構、すなわち経済自由度指数で用いられたような法制度や市場に関する指標を統合した包括的な指標として用いられています。また、非営利組織のトランスペアレンシー・インターナショナルが発行する「腐敗認識指数（Corruption Perception Index）」[*11]も、政治腐敗の程度を探るという目的に照らして良く引用されています。

こうした指標を参照してみると、やはり各国の多様性は依然として大きく、私たちが常識と感じていることや考えていることが成り立たない世界が数多く存在することがわかります。

たとえば以前、このような経験をしたことがあります。当時の日本では、ある大物政治家が数億円のお金のやり取りを帳簿に適切に

＊11　Transparency International. http://www.transparency.org/cpi2012/, (accessed 2013-12-23).

記載していなかった疑いに関する裁判が終結を迎え、結局、司法は無罪と判断していました。

携帯用電子端末でこのニュースを知った私は、ちょうどそのとき、隣にいたインド人の友人に、この出来事の経緯を簡単に解説したのを覚えています。すると、その友人は、驚いた顔で見返してきました。「いい例があるから教えてやる」と、ある新聞記事を教えてくれたのです。

それは『Bloomberg（ブルームバーグ）』の記事でした。その記事では、インドの地方政府の政治家たちが犯罪組織と共謀し、貧困層向けに用意された約145億ドル（1ドル100円で換算すると1兆4500億円相当）の食料支援物資を、10年間にわたり私的に着服していた可能性が高いという記事でした。そして驚くべきことに、その事実が明るみになったにもかかわらず、汚職監督組織も、警察組織も、司法も十分に機能せず、政治関係者は誰も処分されていないという事実が書かれていました。[*12]

腐敗認識指数によると、インドは176ヵ国中96位、日本は17位です。1兆円以上という規模は私たちの経済感覚からしても脅威ですが、そのような規模の腐敗が横行している市場も、たしかに存在するのです。そして無論、このような話は枚挙にいとまがないと言えるでしょう。

このように、世界は依然としてフラットではなく、凸凹の状態にあります。世界がさらにつながり合うことで、逆に見えてきた現実がたしかにあるのです。

急速に世界市場が形成されているのは事実です。同時に、おそらくこれから先も簡単にはなくならない、根源的な違いも数多く存在します。たとえばそれは言葉であり、宗教であり、歴史と

*12 Srivastava, Mehul., and MacAskill, Andrew. August 29, 2012. "Mehul Srivastava and Andrew MacAskill", *Bloomberg*, http://www.bloomberg.com/news/2012-08-28/poor-in-india-starve-as-politicians-steal-14-5-billion-of-food.html, (accessed 2013-12-23).

伝統のようなものでしょう。これまでも、そしてこれからも、絶えず違いを認識しつつ、しかしよりつながり合う世界を、私たちは生きる必要があるのです。

世界が1つになったら何が起きるのか？

では、もし完全に世界が1つになれば、何が起きるのでしょうか？

1つだけたしかなことは、私を含む多くの研究者が探究するこの学問領域、国際経営論という論壇が消え去るということです。世界に存在するそれぞれの地域の差異が極小にまで小さくなり、ある段階を超えれば、「国際」という言葉が示す特殊性を扱う必要がなくなるでしょう。

逆に言えば、これほどまでのグローバル化が進んだからこそ、国際経営論の必要性と重要性がかつてないほどに高まっているとも言えます。国や地域の境界に活動することが一般的ではなかった時代には、この学問分野にこれほどまでに光が当たることはありませんでした。

しかし、おそらく、この世界が完全に1つになることはないでしょう。それはここで示したように、国と地域の違いは、単純な経済的地理的な違いのみでは説明しきれないからです。

2001年に、当時ハーバード・ビジネス・スクールに在籍していたパンカジ・ゲマワット氏が『ハーバード・ビジネス・レビュー』に寄稿した記事[*13]は、この多面的な地域間の距離に関してのわかりやすい考察です。まず、ジェフリー・フランケル氏とアンドリュー・ローズ氏の国際貿

＊13　Ghemawat, Pankaj. September 2001. "Distance Still Matters: The Hard Reality of Global Expansion", *Harvard Business Review*, http://hbr.org/2001/09/distance-still-matters-the-hard-reality-of-global-expansion/ar/1, (accessed 2013-12-23).

易に関する草稿を引用して、[14]単純な経済規模や物理的距離ではない要素が貿易量に大きく影響している可能性を指摘します。そのうえで、事業によって意識しなければならない距離は、少なくとも4種類あると主張しました。

彼はこれを「CAGE」と呼んでいます。これは、「Cultural（文化的）」、「Administrative（制度的）」、「Geographic（地理的）」、「Economic（経済的）」の頭文字を取ったもので、彼は少なくともこの4つの距離が輸出入と生産活動の結びつきに影響を与えるとしました。経済的な要素、地理的な要素など経済価値に容易に変換でき、また技術の進化でその影響力が低下し得るモノ以外の文化的・制度的距離が、実は国際経営に重要であるということを実務家に示しました。

このような、文化や社会制度的な側面の重要性に関しては多方面において古くから議論されているため、この指摘自体は新しいものではありません。[15]逆に言えば、「CAGE」の説明する距離の概念は、確立された理論的枠組みからも説明が可能です。

たとえば、1983年のポール・ディマジオ氏とウォルター・パウエル氏の論文[16]は、社会科学的な見地から、ある特定の組織フィールド（Organizational field）に存在する組織が、競争による選別の過程だけではなく、文化や社会的な要因を背景としても次第に同型化していく可能性を指摘しました。グーグル・スカラー（Google Scholar）によると2万回以上引用されていることからもわかるように、この論文は経営学（とくに組織論）だけではなく広範囲に影響を与えています。

この主張のその後の発展を厳密に解説することは紙幅が許しませんが、たとえば、国際的な経

*14 Frankel, Jeffrey A., and Rose, Andrew. 2002. "An Estimate of the Effect of Common Currencies on Trade and Income." *Quarterly Journal of Economics* 117(2): 437-466.

*15 たとえば、国際経営論の領域における文化と価値観の国際比較としてはヘールト・ホフステード氏の調査が先駆的。Hofstede, Geert. 1983. "The Cultural Relativity of Organizational Practices and Theories." *Journal of International Business Studies* 14(2): 75-89.

*16 DiMaggio, Paul J., and Powell, Walter W. 1983. "The Iron Cage Revisited: Institutional Isomorphism and Collective Rationality in Organizational Fields." *American Sociological Review* 48(2): 147-160.

営環境の多様性をこの組織フィールドが複数存在する環境として捉えれば、この環境下において異なる文化、社会的な要因を背景として生み出された組織が混在する状況となることは説明できます。もちろん、世界市場を個々の組織フィールドの上位に存在するフィールドとして捉えればある程度の同質化の予見も可能です。しかし、完全につながり合わない以上、違いが生まれ、そしてその違いが再生産される過程は、文化や社会制度的な側面からも説明可能です。

ここで重要なのは、単に物理的な距離や、経済的な違いだけを理由として、世界がまだ1つではない、とは言えないということです。世界は単一の市場に向けてのゆるやかな歩みを続けているのかもしれません。しかし、文化や社会制度といった、私たち人類の多様性の根源にある要素を考えると、真に統一された世界市場、すなわち、国際経営論という領域の意味が失われる時代は、そうそう簡単に到来するとは思えないのです。

セミ・グローバリゼーションの時代

「セミ・グローバリゼーション」の時代、このように名を付けたのは、ゲマワット氏が2003年に提示した論文[*17]でした。

彼は、この『ジャーナル・オブ・インターナショナル・ビジネス・スタディーズ』の論文において、全世界の市場統合に関する事実を俯瞰しています。そのうえで、世界の統合はたしかに進ん

*17 Ghemawat, Pankaj. 2003. "Semiglobalization and international business strategy." *Journal of International Business Studies* 34(2): 138-152.

でいるが、しかしそれは完璧と呼ぶには程遠く、現状はその中間とも言えるセミ・グローバリゼーションの時代であると呼びました。2000年代に入って以降、私たちが今まさに直面している世界経済の現実は、この言葉が指し示す状況なのかもしれません。

ゲマワット氏は、ヨーロッパのイエセ・ビジネススクールに移籍したあとも、継続的にこの議論に関する研究を進め、世界の経営環境がどのような状況にあるのかを調査しています。そして、この主張から10年以上経った現在も、世界はセミ・グローバリゼーションの現実の中にあると述べています。

たとえば、2013年7月に世界最大の国際経営の学術会議である「アカデミー・オブ・インターナショナル・ビジネス」において、世界の経営環境の現状を講演する中で、2005年から継続的に行っている「DHL Global Connectedness Index」と言われる手法に言及しています。そして、多様な距離の定義を紹介しつつ、世界に存在する多種多様な距離は、依然として存在すると述べていました[*18]。

この調査の2012年度の調査結果は、端的に言えば、2012年は2007年の時点よりもグローバル化の程度が低下しているというものです[*19]。これは、金融危機による影響を抜け切れておらず、その後の各国の対応が市場統合を否定する方向にも向きつつあることを示しているのかもしれません。貿易量や対外直接投資の拡大はあるものの、しかし総体的に見れば、グローバル統合は一進一退の中を歩みつつあるとも言えるのです。

*18 Ghemawat, Pankaj. July 3, 2013. "AIB Fellows Opening Plenary: How Much Does Distance Still Matter in International Business?", *AIB 2013 Annual Meeting*, http://aib.msu.edu/events/2013/Videos/SessionVideos.asp?videoid=36., (accessed 2014-1-18).

*19 DHL. "Global Connectedness Index 2012.". http://www.dhl.com/en/about_us/logistics_insights/studies_research/global_connectedness_index/global_connectedness_index_2012.html#.UrgXH2RdWCA, (accessed 2012-12-23).

実際、2008年に発表されたレビュー論文を見ても、103の論文で言及されている、1467の距離に関する要因を分析した結果、1950年以降、二国間貿易における距離の影響が平均的に見て増加していることがわかります。[*20]

セミ・グローバリゼーションの時代、資本主義の多様性の時代、新グローバル経済の時代……呼称は無数に存在するかもしれません。しかし、私たちが意識するべき事実は1つの現実に集約されます。

私たちはこれまで以上に、現在という世界において、未だ不完全なグローバル統合がもたらした地域特性の多様性に直面していると言えます。すなわち、今まで多様性を意識せずとも生きていくことが可能であったのが、それを意識しなければいけない時代となりつつあります。そして同時に、世界は地域の特殊性を意識せずとも事業が行えるほどの、高度な統合の段階には達してはいません。

この不完全なグローバル統合の時代であるからこそ、国際経営論、そしてその中の一分野である多国籍企業論の重要性は、これまでになく高まりつつあります。そして、それは国際人的資源管理や国際会計、国際マーケティングなど、「国際」の名がつくすべての経営学の分野に当てはまる事実なのです。

*20 Disdier, Anne-Célia., and Head, Keith. 2008. "The Puzzling Persistence of the Distance Effect on Bilateral Trade." *The Review of Economics and Statistics* 90(1): 37-48.

第7章 多国籍企業と国際経済学

前章で示したようなセミ・グローバルの現実において、多国籍企業はどのように海外進出の意思決定を行えばよいのでしょうか。

この問いに答えるためには、多国籍企業の起源を探るのと同じように、大昔の理論にまで遡る必要があります。なぜなら、企業が海外に進出するのはなぜかという議論を考えるには、分析のレベルは異なれども、なぜ国家間に交易が存在するかを考える理論までを理解することが有益と言えるからです。

国家が交易の主役であった時代、交易において個々の企業や商人が表舞台に立つことは比較的稀でした。もちろん、数千年の歴史をひも解けば、メディチ家のように商業から勃興して国家権力と一体化して権勢を誇った例もあります。ハンザ同盟のように集団としての商人が歴史の一部隊として重要な役割を果たした例も多いでしょう。

しかし、いずれにせよ、それは国家と一体であったり、集団としての商人であったり、個別の組織が分析の単位となり得るような顕著な事例を見つけることは難しいのです。

こうした事情もあり、国際経営論の起源を遡ろうとすれば、その起源の1つは経済学の国際貿易論と同じ源流をたどることとなります。

無論、経営学は領域学的な性質を持っているという事実から、経済学以外の源流がないとは言えません。しかし、とくに多国籍企業論という文脈から考えれば、1つの支配的な考え方の根底に流れる源泉は経済学です。そして、国際貿易論と同じ起源を発祥とし、そこから次第に分化の経緯をたどると同時に、独自の理論体系を確立してきたと言えます。

そこで、本章ではまず、貿易理論の発展を概観し、なぜ海外に出るのか、海外と輸出入をすることに便益があるのかを理解していきたいと思います。

アダム・スミスからたどる輸出の意義

実際に、海外になぜ輸出入するのかという議論を考えようとしたとき、どこまで時代を遡ることができるでしょうか。

実は、近代経済学の父とも言われるアダム・スミス氏の時代にまで遡ることができます。つまり、重商主義に見られるような貿易による国家の便益の確保という文脈ではなく、なぜ交易が市場全体の便益に資するかという議論の起源を探れば、少なくとも1776年に出版されたアダム・スミス氏の『An Inquiry into the Nature and Causes of the Wealth of Nations』[*1]にまで遡ることができるのです。

スミス氏は、その要素だけを抽出する「絶対優位（Absolute advantage）」という概念を示しました。絶対優位とは、ある国、組織、または個人が、その競合である別のある国、組織、または個人よりも、同じ資源を用いて生産する特定のモノやサービスを、より効率的に生産できるときに存在する概念です。

それまでのような重商主義的に貿易を統制し、自国からの輸出の最大化や、自国領域内の、たとえば宗主国と植民地間の交易の最大化を追求する議論を否定しています。その一方、自由貿易の状況において、絶対優位を持つ国家から、限られた農作物や天然資源を除けば、絶対優位を持たない国家に対してモノやサービスを輸出することの利点を主張しました。

同時に、重商主義的観点に立ち一方向的な輸出を志向するよりも、もし相手国の側にも絶対優位を持つモノやサービスがあるのであれば、それを輸入することにより自国の人々の消費する財の総量を増加させる、すなわち国家を豊かにさせるべきだと説いています。

つまり、絶対優位を持つ主体、すなわち特定のモノやサービスを他の国よりも効率的に生産できる主体が輸出を行うことで、輸出国だけではなく、輸入国の経済にも便益があるとします。これを言い換えれば、国家が互いに絶対優位を持っているものやサービスを交換し合うことで、重

*1　Smith, Adam. 1776. *An Inquiry into the Nature and Causes of the Wealth of Nations*. W. Strahan, and T. Cadell.（『国富論』『諸国民の富』など邦訳多数）

商主義によらなくとも、自由貿易の結果として、全体の経済の富の総量が増加するという考え方です。

言わば、経済における社会的分業の利点を解いたアダム・スミス氏は、ある意味で同様の文脈から、国際分業を肯定したとも言えるかもしれません。

現代の企業が製品を作るときに、世界中の各地域が優位性を持つと考えられている要素を結集して製品を作ることがあるのを想定してみれば、これは容易に想像できます。たとえば、アメリカのシリコンバレーで開発されたソフトウェアと日本製の小型部品を搭載し、イタリアのデザイナーが外装をデザインし、韓国の企業がマーケティングする携帯情報端末があるとします。これは単なる例ではありますが、絶対優位を結集した協業を現代の企業の文脈に適用したイメージにはなるかと思います。

ただし、現代においても、スミス氏の説いた絶対優位の概念だけで説明ができる状況が存在することはあり得ます。その意味において、この説明がその役目を終えたわけではありません。

スミスの「絶対優位」からリカードの「比較優位」へ

この比較的単純な考え方には大きな弱点があります。それは、たとえばA国とB国が存在する際に、A国がすべての財においてB国よりも絶対優位を持つときに、A国とB国の間に交易は起き得るのかという疑問でした。

この問いに答えたのが、国際貿易を巡る議論ではかなりの確率で引用される、デヴィッド・リカード氏の「比較優位（Comparative Advantage）」です。

この考え方は、彼が1817年に出版した『On the Principles of Political Economy, and Taxation』[*2]において解説されている考え方です。彼はこの本の第7章において、イングランドとポルトガル、そして衣料とワインを例に取り、比較的簡単な計算を用いることで比較優位の概念を明確に示しました。

たとえば、1億円の衣料品を生産するのに、イングランド（現在のイギリスの一部）では100人の労働者が1日分働く必要があり、ポルトガルでは90人の労働者が1日分働く必要があるとします。そして、1億円のワインを生産するのに、イングランドでは120人の労働者が1日分働く必要があり、ポルトガルでは80人の労働者が1日分働く必要があると仮定します（図7−1）。

この場合、絶対優位の考え方だけをもって眺めれば、ポルトガルのみが、すべての商品、すなわち衣料品とワインの両者において絶対優位を持ち、イングランドには貿易をし得る強みを持つ商品がないように見えます。しかし、比較優位の考え方が絶対優位を補完しているのは、この場合でも両国が交易を行うことによって、両国にとって便益があると説明できるという点なのです。

なぜでしょうか。それは、ポルトガルが衣料品を生産せず、その分をワインの生産に注力し、ポルトガルよりは効率性の低いイングランドから衣料品を購入することに利点があるからです。

＊2 Ricardo, David. 1817. *On the Principles of Political Economy, and Taxation*. John Murray.（『経済学および課税の原理』邦訳多数）

図7-1 比較優位によってより効率的な生産を実現できる

交易を行わない場合、イングランドでは合計 220 人の労働者が働き、
ポルトガルでは合計 170 人の労働者が働くことで、
それぞれが衣料品 1 億円、ワイン 1 億円の合計 2 億円の財を生産

	衣料	ワイン
イングランド	100 人	120 人
ポルトガル	90 人	80 人

イングランドの財…………衣料品 1 億円＋ワイン 1 億円＝合計 2 億円
ポルトガルの財……………衣料品 1 億円＋ワイン 1 億円＝合計 2 億円

それぞれの国がより得意な財の生産に特価

イングランドが 220 人全員を衣料の生産に、
ポルトガルが 170 人全員をワインの生産に割り当てるとすると…

	衣料	ワイン
イングランド	220 人 ←	0 人
ポルトガル	0 人 →	170 人

それぞれの国が特化して生産した財を輸出

イングランドが生産した衣料品のうち 1 億円分をポルトガルに輸出し、
ポルトガルが生産したワインのうち 1 億円分を輸出すると、
両国の財の需要を満たし、それぞれ合計 2 億円以上の財を持つことができる

イングランド		ポルトガル
衣料品を 1 億円 × 220 ÷ 100=2.2 億円生産	輸出 →	衣料品を 1 億円輸入（国内需要を賄う）
ワインを 1 億円輸入（国内需要を賄う）	← 輸出	ワインを 1 億円 ×170 ÷ 80 =2.125 億円生産
衣料品 1.2 億円 + ワイン 1 億円 ＝2.2 億円		衣料品 1 億円 + ワイン 1.125 億円 ＝2.125 億円

出典：筆者作成

この場合、イングランドは100対120の割合で衣料品の生産のほうが効率的に行えると言えます。その一方、ポルトガルは90対80の割合でワインのほうが効率的に生産できます。

たとえば、イングランドが、ワインを生産していた120人に衣料品を生産させれば、衣料品の生産量が2・2億円になり、同時にワインの生産量が0円になります。しかし同時に、イングランドが増産した1億円の衣料品をポルトガルに輸出した場合、ポルトガルはイングランドから輸入した1億円の衣料品によって需要を賄うことができます。

すると、ポルトガルは、衣料品を生産していた90人をより効率的に生産できるワインの生産に差し向けることができ、ポルトガルの生産高は衣料品0円と2・125億円のワインとなります。そして、そのうち1億円のワインをイングランドに輸出すれば、結果として、イングランドには1・2億円の衣料品と1億円のワインが存在し、ポルトガルには1億円の衣料品と1・125億円のワインが存在することとなります。

つまり、両国に存在する財の量が増加しています。

わかりやすくするために事例を単純化し、一方の商品を全量輸出入すると仮定しましたが、数学が得意な方であれば、両国の利益が均衡する点を計算することもできるかと思います。また、より多くの前提条件を置くことによって、実際の輸出入に近づけることもできるでしょう。

重要な点は、両国が輸出入を活用して、比較優位のある財の生産を優先することによって、両国の生産量の総和を引き上げることができる可能性が提示されているという事実です。

比較優位の考え方を用いれば、2つの国が、ある時点で各国内での相対的な効率性の高さを比較したときに、相対的な有利さがより高い商品を持つ国がその商材の生産に特化することで、両国の生産量がより増加するということも言えます。

例として、今度はフランスとドイツを考えてみましょう。

1億円の靴を生産するのに、フランスは30人、ドイツは20人の労働者が1日分働く必要があるとします。そして、1億円の小麦を生産するのに、フランスは60人、ドイツは25人の労働者が1日分働く必要があるとします（図7－2参照）。

この例でも、ドイツのほうが靴も小麦もフランスよりも効率的に作ることができます。この状況において、比較優位を活用するために鍵になるのが、各国内での生産費用の比率であり、別の言葉を借りれば、その財を生産することによって生じる「機会費用」なのです。

フランスもドイツも、靴を作ることのほうが得意です。しかし、フランスは靴を30÷60＝0・5、つまり、小麦の5割の労働量で生産できるのに対して、ドイツは20÷25＝0・8、つまり8割の労働量で生産できます。したがって、フランスにおける靴生産の小麦の生産に対する優位さが、ドイツにおける靴生産の小麦生産に対する優位さよりも相対的に大きいことがわかります。

この場合、フランスが靴生産に注力することで、両国は機会費用を引き下げることが可能であり、ドイツに対して絶対優位がなくとも、比較優位の存在するフランスも、貿易を行うことによって利益を得ることができます。

図7-2　機会費用を引き下げて財の総量を増加させる

財の総量はどちらも２億円だが、
フランスのほうが小麦と比較した靴の相対的な生産性が高い
（絶対的に見ると、ドイツのほうが靴も小麦も生産性が高い）

	靴	小麦
フランス	30人	60人
ドイツ	20人	25人

フランス…………30÷60＝0.5（小麦の5割の労働量で靴を生産可能）
ドイツ……………20÷25＝0.8（小麦の8割の労働量で靴を生産可能）

機会費用を引き下げる、すなわち、靴生産と小麦生産の
生産性の差の大きいフランスが、
より多くの労働力を靴生産へ投入

たとえば、フランスが30人を小麦から靴の生産へ移動し、
ドイツが15人を靴の生産から小麦の生産に移動させる

	靴		小麦
フランス	60人	←	30人
ドイツ	5人	→	40人

それぞれの国が、
余剰に生産できた財を輸出

フランスが靴をドイツに輸出し、ドイツが小麦をフランスに輸出すれば、
両国の財の総量が増加

フランス

靴を　1億円×60÷30=2億円生産
小麦を　1億円×30÷60=0.5億円生産

輸出 →

小麦を　0.5億円輸入

靴1.25億円＋小麦1億円
＝2.25億円

ドイツ

靴を　0.75億円輸入

← 輸出

靴を　1億円×5÷20=0.25億円生産
小麦を　1億円×40÷25=1.6億円生産

靴1億円＋小麦1.1億円
＝2.2億円

出典：筆者作成

たとえば、フランスが小麦生産を行っていた30人を靴の生産に振り分けて、靴を2億円、小麦を0・5億円生産したとします。そして、フランスが0・75億円分の靴をドイツに輸出し、ドイツが靴を生産していた内の15人を小麦に振り替えたとすると、ドイツは靴を1億円確保したうえで、小麦を1・6億円生産することができます。ここでドイツが0・5億円分の小麦をフランスに輸出すれば、フランスには靴が1・25億円と小麦が1億円、ドイツには靴が1億円と小麦が1・1億円存在することになります。

これも計算式を設定することで両国に残る財の総量を均等とする点を見つけ出すことはできます。そして少なくとも、各国の貿易収支や通貨の保有量ではなく、財の総量を国家の豊かさと考える見地に立てば、両国は貿易によって利益を得たということができるでしょう。

リカード氏が提示した比較優位の概念は、貿易によって2つの国の機会費用を引き下げることが可能であり、それによって1人あたりの財の量を増大させることができるという議論です。つまり、貿易収支がどうなるかというのは検討の主体ではありません。

比較優位の概念自体のその後の発展や理論の詳細はより専門的な教科書に譲りますが、ここで重要なのは、この概念も国際経営の現場において現代も利用し得るということです。

たとえば、ある会社がトルコと日本に自動車工場を保有しているとします。両工場ともにスポーツカーと軽自動車を生産しており、日本のほうがどちらも効率的に生産できるとしましょう。この際、日本だけで生産するという選択肢とはならず、比較優位の考え方で機会費用を引き下げ、両工場の能力を最も効率的に活用する方法を見出すことができます。

現代の企業においても、この考え方を応用できる場面はもちろん多数存在するのです。

ヘクシャー＝オリーンの定理から新貿易理論の登場まで

アダム・スミス氏とデヴィッド・リカード氏が国家間に存在する相対的な効率性の違いによって貿易が発生するとしたのに対して、エリ・ヘクシャー氏とベルティル・オリーン氏は国家間に存在する生産要素賦存量の違いも重要な要素として検討するべきだと主張しました。

この考え方はオリーン氏が1933年に出版した『Interregional and International Trade』[*3]によってはじめて解説されていますが、その理論的背景には、彼の指導教官であったヘクシャー氏の考えが色濃く反映されており、ヘクシャー氏とオリーン氏が共同で開発したものとして紹介されています。

このモデルは、単純化すれば、たとえ国家間に相対的な効率性の違いがないとしても、国家間の資源量が異なるとすれば、輸出入が発生し得ることを示したものです。より具体的には、資源の多寡、たとえば労働者1人あたりの資本量を比較したときに、より労働者1人あたりの資本量が多い国は資本集約的な財を、より資本量が少ない国は労働集約的な財を生産して輸出すると示しています。

＊3　Ohlin, Bertil G. 1933. *Interregional and International Trade*. Harvard University Press.（『貿易理論──域際および国際貿易』木村保重訳、ダイヤモンド社、1970年）

これは直感的にもわかりやすい考え方です。アダム・スミス氏とデヴィッド・リカード氏が生産要素賦存量、つまり各国に存在する資源量の違いを検討せずに、生産における効率性のみにおいて貿易の理由を説明していたのに対して、ヘクシャー＝オリーンの定理は資源量の違いも重要であり、たとえ効率性が同一であるとしても、貿易が成り立ち得ることをはじめて指摘しました。

これを企業がどこで何を行うかという議論に置き換えると、より労働資源が豊かである国では、たとえば工程の自動化が難しい服飾産業や最終組立作業をより多く行い、逆に資本資源が豊かな国では、鉄工所や重化学工場など資本を活用できる生産をより多く行うという意思決定につながります。

ヘクシャー＝オリーンの定理はその後も多くの経済学者によって拡張され、オリーンはその功績によりノーベル経済学賞を受賞しました。

その後の数々の反証[*4]と検証の経緯の中で改良版の理論が無数に登場していきますが、国際経営にとって次に重要な概念は、「プロダクト・サイクル理論（Product cycle theory）」です。これはレイモンド・バーノン氏が1966年に発表した論文[*5]で説明されている考え方であり、そこでは、たとえ一定の労働生産性、生産要素の賦存量を前提としても、商品のライフサイクルに応じて貿易の構造は変わり得るということを議論しています[*6]。

これは、絶対優位、相対優位、ヘクシャー＝オリーンの定理の考え方が静的なある一定の効率性や資源量を前提とした議論を行っているのに対して、輸出入のパターンが動的に変化し得ると

*4 最も著名な反証例は、「レオンチョフ・パラドックス」と言われる。(Leontief, Wassily. 1953. "Domestic Production and Foreign Trade; The American Capital Position Re-Examined." *Proceedings of the American Philosophical Society* 97[4]: 332-349.)

*5 Vernon, Raymond.1966. "International Investment and International Trade in the Product Cycle." *The Quarterly Journal of Economics* 80(2): 190-207.

*6 同等の説明が可能な理論として、これより以前から「循環型経済発展モデル」が日本から提唱されていますが、これに関しては、第16章で経済発展の議論との関連から紹介します。

しています。つまり、商品の市場が発売から成長を経て成熟し、やがて衰退するというライフサイクルを持つことに着目し、国際分業が導入期、成熟期、衰退期の諸局面を通じて、たとえ諸国の生産性や資源賦存量に変化がなくとも、動的に国際分業の形を変化させ得ると主張しました。彼の研究は多国籍に展開する企業に言及したもので、企業の国境を越えた活動の現実を反映し得る議論でもあり、国際経営論に対して直接的に大きな影響も与えています。

たとえば、商品の導入期には研究開発が重要であり、また商品の単価も高いために資本が豊富で技術力に優れた諸国で生み出されて、所得水準の高い諸国に輸出されます。製品の成熟期には生産が比較的標準化され、他の先進国も同様の製品を生産し始めるようになります。そして衰退期には、製品を開発した国よりも、生産費用の安い国が同様の商品を作り始め、逆に商品を開発した国に輸出を始めると説明できる考え方です。

先進国と言われる国々で開発された製品が、次第に多くの国々で開発されるようになり、そして、その中心が新興国とも言われる国々に移り変わっていく。現在の日本企業が大きな課題とも感じているこの現実は、実は50年近くも前から議論されていたのです。生産に必要とされる要素が異なり、また各国が豊富に持つ資源も異なるのであれば、こういった移り変わりは自然な流れであると説明することもできるのです。それに無理に抗うことは、必ずしも好ましくはありません。

極めて単純で静的なモデルの検討から始まった、国家間の交易を題材にした「なぜ海外と輸出入するのか」という議論は、その後は空間経済学（Spatial Economics）との融合を果たします。空間経済学とは、なぜ特定の地域に消費や生産の集積が起こるのかを分析する経済学の一分野であり、産業立地や、都市の形成の要因を探究する学問領域です。

この融合に大きな役割を果たしたのが2008年にノーベル経済学賞を受賞したポール・クルーグマン氏であり、「新貿易理論（New trade theory）」とも言われるその後の発展が、現在探究されている、より複雑化した国際貿易理論の支柱となっていきます。

クルーグマン氏の大きな貢献[*7]の1つは、収穫逓増、すなわち規模の経済の概念を導入し、消費者が商品の多様性から効用を得ることなどを仮定すれば、これまで解説してきた絶対優位や相対優位、そして生産要素の賦存量に差異がない状態でも、貿易が生じることを説明した点と言えます。とくに、規模の経済は、より各産業や企業の生産の実態に即した考え方とも言えるでしょう。生産には初期投資が必要であり、固定費がかかります。したがって、生産量が多いほど製品1個あたりの固定費負担が減少し、利潤が高まるという事実です。

この考え方を応用し、また輸送費に関しての独特のモデル化を行うことで、貿易構造の現実をより適切に解説することが可能になりました。これらはクルーグマン氏以前にも探究されていた概念と主張する声もありますが、既存の論理的枠組みで説明しきれない先進国間の貿易が興隆する現実を数式モデルで明確に提示したのは、たとえば1980年の論文[*8]が先駆的であったと言

*7 クルーグマン氏の貢献に関しては、ノーベル賞受賞時の理由を取りまとめた「Trade and Geography – Economies of Scale, Differentiated Products and Transport Costs」が詳しい。(Kungliga Vetenskapsakademien. 2008. http://www.nobelprize.org/nobel_prizes/economic-sciences/laureates/2008/advanced-economicsciences2008.pdf, [accessed 2013-12-13].)

*8 Krugman, Paul R. 1980. "Scale Economies, Product Differentiation, and the Pattern of Trade." *The American Economic Review* 70(5): 950-959.

えるでしょう。[*9]

経営学と国際経済学が融合していく

経営学にとって重要な事実は、近年の国際経済学において、国家の枠組みを超えてさらに詳細な、より経営学に近い、企業レベルの分析の枠組みが提唱され始めているという事実です。

たとえば為替レートや関税率や輸送費など、それ以前からも議論されていた要素の高度化の側面ももちろん存在します。また、距離の概念をより深めてモデル化する研究も1つの潮流です。マイケル・ポーター氏による1990年の『The Competitive Advantage of Nations』[*10]のように、それまでの議論を再整理して実務家向けの統一的なフレームワークを提案するような動きもありました。

しかしそれ以上に、国家間の関係を軸にした分析だけではなく、輸出を行う比較的パフォーマンスの高い企業を対象とした企業レベルの分析への発展が起きてきたのは興味深い発展の方向性です。つまり、これまでの貿易理論が1つの国家内のある特定の産業に従事する企業の生産性は同じであるという前提を置いていたのに対して、いわば個別の企業のレベルでの貿易の分析に焦点を当てている研究が、主流の一角として登場しつつあるとも言えるのです。

この研究の1つの礎を築いたのは、ハーバード大学のマーク・メリッツ氏が2003年に発表

*9　この当時の理論の発展を知るには、エルハナン・ヘルプマン氏とポール・クルーグマン氏の著作が有用。Helpman, Elhanan., and Krugman, Paul. R. 1985. *Market Structure and Foreign Trade: Increasing Returns, Imperfect Competition, and the International Economy*. MIT Press.

*10　Porter, Michael E. 1990. *The Competitive Advantage of Nations*. Free Press.(『国の競争優位 上・下』土岐坤・小野寺武夫・中辻萬治・戸成富美子訳、ダイヤモンド社、1992年)

した論文です[*11]。ここで彼は「企業の異質性（Firm heterogeneity）」という概念を導入し、より生産性の高い企業が貿易に従事し、さらに、それによって利益を得て成長し得ることを説明しました。つまり、貿易により、より生産性の高い企業に労働者が移動して国家全体の生産性がさらに向上することで、貿易の利益も拡大するというプロセスを示したとも言えます。これは、クルーグマン氏をはじめとする初期の新貿易理論が、個別企業の生産性に違いがないと仮定しているのに対して、その違いが存在するという前提を明示し、それによって、より詳細な貿易の現実をモデル化した理論です。

これ以外にも、貿易構造の動態的な変化と個々の企業の生産性の違いを説明しようとする研究は盛んです。絶対優位から進化した国際貿易の理論は、時代とともに進化する貿易構造の実態を反映するために絶え間ない進化を続け、ついに企業レベルの分析との大きな重なりを持つに至りました。

すなわち、元来は国家間の交易関係が主軸であった理論は、より実態を反映するために、商品のライフサイクルや生産における規模の経済、個別の企業の生産性の違いといった、企業レベルの分析軸をその理論的支柱として採用していったと理解することもできるでしょう。

なぜ海外に出るのか。なぜ海外と輸出入をするのか。

こうした立地選択の議論は、国際経済学の理論の発展と密接な関係を持っています。実際問題

*11 Melitz, Marc J. 2003. "The Impact Of Trade On Intra-Industry Reallocations And Aggregate Industry Productivity," *Econometrica* 71(6): 1695-1725.

として、どの程度、国際経済学を探究する研究者と国際経営を探究する経営者が交流し、共同で研究をしているかは大いに議論のあるところなのかもしれません。しかし少なくとも、経営学者がより高い次元での国際経済学者との協業の必要があることを認識しているのはたしかです。

たとえば、イギリスとアイルランドを中心にヨーロッパの国際経営の研究者が集まる「Academy of International Business UK & Ireland（アカデミー・オブ・インターナショナル・ビジネスUK＆アイルランド支部）」の2012年の年次総会では、『Journal of Economic Geography（ジャーナル・オブ・エコノミック・ジオグラフィー）』などのゲストエディターも務めていたテンプル大学のラム・ムダンビ氏が「New Directions in Economic Geography and IB（経済地理学と国際経営の新しい方向性）」という議題で基調講演を行っています。講演の中で彼は、経済地理学と国際経営論の密接な関係を説明したうえで、より実践に近い知見を保持する国際経営の研究者と、より理論的な研究を続ける国際経済の研究者が協業することの可能性を説明しました。

そのような連携の成果は数多く存在します。たとえば、先述のパンカジ・ゲマワット氏の説くCAGEという概念も、元々は国際経済学の進化の中で登場してきた1962年のヤン・ティンバーゲン氏が作り出した「貿易における重力モデル」[*12]の根源である距離の概念を参照するなかで、物理的な距離以外にどういった距離を定義するべきか、という探究を続けることで生まれてきた概念です。

少なくとも、極めて基本的な概念を提示した過去の基礎理論、すなわち絶対優位や比較優位、

*12 Mellor, John W. 1964. "Shaping the World Economy: Suggestions for an International Economic Policy by Jan Tinbergen." *Journal of Farm Economics* 46(1): 271-273.

ヘクシャー＝オリーンの定理やプロダクト・サイクル理論、さらには新貿易理論や企業の異質性の考え方は、現代企業運営にとって原理原則となり得る根源的な仕組みを解き明かしています。

無論、厳密な数式として完成させる過程で、実務家がそのまま解釈することは不可能なほどに前提条件を置いているという事実もあるのかもしれません。なぜなら、これらの理論は国家や企業の行動の一般的特性を解き明かすために作られたものだからです。これらはまさに社会科学の知見であり、それはそのままでは実学たり得ません。

しかしながら、背景に流れる前提条件を理解したうえで、これらの考え方を参考にし、個々の実務家がより良い意思決定を行うことができる可能性は十分あります。さらに言えば、私たち国際経営を探究する研究者の役割は、これらの原理原則の考え方を完全に理解したうえで、それを実務家が直面している実際の状況に当てはめ、実学としてこれらの知見をどう活用すればいいのかを真剣に考え抜いて提示し続けることなのでしょう。

経営学は他の領域を最もどん欲に吸収している学問である

経営学は領域学的な性質を持っている学問です。その意味で、ここで紹介した国際経済学の概念も、経営学で用いられる概念の一部と言えます。

実際、経営学は他の学問領域における発展の知見を、最もどん欲に吸収している学問領域とすら言えるのかもしれません。したがって、なぜ企業が海外と輸出入をするのかを考える際に、それを250年近く前から探究してきた経済学の力を借りるのは至極当然とも言えます。そして逆に、国際経済学の理論がより企業レベルの分析に近づいていくプロセスを通じて、両者の距離はなくなり、融合しつつあるとすら言えるのです。

学問と学問の間には白黒の区分がはっきりした境界はありません。次第に現実の理解を広げていく過程の中で、経営学は一面において国際経済学と協業し得る可能性を内包するに至りました。実際、私が参照している欧米の国際経営学の教科書の大半では、大きな紙幅をさいたうえで国際経済学の基本的な概念が紹介されています。まずは国と地域の領域を超えて物品を輸出入すること、すなわち、なぜ海外に出るのかということの根源的な概念を理解したうえで、より詳細な議論に移る必要があると考えられています。

もちろん、国際経営学は経済学と完全に1つではありません。国際経営に従事する組織と個人の動態を探究する学問として、すでに存在する知見を編纂すると同時に、独自の学問体系を作り上げつつあるのも事実です。

しかし、唐突に多国籍企業や、それが行う国際経営という狭い認識に入り込むのではなく、より大枠で議論している現象の理解から入ることで、根源的な枠組みを理解することができます。そして、その理解は何より、実務の実践に役立てることができるのです。

第8章

企業はなぜ、海外に進出するのか

海外進出の4つの誘因

多国籍企業を考えるうえで最も重要な特徴は、輸出入だけではなく、対外直接投資（ＦＤＩ：Foreign Direct Investment）を行うという事実です。実際、国際経済学における企業レベルの対外直接投資の分析が比較的若い研究分野であるのに対して、国際経営論の世界においては、この領域はすでに50年以上の蓄積がある研究分野です。

最も根源的な要素に立ち帰れば、立地の選択と境界の選択、この2つの意思決定の出合う場所に、なぜ、どのように多国籍企業論が存在するかという議論があります。対外直接投資とは、海外という立地を選択し、それを自社の内部で運営することを選択するという行為です。

すなわち、図8－1に挙げたような4つの選択肢から1つを選ぶという意思決定を繰り返す結

図8-1 立地と境界で生まれる4つの選択

立地の意思決定と企業境界の意思決定がもたらす４つの選択肢

企業境界の意思決定 ＼ 立地の意思決定	国内	海外
内部で調達	国内の部署や子会社で開発／販売／生産	海外の現地法人や子会社で開発／販売／生産
外部から調達	国内の外注業者に開発／販売／生産を委託	海外の外注業者に開発／販売／生産を委託

出典：Sako, Mari. 2005. "Outsourcing and Offshoring: Key Trends and Issues." *Social Science Research Network*, http://papers.ssrn.com/sol3/papers.cfm?abstract_id=1463480 より筆者作成

果として多国籍企業は存在し、その形を決めていくと言うことができます。

なぜ海外に存在する経営資源を自社の内部に取り込む必要があるのか。

この問いに答えるための探究を始めたことが、多国籍企業という存在を学問として探究する出発点でした。すなわち、対外直接投資という行為を企業はどう行うのか、なぜ行うのかという調査課題です。

対外直接投資とは、その名前が示す通り、企業が自分の本拠とする国や地域の領域の外に存在する現地の開発、生産、販売、その他の拠点に自ら投資し、それを所有する行為を指します。

この行為は輸出入に対してより高い現地のコミットメントを引き出すことが可能となり

ます。しかし、一旦進出を決めてしまえば、より単純な取引関係である輸出入に比較して撤退を決めるのも難しくなります。現地に進出することによって、現地の事業パートナーとの連携がより容易になり、顧客ニーズの理解が進むとされる一方、同時に現地の政府、他の企業、労働者などとの交渉をはじめとする様々なリスクや不確実性にさらされる行為でもあるのです。

多国籍企業の定義は「多国籍企業体は通常、1つ以上の国に設立された、いくつかの企業や他の組織体によって構成され、それらの企業や組織体はそれぞれの事業を様々な形態によって協働させている」と先述しました。たとえば、一過性の契約関係に基づく輸出入を最もゆるやかな協働とするのであれば、逆に自らの資本を投下することによって完全に他国に存在する組織を所有することは、最も強い協働となり得る海外進出の形態と言えます。

つまり、一言で対外直接投資といっても、その協働の形態によって個々の企業の実態には大きな開きがあります。[*1] しかしながら、ここでは便宜的に議論を単純化するために、海外の企業の直接的な支配権を、株式の保有などの手段を通じて保持する行為とします。

現代企業の海外進出行動は、大きく分けて市場探索、資源探索、効率性探索、そして戦略的資源探索の4つに分類できます。この分類を提示したのはジョン・ダニング氏であり、その概要は、たとえば1998年の論文[*2]で解説されています。[*3]

ここで言う市場探索（Market-seeking）とは、その名の通り新市場や新たな事業可能性を手に入れたり、重要な顧客の海外進出を追いかけたりする行動です。主に販売面での海外進出と言えま

*1 応用的な形態としては、たとえば、アップルがシャープの液晶パネル工場でのメーカーの生産設備に投資し、その権利をもって、株式を持たずとも強い影響力をもたらしている事例があります。

*2 Dunning, John H. 1998. "Location and the Multinational Enterprise: A Neglected Factor?" *Journal of International Business Studies* 29(1): 45-66.

*3 この論文は2009年に国際経営分野のトップジャーナルである『ジャーナル・オブ・インターナショナル・ビジネス・スタディーズ』のDecade Award（ディケード・アワード）を受賞しています。ディケード・アワードは、各年の10年前に出版された学術論文の中で最も大きな貢献を果たした論文に送られ、毎年1編だけが選出される名誉ある賞です。

す。そして、資源探索（Resource/asset-seeking）とは、事業活動に必要な有形無形の資源を手に入れて優位を築く行動です。生産に必要な資源、知識を得るための海外進出です。さらに、効率性探索（Efficiency-seeking）は、部材調達や製造のコストを削減したり、輸送コストや関税などの障壁を回避する行動です。これは市場探索と資源探索の結果生まれた拠点配置を最適化して効率化する行動にあたります。また、戦略資源探索（Strategic asset-seeking）は、とくに世界展開に必要な戦略資源を多くの場合他国の競合他社から手に入れる行動です。たとえば、インドのタタ・グループがイギリスのジャガーを買収したり、中国のハイアールが日本のサンヨーの事業を買収することは、競争優位の源泉であるブランドや技術を世界の広範囲の拠点で手に入れることにつながる行動です。

現代の多国籍企業論は、この4つの海外進出行動のすべてにおいて適用できる、企業が対外直接投資を行う理由とはどのようなものなのかを探し求めています。

重要なのは、この論文が経営環境の変化とそれを反映する経営理論の発展の歴史を背景として、私たちが考えなければならない誘因の範囲が、徐々に広がりつつあるという事実を指し示したことです。すなわち、「なぜ海外に出るのか」という議論と同じように、「なぜ内部化するか」という議論も、絶えず進化する現実と理論の相互作用のプロセスにより発達していると示したことに、この論文の重要な価値の一端があります。

企業が海外という立地を選ぶと同時に、自らの一部にその海外という立地に存在する資源を取り込むことが対外直接投資です。そして、企業がその行動を繰り返すことで、いつしかその企業は多国籍企業と呼ばれるようになります。

ダニング氏が指摘したように、経営環境の変化を受けて企業の海外進出行動は絶えず進化しています。同様に、多国籍企業をめぐる理論も絶えず進化を遂げてきました。

本章では、「なぜ内部化するか」という議論がどのように発展してきたのか、その歴史的経緯を簡単に解説していきたいと思います。様々な議論の変遷により複雑化した現代の理論の詳細に触れるよりも、国際経営の現実とそれを説明しようとした理論が、誤解を恐れずに言えば単純であった時代に遡ることによって、その概要の一端を理解していただきたいと考えています。

多国籍企業論の起源はスティーブン・ハイマーの「独占の優位」

現代に続く多国籍企業論の系譜は、少なくとも1960年に完成したスティーブン・ハイマー氏の博士論文（第3章＊4参照）にまで遡ることができます。

ハイマーの論文がこれまでの研究と異なる点は、第一に直接投資と証券投資を明確に区分した点です。証券投資は、企業の株式や社債などの有価証券を、所有や支配を目的とせずに取得して収益を得る投資の形態です。それに対して、直接投資とは事業に対して自らが強い影響力を行使できる形態で関わり、その運営に直接的に関与して収益を得る投資の形態です。[*4]

彼は、国際経営の理論は企業の理論の一部であると述べ、海外に直接投資するという行為は単に交易におけるコストを下げるということだけではなく、その企業が持つ優位性をより活用するためであると説きました。

その後の彼の作品も、多国籍企業がなぜ存在するかは、輸出入を市場取引において行うよりも事業を活性化させ、情報を交換し、価格を決定するのによりよい手法であるからと説明するなど、企業という組織を媒体とした国際取引の形態である多国籍企業という枠組みの理論化に、多大な貢献を果たしています。

これらの議論の要点を抽出すれば、多国籍企業が対外直接投資を行うのは、海外の資源や能力を独占することにより、その資源を支配し、競合に対して優位性を築けるという主張につながります。これは「独占の優位（Monopolistic advantage theory）」とも言われる考え方で、企業が自社の強み、とくに希少資源の独占からより多くの利益を挙げること、市場における競争の圧力を低減させることによる市場支配力向上の便益に注目をしています。

ハイマー氏の研究は、彼の指導教官でもあったチャールズ・キンドルバーガー氏の１９６９年の著作等[*5]によってさらに発展し、その市場支配力、つまり独占の優位の源泉は、販売市場と生産要素市場の不完全競争や規模の経済性、参入規制を原因として挙げられるとされていきました。

極めて残念なのは、ハイマー氏が１９７４年に39歳の若さで交通事故により亡くなってしま

*4　この2つの区分に明確な定義は存在せず、各国政府や国際機関が各々独自の定義を持っています。たとえば、日本の外国為替及び外国貿易法は、日本の上場企業の株式を10%以上取得する行為は、外国企業の日本に対する対外直接投資と見なすと規定しています。

*5　Kindleberger, Charles P. 1969. *American Business Abroad: Six Lectures on Direct Investment*. Yale University Press.（『国際化経済の論理』小沼敏訳、ぺりかん社、1970年）

ったという事実です。彼が後世の研究に与えた影響は、ジョン・ダニング氏とクリストス・ピテリス氏が2008年に『ジャーナル・オブ・インターナショナル・ビジネス・スタディーズ』に発表した「Stephen Hymer's contribution to international business scholarship : an assessment and extension（スティーブン・ハイマーの国際経営論への貢献：その評価と拡張）」[*6]と関連する文献を参照することで理解いただけるかと思います。もし彼がもう少し長い期間研究を続けることができていたのなら、短い期間での彼の貢献を鑑みれば、現在の理論体系の形も今とは異なるものとなっていたのかもしれません。

いずれにせよ、これまで長い間区別が行われていなかった証券投資と直接投資の区別を明確にし、証券投資のように、単に利子率の差をもって国家間の資本の移動を説明するのは困難が伴うことを示したのは大きな価値のある貢献でした。しかし、海外進出することによって独占の優位を築き上げることで利潤を高めることができるというハイマー氏とキンドルバーガー氏の説明は、現代においては一部の事例しか説明できません。

この時代、つまり1960年代までにおける対外直接投資は、そのほとんどが先進国の巨大企業による途上国への直接進出と言えます。技術の発達も小さく、また国境を越えることの困難も多かった時代に、この非常に大きな進出コストを賄えるのは必然的に母国において大きな利潤を産んでおり、進出先の国において大きな利益を挙げ得る優位性を持つ企業が中心でした。

実際、とくに第二次世界大戦後の十数年における対外直接投資は、そのほとんどがアメリカを

*6 Dunning, John H., and Pitelis, Christos N. 2008. "Stephen Hymer's contribution to international business scholarship: an assessment and extension." *Journal of International Business Studies* 39(1): 167-176.

母国とする対外直接投資でした。1960年には、アメリカだけで全世界の対外直接投資のストックの5分の3を占めており、2位のイギリスが6分の1、それ以外は他の先進国が分け合う状況でした。1945〜60年の期間だけを取れば、アメリカは全体の75%近くを占め、製造業の80%以上を占めていました。[*7]

こういった時代における企業の対外直接投資は、もしかしたらジェフリー・ジョーンズ氏の言う第一次グローバル経済や、それ以前の世界における本国から植民地への進出との比喩が可能かもしれません。現地には、市場はあれども競争力のあるプレーヤーがおらず、自らの手によって橋頭堡《きょうとうほ》を築き上げることが魅力的な選択肢でした。さらに言えば、ウルクの商人の時代の交易拠点も、同じように商人たちが独占の利益を挙げようとした結果として設立したものと解釈することも可能と言えます。

しかしながら、現代においては、こういった圧倒的優位性を持つ企業が対外投資によって独占の利益を得るケースは限られるようになってきました。そのようなケースとしては、たとえば製薬会社が新薬を開発し、それを他国に展開することで特許制度を活用して追加的な独占の利益を挙げられるような状態が想定できます。

また、現在においても資本主義経済の発達が限られている途上国市場において、先進国でしか開発し得ない技術をもとにし、しかし現地市場に受け入れられる商品を開発して参入するような事例は、この独占の利益の説明に当てはまるとも言えます。

*7 Dunning, John H. 1979. "Explaining Changing Patterns of International Production: In Defence of the Eclectic Theory." *Oxford Bulletin of Economics and Statistics* 41(4): 269-295.

ただもちろん、先進国間の取引関係が多くを占める現代においては、この論拠のみの説明力は低減しつつあります。つまり、とくにこの理論が説明しにくい状況は、独占の優位が生まれにくい状況下においても企業が対外直接投資を行うという事実です。それはたとえば、先進国から先進国に企業が進出するケースがあり得ます。

「取引コスト理論」の国際経営への応用

市場としてある程度成熟しており、また競合との競争も存在する市場に対しても、なぜ企業は対外直接投資ができるのでしょうか？

こうした疑問に答えることができたのが、「取引コスト理論（Transaction cost theory）」の考え方でした。取引コスト理論は、国際経営だけではなく経営学全般において用いられる、なぜ企業は存在するかという考え方の1つです。その原点はロナルド・コース氏の1937年の論文[*8]まで遡ることができます。

しかし、登場が早すぎたためか、この研究はその後30年以上にわたって注目を集めることはありませんでした。この論文が注目を集めたきっかけは、1971年にオリバー・ウィリアムソン氏が提示した「The Vertical Integration of Production：Market Failure Considerations（生産の垂直統合：市場の失敗とその意味合い）」まで待たなければなりません[*9]。

*8 Coase, Ronald H. 1937. "The Nature of the Firm." *Economica* 4(16): 386-405.
*9 Williamson, Oliver E. 1971. "The Vertical Integration of Production: Market Failure Considerations." *American Economic Review* 61(2): 112-123.

ウィリアムソン氏は、市場において行われる取引を「内部化（Internalization）」することによって「市場の失敗（Transactional failures）」の影響を低減させることに、企業という仕組みの利点が存在すると解説しました。そして、その原点として、より新しい1969年のケネス・アロー氏による研究とともに、1937年のコース氏の作品を紹介しています。この論文を出発点として、またその後の研究によって、同年のコース氏の研究が探究されることにより、コース氏の貢献の大きさも次第に認知されるようになっていきました。

取引コストの概念は、簡単に解説するだけでも本1冊分の紙数が必要となってしまう可能性もありますが、簡単に言えば次のようなものです。

不完全市場では、取引において様々なコストが存在します。たとえば取引相手を探し出す探索コスト（Search and information costs）、探し出した取引相手と交渉し契約を行う交渉と意思決定のコスト（Bargaining and decision costs）、締結した契約の内容が守られたかを管理する監視と強制のコスト（Policing and enforcement costs）です。とくにこれらの費用は、人間の限定合理性[*10]と機会主義的行動[*11]への欲求を前提として、その取引の頻度、特殊性、不確実性によって生じます。

この取引コストが存在するとき、企業とは、市場に変わる取引のシステムであり、ある一定の境界の内部に特定の取引を内部化する枠組みと捉えることができます。そして、企業内部で取引を行う利点があるのは、その取引を組織の内部に取り込むことにより、それを内部に取り込むコストを支払ったとしても、取引コストが低減する状況であると説明します。

*10　ハーバード・A・サイモン氏が、1947年の著書で提唱した概念が原点である。たとえば、人間を含むすべての経済主体は完全な情報を収集することはできず、たとえその情報を得たとしても、それを完璧に分析し、理解することは不可能であり、それを相手に伝えること、すなわち、伝達表現能力にも限界があるとする考え方（Simon, Herbert A. 1947. *Administrative Behavior: A Study of Decision Making Processes in Administrative Organization.* Macmillan.）。なお、著書の第4版は、『新版 経営行動——経営組織における意思決定過程の研究』（二村敏子・桑田耕太郎・高尾義明・西脇暢子・高柳美香訳、ダイヤモンド社、2009年）として邦訳されている。

*11　長期的な損得や信頼関係に基づかず、短期的な利益を追い求める行動。たとえば、取引で相手の弱みにつけ込んだり、相手をごまかす行動などがこれにあたる。

広く企業の理論の世界では、これ以降も様々な考え方が提唱されました。たとえば、契約関係が明確に企業境界を定めない場合にも、資産をコントロールする権利の構成が投資行動に影響を与え、また投資行動の方向性を揃えるために資産の統合が起きる考え方など、多様な発展を遂げています。

これらの考え方を「内部化理論（Internalization theory）」として多国籍企業の文脈に体系化したのは、現代の国際経営論の礎を築いたとも言える、ピーター・バックレー氏とマーク・カソン氏が1976年に出版した『The Future of the Multinational Enterprise』*12や、アラン・ラグマン氏が1981年に出版した『Inside the Multinationals』*13、そして、それに関連してあとに続く一連の論文です。

内部化理論は、ラグマン氏が著作の第8章で示した「The FSA/CSA Matrix」によって一般的にも知られています。この枠組みは、企業特有の強み（FSA：Firm Specific Advantages）の強弱と、立地特有の強み（CSA：Country Specific Advantages）の強弱で4つの象限を定義しています。

たとえば、FSAが弱く、CSAが強い場合には、国際貿易論に立脚した考え方で輸出入が説明できる状況と言えます。逆にFSAが強く、CSAが弱い場合には、立地の特性に大きく依存する伝統的な国際貿易論ではなく、企業の優位性を元にした新たな説明が必要になります。そして、FSAもCSAも強い場合が、多くの多国籍企業の投資行動の舞台であり、逆にFSAも

*12 Buckley, Peter J., and Casson, Mark C. 1976. *The Future of the Multinational Enterprise*. Macmillan.（『多国籍企業の将来』清水隆雄訳、文眞堂、1993年）

*13 Rugman, Alan M. 1981. *Inside the Multinationals: The Economics of Internal Markets*. Columbia University Press.（『多国籍企業と内部化理論』江夏健一訳、ミネルヴァ書房、1983年）

CSAも弱い場合では、貿易行動は発生しがたいとします。そのうえで、この立地特有の強みとその関連性、そして企業特有の強みとその関連性の2つの要素を分析することで、多国籍企業の投資行動を理解できるとしました。

内部化理論は、元来はオリバー・ウィリアムソン氏とは別個に生まれ、ハイマー氏の議論を発展させることを狙っていました。[*14] しかし、その後、この理論的枠組は長期にわたって取引コスト理論の研究者との議論を通じて発展していくこととなります。

その意味で、企業の理論として発祥した取引コスト理論をより具体的に多国籍企業の文脈に当てはめようとした、1981年から始まるデビッド・ティース氏の一連の研究[*15]や、1982年の『A Theory of Multinational Enterprise（多国籍企業の理論）[*16]』に代表されるジョンフランソワ・ヘナート氏の研究も極めて重要と言えます。

ハイマー氏とキンドルバーガー氏の議論が市場構造を背景として資産を独占する優位により多国籍企業の理論を構築しているのに対して、内部化理論は、まさに取引コスト理論で示されたように、多国籍企業は不完全市場に対する答えであり、市場システムの代替として採用され得る階層的な組織構造（Hierarchical organizational structure）であると主張しました。つまり、構造的な市場の失敗よりも不完全市場の取引コストに注目し、企業の持つ優位性と、内部化へのインセンティブを独立の変数として扱います。

つまり、たとえ進出先で競争優位を持たないとしても、企業が現地の代理店任せの輸出のみを

*14 Boddewyn, Jean J., ed. 2008, *International business scholarship: AIB fellows on the first 50 years and beyond*. Emerald JAI.
*15 Teece, David J. 1981. "The Multinational Enterprise: Market Failure and Market Power Considerations." *Sloan Management Review* 22(3): 3-17.
*16 Hennart, Jean-François. 1982. *A Theory of Multinational Enterprise*. University of Michigan Press.

行うのではなく、現地に進出して支店を設立する行動を説明できます。現地の代理店との交渉、契約、管理の手間や、知的財産権の問題を考えれば、現地に自社の人間と組織を置くほうがよいと判断したと説明できるのです。

内部化により、多国籍企業は海外市場においてもより強いコントロールを実現、取引コストを節約できます。これにより、輸出入を行った場合には、潜在的に発生し得る課題、たとえば品質の担保、知的財産の保全、契約の不履行のリスクをある程度は避けることができると考えられるのです。

立地、所有、内部化の3要素を内包した「折衷理論」

また、内部化理論と同時期に成立した「折衷理論（Eclectic theory）」は、所有の優位（Ownership-specific advantages）、立地の優位（Location-specific advantages）、内部化の優位（Internalization advantages）のこれまで解説した3つの要素をまさに融合させることを狙った理論的枠組と言えます。これは、それぞれの頭文字を取って「ＯＬＩ理論」や「ＯＬＩパラダイム」とも呼ばれる考え方です。

この理論は対外直接投資だけではなく、より柔軟に海外に組織が展開する程度とその形態を説明し得る理論的枠組を検討する中から生まれました。

ＯＬＩの基本的な考え方をもとにすれば、所有の優位は、企業が内部に保持する知識、技能、能力、関係性、物理的な資産がもたらす競争優位性の程度を示します。また、立地の優位は、参入する国や地域が保持する相対的な優位性であり、たとえばその国の天然資源、人的資源、市場の魅力度を指します。そして内部化の優位は、海外の生産設備、販売物流網、その他の付加価値創造のプロセスを内部化することによって得られる支配力の程度と説明されます。

この折衷理論の考え方は、少なくともジョン・ダニング氏が1979年に発表した論文（本章*7参照）にはすでに現れています。

この論文で彼は、国際金融論のみでは説明できない企業の対外直接投資行動に対して説明した諸理論を概観し、とくに独占の優位から説明した理論、立地の優位から説明した理論、企業の理論の考え方を折衷、つまり組み合わせた理論体系がより説明力を持つとしました。すなわち、単純化すれば、各理論の説明のいいとこ取りをしようとした理論とも言えるかもしれません。そして、この理論により彼は、なぜ企業が国内ではなく、海外を選び、輸出ではなく対外投資を選ぶ能力と意欲を持つかを説明できると主張しています。

ダニング氏は、この考え方は1976年のノーベル・シンポジウムで発表した考え方であったと1995年の論文[*17]で言及しています。つまり、オリバー・ウィリアムソン氏の企業の理論の登場からときを経ずして、この概念の多国籍企業論への応用が始まっていたのです。そして、その一端として、内部化理論と折衷理論の2つの説明が、同時並行的な発達を遂げていったと言えるでしょう。

*17　Dunning, John H. 1995. "Reappraising the Eclectic Paradigm in an Age of Alliance Capitalism." *Journal of International Business Studies* 26(3): 461-491.

１９７０年からの国際経営の時代は、１９６０年代までの様相とは異なるものでした。この時代、ヨーロッパの回復が進み、日本が台頭し、先進国間の対外直接投資が大きく増加しました。知的財産権や、生産手法など企業が取引において守らなければならない権利は増加し、また商品とサービスの複雑化と取引の高度化によって、企業が直面する取引コストはさらに重要な要素となります。

貿易摩擦や関税と非関税障壁を理由として、多くの企業が輸出入のみならず対外直接投資を選択肢として検討することとなりました。多国籍企業がその存在感を増すにつれ、この研究領域は経営学の一部の領域として独自の進化を急速に遂げたと言えます。

内部化理論と折衷理論が同時期に生まれ、そしてその周辺の理論体系[*18]も交えながら相互に批評しあい、研鑽を続けたことは、この学問領域の発展に大きく寄与しました。どちらの理論も枠組みとして大変優れた枠組みですが、お互いにお互いを取り込めると長年主張してきました。

そこには議論と批評の歴史がありました。お互いに研究の系譜を作り合い、事実を参照しながらも理論的説明を磨き上げ、密接に関わりあいながらも、しかし独立的に議論を進めていったと言えるのです。

＊18　対外直接投資の理論に関連するその他の理論体系としては、たとえば、フレデリック・ニッカバッカー氏が1973年に提唱した、寡占市場における競合間の相互依存性による模倣行動（寡占的反応）を扱った理論の潮流がある。Knickerbocker, Frederick T. 1973. *Oligopolistic Reaction and Multinational Enterprise*. Division of Research, Graduate School of Business Administration, Harvard University.（『多国籍企業の経済理論』藤田忠訳、東洋経済新報社、1978年）

「資源ベース理論」を取り込む多国籍企業論

この2つの理論の現在に至る発展を詳細に解説することは紙幅が許しませんが、2つだけ、その後の発展に大きな影響を与えた概念を紹介します。それは「資源ベース理論(Resource based view)」と「制度(Institutions)」の概念です。

資源ベース理論は、企業の境界の理論の観点からは、経済的要因を扱う理論体系、とくに取引コスト理論と対比させて語られる概念です。端的には、企業を希少資源の集合体と見なし、企業という手段によって資源が束ねられることによって、個々の資源単体での価値以上の価値をもたらすことができるがゆえに、企業が存在すると説明しました。

この考え方の源泉はエディス・ペンローズ氏が1959年に出版した『The Theory of the Growth of the Firm』[*19]であり、これを命名したのはビルガー・ワーナーフェルト氏が1984年に『ストラテジック・マネジメント・ジャーナル』に発表した論文[*20]です。これは1986年にジェイ・バーニー氏が提示した「戦略要素市場(Strategic factor market)」[*21]という概念によって拡張され、とくに企業戦略論の領域において、企業の外部環境である競争環境だけではなく、言わば企業の内部環境である企業内部の資源を重要な要素と着目した点が評価されました。

企業とは何かという論争をめぐっては、その後1992年にはブルース・コグート氏とウド・

*19 Penrose, Edith T. 1959. *The Theory of the Growth of the Firm*. Basil Blackwell.(『会社成長の理論』末松玄六訳、ダイヤモンド社、1962年)
*20 Wernerfelt, Birger. 1984. “A resource-based view of the firm.” *Strategic Management Journal* 5(2): 171-180.
*21 Barney, Jay B. 1986. “Strategic Factor Markets: Expectations, Luck, and Business Strategy.” *Management Science* 32(10): 1231-1241.

ザンダー氏によって、知識を特殊な資源として捉えた企業観である言わば「知識ベース理論[*22]（Knowledge-based theory）」がその展開を始めます。1994年には、より動的に変化する環境に対しての資源運用能力に着目した「ダイナミック・ケイパビリティ（Dynamic capabilities）」の理論もデビッド・ティース氏とゲイリー・ピサノ氏によって学術論文としてまとめられ[*23]、さらに彼らの研究は1997年の『ストラテジック・マネジメント・ジャーナル』の論文[*24]により広く知られるようになりました。

これらの先駆的研究とそれに続く活発な議論[*25]は、その後の組織戦略論の研究に多大な貢献を果たしました。同様に、多国籍企業の研究においても重要な議論につながります。

つまり、企業の理論の世界で知識ベース理論やダイナミック・ケイパビリティ論がそれまでの経済的要因を扱う理論体系に対抗し得る新たな視点として評価されたのと同様に、この考え方は多国籍企業とは何か、対外直接投資とは何かという概念にも大きな影響を与えているのです。

アラン・ラグマン氏らは、2011年のレビュー記事[*26]の中で、内部化理論における企業特有の強み（FSA）は、10年以上後に提唱された資源ベース理論の考え方を予期（Anticipate）するものであったと述べています。また2013年の「Reading-UNCTAD International Business Conference（リーディングUNCTAD・インターナショナル・ビジネス・カンファレンス）」での発表[*27]では、ダイナミック・ケイパビリティ論は内部化理論のその後の発展の経緯の中で生まれてきた再結合能力（Recombination capabilities）に含めることができるとも解説しています。

*22 Kogut, Bruce M., and Zander, Udo. 1992. "Knowledge of the Firm, Combinative Capabilities, and the Replication of Technology." *Organization Science* 3(3): 383-397.

*23 Teece, David J., and Pisano, Gary P. 1994. "The Dynamic Capabilities of Firms: an Introduction." *Oxford Journals* 3(3): 537-556.

*24 Teece, David J., Pisano, Gary P., and Shuen, Amy. 1997. "Dynamic Capabilities and Strategic Management." *Strategic Management Journal* 18(7): 509-533.

*25 たとえば、Eisenhardt, Kathleen M., and Martin, Jeffrey A. 2000. "Dynamic capabilities: what are they?" *Strategic Management Journal* 21(10-11): 1105-1121.や、Teece, David J. 2007. "Explicating dynamic capabilities: the nature and microfoundations of (sustainable) enterprise performance." *Strategic Management Journal* 28(13): 1319-1350.が参考になる

*26 Rugman, Alan M., Verbeke, Alain L., and Nguyen, Cand. Quyen T. K. 2011. "Fifty Years of International Business Theory and Beyond." *Management International Review* 51(6): 755-786.

*27 Rugman, Alan M. April 9, 2013, "Dynamic capabilities equals Recombination capabilities in IB", *UNCTAD International Business Conference*, http://www.henley.ac.uk/web/FILES/international-business-and-strategy/Rugman_capabilities.pdf, (accessed 2013-12-24).

つまり、内部化理論の探究者の立場としては、ダイナミック・ケイパビリティ論で語られている内容はすでに説明済みであるとの主張とも言えるでしょう。しかしながら、たとえば2002年にアラン・ラグマン氏とアラン・バーベク氏がエディス・ペンローズ氏の貢献に関する論文[*28]を発表していることなどを鑑みても、その発展の経緯の中で、組織戦略論におけるこの議論の発展が内部化理論に取り入れられてこなかったと言うことは考えづらいと私は考えます。

折衷理論においても、たとえばジョン・ダニング氏とサリアンナ・ルンダン氏が2010年に『Industrial & Corporate Change（インダストリアル・アンド・コーポレート・チェンジ）』に掲載した論文[*29]において、とくに所有の優位の概念に対してダイナミック・ケイパビリティ論がどのように当てはまるか、そしてこの概念の中核を占める組織内部のルーチン（Organizational routines）という概念がどのように多国籍企業論の進化に貢献できるかが議論されています。

奇しくもダニング氏の没後に出版されたこの論文は、多国籍企業論と、次に説明する制度に関わる研究課題に関して、ダイナミック・ケイパビリティ論が貢献できる可能性を示した興味深い論文でした。

「制度」の議論を融合させる

資源ベース理論とその後の発展と同様に、内部化理論や折衷理論などの多国籍企業論に大きな

*28 Rugman, Alan M., and Verbeke, Alain L. 2002. "Edith Penrose's contribution to the resource-based view of strategic management." *Strategic Management Journal* 23(8): 769-780.

*29 Dunning, John H., and Lundan, Sarianna M. 2010. "The institutional origins of dynamic capabilities in multinational enterprises." *Industrial & Corporate Change* 19(4): 1225.

影響を与えたのは、制度の概念です。

一言で制度といっても、それをどう定義すべきかは、制度派経済学の原点とも言える1919年にウォルトン・ハミルトン氏が『The American Economic Review（アメリカン・エコノミック・レビュー）』に投稿した論文[*30]にまで遡る長い論争があります。

しかし多国籍企業論、とくに折衷理論の文脈では、先述の2010年のダニング氏とルンダン氏の論文が引用しているように、オリバー・ウィリアムソン氏が「新制度派経済学（New institutional economics）」と呼んだ研究の潮流の代表的人物である、ダグラス・ノース氏の1990年『Institutions, Institutional Change and Economic Performance』[*31]を原点とする経済学に立脚した説明、または第6章128ページでも簡単に触れたポール・ディマジオ氏とウォルター・パウエル氏の1983年を原点とする社会学に立脚した説明が用いられることが多いと言えます。すなわち、経営学の領域では、分析する対象や議論の立て方により、経済学や社会学の垣根を越えて、制度という要素を立論しているのです。

たとえば、ノース氏は、1990年の著作の中で、制度とは、人と人との間の相互作用を規定し特定の行動を動機づけする行動規範や制約であると述べています。

この定義には、形式化された法律や規則だけではなく、非形式の慣習や社会で共有されている規範などが含まれており、これらが総体的にその環境に属する個人や組織の行動に対する強制の

*30　Hamilton, Walton H. 1919. "The Institutional Approach to Economic Theory." *The American Economic Review* 9(1): 309-318.
*31　North, Douglass C. 1990. *Institutions, Institutional Change and Economic Performance*. Cambridge University Press.（『制度・制度変化・経済成果』竹下公視訳、晃洋書房、1994年）

メカニズムを持つとします。すなわち、制度とは、ある特定の市場環境下における言わばゲームのルールを決める要因であり、それは一面において、個人や組織が行動する際の不確実性を低減する一方、個人や組織の資源配分や目標設定における自由度を規定する要因とも言えるのです。

この制度の議論が国際経営論で取り扱われ始めたのは、比較的最近のことです。

2008年のダニング氏とルンダン氏の論文*32は、それ以前にも関連する要素が分析されたことがあるとはいえ、国際経営の研究者が制度の概念を企業レベルの分析に用い始めたのは1990年代から2000年代初頭であるとしました。この論文は、企業レベルにおける制度の分析では、より組織レベルに近い制度論を議論したディマジオ氏とパウエル氏の1983年の論文（第6章*16参照）を源泉とする研究も多いとしたうえで、たとえば多国籍企業が進出先の国での正統性（Legitimacy）を獲得する経緯を探究したり、母国と進出先の間に存在する制度の差異（Institutional distance）に着目し始めたのは、過去20年ほどのことだと解説しています。

制度の考え方は、効率性や資源賦存量、製品のライフサイクルや規模の経済など数式に換算しやすい市場の要因が中心に議論されていた時代に対して、言わば文化や歴史、慣習や常識など、計算式には表しにくい、しかし重要な要素を検討することの重要性を指摘しているとも言えるでしょう。

このような制度の考え方の普及には、多国籍企業が展開する領域の広がりが、制度的な距離を勘案すべき広がりを見せ始めたことも背景にあるといえるかもしれません。

*32 Dunning, John H., and Lundan, Sarianna M. 2008. "Institutions and the OLI paradigm of the multinational enterprise." *Asia Pacific Journal of Management* 25(4): 573-593.

実際、この論文においても「世界経済が異なった制度的枠組みに属するより多くの人々と組織をつなげており、そして多国籍企業はそのプロセスの重要な媒介として機能している。したがって、私たちは多国籍企業が国境を越えた制度的差異に対してどのように適合するかが、これらの企業の長期的な競争力にとって益々重要となっていると確信している」と述べられています。

制度の重要性は、中国が「改革開放政策」を実施し、旧共産圏が移行経済として資本主義体制に参加しただけではなく、これまで経済の蚊帳の外にいた、いわゆる第三世界の諸国が世界経済に参加し始めた時期において認識され出したとも言えます。

それは1960年代の後半から80年代の終わりまでを支配した、日米欧の経済的枠組みにおける対外直接投資の現実では説明し得ない、より明確な制度の差異に直面した多国籍企業の困難に応えるための理論的発展でもあるのです。

また、日本の競争力の源泉に対する理解が80年代以降急速に進み、それが日本的経済システムとも呼ぶべき制度的な枠組の特殊性によってこそ説明できるという考え方が普及したことも、国際経営と貿易の議論において、制度の差異を理解することの重要性が認知される背景にあるとも言えるでしょう。

多様な議論こそが社会科学の本質である

資源ベース理論を原典とする企業の理論、そして、制度の考え方が多国籍企業論に取り込まれた背景には、セミ・グローバリゼーションの現実があると言えます。

世界的なつながりの中で企業が競争し、市場の変化を先読みした経営戦略により競合に対しての優位を実現する世界において、不完全市場のコスト構造だけをもとにした議論は、過去に比べれば説明力を失いつつあるのかもしれません。

世界市場と呼ぶときの、「世界」の定義に含まれる国々の広がりが、戦後すぐの時代と比較すれば飛躍的な多様性の高まりを見せつつある現代においては、それまで暗黙的にほぼ同一であると仮定されていた非市場要因の重要性が、もはや無視できないほどの影響力を持ちつつあるとも考えられます。

すなわち、世界の構造が進化すると同時に、これまでの理論では説明できない現実が生まれるのです。

無論、アダム・スミス氏の考え方が今も一部においては有効であるのと同様に、ハイマー氏に起源を持つ独占の優位の考え方も、一定の領域においては現代でも説明力を持つでしょう。

しかし同時に、研究としての経営学は進化を続けてきました。経営学、そしてそれに関連する多くの社会科学が行ってきた数々の労力は、既存の概念では説明し得ない現実に対して、理論的枠組を拡張し、または新たな説明の軸を生み出す、まさに探究と検証の歩みと言えます。

したがって、そこには物語が生じます。前章と本章では、国際経営論という経営学の一分野の、しかも対外直接投資と多国籍企業論という1つの研究課題を中心として紹介しました。これは、研究という行為が織りなしてきた理論的発展の経緯と、その背景を1つの物語として解釈したものです。

ここで解説した1本の糸は、無数に織りなされている研究という行為のまさに一糸に過ぎません。もちろん、私は、ここで紹介した1本の糸は非常に重要で太い糸であると考えています。そして、ここで紹介した論文のほぼすべてが、国際的に高い評価を受けている著名な論文です。おそらく、少なくともヨーロッパの多国籍企業論の専門家で、ここで紹介した基礎的な文献を知らない研究者はほとんどいないでしょう。

無論、これが1つの解釈であるがゆえに、ここに紹介されていない研究で、含めるべき研究が他にもあるとする方もおられるかもしれません。それは当然です。

たとえば、私の手元には、『International Business』という題名の教科書が4冊あり、『国際経営』という題名の教科書が1冊あります。[*33] 興味深いのは、ここまで紹介した国際貿易と対外直接投資の基礎理論のような基本要素はどれも紹介していますが、その目次構成はまったくと言っていいほど異なっています。つまり、それぞれ著名な研究者が表したものですが、それぞれに独自

＊33 『International Business 6th Edition』(Rugman, Alan M., and Collinson, Simon. 2012. Pearson.)、『International Business: The New Realities 3rd Edition』(Cavusgil, S. Tamer., Knight, Gary., and Riesenberger, John R. 2013. Pearson.)、『International Business』『International Business』(Peng, Mike W., and Meyer, Klaus. 2011. Cengage Learning.)『International Business: Challenges and Choices』(Sitkin, Alan., and Bowen, Nick. 2013. Oxford University Press.)の4冊と『国際経営 第3版』(吉原英樹著、有斐閣、2011年)の1冊。

いるのです。

のスタイルがあります。また、基本的な部品は共通部分が多いとはいえ、異なる議論を展開して

これは不自然なことではありません。逆に言えば、それこそが社会科学における研究という行為の本質とも言えます。多様な考え方があり、批評があり、議論があることが、健全な集団としての研究者の営みの事実なのです。

特定の現象が生まれ、それが既存の理論に疑問を投げかけ、新しい枠組みや解釈が生み出され、それが普及する。もしくは、特定の現象が生まれ、それにより早過ぎた先駆的論文が発掘され、既存の論脈に組み込まれ、再評価されて普及していく。もちろん、すでに紹介したような巨匠と言われるべき研究者も存在します。その一方で、一般には知られていなくても、多くの職人的な、非常に高い品質の研究を世に生み出す研究者も数多く存在します。

本章は、「実践の科学からかけ離れた、社会科学としての経営学の一端」をお見せしました。これが実務からかなり遠いため、眠くなる話に感じられた実務家の方もいるかもしれません。それがなぜかは、すでに本書の前半部でご説明したとおりです。

私たち研究者は、個人個人としてではなく、集団としての研究者群として現実と対話し、理論を生み出し、それを批評し、検証します。より高次元でこの世界を説明するべく、長い年月をかけて世界に挑み続けています。

そして、この物語には、終わりという文字は決して存在し得ないのです。

第Ⅳ部

実学としての国際経営論

The Discipline of
Crossing Border

第9章

「国際」とは何を意味するのか

国際経営研究は時代とともに進化する

国際経営論の領域では、なぜ多国籍企業が存在するかという議論の成長とともに無数の研究の枝葉が、そして、それらの枝葉から生まれた理論の幹が同時並行的に成長してきました。これまでに探究されていなかった研究課題が着目され始めたり、新たな観測事実が論争を巻き起こしたり、他分野で生まれた新たな考え方が、この学問領域の発展に寄与してきました。

黎明期の国際経営論の研究の焦点は、企業の対外直接投資がどのように行われているか、なぜ存在するかを、とくにアメリカを中心とした企業を焦点に進められました。

しかし、この焦点は、現代に至るまでに移り変わります。企業の構造だけではなく、行動、戦略、その変化を対象として、アメリカだけではなく全世界の国々を、大企業だけではなく、国際

図9-1 国際経営の研究潮流：その時系列的変化（1950〜2010s）

	1950〜1969	1970〜1989	1990〜2010s
調査研究のフォーカス	外面的な形態	機能要素	戦略、行動、変化
国際経営における研究手法	著述的：何が起きているかを理解する	分析的：起きている事象を把握して解釈する	統合的：これまでの解釈を統合して意味合いを検討する
説明手法	歴史学的：遡って著述することにより解釈を与える	機能的：要素に分解することで論理的に把握する	複合領域的：複数の研究手法や理論を融合して解釈を与える
研究の焦点	学際的	多数の定量調査といくつかの海外視察	定量調査、海外視察、海外実地滞在調査
対象組織	アメリカ企業	大規模な多国籍企業	ネットワーク／価値連鎖 国際起業家
対象国	西側先進国	西側先進国、途上国	全世界

出典：Rugman, Alan M., and Collinson, Simon L. 2012. *International Business 6th Edition*. Pearson. より一部筆者加工

起業家にまで視野を広げて探究することが、現代の国際経営論の潮流です。

アラン・ラグマン氏とサイモン・コリンソン氏が2012年に出版した国際経営の教科書[*1]に、この潮流の変化を示す図があります。図9-1は、それをもとに加筆修正し、1950年代に遡る研究潮流の変化を示したものです。

第Ⅲ部で解説したのは、1950年代終わりから兆候を見せ、ハイマー氏の1960年の博士論文を契機に発達した、多国籍企業論の現代に至るまでの発展の系譜でした。それに併せて解説した国際経済学の諸理論の発展とともに、著述的であった研究は次第に分析的、統合的な形へと発展してきました。この系譜はより研究の色の強い、たとえば、なぜ企業が存在するのか、なぜ特定の生産要素は特定の場所に集積するのかといった、言わば

*1 Rugman, Alan M., and Collinson, Simon L. 2012. *International Business 6th Edition*. Pearson.

哲学的な調査課題を扱ったものともいえます。

これに対して第Ⅳ部では、より実学に近い、国際経営における経営戦略の諸理論の発達の系譜をたどります。まずは黎明期に立ち返り、そして次第に最先端に進みゆく発展の系譜を感じていただければと思います。

本章ではまず、この「国際」という意味を議論し、そして次章以降では、内部化理論が一定の体系化を終え始めた70年代後半にまで遡り、そこから最新の国際経営戦略論を追います。実学としての国際経営戦略を知る前に、まずは「国際」がもたらす困難と可能性を読み解きます。

経営戦略と「国際」経営戦略の違いとは?

「国際」と名の付く経営戦略と、その名の付かない経営戦略の違いは何でしょうか?

戦略とは、「行動環境の状況把握に基づいてその将来変化をできるだけ先読みし、その環境下で自らの強みを生かし、他者に対する優位を維持し得る最善な行動を見極め、それを実現するための総合的なアクションを具体的に設計したもの」であると私は考えています。

つまり、戦略とは、環境に対する理解、自社特有の経営判断、具体的な一連の行動案が一体化した組織の行動指針と言えます。そして、国際経営戦略とは、単純化すれば、このような行動指針を国際的な事業環境のために練り直したものなのです。

ここで言う、「状況把握」とは、単なる事実の把握ではなく、実態とその要因の構造的把握に基づいた将来予測であるべきです。そして「最善な行動」とは、自分しかしていないか、自分にしかできないか、自分のほうが早いか、自分のほうがうまいかなど、なんらかの方策で他社に対する優位性を構築できる行動であるべきです。さらに、「総合的なアクション」とは、その行動を単に判断するだけではなく、実現のための行動を推し進めるための方策が具体的に、たとえば、誰が、どこで、何を、どのように遂行するかが、深い組織理解の洞察うえに明示されたものであるのが理想です。

この戦略を組織が立案するときに、ある特定の特性を持つ1つの市場環境だけを対象にそれを構築するのと、それぞれ独特の特性を持つ複数の市場環境を対象にそれを構築するのでは、どのような違いが生まれてくるのでしょうか。より単純化すれば、1つの国だけを対象にした戦略と、複数の国を対象にした戦略は、どのように異なるべきなのでしょうか。

学問領域として「戦略」を探究する領域は無数に存在します。まさに領域学たる経営学を象徴するかのように、もし網羅的に把握しようとすれば、少なくとも10の研究の系譜が存在すると、ヘンリー・ミンツバーグ氏は分類しています。そして、それぞれが独自の視点から戦略を分析し、そのありようとあるべき姿を論じます（図9－2参照）。

もちろん、個々の研究領域にも、国際という言葉に触れている文献は無数に存在するでしょう。

図9-2　ミンツバーグが見た経営戦略10の系譜

●デザイン・スクール	コンセプト構想プロセスとしての戦略形成
●プランニング・スクール	形式的策定プロセスとしての戦略形成
●ポジショニング・スクール	分析プロセスとしての戦略形成
●アントレプレナー・スクール	ビジョン創造プロセスとしての戦略形成
●コグニティブ・スクール	認知プロセスとしての戦略形成
●ラーニング・スクール	創発的学習プロセスとしての戦略形成
●パワー・スクール	交渉プロセスとしての戦略形成
●カルチャー・スクール	集合的プロセスとしての戦略形成
●エンバイロメント・スクール	環境への反応プロセスとしての戦略形成
●コンフィギュレーション・スクール	トランスフォーメーションプロセスとしての戦略形成

出典：ヘンリー・ミンツバーグ、ブルース・アルストランド、ジョセフ・ランペル『戦略サファリ 第２版――戦略マネジメント・コンプリートガイドブック』（齋藤嘉則監訳、東洋経済新報社、2012年）

これも、国際経営論が経営学の分野の中でもより強く領域学的な性質を持つという事実を示しています。

無論、これらの多様な戦略研究の系譜が明らかにしようとする研究の対象は同一です。

企業がどのように環境を認識し、行動を選択し、それを実行するか、この問いに答えるために、これらの研究の系譜は異なるアプローチからの立論を行います。そして、その理論の説明力を検証するために、相互に独立的ではあるものの、互いに刺激し合い、議論を重ね、実証を重ね、知見を蓄積しているのです。

「国際経営戦略」という言葉をより厳密に語ろうとするならば、それぞれの研究の系譜にも触れなければならないでしょう。これらの研究の系譜が国際という意味をどう捉えて、どう探究してきたのか、それをたどることも求められるのです。

しかし、それは「国際経営論」という言葉を厳密に語ろうとするときに、国際マーケティング論や、国際人的資源管理理論を議論しなければならない事実と同じ課題に直面します。そこには、現実的に、1冊の本では到底俯瞰できない広がりが存在するのです。

ここで議論するのは、国際経営論が独自に作り出そうとしてきた理論体系や考え方です。これは、ミンツバーグ氏が整理した経営戦略論の系譜とはまた別に、「国際」という意味を捉えるために発展してきた学問の流れです。この流れは、「国際」という言葉の意味の根底にあるものを中心に据えることで、その意味合いに応えるための理論体系を創り出そうとしてきました。

根源的に言えば、この「国際」という言葉は、セミ・グローバリゼーションという現実によって深みと複雑性を持ちます。世界が完全に分断されているわけではなく、そして世界が完全に1つになっていないがために、この言葉は意味を持つのです。

つまり、図9-2に示したように、全世界の統合という現実を活用すること、そして、現地の特性に適合すること。この2つの要請に対する自社にとっての最適なバランスを探し求めることが、「国際」という名がつく戦略の最も重要な課題です。

全世界の統合という挑戦は、逆に言えば自社の優位性を築きあげる契機でもあります。一国にとどまらず、多様な地域を統合的に運営することによって規模の経済を実現し、事業リスクを分散することも可能です。しかし同時に、世界に点在する各地域には依然として大きな多様性があ

図9-3 国際経営戦略に潜む根源的な課題

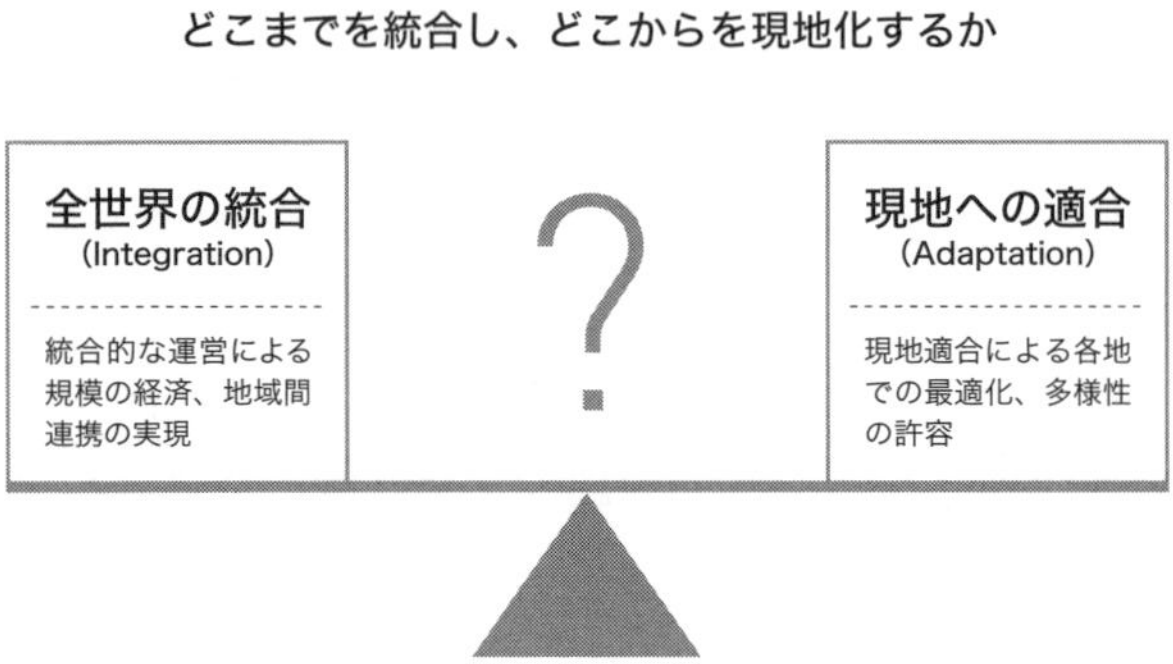

出典：筆者作成

ります。その多様性に対して現地適合により事業を最適化し、多様性を許容する必要があるのです。

世界に展開する企業は、自社にとって異なる意味合いを持つ複数の市場を同時に経営する必要があります。そして、ただ経営するだけではなく、その複数の市場の経営を通じて優位性を獲得し、より良いモノやサービスを顧客に提供することが求められます。

ある側面では全世界的な経営の統合を促し、逆にある側面では、各市場の要請に即した柔軟な戦略と組織の運営を行う必要があります。つまり、多様性のある国々を内包する事業構造は、環境に対する理解、自社特有の経営判断、具体的な一連の行動案の集合体としての戦略形成とそれを反映する組織構造に大きな影響を与えるのです（図9－3参照）。

すなわち、第一に、性質の異なる複数の市場を同時並行的に運営することが求められる事実。そして第二に、それに伴うグローバル統合と現地適合の間の対立に戦略としての答えを出す必要性。これが、国際という名がつく経営戦略が、その名のつかない経営戦略との異なる点なのです。

「異質性による負債」を読み解く4つの要因

さらに、特性の異なる多数の市場を同時並行的に運営するという困難と同時に、国際という名がつく経営戦略は、参入する個々の現地の市場において外部からの参入者としての困難に対抗しなければなりません。

この困難は、遡れば1960年のハイマー氏の著作にも言及されています。これは、「異質性による負債（Liability of foreignness）」と呼ばれ、企業やその他の組織がその母国以外の市場で活動する際に存在する「負債」として認識されてきました。

この異質性による負債はミネソタ大学のスリラタ・ザヒル氏が1995年の『アカデミー・オブ・マネジメント・ジャーナル』の論文[*2]で整理したように、多国籍企業のその市場における競争劣位につながる多様な追加的コストの総称です。この論文の説明によれば、広く定義するならばこの「負債」には少なくとも4つの関連する要因があるとされています。

*2 Zaheer, Srilata A. 1995. "Overcoming the Liability of Foreignness." *Academy of Management Journal* 38(2): 341-363.

① 地理的な距離に直接関連するコスト（例：旅費、輸送費、遠隔地間の通信費）
② 現地の環境に不案内であることにより生じるコスト（例：市場調査費、運営の非効率性）
③ 現地の環境の特性が原因で生じるコスト（例：外国企業への警戒、市場環境の閉鎖性）
④ 母国の環境の特性が原因で生じるコスト（例：ハイテク製品の特定国への輸出規制）

これらのコストは、たしかにグローバル化の進展によって次第に低下してきたという側面もあります。たとえば、①の「地理的な距離に直接関連するコスト」は、ハイマー氏が議論した時代のコストと現代のコストでは大きく異なることはすでに示しました。また、③と④のコストに関しても、大幅に低下していることは様々な事実から想定できます。

たとえば、２０１２年10月のＪＥＴＲＯ（日本貿易振興機構）の資料[*3]によると、発効済みから構想検討段階まで含めて、少なくとも３９８件の自由貿易協定が存在することが報告されています（5件の交渉中止含む）。また、ＷＴＯの「World Trade Report 2013」[*4]を参照しても、戦後のほぼゼロの状態から各国の貿易協定が再度確立され、一時的な揺り戻しがあったとはいえ、世界は着実にこれらの「負債」の重みを軽減させようとしてきたことがわかります。

さらに言えば、②のコストに関しても、国際経営論の進展や、また国際展開する企業の広がりと事例の伝播により、低下している傾向にあるのは確実と言えるかもしれません。企業自体の内部に蓄積されている国際経営の経験と知識のみならず、国際経営論が作り上げてきた経営の知見

＊3　JETRO. 2012-10-4. "世界と日本のFTA一覧（2012年10月）", http://www.jetro.go.jp/world/japan/reports/07001093, (accessed 2013-12-24).

＊4　World Trade Organization. "World Trade Report 2013: Factors shaping the future of world trade.", http://www.wto.org/english/res_e/publications_e/wtr13_e.htm, (accessed 2013-12-24).

を学び、それを実践してきた数々の実務家の方々の日々の検証と失敗、そして成功が、現地の環境にたとえ一時的に不案内であっても、その負担を最小限にするノウハウの形成に貢献してきたのは事実といえるでしょう。

実際、近年の多国籍経営は急速な拡大を示しています。

たとえば、UNCTAD（国連貿易開発会議）の「World Investment Report 2013」[*5]を見れば、1990年と2012年の22年間の成長だけを取ってみても、世界全体で見れば企業が海外子会社に持つ資産は4兆5990億ドルから86兆5740億ドルへ、また年間売上も5兆1020億ドルから25兆9800億ドルに、そして従業員数も2145万8000人から7169万5000人まで拡大してきたことがわかります。

これらの経営活動の広がりを見れば、その背景にある試行錯誤と、それにより積み上げられてきたノウハウの蓄積が、規模や成果として成長につながっていると想像することは可能です。

つながりがない環境で国際化に挑戦する

では、これらのコストが低下していけば、海外進出するコスト、つまり国際経営を行うコストは次第にゼロに近づいていくのでしょうか。単純にそうとは言えません。

たとえば、前章の最後で解説した制度の概念に近い、組織間や個人間のつながりを分析する理

*5 UNCTAD. "World Investment Report 2013: Global Value Chains: Investment and Trade for Development.", http://unctad.org/en/pages/PublicationWebflyer.aspx?publicationid=588, (accessed 2013-12-24).

論体系の考え方から、母国外で企業が活動する際に発生するコストの新たな考え方を提示した研究があります。

これは多国籍企業の国際化の研究において多くの成果を残してきたヤン・ヨハンソン氏とヤン＝エリク・ヴァルネ氏が２００９年に『ジャーナル・オブ・インターナショナル・ビジネス・スタディーズ』に投稿した論文です[*6]。この論文では、彼らが１９７７年に提唱した国際化のプロセス理論の発展形として、企業間のネットワークの重要性を反映した国際化の新たなプロセス理論を提唱しています。

彼らが説明しているのは、現代の多国籍企業が直面する「負債」がより地域の特性に関連したものから、関係の特殊性（Relationship-specificity）とネットワークの特殊性（Network-specificity）に関連するものに重点が変わりつつあるという事実です。その地域を知らないということ以上に、その地域で事業を行える相手が誰かわからないこと、また、その地域で事業を行う取引主体同士の関係性がわからないこと、そして、その地域の取引主体群との関係性を持っていないという事実の重要性を指摘します。

彼らはこれを、「外部者性による負債（Liability of outsidership）」と呼びました。これは、事業環境を、取引を行う主体同士の関係性の網の目と考えたとき、網の目の濃淡が示すのが事業環境の領域間の境界であり、その境界を超えることによる追加的な負担が、国際化におけるコストの源泉であると主張しているとも言えます。

*6　Johanson, Jan., and Vahlne, Jan-Erik. 2009. "The Uppsala internationalization process model revisited: From liability of foreignness to liability of outsidership." *Journal of International Business Studies* 40(9): 1411-1431.

自らが多くのつながりを持つネットワークの中で事業を進めている限りは、たとえ国境を越えても、その追加的なコストの上昇は限定的です。逆に、つながりを持たないネットワークの中に入り込もうとするときには、その外部者性（Outsidership）が新たな関係性を構築するための追加的なコストが発生するとする考え方です。

この考え方に基づけば、国家間の関税および非関税障壁が撤廃され、地理的な距離に直接関係するコストが極限まで低下し、そして経営者たちの現地の環境に対する知識が不足ない程度に高まったとしても、関係性の不在という事実が領域をまたぐことによって発生する「負債」となります。逆に言えば、もし関係性が不足なく存在するのであれば、領域をまたいだとしてもそれは「負債」とはならないという解釈も成り立ちます。

すなわち、自己が存在し、理解し、他者とつながり合っている環境から抜けだして、自己が存在しなかった、比較的理解していない、他者とつながり合っていない環境に参入することが国際化の本質と言えます。そして、この国際化というのは、国と国をまたぐという概念以上に、領域と領域をまたぐという概念で捉える必要があるのです。

もちろん、異質性による負債と外部者性による負債を鑑みたとしても、国際化には利点が存在します。その利点があるからこそ、これらの追加的なコストを支払ってでも、企業は、市場探索、資源探索、効率性探索、戦略的資源探索を目的として海外に出ます。

その理由は、独占の利益によりこの負債を乗り越える利益を得られるからかもしれませんし、企業の組織能力がその追加的なコストを相殺できるからかもしれませんし、現地の市場がもたらす便益、たとえば効率性や資源賦存量や規模の経済の便益がこれらの負債よりも大きいからかもしれません。これまで解説した理論をひも解けば、様々な理由を考えることができます。

いずれにせよ、「国際」という名前が付与されることにより、単一の国や地域を前提として構築されている経営戦略の概念の多くが、暗黙的に無視している要素を加味して議論を行う必要性が生じることは事実です。

それは第一に、市場の前提条件が異なる複数の市場を内包した戦略と組織の運営を行う際に生じる、統合と適合のバランスの最適解を探し求めることであり、第二に、自己が参入者としての「負債」を支払わなければならない環境で、いかに競争優位を構築するかという議論です。

国際経営戦略とは、根源的には複数の国と地域をまたぎ、戦略構築を行うことを課題として扱う研究領域です。その意味合いを探究し続けてきたのが、国際経営論の領域における戦略論の世界なのです。

第10章 黎明期を迎えた国際経営戦略論

I-Rフレームワークが示す2つの「圧力」

国際経営戦略論の起源とも言え、また最も頻繁に引用されてきた考え方は、「Integration Responsiveness Framework（統合–適合 フレームワーク）」と呼ばれています。これは頭文字を取って「I-Rフレームワーク（I-R framework）」とも呼ばれ、グローバル統合（Global integration）とローカル適合（Local responsiveness）の2つの軸をもとに、国際的な事業環境をたとえば産業ごとに分類し、それに対して最適な戦略や組織体制を検討するための方法論です。

この考え方は、C・K・プラハラード氏が1975年にハーバード大学で完成させた「The strategic process in a multinational corporation（多国籍企業の戦略立案）」という博士論文[*1]で提唱された考え方であり、同僚であったイブ・ドーズ氏の1976年の博士論文である「National

*1　Prahalad, C.K. 1975. "The strategic process in a multinational corporation." *Thesis--Harvard University.*

policies and multinational management（国家政策と多国籍経営）[*2]」でも言及されている考え方です。

　これはティモシー・デビニー氏らが２０００年に発表した論文[*3]などによれば、この原点をさらにたどれば「コンティンジェンシー理論（条件適応理論）」の出発点ともなった、１９６７年にポール・ローレンス氏とジェイ・W・ローシュ氏が『Administrative Science Quarterly（アドミニストレイティブ・サイエンス・クォータリー）』に掲載した論文[*4]、そして、彼らが同年に出版した著作の『Organization and Environment』[*5]で説明されている「統合（Integration）」と「差別化（Differentiation）」の概念に起源があるとされています。

　すなわち、この考え方の背景にあるのは、市場環境の多様性を反映し、多国籍企業の戦略はその環境の特性によって左右されるという議論であり、その発想の源泉はヘンリー・ミンツバーグ氏の言う「エンバイロメント・スクール」に近いとも言えます。環境の多様性という課題に応えるために生まれた理論が条件適応理論の考え方にその源泉があるというのは、言わば自然の成り行きとも言えるでしょう。

　この考え方が一般にさらに広く理解されるようになったきっかけは、プラハラード氏とドーズ氏が１９８７年に出版した『The Multinational Mission（多国籍の使命）』[*6]でした。

　I－Rフレームワークに基づいた多国籍企業の行動に対する考え方は、それまで、多国籍企業の研究が対外直接投資という企業の行動のミクロ的な要素に着目していたのに対して、より包括的に、その複雑性を簡略化せず、複雑なままに捉えようとしています。そして、企業全体の戦略

*2　Doz, Yves L. 1976. "National policies and multinational management." *Thesis--Harvard University.*

*3　Devinney, Timothy M., Midgley, David F., and Venaik, Sunil. 2000. "The Optimal Performance of the Global Firm: Formalizing and Extending the Integration-Responsiveness Framework." *Organization Science* 11(6): 674-895.

*4　Lawrence, Paul R., and Lorsch, Jay W. 1967. "Differentiation and Integration in Complex Organizations." *Administrative Science Quarterly* 12(1): 1-47.

*5　Lawrence, Paul R., and Lorsch, Jay W. with the research assistance of Garrison, James S. 1967. *Organization and Environment*, R.D. Irwin.（『組織の条件適応理論――コンティンジェンシー・セオリー』吉田博訳、産業能率短期大学出版部、1977年）

*6　Prahalad, C. K., and Doz, Yves L. 1987. *The Multinational Mission: Balancing Local Demands and Global Vision*. Free Press.

立案を分析の中核に据えることからも、より実務家の観点に近い理論体系と言えます。

「Integration」とは、多国籍の顧客の重要性、多国籍の競合の存在、投資や技術の度合い、そしてコスト削減への圧力や、画一的な顧客趣向と資源への容易なアクセスを背景にした地域間の事業統合への圧力と言うことができます。この考え方は、これを「グローバル統合への圧力（Pressure for global integration）」として、その強弱を分析します。

また、「Responsiveness」とは、顧客趣向の違い、販売チャネルの違い、適合の必要性、市場構造の違い、現地政府の要求など、各国の市場へ適合することへの圧力とされます。そして、これを「ローカル適合への圧力（Pressure for local responsiveness）」と定義して、その強弱を分析します。

I－Rフレームワークは、グローバル統合への圧力とローカル適合への圧力を、単純な二項対立とは捉えません。この2つの軸の強弱を元に市場の特性を分類し、戦略の類型化を行い、また、それに即した組織の基本設計を提唱するのが、これを用いた戦略検討の考え方です（図10－1参照）。

たとえば、グローバル統合への圧力が高い環境では、世界各国を活用して規模の経済を実現することが求められます。つまり、アップルのiPhoneのように地域を越えて消費者にアピールできる製品の開発と販売が求められる環境です。できるだけ全世界で統一的な商品展開を行い、また世界中の調達を一元化することでコストを低減させ、世界を単一の市場と捉えてそこでの競争を意識する必要があります。

逆に、ローカル適合に対する圧力の強い環境下では、現地の顧客のニーズに適合した事業運営

図10-1　グローバル統合への圧力とローカル適合への圧力の関係

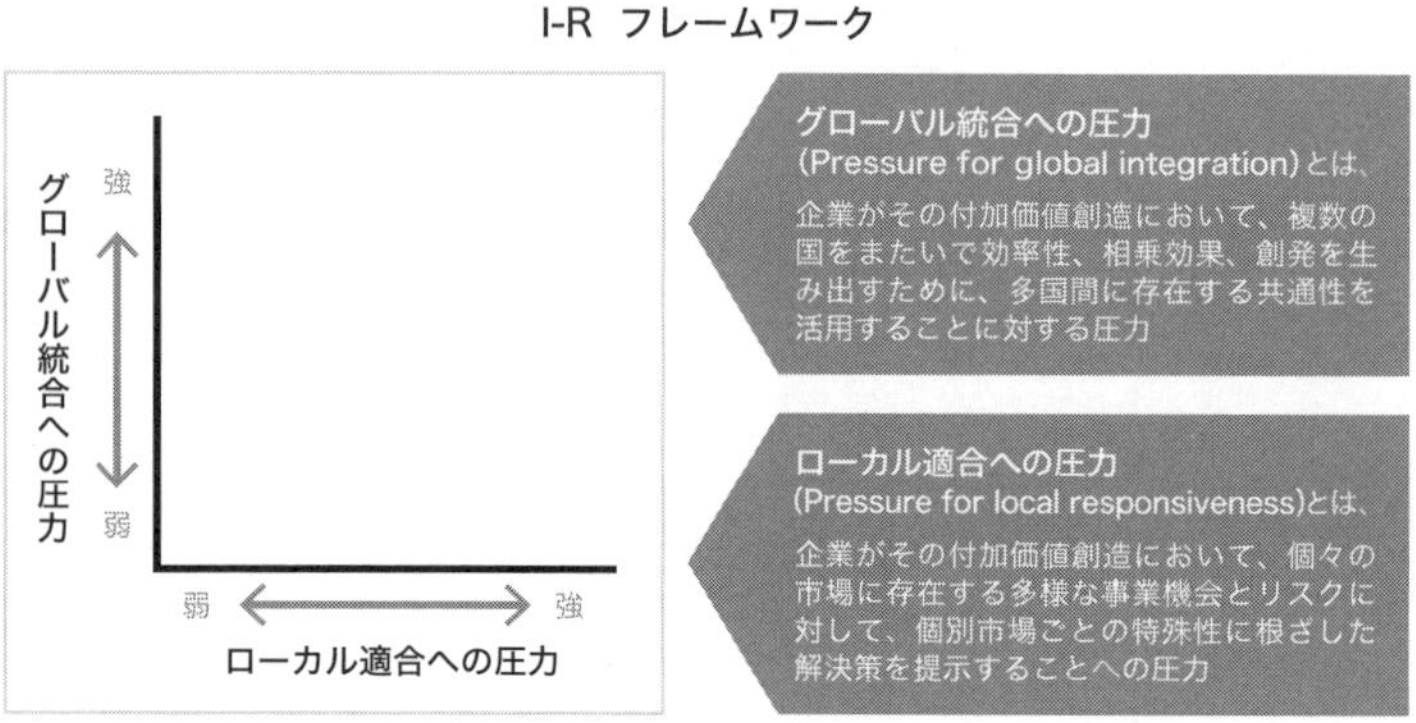

I-R フレームワーク
グローバル統合への圧力
強
弱
ローカル適合への圧力
弱
強
グローバル統合への圧力
(Pressure for global integration)とは、
企業がその付加価値創造において、複数の国をまたいで効率性、相乗効果、創発を生み出すために、多国間に存在する共通性を活用することに対する圧力
ローカル適合への圧力
(Pressure for local responsiveness)とは、
企業がその付加価値創造において、個々の市場に存在する多様な事業機会とリスクに対して、個別市場ごとの特殊性に根ざした解決策を提示することへの圧力

出典：Prahalad, C.K., and Doz, Y.L. 1987. *The Multinational Mission: Balancing Local Demands and Global Vision.* Free Press.

を行うことが求められます。現地のタレントを起用したプロモーションや、現地の販売網に合わせた商品展開が必要とされ、現地の競合に対抗し、現地の顧客の趣向や文化と慣習を理解し、同時に法規制や政府の動きを理解することも必要です。

I－Rフレームワークは、この2つの要素を用いて事業環境を複層的に分類することで、事業環境の特性を理解し、それに対する打ち手の類型化を図ろうとしました。複層的というのは、対象とする環境を構造化し、マクロ的な要素からミクロ的な要素まで複数の次元で捉えるという考え方です。

階層に切り分けて「国際」を分析する

たとえばプラハード氏とドーズ氏の1987年の著作では、産業ごとの環境と、機能ごとの環境の2つの層を設定しています。他にもスマントラ・ゴシャール氏が1987年に『ストラテジック・マネジメント・ジャーナル』に発表した論文[*7]では、クリストファー・バートレット氏が1985年に出版したハーバード・ビジネス・スクールの教育教材[*8]を引用したうえで、この考え方は産業ごとの環境（The aggregate level of industries）、事業ごとの環境（The level of individual companies within a industry）、機能ごとの環境（The level of different functions）、業務ごとの環境（The level of different tasks）の4層に切り分けることも可能だと指摘します。

実際の企業の打ち手を考える際にも、この比較的単純化した考え方は、多くの局面で発想の源泉にできる原理原則を提供します。プラハード氏とドーズ氏は1987年の著作で、「本書はひとえに実務家のために上程された」と、この著作を実務家のための考え方としてまとめあげたことを「まえがき」で明記しています。この考え方を出発点としてより学術的な研究を行った例もありますが、このフレームワーク自体は、実践の科学としての側面の強い考え方ということができるでしょう。

もちろん、この考え方も原理原則であって、自社の事情に合わせて改変して適合させることに

*7 Ghoshal, Sumantra. 1987. "Global Strategy: An Organizing Framework." *Strategic Management Journal* 8(5): 425-440.
*8 Bartlett, Christopher A. 1985. "Global Competition and MNC Managers." *Harvard Business School Background Note* 385-287.

よって活用を図らなければなりません。たとえば、何をもって産業とするのか、どのようにこの2つの圧力を定義するのか、どのように機能を切り分けるのか、業務の仕切り方はどうかなど、これを意思決定のツールとして実際に運用しようとすれば、各企業が決めなければならないことが無数に存在します。

しかしながら、とくにこの複層的に「国際」の意味を二軸で分析する考え方は、発想の源泉としては単純すぎず、複雑すぎず、絶妙な考え方の枠組みであることは事実です。であるからこそ、これだけ長い期間広く理解されてきたとも言えるでしょう。

たとえば、広く捉えた電子情報機器の産業を考えてみましょう（ここで言う電子情報機器には、パソコンやタブレット端末、携帯電話などの電子情報機器を含むとします）。

産業ごとの分析では、電子情報機器産業全体の国際的な経営環境が、全体としてどのような特性を持っているかを議論します。たとえば、電子情報機器の産業全体を考えてみれば、グローバル統合への圧力が比較的強く、逆にローカル適合への圧力は比較的弱いと言えます。なぜなら、相対的に見ると、アップルやレノボなどの全世界で事業を行う競合が多数参加し、全世界で部材を一括購買し、また同一の製品を世界展開しています。製品を投入するための技術や部材に比較的容易にアクセスができるため、アマゾンなどの新興勢力も精力的にこの分野に参入します。総体的な環境と考えたとき、必要なのは二軸で見れば全世界の統合の方向性であり、ローカル適合の方向性ではないと言うことができます。

事業ごとの分析ではどうでしょうか。電子情報機器産業と言っても、先述のように、パソコンやタブレット端末、携帯電話、ゲーム機や情報家電もその一部として捉えるべきとも言えます。さらには、業務用と個人用でも傾向は異なるでしょう。事業の定義によっては、詳細に製品ごとの傾向に踏み込んだ議論が必要になるかもしれません。携帯電話であれば、iPhoneをはじめとする高価格帯のスマートフォンと、Androidを中心とする普及価格帯のスマートフォン、また途上国で依然として数量を稼ぐ従来型の携帯電話で傾向はまた異なります。

全世界的に比較的に似通った趣向を持つ高所得者層に対して、携帯電話におけるT型フォードとも言えるiPhoneを投入するのが一方の戦略として存在します。その一方、従来型の携帯電話では超低価格の商品を除けば、たとえばインドであれば複数の電話帳を用意して数人で電話を共有できるようにしたり、中東であればメッカの方向がわかるようにコンパス機能やイスラム暦を確認できるスケジュール表を前面に押し出したりします。

このように、自社事業の区切りによって、どのように戦略を設計するかの指針は異なります。

機能ごと、事業ごとに、グローバル化の程度は異なる

機能ごとの分析も重要です。たとえ製品が全世界的に同一の製品であっても、それを販売するための事業機能に分けて考えれば、実際は対応を変化させていくことも重要となります。たとえ

ば、パソコンは理解しやすい例です。事業を運営するためには、部材の調達、製品の製造、広告販促などの諸機能が必要です。そして、諸機能ごとに、グローバル統合が求められる事業機能と、地域適合が求められる事業機能が分かれるのです。

部材の調達は、CPUや記録装置、そしてディスプレイなどの重要部品は全世界での大量一括調達が極めて重要になります。しかし、個々の市場への製品提供では価格帯やスペックの調整、また言語対応など少しずつローカル適合の必要性が増します。とくに、プレインストールソフトやブラウザブックマークなどの搭載ソフトの仕様は、パソコン本体以上に利益に貢献する重要な要素であり、ときとして市場ごとにその構成を入念に検討する必要があります。

また、広告販促における現地適合は言うまでもありません。広告メディアだけを見ても、イギリスのように屋外広告メディアが強い国があれば、アメリカのようにケーブルテレビで多チャンネル化する市場もあり、日本のように寡占状態が継続している市場もあります。

販売網を見ても、ヨドバシカメラ、ビックカメラ、ヤマダ電機などの大型量販店が販売の中核を占め、その中核店の重要性が極めて高いことが知られています。アメリカのように、ウォルマートなどの総合小売業が電化製品販売においても存在感を示す市場や、途上国の多くのように小規模家族経営の販売店に依存せざるを得ない状況も併存します。

さらに、実際に自分が実務家としてチームを編成するのであれば、業務ごとのレベルにまで落としこんで「国際」の意味を組織構成や業務フローの設計に反映しなければなりません。広告販

図10-2 パソコン事業における「事業」「機能」「業務」ごとの分析例

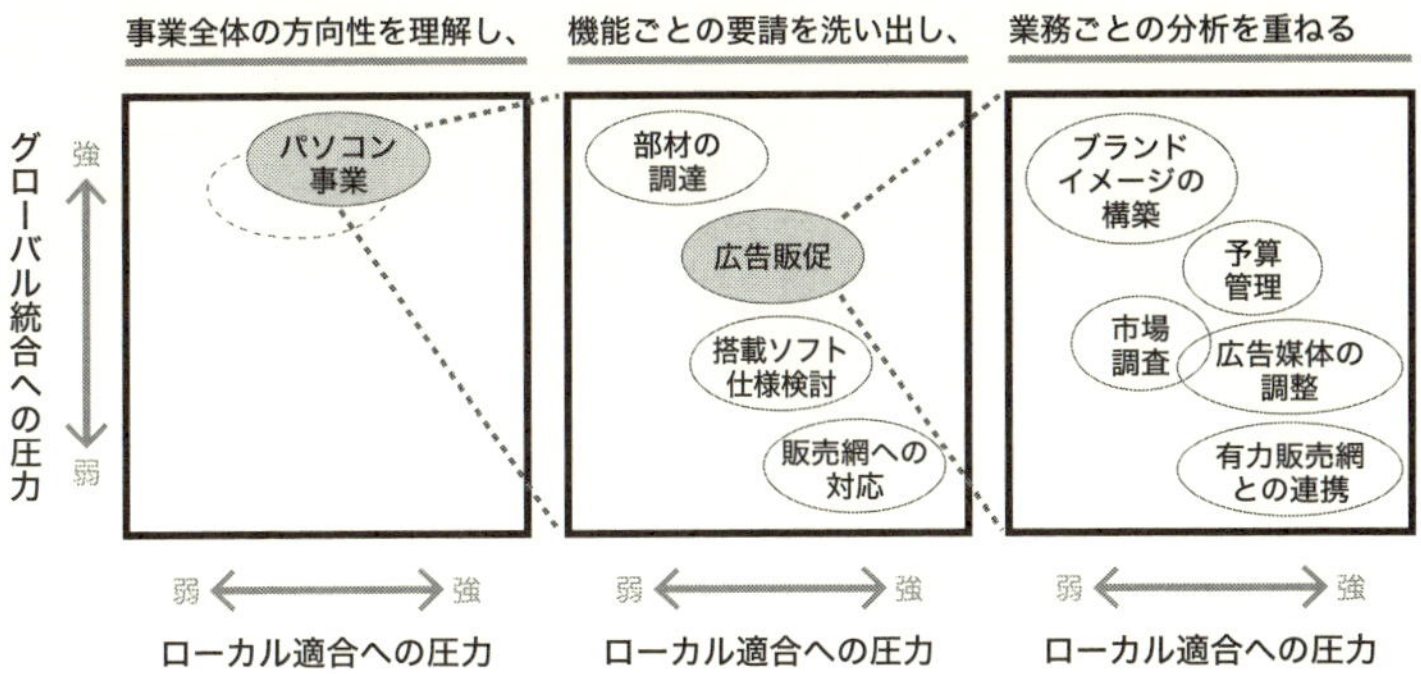

出典：筆者作成

売促進を考えるのであれば、各国市場へローカル適合するために現地広告代理店との協力体制を築き、媒体を押さえ、現地の有名人を起用し、有力販売店の棚を押さえなければなりません。しかしその一方、全世界的なブランドイメージを統一するために、商品デザインや広告のクリエイティブなどは一定のグローバル統合が必要になります（図10―2参照）。

資金管理と予算編成という観点からは、ローカル適合するあまりに、年度収支計画に基づいた画一的な予算管理から製品立ち上げや競合対抗に必要な予算を現地が出し渋ることがありがちです。したがって、戦略的な販売促進予算を本社管理し、全社戦略に基づいて現地の損益計算書から切り離した資金配分が、差別化と成長に欠かせない状況も存在するでしょう。

図10－2に例示したように、産業全体の構造から検討を始め、事業ごとの環境を整理し、機能に切り分けたうえで課題を洗い出し、業務ごとに最適な組織とプロセスを設計するのは、私のコンサルタントとしての経験からも極めて有効であると理解しています。課題を構造化し、当事者間での意思疎通と議論を容易にし、事実に基づいた意思決定につなげやすくなります。

実際にこういった考え方を使ってみると、重要になるのはある意味でのポートフォリオマネジメントです。それは、単一の企業の内部に存在する、グローバル統合とローカル適合の間のせめぎあいであり、まさにマネージメントの課題です。ある事業はグローバル統合の圧力のみにさらされ、逆にある部門はローカル適合の圧力だけが気になります。

機能や業務ごとにも直面しているグローバル化の程度が異なり、温度感が異なり、危機意識が異なります。まさに、成否は細部の作り込みに宿ります。シンプルに「これからはグローバル化の時代だ」と経営陣が叫んでも、それが刺さるのは実は一部の事業や機能だけで、それを冷ややかに見る事業や機能や業務が社内に存在するのです。

おそらくこの傾向は、とくに多様な事業領域を抱える大規模な企業に見られることでしょう。

全社戦略決定のプロセスを４つの分類から導く

I－Rフレームワークの概念を援用して、産業分析から戦略、そして組織構成に至る一連の検

図10-3　4つの産業分類とI-Rフレームワーク

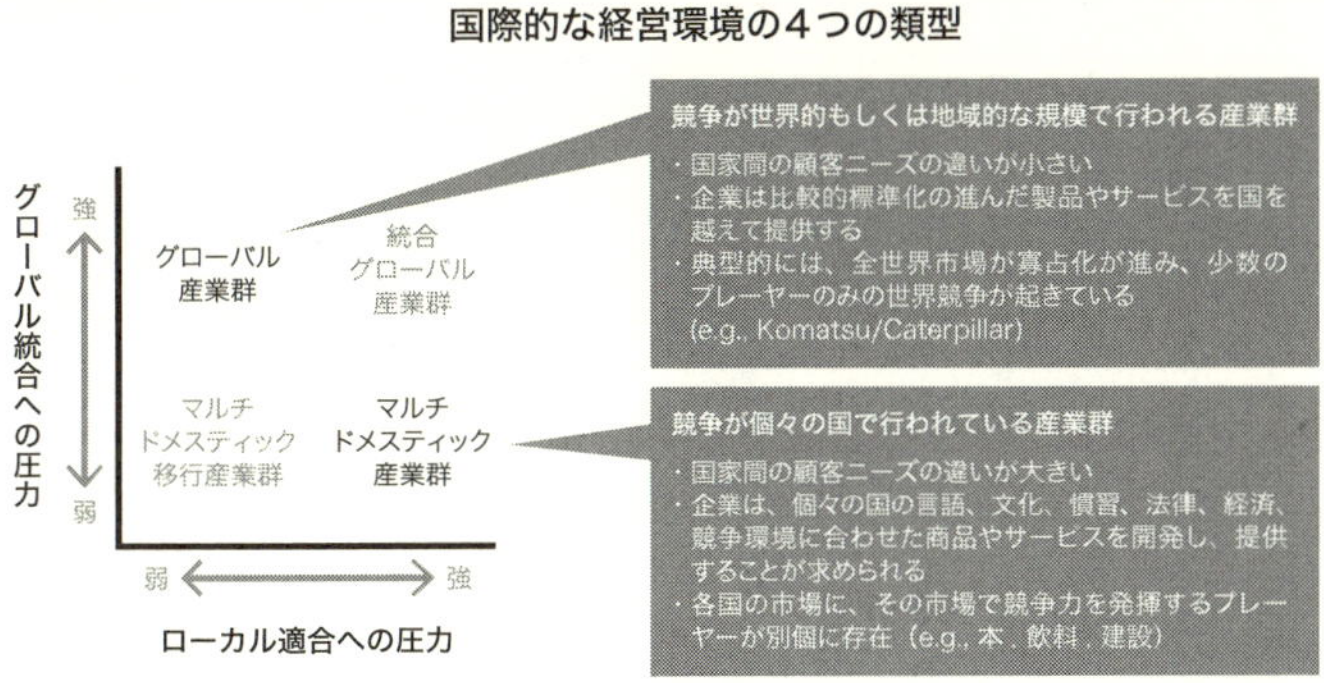
国際的な経営環境の4つの類型
グローバル統合への圧力
強
弱
グローバル
産業群
統合
グローバル
産業群
マルチ
ドメスティック
移行産業群
マルチ
ドメスティック
産業群
弱
強
ローカル適合への圧力
競争が世界的もしくは地域的な規模で行われる産業群
・国家間の顧客ニーズの違いが小さい
・企業は比較的標準化の進んだ製品やサービスを国を越えて提供する
・典型的には、全世界市場が寡占化が進み、少数のプレーヤーのみの世界競争が起きている(e.g., Komatsu/Caterpillar)
競争が個々の国で行われている産業群
・国家間の顧客ニーズの違いが大きい
・企業は、個々の国の言語、文化、慣習、法律、経済、競争環境に合わせた商品やサービスを開発し、提供することが求められる
・各国の市場に、その市場で競争力を発揮するプレーヤーが別個に存在（e.g., 本，飲料，建設）

出典：Prahalad, C. K., and Doz, Y.L. 1987. *The Multinational Mission: Balancing Local Demands and Global Vision*. Free Press、Makhija, Mona V., Kim, Kwangsoo., and Williamson, Sandra D. 1997. "Measuring Globalization of Industries Using a National Industry Approach: Empirical Evidence across Five Countries and over Time." *Journal of International Business Studies* 28(4): 679-710. より筆者作成

討プロセスを設計することは可能です。たとえば、産業構造から全社戦略に至る検討の流れを解説してみましょう。

まず、どのように国際的な経営環境を分類できるでしょうか。様々な分類[*9]があり得ると思いますが、私は次のような分類を用いています。

図10－3は、マイケル・ポーター氏の1986年の著作『Competition in Global Industries』[*10]と、クリストファー・バートレット氏とスマントラ・ゴシャール氏の1989年の著作『Managing Across Borders』[*11]をもとに、モナ・マキージャ氏らが1997年に発表した産業のグローバル化の程度を分析した論文[*12]で解説した4つの産業分類を、I－Rフレームワークに当てはめて示したものです。

ここに記された4つの産業群は、それぞれ

*9　たとえば、「Horses for Courses」を参照。本書で紹介した類型と基本的には同一の分類だが、用語や解説の詳細が異なる。(Ghoshal, Sumantra., and Nohria, Nitin. January 15, 1993. "Horses for Courses: Organizational Forms for Multinational Corporations." *MIT Sloan Management Review*, http://sloanreview.mit.edu/article/horses-for-courses-organizational-forms-for-multinational-corporations/, [accessed 2013-12-24].)

*10　Porter, Michael E. 1986. *Competition in Global Industries*. Harvard Business School Press.（『グローバル企業の競争戦略』土岐坤・中辻萬治・小野寺武夫訳、ダイヤモンド社、1989年）

*11　Bartlett, Christopher A., and Ghoshal, Sumantra. 1989. *Managing Across Borders*: The Transnational Solution. Harvard Business School Press.（『地球市場時代の企業戦略』吉原英樹訳、日本経済新聞社、1990年）

*12　Makhija, Mona V., Kim, Kwangsoo., and Williamson, Sandra D. 1997. "Measuring Globalization of Industries Using a National Industry Approach: Empirical Evidence across Five Countries and over Time." *Journal of International Business Studies* 28(4): 679-710.

「マルチドメスティック移行産業群（Multi-domestic transitional industries）」、「マルチドメスティック産業群（Multi-domestic industries）」、「グローバル産業群（Global Industries）」、「統合グローバル産業群（Integrated global industries）」と呼びます。その中でも、まずこの図では、直感的にわかりやすい「グローバル産業群」と「マルチドメスティック産業群」の要点を並べました。

グローバル産業群は、競争が世界的もしくは地域的な規模で行われる産業群です。たとえば、腕時計、造船、建設機械、飛行機、工作機械、衛生陶器、化学、製薬、鉄鋼、資源などが挙げられます。もちろん各産業内のセグメントにもよりますが、寡占化が進んでいることが多く、また全世界的な競争が当たり前の状況になっている一方、各国市場への適合の必要性が低い産業群です。

その対極に位置するのが、マルチドメスティック産業群です。こちらは逆に、全世界で統合的な事業を展開するというよりも、各国の顧客ニーズに合わせたものとサービスの展開が求められる産業群です。たとえば、テレビ、新聞、メディアは言語や文化の影響を大きく受けます。また、飲料や食料品も同様に多様性が存在します。規制産業の多くは各国の規制の状況が異なっており参入規制も大きいため、このカテゴリーに入りやすくなるのも事実です。

グローバル統合への圧力も、ローカル適合への圧力も低い産業群ももちろん存在します。世界的に展開する大きなプレーヤーが限られ、また地域間の顧客趣向の違いも大きく見られない産業群です。

これはマルチドメスティック移行産業群と言います。たとえば、自動車修理業や各種リペアサービス、また土木や住宅建設、宅地建物取引業は比較的に国際化の程度が低く、この分類に近くなります。国際化への圧力が弱いか、またはそれを推進する企業がなんらかの理由で限られるために、グローバリゼーションの影響を大きくは受けていない産業群です。

最後に、統合グローバル産業群です。これらは、世界的な競争が最も激しい産業群です。グローバル統合への圧力が強く、また同時にローカル適合への圧力も強い状況に置かれています。各国市場への適合が必要にもかかわらず、全世界を優れた事業運営によって統合するプレーヤーがひしめく状況であり、グローバル統合による便益を享受しつつ、各国市場への適合も求められる厳しい環境です。自動車やハイテク機器は、次第にこの状況に入り込もうとしています。単によい製品を作るだけではなく、現地のニーズに即した事業展開を求められる状況は、近年は多くの産業で当たり前となりつつあります。

実は私は、この4つの類型のすべてにおいて、国際経営戦略の策定に関わったことがあります。ヨーロッパの化学メーカーに対するアジアのマーケティング戦略の構築や、石油関連製品の海外進出戦略の構築など、グローバル展開する食料品企業の販売・販促組織の再編、そして携帯情報端末事業の全世界戦略など、多様な産業群の企業に関わってきました。これ以外にも、化粧品、鉄道、政府、通信、製薬、メディア、飲料、自動車など、とくにドイツにいたときは国際経営戦略の経験を謳い文句に仕事を取っていたので、結果的に多くの産業の戦略構築に関わることができました。

そのときの経験からも明らかなのは、一般論として、グローバル化や現地適合の必要性を叫ぶことも必要なのかもしれませんが、基本に立ち帰って、自社を内包する産業群の全世界的な特性を理解し直すこと、その理解を絶えず更新すること、社内に周知すること、実務と戦略立案に反映することの重要性です。

よくあるのは、(1)そもそも理解が不十分である、(2)数年前に丹念に調査をしたが、その後の劇的な変化がアップデートされていない、(3)少数の幹部は十分な理解をしているが、それが社内に十分に共有されていない、(4)社内の多くの幹部が自社の産業の特性を十二分に理解しているが、それが実務や戦略立案の過程に反映されていない、というような状況です。

第一に、自社の置かれている国際経営環境を十分に理解し、しかもその理解が絶えずアップデートされ続ける枠組みを構築することが重要です。そして第二に、その理解を社内の幹部に適切に共有する枠組みを整備することが不可欠です。そのうえで、移り変わりゆく環境の適切かつ新鮮な理解が、国際経営の実務と戦略立案の過程に反映される体制を確認することが求められるのです。

4つの産業群それぞれへの最適解の原型とは

では、これらの産業分類とその特性に基づいて全社戦略の方向性を考えるとしたら、どのような型、基本的なアプローチがあるのでしょうか。環境に対して最適な戦略の方向性が存在するという前提を置けば、この4つの産業群に対してそれぞれ最適な考え方の原型が存在し得るということが、I－Rフレームワークの登場以後には継続的に議論されてきました。

たとえば、ここでは、先述したバートレット氏とゴシャール氏の1989年の著作を原典として、S・ターマー・カブスギル氏らが2011年に解説した4つの戦略類型[*13]の紹介を通じて、その考え方の要点を紹介したいと思います。

こういった基本的な考え方は古くから存在し、しかし未だに生き残っているだけに極めて重要です。それは、アダム・スミス氏の絶対優位やリカード氏の比較優位の考え方にも通じるものがあります。すなわち、現代でも依然として説明力を持つという事実です。

社会構造が複雑化し、グローバル化が進展し、多国籍企業の規模の拡大やその運営手法の発展が見られたことを背景として、その説明力はたしかに限定的になりつつあります。しかし、現在の国際経営論が議論するような複雑な理論体系に入り込まなくとも、これらの考え方で十分説明し得る、戦略の方向性を指し示せる状況は、無論、現代にも存在します。

*13 Cavusgil, S. Tamer., Knight, Gary A., and Riesenberger, John R. 2011. *International Business: The New Realities 2nd Edition*. Pearson.

図10-4　産業群に応じた4つの戦略の方向性

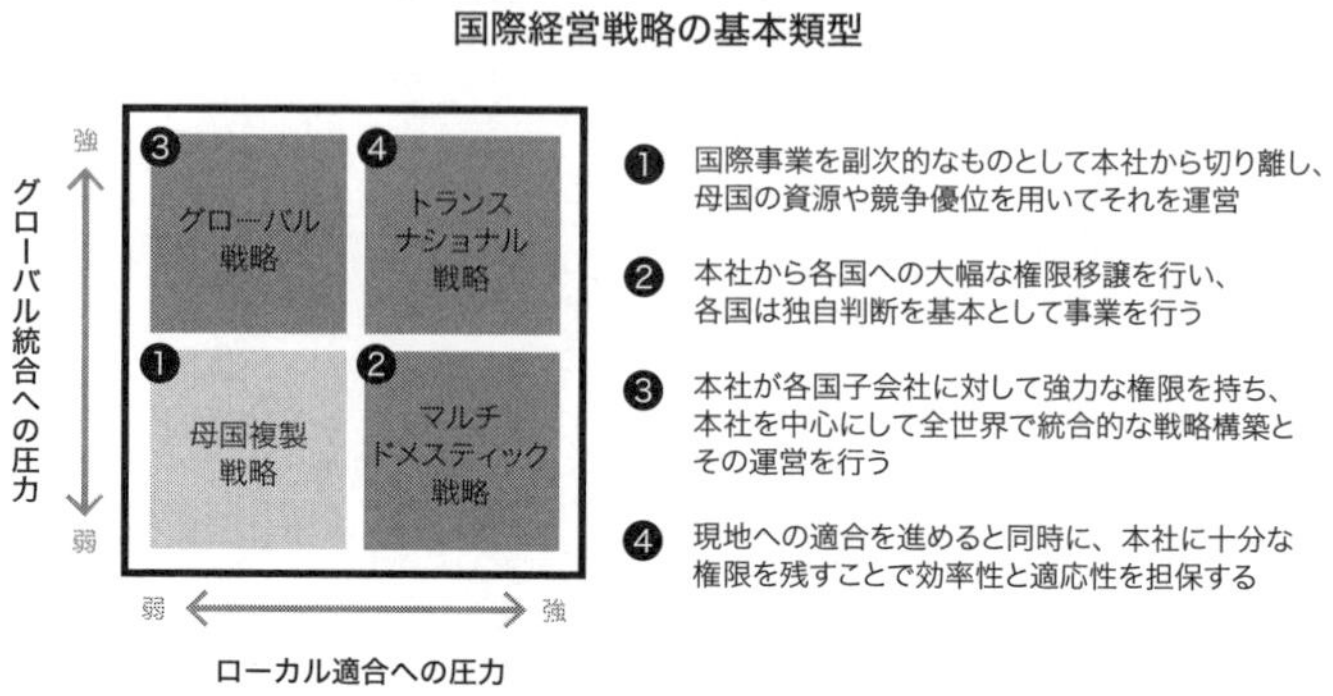
国際経営戦略の基本類型
グローバル統合への圧力
強
弱
ローカル適合への圧力
弱
強
❸ グローバル戦略
❹ トランスナショナル戦略
❶ 母国複製戦略
❷ マルチドメスティック戦略
❶ 国際事業を副次的なものとして本社から切り離し、母国の資源や競争優位を用いてそれを運営
❷ 本社から各国への大幅な権限移譲を行い、各国は独自判断を基本として事業を行う
❸ 本社が各国子会社に対して強力な権限を持ち、本社を中心にして全世界で統合的な戦略構築とその運営を行う
❹ 現地への適合を進めると同時に、本社に十分な権限を残すことで効率性と適応性を担保する

出典：Cavusgil, S.T., Knight, G.A., and Riesenberger, J.R. 2011. *International Business: The New Realities*. Pearson. より筆者作成

過去の系譜に踏み込まずにいきなり持論を展開するのではなく、まずは国際経営論が歴史の中から積み上げてきた、これらの基本的な考え方を理解することには大きな意味があります。

　また、こうした基本的な考え方はシンプルであり、社内の意思疎通にも有益です。

　大きな方向性としてどの方向を向いているのかをまずは合意し、その後に詳細を作りこんでいく必要があります。そして、詳細を作り込むときに全社の方向性を理解していることは、現場レベルにおけるより適切な実行策の立案につながるのです。

　図10-4には、さきほど解説した4つの産業群の特性に応じて、4つの戦略の方向性の概要が記されています。これは複層的な構造の最も上層のマクロ的な産業環境に対応した

戦略の方向性ですが、もちろん、これらの考え方はさきほど解説した事業、機能、業務のレベルでも各層それぞれで応用できます。ここでは産業から全社戦略の例を述べますが、自分が立案の対象としている組織のレイヤーと環境の次元において、どの戦略の方向性が最適と考えられるかを検討することができるのです。

もし、自分の産業がまだマルチドメスティック移行産業に近いのであれば、国際化するかどうかというのは、将来に向けて投資するかどうかという意思決定であり、現在の必要性や国際的な競争に迫られたものではないはずです。

グローバル統合への圧力も、ローカル適合への圧力も低い状態です。こういった状況であれば、将来を見据えた準備という意味を除けば、逆に国際化を急ぐ必要がない可能性が高いでしょう。グローバル経営に必要な各種制度を設定しても、それは一言で言えば「オーバースペック」、やり過ぎである可能性があります。おそらく他国に進出するということ自体のリスクやコストも高い状況であることが考えられるため、まずは母国に注力し、海外展開は母国での事業内容や商品やサービスを模倣して展開するということが合理的な判断となり得るでしょう。

したがって、こういった企業は「母国複製戦略（Home replication strategy）」を取る利点があります。母国の資源を活用し、すでに存在するものやサービスを海外でも販売することで製品の販売寿命を伸ばし、また母国の経験が生きる市場で母国での成功を再現させることを狙うのが定跡となります。

次に、マルチドメスティック産業群に分類できる事業環境にいる企業は、その名の通り「マルチドメスティック戦略（Multi-domestic strategy）」を追求するのが合理的です。この段階ではじめて、企業は現地子会社の設立などの一定以上の対外直接投資を行うようになります。

本社は各地域に製品開発や販売の自由度を与え、複数の現地子会社が自由度を保ちながら独自の運営を行います。現地に適合する必要性から、現地の人材を積極的に活用する必要があります。逆に言えば、現地子会社間での情報流通の必要性は低い状況です。コストがかかる現地子会社間の情報共有や、とくに本社との連絡連携は慎重に考える必要があります。

私自身、これを痛感したことがあります。ある会社の広告販促業務の効率化のためにスタッフの業務記録を分析していたときのことでした。本社からの重役が突如予定を変更してその支店を訪問することが決まり、その重役への報告のために重要なスタッフが資料作成と確認に追われ、1週間ほど重要なプロジェクトがストップしてしまったのです。

今考えれば、その会社はマルチドメスティック戦略をとるべき会社であり、本社とのそういった形でのやり取りの意味はほとんどなかったと思います。そのままにはしておけなかったので、それとなく、その重役に役員訪問に係る準備プロセスに関する中立的な解説資料を作成したのを覚えています。するとやはり、さすがにその無意味さを察していただけたようでした。

また、グローバル産業群に分類できる事業環境にいる企業こそが、「グローバル戦略（Global strategy）」を取るべきだと言えます。

ただし、グローバル戦略と言っても、新聞や雑誌で曖昧な定義で使われるグローバル戦略ではありません。ここでいうグルーバル戦略とは、本社に権限を集中させ、逆に現地子会社の権限を制限させることで冗長性を削減し、最大限の効率性、知見蓄積、グローバル統合の効果を実現するという戦略です。できる限り製品やサービス、そして業務プロセスを世界で統合し、標準化します。もちろん個々の支社のレベルではそれが逆にコスト増につながることもあるかもしれませんが、各支社のレベルでの最適化ではなく、全社としての効率性と最適化を最重視します。

この場合、母国を中心として研究開発やマーケティング、そして経営管理が行われることがありますが、それはグローバルのための本社業務であり、母国業務とは切り離して行われることが重要です。これを確認するためもあり、私のよく知っているコンサルティング会社は登記上のグローバルの拠点を、その拠点がある国の実務上のオフィスとは切り分けています。また、日産自動車のような企業も、その本社機能に「日産グローバル本社」という名称を冠することで、世界全域を管轄する本社であることを名前から示しているように思えます。

最後に、「トランスナショナル戦略（Transnational strategy）」という概念が存在します。

実際、I-Rフレームワークが確立された時代から、グローバル統合の圧力に対応し、同時にローカル適合への圧力にも応える企業の打ち手とはどのようなものかという問いは存在していました。70年代中盤ではこのような複雑な戦略的打ち手が必要とされる環境や、それを実践する企業は限られており、概念上の存在であったとも言えます。

しかし、80年代に入り時代が進化するにつれて、多くの産業の国際競争環境がこのトランスナショナル戦略を求める状況となります。それを反映するかのように様々な研究者がこのI－Rフレームワークの、図10－4右上のトランスナショナル戦略を具体化するために、様々な議論を行いました。

とはいえ、それらの議論の背景に流れる基本的な考え方は同一であり、既出のプラハード氏とドーズ氏の1987年の著作で述べられている「マルチフォーカル戦略（Multifocal strategy）」を源泉とします。これは、本社が全社の組織学習と効率性を担保するための統合的な運営を行う一方で、現地市場の要請に応え柔軟に権限移譲と戦略の適合を行う方向性です。可能な限り標準化を進め、その一方で必要な部分で適合を進める、極めて難しい戦略の方向性です。

国際経営戦略の世界はどこに向かうのか

この4つの類型は現在でも幅広い文献で紹介されており、基本的な考え方としては極めて重要です。先に述べたように、現代でもこの考え方をもととして国際経営戦略の検討に役立てることは十分可能です。しかしながら、もちろんこれだけでは時代の要請に応えることはできません。

1970年代以降、国際経営の環境は大きく変化しました。それを映しだすように、グローバル統合の圧力とローカル適合の圧力は高まり、多国籍企業の進化が進みます。それを通じて、

図10-5　国際経営戦略が向かう先の世界

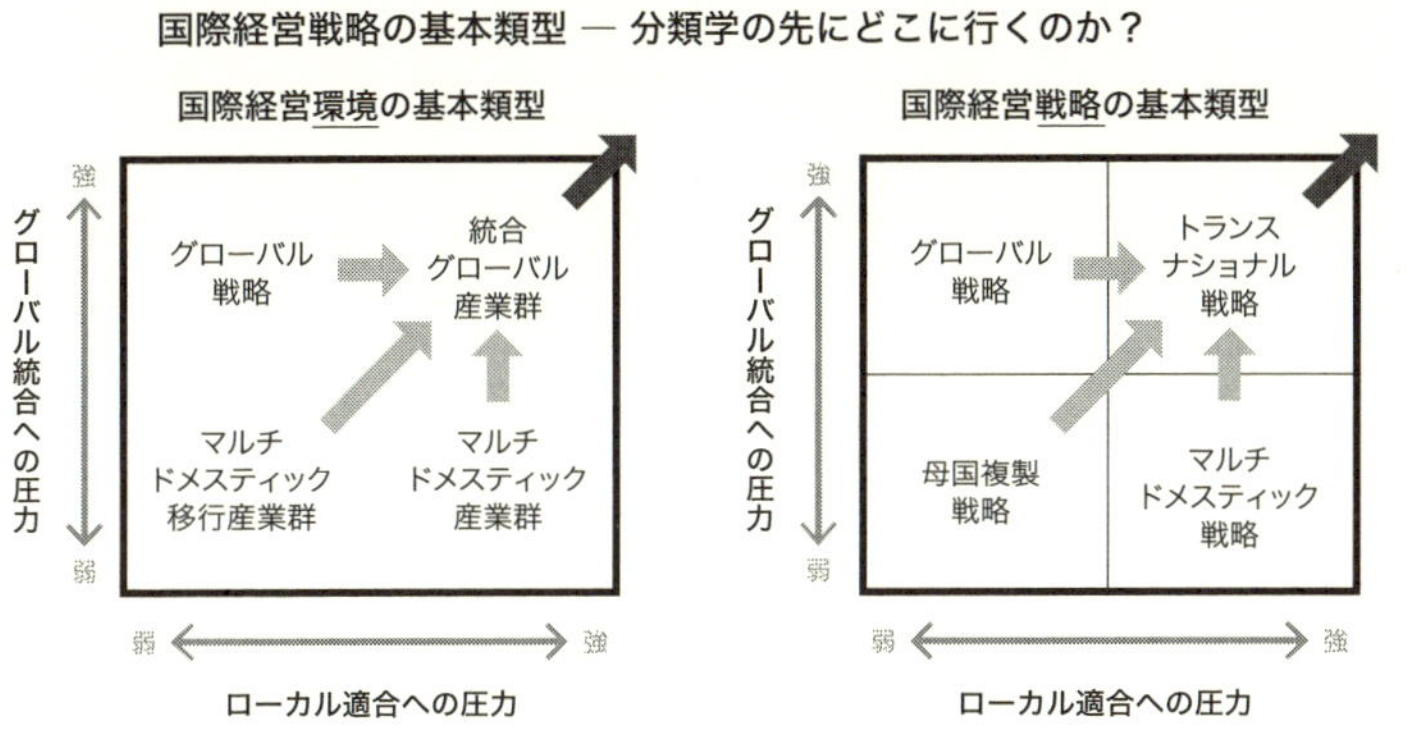

出典：筆者作成

企業の多くが国際経営戦略の重要性を認識します。

同時に、企業はその戦略と組織構造を変化させ、その程度に差はあるとしても、90年代にいたっては、かなりの割合の多国籍企業が、一定程度のトランスナショナル戦略の要素を持たざるを得ない状況となります（図10－5参照）。

経営学の進化は、環境の進化とともにあります。国際経営の実態が劇的な進化を遂げたのと同じように、国際経営の理論も着実な進化を遂げました。そして、経営の実践も、その環境の変化とともにあります。国際経営の環境がよりダイナミックで複雑な環境に進化したからこそ、より高度な次元で「国際」の意味を捉え直す必要があります。

もちろんそれは、すべての産業において当

てはまるわけではありません。強い圧力に直面していない産業群では、トランスナショナル戦略とそれに付随する複雑な運営手法は余計なコストとなり、便益をもたらすよりも、害をもたらすことすらあるでしょう。

しかし、事実として、経済の中核を占めるいくつかの産業群が、急速に統合グローバル産業の定義の領域に進んでいきました。そして、いかに国境の壁を乗り越える企業となることができるかという議論は、先進事例として紹介される企業であってもまだ不完全と言わざるを得ない現実を前にして、活発な議論を呼んだのです。

この議論の1つの発展の方向性は、より深く組織構造を掘り下げていくというものです。たとえば、本社と現地子会社の関係であり、意思決定のプロセスの詳細な検討、現地子会社の成長やその果たす役割かもしれません。

また、別の発展の方向性としては、戦略の進化のプロセスであり、それにおける経営幹部の役割や、組織能力の成長の要因、その発展の段階の解明かもしれません。たとえば、母国のみで展開する企業がどのようなプロセスで戦略の段階を進化させてトランスナショナル戦略を取るようになるのかという研究です。

その他にも、企業の事業機能に着目し、研究開発にとっての国際経営であり、マーケティングにとっての国際経営であり、人事にとっての国際経営という側面への研究も進めることもできるでしょう。多様な研究が、より具体的な、より実務に近い詳細の現実に光を当て、研究を進めてきました。[*14]

国際経営を専門とする研究者が日々取り組んでいるのは、こうした詳細な1つひとつの要素の研究が中心です。それが事例研究であれ、定量研究であれ、全体を理解するために、逆に細部に踏み込んだ検証を重ねてきました。

しかしながら、より根源にある研究課題は、さらなるグローバル化が浸透する未来において、企業の戦略はどうあるべきなのかという問いです。

つまり「統合グローバル」という経営環境が当たり前の時代になり、それ以上にさらにグローバル統合の圧力とローカル適合の圧力が高まるであろう時代に、企業がどのように全社レベルでの意思決定を行っていくべきかという設問です。

国際経営戦略の研究の出発点は、多様な事業環境を内包する世界市場という環境における戦略的な方向性の検討でした。すなわちこれには、最適な戦略が何であるかは、環境がどのような環境であるかによって異なる考え方が背景にあります。

それに対して、1990年代以降の世界の状況では、既存のI-Rフレームワークの考え方では捉えきれない、より高次元の戦略検討の必要性が叫ばれるようになります。

これを背景として、経営環境がこの先どのような方向性に変化するのか、そしてそのような近未来にどういった意思決定を行えばいいのかという問いが、2000年代以降に議論の中核となっていきます。70年代終わりから90年代半ばにかけて主流であったいわゆる類型論の世界を脱

＊14　より組織論や研究開発に着目して、2000年代初頭までの世界の研究をまとめた日本語の著作としては、浅川和宏氏の2003年の著作が秀逸（浅川和宏『グローバル経営入門――マネジメント・テキストシリーズ』日本経済新聞社、2003年）。

却し、より企業戦略の動態を反映し、そして企業に打ち手を提供できる戦略構築の枠組みを求める動きが起きました。

これは、これまでに紹介した図10－5では表しきれない、この先の世界が、そしてその先にある戦略の世界が、どうあるべきかという探究の世界です。

第11章

2000年代以降の国際経営戦略論

これまで、経営とは何か、国際経営とは何か、多国籍企業とは何か、を議論したうえで、国際経営戦略の発展の系譜を概観しました。

それは、響きの良い流行に騙されずに、そしてそれらしい言葉が付けられた、理論的、実証的な裏付けのない主張を安易に盲信することがないように、より根源的な経営という行為と、それを行う個人と組織を探究する学問である経営学の系譜を、伝えることに価値があると感じていたからです。私は、研究だけではなく、実務の最先端に関わることができているからこそ、この基本に立ち帰る重要性を、自信を持って主張できます。

誰もが最先端を追う必要はありませんし、誰もが最先端を理解できるわけでもありません。しかし、私たちが直面している現実の背景にある流れを知ることは、現代に流布されている理論体系の、より根源的な意味を知ることにつながります。

一方で、背景の流れを知らずして最新の理論体系を自分のものにすることは、極めて難しいかと思います。また、基本的な考え方を理解することは、策定した戦略を現場レベルに伝達して、実務の作業に落とし込むときにも有益です。

複雑なものを複雑なままに伝達しようとしてもやはり伝わりません。細密に設計された戦略の背景に流れるシンプルな骨組みをもとにして、組織の意思と理解を1つに束ねる必要があります。実務家として私が小さな会社の経営者として日々の業務を行っていたときに、また、コンサルタントとして様々な地域で戦略構築を行っていたときに感じていたのも、まさにこの問題意識でした。

伝わらない理由の1つはやはり、現在の学問体系が扱っている課題が極めて複雑であるということも背景には存在するでしょう。これまで述べてきたように、国境を越えて活動する企業の数は飛躍的に増加し、規模の拡大には驚くべきものがあるのです。それを背景として経営学の理論体系も磨き込みを続けており、その結果としての議論もより概念的な、より高次元の考え方を提示することとなります。

世界上位100の経済体の半数は国ではなく企業

現代の多国籍企業は巨大です。

その規模感を理解していただくために作成したのが表11－1です。

この表は、世界銀行がまとめている世界各国の実質ＧＤＰの２０１２年のデータと、『フォーチュン』がまとめている世界の売上規模上位５００社のデータから作成しました。多少乱暴ですが、企業の売上を経済規模と考えたときに、それが国家と比較してどの程度の規模感になるかを理解してもらえればと思います。

この表から見て取れるように、現代の企業、とくに多国籍に展開する企業の規模は、多くの国家をも凌ぐものとなっています。世界の上位１００の経済体を並べてみると、その半分は企業であり、その企業の多くは多国籍に展開し、数万人の従業員を雇用し、数千の取引先を持ち、ときには数百の関連企業を世界中に持ちます。

もちろん、売上高のような単純な指標ですべてを物語るつもりはありませんが、国家の規模をも超える金額を扱う巨大な企業が誕生しているという事実の、その氷山の一角から、その海面下に潜むより根源的な国際経営の浸透と、企業の存在感の増加を想起していただければと思います。

これらの多くが、たとえば１９５０年代の後半には、ほとんど存在していなかったのです。

２０００年代前半の国際経営の世界では、ちょうどイブ・ドーズ氏、ホセ・サントス氏、ピーター・ウィリアムソン氏が２００１年に出版した『From Global to Metanational（グローバルからメタナショナルへ）』[*1]という著作が注目を集めていました。これはまさにこれまでの本社を中心とし

*1 Doz, Yves L., Santos, José., and Williamson, Peter J. 2001. *From Global to Metanational: How Companies Win in the Knowledge Economy.* Harvard Business School Press.

表11-1 世界の経済体上位100

順位	国名／企業名	2012/2013 USD Billions
1	アメリカ	15,685
2	中国	8,358
3	日本	5,960
4	ドイツ	3,400
5	フランス	2,613
6	イギリス	2,435
7	ブラジル	2,253
8	ロシア	2,015
9	イタリア	2,013
10	インド	1,842
11	カナダ	1,821
12	オーストラリア	1,521
13	スペイン	1,349
14	メキシコ	1,178
15	韓国	1,130
16	インドネシア	878
17	トルコ	789
18	オランダ	772
19	サウジアラビア	711
20	スイス	632
21	スウェーデン	526
22	ノルウェー	500
23	ポーランド	490
24	ベルギー	484
25	ロイヤル・ダッチ・シェル	482
26	アルゼンチン	471
27	ウォルマート	469
28	中国石油加工集団	428
29	中国石油天然気集団	409
30	オーストリア	400
31	BP	388
32	南アフリカ	384
33	ベネズエラ	381
34	コロンビア	370
35	タイ	366
36	エクソンモービル	340
37	デンマーク	314
38	マレーシア	304
39	国家電網	298
40	シンガポール	275
41	チリ	268
42	トヨタ自動車	266
43	香港	263
44	ナイジェリア	263
45	エジプト	257
46	フィリピン	250
47	フィンランド	250
48	ギリシャ	249
49	フォルクスワーゲン	248
50	トタル	234

順位	国名／企業名	2012/2013 USD Billions
51	シェブロン	234
52	パキスタン	231
53	グレンコア・エクストラータ	214
54	ポルトガル	212
55	アイルランド	210
56	イラク	210
57	アルジェリア	208
58	カザフスタン	200
59	ペルー	197
60	チェコ	196
61	日本郵政	191
62	サムスン電子	179
63	ウクライナ	176
64	E.ON	170
65	フィリップス 66	170
66	ルーマニア	169
67	Eni	168
68	ニュージーランド	167
69	バークシャー・ハサウェイ	163
70	アップル	157
71	アクサ	155
72	ガスプロム	154
73	ゼネラルモーターズ	152
74	ダイムラー	147
75	ゼネラル・エレクトリック	147
76	ペトロブラス	144
77	EXOR グループ	142
78	ベトナム	142
79	バレロ・エナジー	138
80	フォード・モーター	134
81	中国工商銀行	134
82	鴻海精密工業	132
83	アリアンツ	131
84	日本電信電話	129
85	ING グループ	128
86	AT&T	127
87	連邦住宅抵当公庫（ファニーメイ）	127
88	ハンガリー	126
89	ペメックス	125
90	GDF スエズ	125
91	ベネズエラ国営石油会社(PDVSA)	125
92	スタトイル	124
93	CVS ケアマーク	123
94	BNP パリバ	123
95	マッケソン	123
96	ヒューレット・パッカード	120
97	JX ホールディングス	120
98	本田技研工業	119
99	ルクオイル	116
100	日産自動車	116

※米国ドル建て実質GDP換算の2012年GDPと、2013年度の企業収益をもとに作成
出典：World Bank 2012 と Fortune Global 500をもとに筆者作成

た戦略展開とその発展形という概念を超え、世界規模で流動化し、分散していく傾向にある知識と生産要素の流れに即した、全世界規模での柔軟な事業運営が求められるという発想です。これに関係する初期の研究[*2]には、日本の慶應義塾大学の浅川和宏氏も深く関わっており、とくに企業内部での知識の流通過程の探究において大きな影響を与えた概念です。

実際、2000年代の国際経営戦略論の発展は、「では、メタナショナル（Metanational）とは何か?」を未だ問い続けていると言っても過言ではないかもしれません。

国境と企業の境界を越えた知識の流動を実現する。組織と戦略の形を動的に変化させていく。母国中心主義を捨て、世界中の多様な拠点を活用した優位性確保を行う。世界中の拠点から次世代への可能性を感知（Sense）し、自社の知見を軸として融合させ機動化（Mobilize）する。そして、それを活用（Operationalizing）するために全世界に発信する。

こうした概念は極めて先進的で多くの影響を与えました。しかし、それを実際どう実現するのか、それをどう研究として実証していけばいいのかという大きな課題を残しました。

もちろん、先ほど述べたように、より具体的に多国籍企業の運営の実態、たとえば本社と支社の間の関係性や商品サービス戦略を探究する研究の系譜は存在します。同時に、すでに解説した内部化理論やOLI理論の発展も依然として継続しています。それ以上に、マーケティングや人事管理理論、財務会計に関係する領域からも、国際経営に関連した研究は数多く出されてきました。

さらに言えば、途上国や最貧国、さらには移行経済を対象にした戦略構築は1つの研究のトレン

*2 Doz, Yves L., Asakawa, Kazuhiro., and Santos, José. et al. 1997. "The Metanational Corporation." *INSEAD Working Paper*, https://flora.insead.edu/fichiersti_wp/inseadwp1997/97-60.pdf, (accessed 2014-1-28).

ドを作りつつあります。

しかし、本書がここでいう未来の発展とは、将来、国際経営戦略がどこへ向かうかという問いです。つまり、経営環境の未来であり、戦略像の未来なのです。

ＩＢＭのＣＥＯが提唱した「グローバル統合企業」の概念

実務家からの回答として特筆に値するのは、第3章でも触れた、ＩＢＭの会長兼ＣＥＯであったサミュエル・パルミサーノ氏が表した「グローバル統合企業」です（第3章＊4参照）。これは、企業の経営者の観点から、研究者が予測していたメタナショナルの世界が実際に訪れていることを示した1つの例と言えます。

パルミサーノ氏は、今日の企業は構造的、運営的、文化的にまったく新しい構造に進化する必要があるとします。彼の言うグローバル統合企業は、戦略、経営、運営において世界規模での生産と価値の伝達の統合を行う企業であり、その成長により、国家の境界が企業の考え方や行動様式に与える影響が今後大きく低下していくと予測しました。

たとえば、それまでは、ある国への投資は、その国での事業展開を目的とするか、またはその国から資源を獲得して母国での生産に役立てるような単純な投資行動が前提でした。しかし、先述した通り、現代の多国籍企業は様々な理由、市場探索、資源探索、効率性探索、戦略的資源探索により対外直接投資を行い、その結果、極めて複雑な経路で世界中を商品やサービスが流通するようになります。

アメリカの放射線技師がレントゲンをオーストラリアの医師に確認してもらったり、アメリカの顧客の問い合わせにインドのカスタマーサポートが答える、世界中のコンサルタントの経費伝票と領収書が、すべてフィリピンのマニラに送られて一括処理される時代。日本の自動車会社のトルコの工場が、台湾、タイ、フランス、イギリスなど世界の様々な国々から部品を集め、そこで生産する車の大半をヨーロッパ市場に輸出する現実が、世界統合企業の世界です。

メタナショナルの概念と同様に、グローバル統合企業では、本社と支社の関係性の議論を過去のものとします。

それまでは、多国籍企業が本社と支社、事業部、製品の軸から理解されてきたのに対して、これからの多国籍企業は、購買、生産、研究、販売、配送などの機能要素の集合体として見なされるべきであるとします。そしてその機能ごとに、世界のどこの地域を活用して、どのようなパートナーと連携したうえで世界的なネットワークを構築するべきかを考えるべきだと議論しました。これは、企業を様々な機能と技能が多様な形態により結びついた、世界的な事業要素の統合体と捉える考え方です。

事例として、グローバル統合企業と言えるような、メタナショナル企業の要素を持っている企業は多く紹介されてきました。しかし依然として、メタナショナルという概念をさらに進めて、具体化した戦略の概念は未だ提唱されていません。

これは不思議なことではないと考えています。ある意味、環境の広がりとそれに対する戦略対応から戦略類型を検討する方向性は、行き着くところまで来てしまった感があります。国の広がりの次元で全世界を内包し、そして、そのつながり方に複層的なネットワークの概念を導入した時点で、この方向性で論理的に理論が進化し得る空間の限界が訪れたとも言えます。

過去、海外に出ること自体が戦略として未知であった時代、対外直接投資の理論が直接的に国際経営戦略の中核となり得る時代がありました。多国籍企業が複数の市場に展開するのが一般的となったとき、複数市場に展開し、異なる環境に同時並行的に展開する困難を示したI-Rフレームワークが、国際経営戦略の根源的な課題を提示しました。

しばらくの間は、グローバル経営とマルチドメスティック経営の間の議論が続き、同時に多くの産業におけるグローバル統合とローカル適合の圧力がさらに高まります。そして、その環境の変化を反映して数多くの企業がトランスナショナルの経営を実践するに至り、国の境界や本社と支社の区別によらない概念が提唱されるに至りました。

これにより、国内企業の段階から、海外に進出する企業、さらには複数の国に展開する企業から、国境を越えて存在する企業まで、環境の状況に応じて考えられる戦略類型の分類学の世界は、1つの完成形を見たと言えると考えています。

もちろん、ある種の組み換えや言い換えは可能でしょう。すでに説明されている概念を言い換えたり、組み換えたり、別の論理から説明することは不可能ではありません。

しかし、これまでの研究の蓄積を鑑みれば、そうしたことに労力を注ぐよりも、この方向性を軸とした別の発展の可能性を探ることに利点があると思えます。

それは、繰り返しになりますが、誰もがトランスナショナルやグローバル統合企業の考え方を学び、実践するべきという意味ではありません。多くの企業にとって、まず考えるべきは1つひとつの対外直接投資であり、さらにはその前段階として存在し得る国際貿易の検討です。

それには第Ⅲ部で解説した国際経済学の諸理論や、60年代にまで遡る対外直接投資と多国籍企業の理論が現在も有益です。1つひとつの投資を考えるときには、絶対優位も比較優位も、内部化理論もOLI理論も、2000年代以降も続く発展を見せており、それらの有効性は限定されることはあっても、今も失われていません。

同時に、母国複製戦略や、グローバル戦略、マルチドメスティック戦略も、それが有効な産業や状況は依然として存在します。たとえ産業全体が統合グローバル産業群としての特色を持っていたとしても、事業、機能、または業務のレベルのいずれかにおいては、未だグローバル統合の圧力も、ローカル適合の圧力も大きくはない状況はあり得ます。

全体像が見えていれば、逆に古くから存在する概念も光を帯びています。現代はより、的確な意思決定につなげるための知見が整理されている時代とも言えます。これまでの蓄積を知り、理解し、それを活用することで、様々な産業や企業の意思決定を助けることができるのです。

図11-1 国際経営戦略の先進事例の変遷

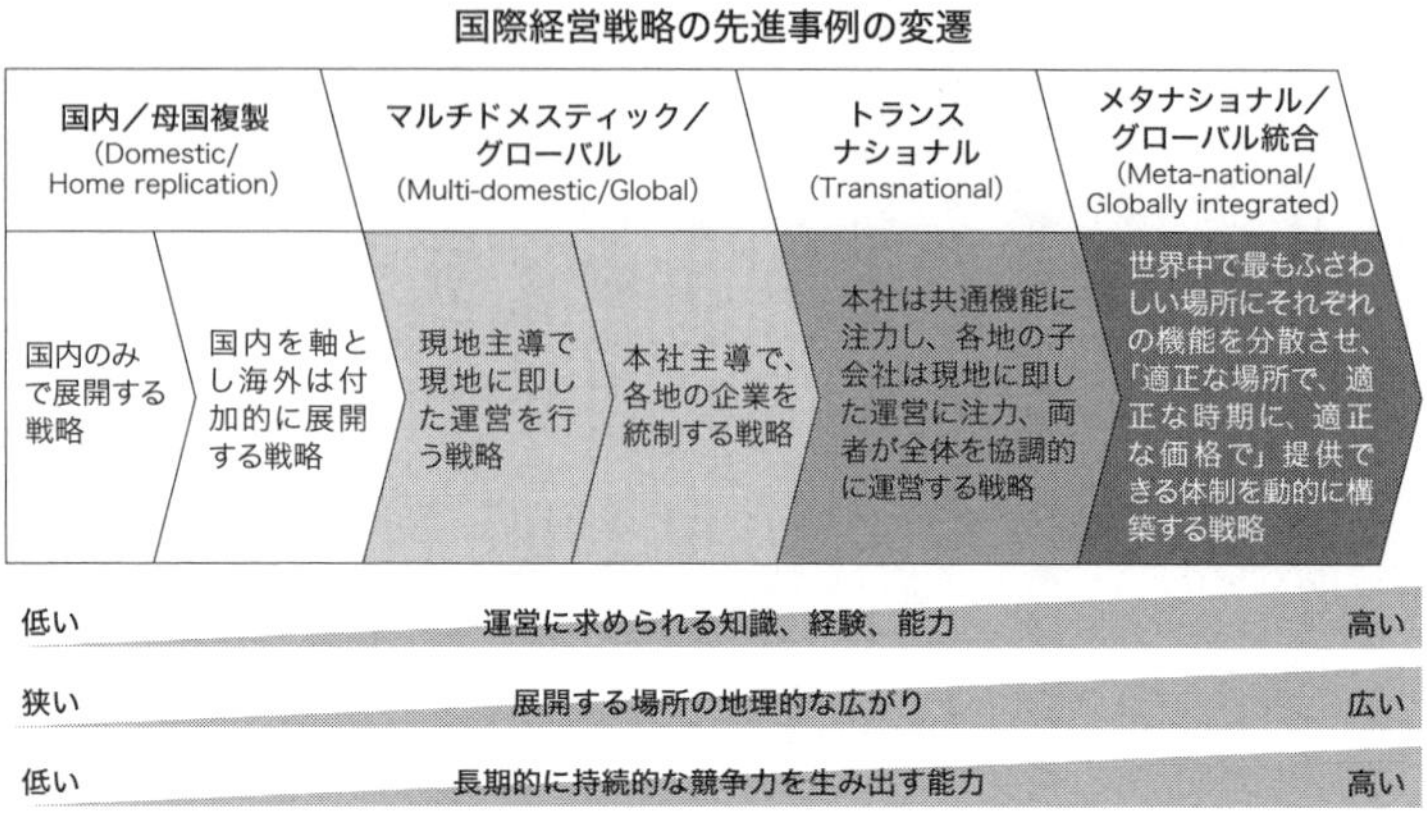
国際経営戦略の先進事例の変遷
国内／母国複製
(Domestic/
Home replication)
マルチドメスティック／
グローバル
(Multi-domestic/Global)
トランス
ナショナル
(Transnational)
メタナショナル／
グローバル統合
(Meta-national/
Globally integrated)
国内のみで展開する戦略
国内を軸とし海外は付加的に展開する戦略
現地主導で現地に即した運営を行う戦略
本社主導で、各地の企業を統制する戦略
本社は共通機能に注力し、各地の子会社は現地に即した運営に注力、両者が全体を協調的に運営する戦略
世界中で最もふさわしい場所にそれぞれの機能を分散させ、「適正な場所で、適正な時期に、適正な価格で」提供できる体制を動的に構築する戦略
低い
運営に求められる知識、経験、能力
高い
狭い
展開する場所の地理的な広がり
広い
低い
長期的に持続的な競争力を生み出す能力
高い

出典：筆者作成

ゲマワットの功績は分析の体系化にある

図11-1は、国際経営戦略のいわば先進事例の変遷をまとめたものです。

国際的な環境における全社戦略の方向性としては、最初の母国を複製する方法論から、メタナショナル、グローバル統合の方法論までの広がりを持ちます。もちろん、歴史的な理論発達の経緯がそうであったように、企業自身もこのプロセスに沿って段階的に戦略の高次元化を進めることはあるでしょう。

しかし、必ずしも段階的にこの変遷のプロセスを後追いする必要はありません。経営陣や自己の組織の能力によっては、国際展開の初期からメタナショナルやグローバル統合の形態を取る企業もあるでしょうし、また産業や事業、業務の特性によっては、絶えずグローバルの方法論を取ることも有効な選択肢となり得るのです。

実際、メタナショナル以後の戦略の概念は、言わば既存の理論体系を現代の状況に合わせて再編したとも言える理論的枠組の体系でした。だからといって、その貢献が少ないというつもりはありません。グローバル化が進んだ世界の現状を反映し、国際経営に必要な考え方を再度体系化した数々の試みの中には、単なる「現代語への翻訳」以上に大きな価値を持つものも存在します。

特筆に値するのは、パンカジ・ゲマワット氏が2007年に出版した『Redefining Global Strategy』[*3]です。

もちろん、本書の他にも国際経営や国際経営戦略の教科書としてこれまでの研究成果をまとめた著作は数多く存在します。しかし、本書はとくに、私自身がオックスフォード大学の助手をしていたときに、MBAやエグゼクティブMBAコースのグローバル戦略(Global Strategy)コースの教科書として使用していたものなので、課題評価や受講生へのチュートリアルを通じて内容に対しても深く理解している作品です。

ゲマワット氏は、16歳でハーバード大学に入学し、19歳で博士課程に入学、3年で博士号を取得し、マッキンゼーのロンドンオフィスで2年ほど勤務。その後マイケル・ポーター氏に請われてハーバード・ビジネス・スクールに転職し、31歳で正規の教授(フルプロフェッサー)に歴代最年少で就任していることからも、その知性は想像できるかと思います。

＊3 Ghemawat, Pankaj. 2007. *Redefining Global Strategy: Crossing Borders in A World Where Differences Still Matter.* Harvard Business School Press.(『コークの味は国ごとに違うべきか』望月衛訳、文藝春秋、2009年)

この2007年の著作の骨格となっている価値は、まさに「Redefining Global Strategy」であり、実務家の視点とセミ・グローバリゼーションの現実に立ったうえで、これまでの国際経営の知見に基づいてどのような体系的な戦略検討の方法論を作り出せるかを議論したことです。しかし、内容から離れてしまった日本語の書名もあり、それが日本ではあまり理解されていません。

当時、IBMの会長兼CEOであったサミュエル・パルミサーノ氏や、タタ・グループの会長であったラタン・タタ氏などの著名な実務家、さらにはマイケル・ポーター氏などの研究者も評価していた彼の著作は、本書でも取り上げているセミ・グローバリゼーションの現実を解説したうえで、「CAGE分析」「ADDING価値スコアカード」「AAAトライアングル」という戦略検討のツールを実務家に提供しています。これらは彼が『ハーバード・ビジネス・レビュー』などに発表してきた記事[*4]をもとに体系化したものです。

まず、世界市場に存在する国家間や産業間の違いをCAGE分析によって洗い出します。さらに、ADDING価値スコアカードで、企業が海外進出する際に目論むことができる事業価値を検討します。そのうえで、AAAトライアングルを用いて、企業がとるべき戦略の方向性を検討するという考え方です。

CAGEに含まれる要素は文化的（Cultural）、制度的（Administrative）、地理的（Geographic）、経済的（Economic）な距離であり、この4つの象限から国家間や産業間の違いを把握します。

さらにADDINGに含まれる販売増（Adding volume）、コスト削減（Decreasing Cost）、差別化

＊4　とくに、"Distance Still Matters: The Hard Reality of Global Expansion." (Ghemawat, Pankaj. September 2001. *Harvard Business Review,* http://hbr.org/2001/09/distance-still-matters-the-hard-reality-of-global-expansion/ar/1, [accessed 2014-1-19].)、"Managing Differences: The Central Challenge of Global Strategy."(Ghemawat, Pankaj. March 2007. *Harvard Business Review,* http://hbr.org/2007/03/managing-differences-the-central-challenge-of-global-strategy/ar/1, [accessed 2014-1-19].)、"Regional Strategies for Global Leadership." (Ghemawat, Pankaj. December 2005. *Harvard Business Review,* http://hbr.org/2005/12/regional-strategies-for-global-leadership/ar/1, [accessed 2014-1-19].)

(Differentiating)、産業魅力度の向上（Improving industry attractiveness）、リスク平準化（Normalizing risk）、知識の創造（Generating knowledge）の便益を評価し、対外進出の潜在的な魅力度を検証するとします。

そのうえで、企業が国際経営において取り得る選択肢には適応戦略（Adaptation）、集約戦略（Aggregation）、裁定戦略（Arbitrage）の3類型があり、これらの組み合わせにより全社の戦略の方向性を議論できるとしました。

これまでに概観してきた国際経営論の発展の系譜を眺めれば、これらが必ずしも目新しい発想ではないことは理解いただけるでしょう。しかし同時に、これまで議論されてきた理論的な要素が、まとまりのある形で編纂されていることも想像いただけるはずです。

ゲマワット氏は、第1章で紹介した「Thinkers 50」の2011年のランキングで27位に紹介されるほど実務家に対して影響力を持つ研究者です。しかし逆に、彼の30年のキャリアの中で、1本1本の影響力が大きい可能性はもちろん否定しませんが、11本の学術論文しか発表していないのも事実です。

実際、本書に対しては、社会科学としての経営学の発展よりも、実践の科学としての経営学への発展に貢献していると批評する方もいます。[*5] この例からも、実践と、科学の両立が極めて難しいことが見て取れるでしょう。

*5 アラン・ラグマン氏は、2009年の著書『Rugman reviews international business』（Rugman, Alan M. 2009. Palgrave Macmillan）の中で、ゲマワット氏の著作が実務家にとって高い価値を持つものである一方、それまでの学問的な発展を充分に参照しておらず、学問的な価値は限定されると評価しています。（『ラグマン教授の国際ビジネス必読文献50撰』江夏健一・山本崇雄・太田正孝・桑名義晴・佐藤幸志・竹之内秀行訳、中央経済社、2010年）

実践の科学としてこれまで国際経営戦略論が積み重ねてきたものを、限られた期間で効率的にツールとして身につけたいビジネススクールの履修生には、この取りまとめはとくに大きな価値のあるものです。しかし、これをもってしても、メタナショナルとグローバル統合企業以降の国際経営戦略論の方向性を見つけ出すには、未だ十分ではないと私は考えています。

第12章

価値連鎖の戦略とは

「価値連鎖の戦略」で組織の枠を超えた戦略を構築

私は、次世代の国際経営戦略論は、「価値連鎖」と「価値連鎖の集合体としてのネットワーク」においてどのように自社を位置付けるかが1つの焦点になると考えています。これは言い換えれば、1つの企業の枠を超えて、どのような価値連鎖を作り出し、それに支配力をおよぼすか。1つの企業の枠を超えて、自社が関連するどのような価値生産活動のネットワークを作り出し、全体としての付加価値生産の最大化を図るかという議論です。

第3章から第11章まで、定義を示し、歴史を遡り、社会科学としての国際経営論の発展と、実学としての国際経営戦略論の発展を理解いただきました。これまでの発展の経緯、そして、セミ・グローバリゼーションという現実を踏まえたうえで、私が考える国際経営戦略の未来の姿が、本章で解説する新しい概念です。

世界的価値連鎖の時代の国際経営戦略にとって重要なのは、自社のみならず、他社までも含めた付加価値創造の連鎖の戦略構築です。つまりこれは、「価値連鎖の戦略（Value chain strategy）」と言うことができます。これは、より実学としての経営学に近い視点から捉えつつ、しかし社会科学としての経営学の蓄積に立脚した経営戦略の考え方です。

これまでも、1つの国の内部においては、価値連鎖の概念を用いた産業分析は行われてきました。古くは1985年のマイケル・ポーター氏の『Competitive advantage』[*1]にも遡る価値連鎖の理解に基づいた戦略検討は、戦略論としては決して目新しいものではありません。

しかし、ポーター氏の元来の議論が、企業内部に大半の各機能が存在するよう解説されていたのに対して、価値連鎖の戦略は合従連衡の戦略検討と言えるほど、海外の立地、そしてパートナー企業との関連性を重要視します。さらには、単一の市場内での価値連鎖の検討を超え、複数の市場にまたがる価値連鎖の構造を前提に検討することが、この原典をもとに、しかしそれを進化させる必要性につながります。

メタナショナルやグローバル統合企業の議論を進化させるには、どのように世界各地の生産要素を統治するか、どれを自社に統合し、どれを統合しないかなど、全体像の設計方針を議論することが必要です。世界中から知識や資源を集め、それを統合し、また全世界にそれを展開するという発想の先には、その発想を具体的な企業の戦略立案のプロセスに落とし込む作業が必要とな

＊1　Porter, Michael E. 1985. *Competitive Advantage: Creating and Sustaining Superior Performance*. Free Press.（『競争優位の戦略』土岐坤・中辻萬治・小野寺武夫訳、ダイヤモンド社、1985年）

ります。

その作業では、第一に個々の事業、機能、業務における価値連鎖の流れを設計することが必要となります。そこでは、連鎖全体像を意識したうえで、部品たる1つひとつの鎖の設計検討を行い、どこで行うか（Location decision）、そして、自分で行うか（Boundary decision）の意思決定を下すことが必要となると考えます。

これは必ずしも、自社が価値連鎖全体を統治することを必要とするものではありません。しかし、自社ができ得る限りの価値連鎖全体に影響力を行使できるように、価値連鎖を構築する他のプレーヤーとの力関係の調整に尽力する必要があります。

そして第二に、自社が構築する価値連鎖の集合体である価値生産活動のネットワークを、自社以外の価値生産のネットワークとの関係性をも考慮に入れたうえで設計し、運営する必要があります。これはまさに、スマントラ・ゴシャール氏とクリストファー・バートレット氏が、1990年の論文[*2]で提唱した組織間ネットワーク（Interorganizational network）としての多国籍企業の経営戦略を、どのように検討すればよいかを新たに立論したものです。

この時点において考慮するべきは、自社がコントロールする価値連鎖のポートフォリオであり、自社が関わる個々の価値連鎖間の相互作用です。自社が持つ価値連鎖同士が、でき得る限り相互につながり合うように、全体としての柔軟性、効率性、学習効果を長期的に最大化できるように設計する必要があります。

*2　Ghoshal, Sumantra., and Bartlett, Christopher A. 1990. "The Multinational Corporation as an Interorganizational Network." *The Academy of Management Review* 15(4): 603-625.

iPhoneから読み解く「勝ち組」企業の正体

なぜ価値連鎖の戦略が重要なのか、それはたとえば30年前と比較して、より多くの国の多数の企業が連携して1つの製品を作り出す時代となっているからです。

対外直接投資の議論が母国から相手国への投資、現地での販売や生産活動の議論に限られていた時代には、部品会社は下請けであり、それを取りまとめる完成品メーカーが多くの場合には絶対的な優位を持っていました。しかし、それは今や限定された領域の議論に過ぎません。

日米貿易摩擦の初期の時代には、日本の半導体、家電、コンピュータメーカーは、原材料は海外から輸入するにせよ、部材から始まるその商品のほとんどを日本で生産し、それを完成品として輸出していました。多少時代が進んで現地生産の時代となっても、一定割合の部材を母国から輸出し、残りを現地で生産する比較的シンプルな二国間の関係で完結する時代でした。

しかし、現代における関係各社の力関係と、その関係各社の地理的な広がり、関係性の広がりは過去に類のないものとなっています。

たとえば、ロシアで採掘されたシリコンが韓国に運ばれ、そこでインゴットに生成されて日本に運ばれ、それがウェハーに加工され、アメリカでそれに回路が書き込まれ、マレーシアに送られてパッケージに梱包されてCPU（中央演算処理装置）になります。

さらに、それが中国に運ばれて、同じようなプロセスを経て、ときには世界中の400以上

図12-1　シリコンからパソコンができるまでの価値連鎖

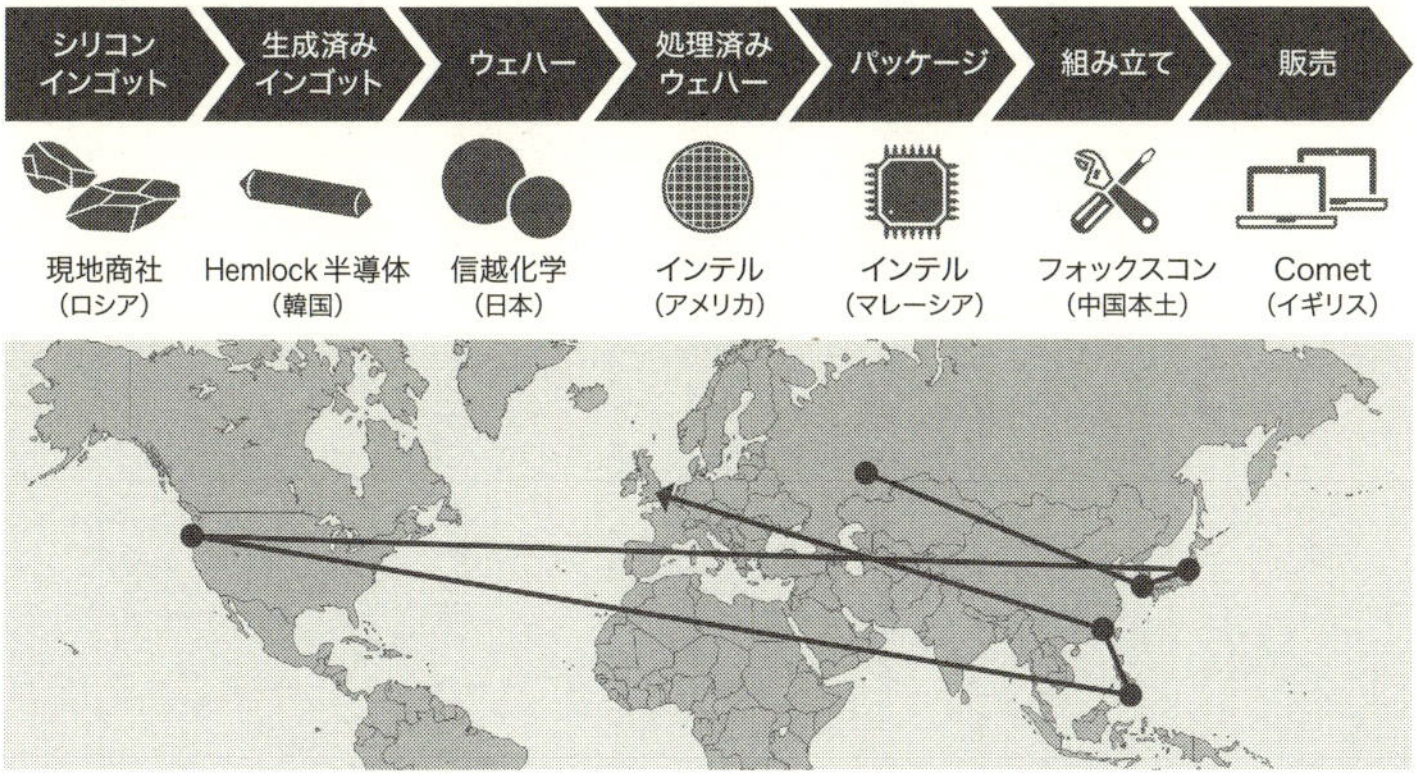

出典：intel.“インテル・ミュージアム”, http://japan.intel.com/contents/museum/index.html、各社企業サイトをもとに筆者作成

の企業が連携して作り出してきた他の部材と組み合わされて、パソコンになります。それがたとえばイギリスに運ばれて店頭に並び、顧客がインドのカスタマーサポートの指示を受けながら使い始めるのです（図12−1参照）。

現代の商品開発とその生産においては、多国籍の連携が欠かせません。

それはもはや、国対国の戦いではありません。多数の国々の多数の企業群が、互いに連携しあって1つの製品やサービスを作り上げていくのが一般化した世界です。もちろん、これまでにも同じ国内であれば、多数の企業が連携することもありました。今やそれが、文化的、制度的、地理的、経済的な距離を超えて世界中に張り巡らされる時代となったのです。

たとえば、皆様にとって最も想像しやすい、スマートフォンを例に挙げましょう。

iPhone 5sは、「カリフォルニアでアップルがデザインし、中国で組み立てられた（Designed by Apple in California. Assembled in China.）」とアップルは言います。しかし、それをより正確に言うのであれば、「カリフォルニアでアップルがデザインし、世界中で部品部材が作られ、中国で組み立てられ、通信会社と小売店によって世界中で販売された（Designed by Apple in California. Components from all over the world. Assembled in China. Marketed by telecoms and retails across the world.）」というのが適切です。すなわち、そこには中国とアメリカだけではなく、世界の様々な国々の企業が参画しているという事実を再確認するべきなのです。

アイサプライ（iSuppli）の恒例の調査[*3]によれば、少なくとも東芝や村田製作所、旭化成などの企業を含む日本、韓国、イギリス、ドイツ、アメリカの企業が、iPhone 5sの主要部材のかなりの部分を中国に提供していることがわかります。その結果、表12-1からもわかるように、中国で組み立てているコストそのものは、iPhone 5s 16GBの190・70ドルの製造原価のうち、わずか8ドルに過ぎないことが示されています。

もはや、最終組立地がどこであるかだけでは、何も判断できない時代となりました。

実際の価値連鎖の構造がどのように構成されているかを分析しなければ、誰が「勝ち組」なのかは、わからない時代です。そして、ここで言う勝ち組とは、その価値連鎖の中で誰が最も多くの利益を挙げることができているかという問いに答えることで、見出せるのです。

*3 Rassweiler, Andrew. September 25, 2013. "Groundbreaking iPhone 5s Carries $199 BOM and Manufacturing Cost, IHS Teardown Reveals.", *IHS*, http://www.isuppli.com/Teardowns/News/Pages/Groundbreaking-iPhone5s-Carries-199-BOM-and-Manufacturing-Cost-IHS-Teardown-Reveals.aspx,（accessed 2013-12-24）.

表12-1 iPhone 5sの製造原価の内訳

Preliminary Teardown Bill of Materials and Manufacturing Cost Estimate for the Apple iPhone 5s(Cost in US Dollars)

Components / Hardware Elements	Details	16GB	32GB	64GB
	Pricing without contract	$649.00	$749.00	$849.00
Implied Margin		69%	72%	74%
Total BOM Cost		$190.70	$200.10	$210.30
Manufacturing Cost		$8.00	$8.00	$8.00
BOM＋Manufacturing		$198.70	$208.10	$218.30
Major Cost Drivers				
Memory				
NAND Flash		$9.40	$18.80	$29.00
DRAM	1GB LPDDR3	$11.00	$11.00	$11.00
Display & Touch Screen	4" Retina Display w/Touch	$41.00	$41.00	$41.00
Processor	64-BitA7 Processor＋M7 Co-Processor	$19.00	$19.00	$19.00
Camera(s)	8MP(1.5-micron)＋1.2MP	$13.00	$13.00	$13.00
Wireless Section -BB/RF/PA	Qualcomm MDM9615M＋WTR1605L＋Front End	$32.00	$32.00	$32.00
User Interface & Sensors	Includes fingerprint sensor assembly	$15.00	$15.00	$15.00
WLAN/BT/FM/GPS	Murata Dual-Band Wireless-N Module	$4.20	$4.20	$4.20
Power Management	Dialog＋Qualcomm	$7.50	$7.50	$7.50
Battery	3.8V~1560mAh	$3.60	$3.60	$3.60
Mechanical/Electro-Mechanical		$28.00	$28.00	$28.00
Box Contents		$7.00	$7.00	$7.00

出典：Rassweiler, Andrew. September 25, 2013. "Groundbreaking iPhone 5s Carries $199 BOM and Manufacturing Cost, IHS Teardown Reveals.", *IHS*, http://www.isuppli.com/Teardowns/News/Pages/Groundbreaking-iPhone5s-Carries-199-BOM-and-Manufacturing-Cost-IHS-Teardown-Reveals.aspx より一部筆者加工

さらに言えば、最終完成品の提供にこだわることは、過去にあった方法論を目的化することであり、必ずしも競争に勝つことにはつながりません。過去においては、単一地域の限定されたクラスター内で構成される購買網により、ほとんどの製品が生産されており、その生態系を統合するべき最終完成品メーカーとなることが、権力を握り、利益を挙げるために極めて重要であるという認識が支配的でした。

しかし現在は、必ずしも完成品メーカーになる必要はありません。また、たとえなったとしても、その競争に勝つことは極めて難しい時代になってきています。つまり、重要なのは、価値連鎖において自社の影響力を保つことなのです。

大切なのは自社の影響力を保ち続けること

アップルの事例は、極めて古典的な、競争力のある完成品を持つメーカーが大半の利益を吸収するモデルの極端な例です。

少し前のデータになりますが、図12-2は2012年時点におけるiPhone 4sの価値連鎖におけるパワーバランスを端的にまとめたものです。655ドルのiPhone 4sの平均卸値のうち、アップルは455ドルを取ります。残りの200ドルは、8ドルが組立会社にまわり、残りが部材メーカーへと支払われます。それに対して、通信事業者が500ドルほどの補助金を支払って消費者に平均155ドルで販売し、その後消費者が通信料を支払うことで通信業者が補助金を回収していくという構造です。

極めて魅力的な製品を開発することで販売関係業者は、ここでは通信業者に対して高い交渉力を発揮して大きな売上を挙げる。そして、その規模を活用して部材メーカーに対して交渉力を発揮することで、良質な部材を安価で調達する。まさに伝統的な完成品メーカーの勝ちパターンであり、高付加価値の完成品を作り出す力で、価値連鎖を支配した事例です。

しかし、価値連鎖において収益を挙げるためには、必ずしも完成品の提供にこだわる必要はありません。なぜなら、価値連鎖においてどのプレーヤーが力を握るかは、その産業の特性や各プレーヤーの戦略により様々であるからです。

図12-2 iPhone 4s販売の価値連鎖のパワーバランス

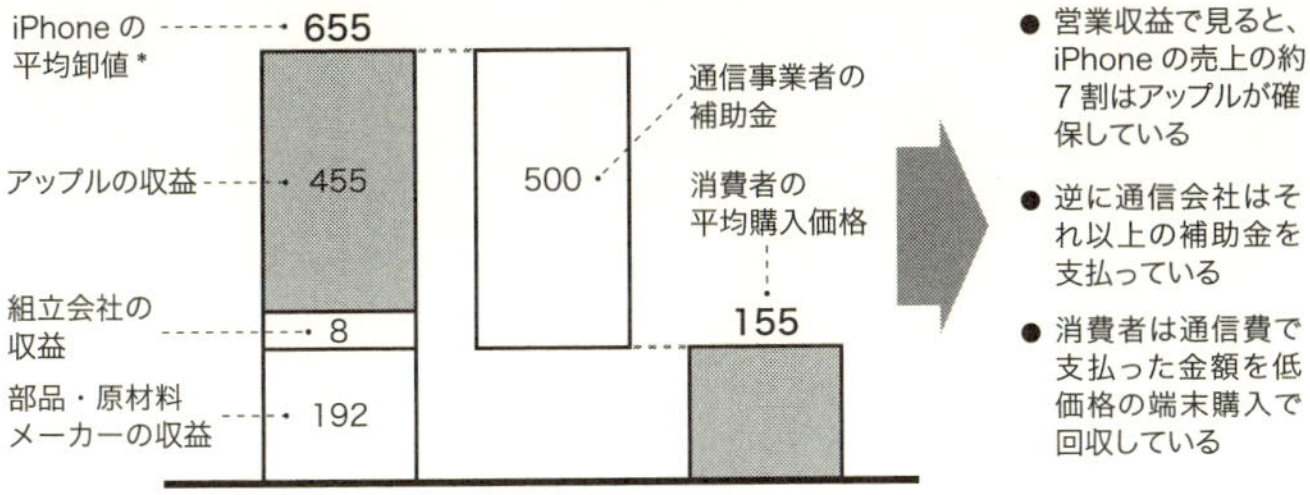
iPhoneの平均卸値*
655
アップルの収益
455
組立会社の収益
8
部品・原材料メーカーの収益
192
通信事業者の補助金
500
消費者の平均購入価格
155
● 営業収益で見ると、iPhoneの売上の約7割はアップルが確保している
● 逆に通信会社はそれ以上の補助金を支払っている
● 消費者は通信費で支払った金額を低価格の端末購入で回収している

＊通信業者への卸値
出典：Wall Street Journal、Ericsson、日経エレクトロニクスから試算

多くの企業にとって、事業の目的は高収益を挙げることです。そのための手段として、製品のブランドをコントロールし、製品全体の仕様を設定できる完成品メーカーになることが、とくに製造業においては当たり前の長期目標と認識されている企業もあったと言います。しかしそれにこだわるあまり、売上は大きいけれども、高収益にはつながらない事業展開を続ける企業も多く存在します。

その一方、近年においても好業績を続ける日本企業の多くは、実は完成品メーカーではありません。シマノ、キーエンス、オムロン、日本電産、マブチモーター、ミネビア、信越化学、イビデン、ヒロセ電機、村田製作所など、多くの部材提供企業が、高収益企業として世界各国で成長を続けています。

重要なのは、価値連鎖の構造において影響

力を担保できるかという議論です。代表的な研究の1つとしては、デューク大学のゲイリー・ジェレフィ氏らの「世界的な価値連鎖（Global value chain）」に関する研究を挙げることができます。

　この議論は、組織群が構成する国際的な価値連鎖の構造の分析に取り込んだ先進的な考え方の体系として著名です。この研究領域では、たとえばジェレフィ氏が中心となった1994年の著作『Commodity Chains and Global Capitalism（商品連鎖と世界資本主義）』[*4]や、1999年の論文[*5]や2005年の論文[*6]が知られています。また、私自身も、2011年のSASE（Society for the Advancement of Socio-Economics）の年次総会などの複数の機会で、ジェレフィ氏らが主催した会合に出席し、比較的小規模な企業の世界的な価値連鎖に関する考察を発表しています。

　この議論は、社会経済学的な観点から世界経済の価値連鎖の構造を分析することに多く用いられています。しかし、組織を分析対象としていることから、国際企業戦略に対しても多くの意味合いをもたらす研究と言えます。とくに、この研究の最大の興味・関心である価値連鎖の統治構造の分析は、価値連鎖に参加する組織間の関係性についての理論化を進めているものであり、経営学への応用が期待される分野であると私は考えています。

　現状は、この研究に参画している研究者の多くが、経済学者、社会学者、社会経済学者を中心としたグループであり、どちらかというと存在論的、すなわち、価値連鎖の構造の本質や実態のありようを探究することが目的となっています。

　しかし、もしこれが実践の科学としての経営学が探究する、当為論的、すなわちそれに関わる

*4　Gereffi, Gary., and Korzeniewicz, Miguel., eds. 1994. *Commodity Chains and Global Capitalism.* Praeger.
*5　Gereffi, Gary. 1999. “International trade and industrial upgrading in the apparel commodity chain.” *Journal of International Economics* 48(1): 37-70.
*6　Gereffi, Gary., Humphrey, John., and Sturgeon, Timothy. 2005. “The Governance of Global Value Chains.” *Review of International Political Economy* 12(1): 78-104.

当事者があるべき姿やなすべき姿への興味関心を背景とする研究を進めれば、この領域の発展が国際経営戦略論にもたらす影響は大きいでしょう。

この研究の系譜が探究する統治構造とは、先ほど挙げたシマノなどの企業や、古くはインテルのような企業が、なぜ価値連鎖の構造上で影響力を行使できるかを探究します。これには、古くは製造者サイドが力を持つ構造に対して、購買者サイドが力を持つ構造の二項対立による立論が行われていました。しかし、最近では、取引コスト理論の考え方やネットワークの概念を応用した価値連鎖構造の類型化の議論が進展しつつあります。

図12-3では、よりわかりやすく解説するために、部品メーカー以外も含めて、価値連鎖において誰が影響力を持つかに関しての事例をまとめました。国際的な価値連鎖を多様な産業にわたって分析してみると、その力関係、つまり、ここでは収益率の相対的な比較の構図は様々であることがわかります。

原油や希少鉱石のように、原材料の提供者が力を持ち、価値連鎖の統合を進める事例があります。さらには、インテルやシマノだけではなく、高機能繊維のゴアテックスを提供するＷＬゴア＆アソシエイツや靴底の世界シェアトップのビブラムなど、部材提供者が力を持つ構造があります。また、ナイキやトヨタ、ボーイングのように、依然として完成品メーカーが力を持つ事例も無数に存在するのは当然でしょう。

図12-3 価値連鎖において誰が力を持つのか

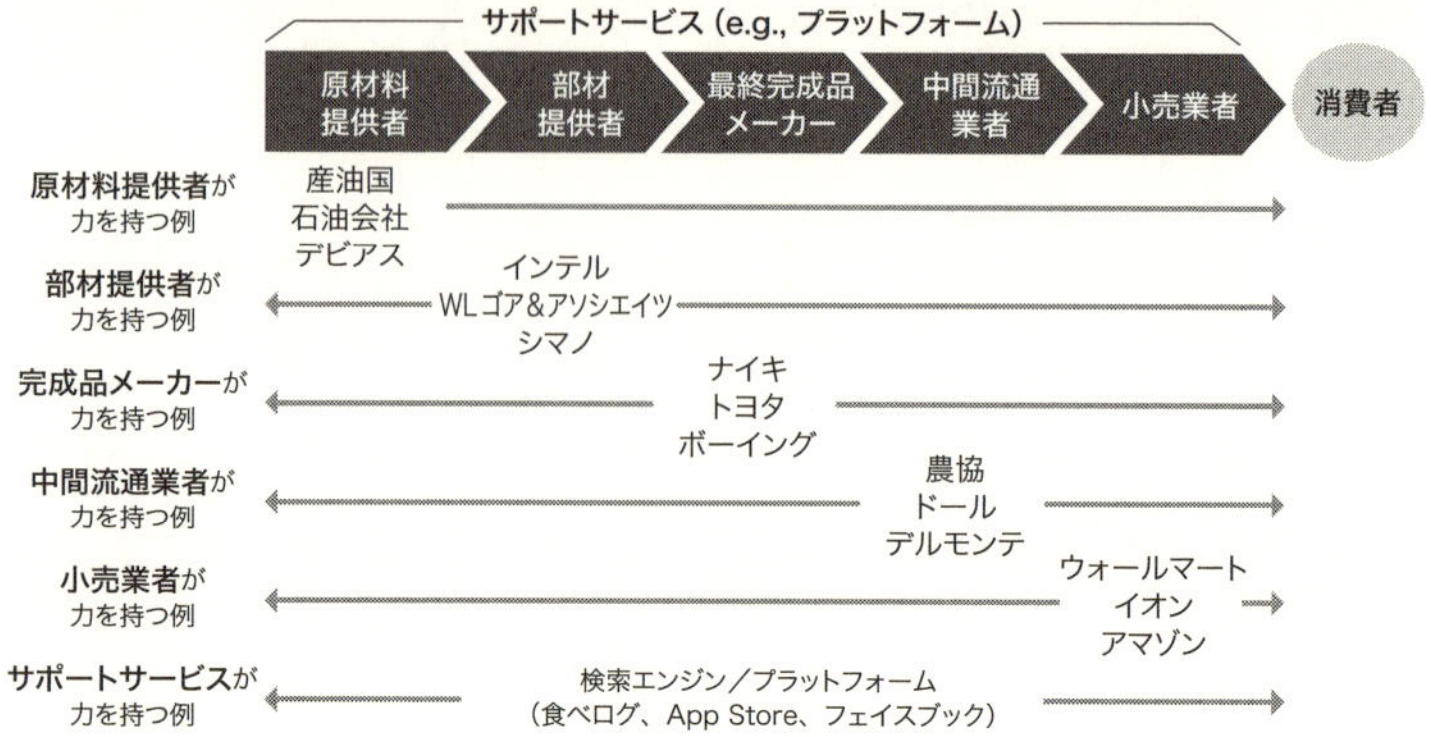

出典：Gereffi, Gary. 2001. "Beyond the Producer-driven/Buyer-driven Dichotomy The Evolution of Global Value Chains in the Internet Era." IDS Bulletin 32(3): 30-40. より筆者作成

逆に、流通業者やサポートサービスが力を持つ事例もあります。中間流通業者はその役割を縮小させつつある産業が多くありますが、農林水産業の領域では未だに大きな力を持ちます。

日本では、農協が個々の農家から農作物を収集し、密接な関係を持つことにより大きな影響力があります。世界規模でも、ドールやデルモンテといった農産物を利用するメーカーは、世界中の提携農家との強い関係性を持っています。さらには、アメリカにおけるウォールマートの独占的地位や、日本におけるイオングループ、書籍販売におけるアマゾンの台頭は、製品を提供する業者にとっての脅威とも言えるでしょう。

1つひとつの価値連鎖を理解し、影響力を担保する

価値連鎖を理解するとは、自社が直接取引をしている仕入先と販売先だけを理解することではありません。原材料から始まり、最終的な使用者に至るまでの全体の連鎖の構造を理解することが必要です。

それは、1つひとつの価値連鎖を知り、全体への影響力を担保するだけではなく、自社の関係する多様な価値連鎖のポートフォリオを分析し、それを戦略的に運営することなのです。

製品構造の複雑化によって、1つの商品を製造する際に必要な部品点数は飛躍的に増加しました。そのため、複層的なサプライヤー構造が、自動車などの限られた産業分野を超えて多くの産業で一般化しています。

同時に、とくに国際経営を行う企業は、数多くの国々で複数の顧客を抱え、現地の代理店や小売店、オンラインショップなど多種多様な販売先を抱えるようになりました。

なかでも部品部材を提供する企業は、自社の提供する商品が最終的にどういった環境で使用されているかを知ることが難しい時代です。逆に、最終的な使用者の側から見ると、商品がどういった経路を経て生産されているかが見えにくい時代でもあります。

しかし、そこに困難があるからこそ、その価値連鎖の構造を理解し、その価値連鎖の構造全体に戦略的に影響力をもたらすことができる企業が力を持ちます。1つの企業が持つ多様な価値連

鎖、事業部ごと、機能ごと、業務ごとの連鎖の構造のそれぞれを理解し、打ち手を考え、そしてその多様な価値連鎖のポートフォリオを最適化することが求められるのです。

そのためには、第一に、自社が1つひとつの価値連鎖の構造において相対的にどれだけの力を持っているのか、誰が、自社が属する価値連鎖に影響力を行使しているかを理解する必要があります。そして、可能な限り自社の相対的な力が担保できるようにその価値連鎖を設計する必要があります。

たとえば、アップルの小売店進出を、この考え方から理解することは容易です。とくに日本のようにヤマダ電機、ヨドバシカメラ、ビックカメラのような巨大な家電小売店チェーンが力を持てば、彼らの売り場戦略に売上が大幅に左右される可能性があります。ブランディングやマーケティング面からも直営店の価値はありますが、価値連鎖において相手に過度に依存しないことで、交渉力を担保したということもできるでしょう。

古典的な事例であれば、インテルのように部品メーカーとしてのブランドを全面に押し出したり、シマノのように部品にロゴマークを載せたり、WLゴア&アソシエイツのように解説書を添付してゴアテックスの存在感を売り込むといったことは、もちろん、購買要因として挙げられるほどの交渉力を持ったあとは当然の行為ですが、交渉力を持つ以前にも、できる限り取り組むべきことでしょう。

すなわち、世界的な価値連鎖の構造全体の特性を理解し、それを自ら能動的に設計し、作り変えていくことが求められます。それは、自社の関わる価値連鎖全体の構造を、自社にとって有利な形に作り変えようと尽力することです。たとえば、先ほど紹介した２００５年のゲイリー・ジェレフィ氏らの論文（本章＊４参照）は、価値連鎖の５つの体系を示し、現在にも続く価値連鎖の構造理解の議論に貴重な示唆を与えています。

圧倒的な影響力を持ち、産業全体が安定的なのであれば、そのすべてを垂直統合することも意味があることかもしれません。また、自社に統合しないとしても、何らかの形で自社の影響下に他の企業を取り込むことはできるでしょう。

逆に、価値連鎖全体が流動的であり、また単一の力を持つプレーヤーが存在しない状況では、無理に価値連鎖の統合を進めるよりも、市場を中心としたアドホックな取引を中心として、事業の柔軟性を高めておく必要性があるかもしれません。

垂直統合された価値連鎖とアドホックな取引が中心の価値連鎖の中間的な構造では、関連する取引先との人的なつながりを高めることに注力することもできます。また、価値連鎖の構造において支配的になり得ないとしても、価値連鎖のできるだけ多くの部分に支配力を行使することで、その価値連鎖で大きな力を持つ中心的な企業に対する交渉力を担保することが必要です。

自社の競争力を最適化できるような世界的な価値連鎖の構造を目指して、まずは自社の事業を取り巻く価値連鎖の構造を理解する必要があります。そして、価値連鎖の統治権を巡る戦いに参画し、できる限り他の参加者に対して交渉力を発揮できるように尽力するべきです。

そして、そのためには、ただ単に自社が直接関係する企業に力を行使するだけではなく、価値連鎖の構造そのものにまで検討の範囲を広げることが必要です。また、アウトソーシングやオフショアリングを活用することも必要です。自社全体が価値連鎖の中のどこにいるかという議論とともに、自社の産業、各事業、各機能、各業務の各層において、最適な価値連鎖の設計が求められます。

自社にとって最も有利な価値連鎖を実現するために、1つの鎖を考えるうえでは、虫食いのように、ある部分は海外、ある部分は母国、ある部分は自社、ある部分は他社というように、多様な立地と多様な進出形態が組み合わされて活用されているべきなのです。

つまり、グローバル化が進展することによって、これまで不可能と思われていたレベルにまで国境を越えた価値の連鎖が実現した現代においては、国際という名のつく経営戦略の領域において、その特殊性を鑑みたうえで、価値連鎖という古くて新しい概念を援用することが求められるのです。

多様な価値連鎖のポートフォリオを最適化する

自社の産業、各事業、各機能、各業務の各層において、最適な価値連鎖の設計を行ったうえで、さらにこれからの多国籍企業は、自社の価値連鎖の集合体が作り出す価値連鎖のポートフォリオの形を最適化していく必要があります。

複雑化した世界的な価値連鎖に対する戦略検討は、単一の価値連鎖の構造把握と打ち手の設計には留まりません。*7 自社の関わる1つひとつの価値連鎖を検討すると同時に、その集合体としての世界的な生産ネットワークの構成を最適化することが求められます。

第一には、複層的な価値連鎖の構造の全体像を対象として、しかし、その個々を理解する必要があります。つまり、自社の関わる産業の層、自社が行う事業の層、自社が持つ各機能の層、自社の各機能が行う業務の層、そのそれぞれが持つ連鎖構造に対する打ち手を検討するべきです。それぞれにおいて、世界のどことどこをつなぎ、その1つひとつの場所をどのような進出形態で活用するかを検討し、価値連鎖の流れを設計していく必要があります。

第二に、個々の価値連鎖の間の相互補完、依存関係をも理解する必要があります。たとえば、単一の分析レイヤーにおいても、そのつながりが2つ以上併存する状況を想定する必要があります。A事業とB事業の作り出す価値連鎖が異なるとすれば、A事業とB事業の国際経営戦略への要請も異なる可能性があります。また、Xという機能とYという機能が、まったく異なる地域を、まったく異なる価値連鎖の構造でつなげているとき、XとYは同じ意思決定と業務推進の構造では運営しがたい可能性があります。

つまり必要なのは、自社を中心とした価値連鎖のポートフォリオを理解することです。自社を

*7 単一の価値連鎖の構造把握と打ち手の設計に関しては、次の論文が先駆的です。Kogut, Bruce. 1985. "Designing Global Strategies: Comparative and Competitive Value-Added Chains." *Sloan Management Review* 26(4): 15-28.

中心として存在するポートフォリオがどのような構造になっているのか、それがどのような特性を持つのか、それは自社の戦略にどのような意味を持つのか。その答えを見出すためには、そのポートフォリオを総体としての「ネットワーク」として見なすのではなく、自社が関わる複数の価値連鎖が折り重なって構成する、価値連鎖の「ポートフォリオ」として認識し、それを複層的に検討する必要があります。すなわち、「ネットワーク」は、「ポートフォリオ」の結果として見えるものなのです。

ここでいうネットワークやポートフォリオとは、社会的ネットワークの分析の考え方と近い（少なくとも多くの成果を援用できる）と言えますが、発想の原点が異なります。

たとえば、マーク・グラノヴェッター氏[*8]やハワード・オルドリッチ氏[*9]、ジェームズ・コールマン氏[*10]、ロナルド・バート氏[*11]などが議論してきたものと本質的には同一ですが、直接的には異なります。また、国際的な生産ネットワークを検討する枠組みとして、2002年にジェフリー・ヘンダーソン氏らが提唱した世界的な生産ネットワーク（Global production network）の概念[*12]や、同様の目的から「アクターネットワーク理論（Actor network theory）」を国際的な環境に援用することを議論したピーター・ディッケン氏らの研究[*13]が、より直接的に関係する系譜です。

1つの企業の視点から、その企業にとっての便益が最大化されるように、直接的に関係性のあるノード（Nodes）の先の先、その先のつながり（Tie）までを捉えて、最適なつながりの連鎖を自ら主体的にデザインし、その集合体としての自社のネットワークを作り出すという考え方です。

*8 Granovetter, Mark S. 1973. "The Strength of Weak Ties." *American Journal of Sociology* 78(6) : 1360-1380.

*9 Aldrich, Howard E. 1999. *Organizations Evolving*. SAGE Publications.(『組織進化論――企業のライフサイクルを探る』若林直樹・高瀬武典・岸田民樹・坂野友昭・稲垣京輔訳、東洋経済新報社、2007年)

*10 Coleman, James S. 1988. "Social Capital in the Creation of Human Capital." *American Journal of Sociology* 94, Supplement: Organizations and Institutions: Sociological and Economic Approaches to the Analysis of Social Structure, S95-S120.

*11 Burt, Ronald S. 1995. *Structural Holes: The Social Structure of Competition*. Harvard University Press.(『競争の社会的構造』安田雪訳、新曜社、2006年)

*12 Henderson, Jeffrey., Dicken, Peter. Hess, Martin., et al. 2002. "Global production networks and the analysis of economic development." *Review of International Political Economy* 9(3): 436-464.

*13 Dicken, Peter., Kelly, Philip F., Olds, Kris., et al. 2001. "Chains and networks, territories and scales: towards a relational framework for analysing the global economy." *Global Networks* 1(2): 89-112.

たとえば、ジェニファー・ベアー氏が2008年の論文[*14]で議論したように、既存の理論体系と、世界的な価値連鎖の考え方、そして世界的な生産ネットワークの考え方をどのように理論的に統合するかには、厳密に言えば多様な論点があります。

しかし、ここでの議論において重要なのは、彼らの焦点である社会科学としての発展に必要な理論的進化のための議論ではなく、実践の科学として経営者が実務で使えるように、価値連鎖の考え方と生産ネットワークの考え方をどう融合させればいいかという議論です。価値連鎖の戦略、社会科学としての経営学の最新の知見を、実践の科学としての経営学に落とし込むことでより価値を高めます。

価値連鎖の戦略は、実践の科学としての、同時に国際経営戦略論としての、価値連鎖とその集合体である社会的ネットワークを分析する枠組みの構築を目指しているのです。

価値連鎖の戦略においては、分析単位はあくまで企業が関係する個々の価値連鎖であり、1つ1つの価値連鎖を分析することを通じて、その集合体である各企業のつながりの構造を議論します。価値連鎖という観点から自社の関わるつながりを構造化し、特徴を洗い出し、それに対して自社の便益を最大化するためにアクションを検討することが必要なのです。

図12－4は、これまでに解説した、価値連鎖の戦略における2つの分析の要素を抽出したものです。

*14 Bair, Jennifer. 2008. "Analysing global economic organization: embedded networks and global chains compared." *Economy and Society* 37(3): 339-364.

図12-4　価値連鎖の戦略における2つの分析

	自社が関わる世界的な価値連鎖の複層的な分析	その価値連鎖の集合体たる、世界的な生産ネットワークの分析
検討の対象	・1つひとつの価値連鎖の構造 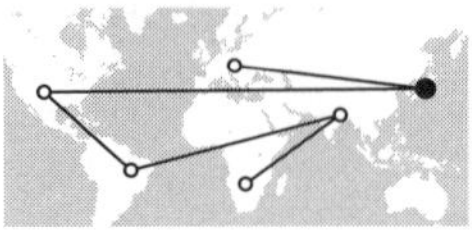	・価値連鎖の全社ポートフォリオ 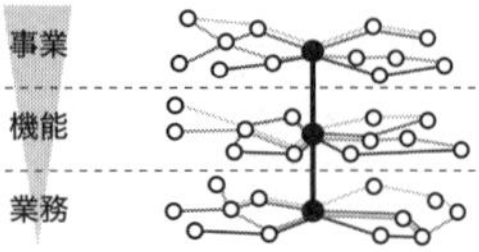
活動	・個々の価値連鎖の構造と、その中における自社の相対的な地位を深く理解したうえで、価値連鎖全体への影響力を高める最適な打ち手を検討する	・個々の価値連鎖の構造間の相互作用を深く理解し、全社ポートフォリオとしてそのシナジー効果が最大化されるネットワークの構成を目指す
検討課題	・価値連鎖全体の特性の理解 ・自社の相対的な支配力／地位の理解 ・自社の支配力／地位を高めるための施策 ・個々の価値連鎖全体の設計／運営	・複層的、かつ多様な自社の価値連鎖ポートフォリオの構造を把握 ・価値連鎖間のシナジーを模索 ・ポートフォリオ全体の設計／組み換え

出典：Free World Maps. http://www.freeworldmaps.net/pdf/world/aitoff.pdf をもとに著者作成

価値連鎖の戦略は、その詳細な検討のプロセスや考え方の枠組み、さらにはその有効性の検証については未だに試行段階です。しかし、私は、現代と近未来の国際経営環境を鑑みて、この価値連鎖とそれが織り成すネットワークの視点からの戦略検討の枠組みには、極めて大きな可能性があると確信しています。

少なくともこれが、国際経営戦略論の最先端、未来の可能性の1つです。

第13章

生まれながらのグローバル企業が誕生

「ボーングローバル企業」という新潮流

これまで、国際経営論における根源的な調査主題を理解したうえで、国際の名の付く経営戦略論の発展と、私の考える次世代の国際経営戦略論の可能性について解説してきました。これらは実践の科学としての色合いの濃い国際経営戦略論の経営環境と、そのうえで、経営を実践する多国籍企業の実態を反映しようとした発展の系譜を概観することでもありました。

私は、国際経営戦略論の次世代の発展の中核の1つを担うのは、前章で解説した価値連鎖の戦略であると考えています。そしてこの戦略は、実は大企業よりも小企業、老舗企業よりも、新興企業にとって最も重要となるとも考えています。そのため、自分の研究においても、自動車会社のような大規模な企業に携わる一方、小規模かつ比較的新興でありながら、全世界的な価値連鎖を構築している企業群も精力的に調査しています。

彼らは過去の遺産に縛られておらず、極めて高い組織能力を発揮するので、柔軟に自社の事業の価値連鎖を設計し、そのポートフォリオを運営できる可能性があるのです。

実際、そういった企業は数多く存在し、その存在感は日増しに高まっています。

これらの企業の呼称は数多く存在しますが、「ボーングローバル企業（Born global firms）」や「国際新興企業（International new ventures）」が最も一般的に認知されています。そして、こういった形態の企業を起こす起業家を「世界起業家（Global entrepreneur）」と呼んだり、それらの起業家を探究する学問分野を「国際起業家論（International entrepreneurship）」と呼びます。

これらの企業や個人の存在は、第6章で解説した第二次グローバル化以前の世界ではとても考えることができませんでした。海外において展開するための、十分な資本や知識を保持するとは考えられていなかった小規模な新興企業は、段階的に少しずつ、より母国に近い海外市場との輸出入から開始し、試行錯誤を重ねながら国際展開を進めていくとされていました。

しかし、現代の国際経営論は、大規模な企業の国際経営を研究するのと同様に、これらの小規模で、しかし存在感を日に日に増していき、完全に多国籍企業の要件を満たし、ときに急速に成長する新興企業の存在を認識しています。

そして、それらの企業をどのように捉え、どう理解すればいいのか、さらには、どういった条件下であれば、創業初期から世界的な価値連鎖を構築することができるかを探っています。

世界を使って起業する時代

ボーングローバル企業とは、マッキンゼー・アンド・カンパニーが1993年の『McKinsey Quarterly（マッキンゼークォータリー）』に掲載した「Born Global（ボーングローバル企業）」という記事が原典と言われます。[*1] その少し前、国際新興企業という言葉も、1989年にパトリシア・マクドゥーガル氏が『Journal of Business Venturing（ジャーナル・オブ・ビジネス・ベンチャリング）』に発表した論文[*2]ではじめて言及されています。

その後の発展の経緯は、いくつかのレビュー記事、たとえばシェイカー・ザーラ氏の2005年の論文[*3]や、ニコル・コヴィエロ氏らの2011年の論文[*4]、またはマリアン・ジョーンズ氏らの2011年の論文[*5]を参照ください。ご覧いただくとわかるように、この分野は、国際起業家論として活発な研究活動が行われる研究分野[*6]になりつつあります。

ボーングローバル企業や国際新興企業と言われる企業は、創業初期から多国籍に展開します。広い定義では、輸出入を行っている事実だけをもって国際新興企業とすることも一般的です。しかし、そういった比較的シンプルな輸出入を行うだけの企業のみではなく、創業初期から世界中の様々な地域の企業と連携し、ときには、大企業にも対抗し得る競争力を発揮する企業も存在します。

*1 Rennie, Michael W. 1993. "Born Global." *The McKinsey Quarterly* 4: 45-52.
*2 McDougall, Patricia P. 1989. "International versus domestic entrepreneurship: new venture strategic behavior and industry structure." *Journal of Business Venturing* 4(6): 387-400.
*3 Zahra, Shaker A. 2005. "A Theory of International New Ventures: A Decade of Research." *Journal of International Business Studies* 36(1): 20-28.
*4 Coviello, Nicole E., McDougall ,Patricia P., and Oviatt, Benjamin M. 2011. "The emergence, advance and future of international entrepreneurship research — An introduction to the special forum." *Journal of Business Venturing* 26(6): 625-631
*5 Jones, Marian V., Coviello, Nicole E., and Tang, Yee Kwan. 2011. "International Entrepreneurship research (1989-2009): A domain ontology and thematic analysis." *Journal of Business Venturing* 26(6): 632-659.
*6 実は、私自身もこの領域では2012年には査読付きのカンファレンスペーパーを「アカデミー・オブ・マネジメント」の年次総会で発表しており、また2013年にも別のトピックで「アカデミー・オブ・インターナショナル・ビジネス」の年次総会で論文を発表しています。

こうした新興企業の新しい形は、より実務家向きの『ハーバード・ビジネス・レビュー』でも、「The Global Entrepreneur（世界起業家）」として２００８年の記事[*7]で紹介されています。

この記事では、アメリカとイギリスの起業家がお互いの国に住んだままで医療診断の事業を開始し、創業間もない段階からベルギー、ドイツ、アイルランド、イスラエル、イギリスに進出を果たしたなどのいくつかの事例を紹介することで、こういった企業が現代の先進事例として価値があることを解説しています。

記事でも言及されていますが、こうした企業の中でも最も力のある企業は、創業するその日から世界中の最良の場所から原材料を調達し、それを用いて競争力のある商品を作り、世界中に販売することを実現しているのです。

日本人の創業した企業でも、まさに世界起業家と言える事例があります。

最近、私が注目しているのは、ＤｅＮＡの共同創業者でもある渡辺雅之氏がロンドンで創業したクイッパー（Quipper）という会社です。

クイッパーは、プラットフォーム型のサービス構築を目指しており、学習コンテンツを作成する個人と学習コンテンツを消費する個人の中間に立ち、これらの個人が必要とするコンテンツの製作と配信の機能、また課金のシステムを提供することを目指しています。クイッパーが提供する学習アプリは、すでに合計８５０万ダウンロードを達成しており、また、サービスは、アジアの3万人以上の中学生・高校生と２０００校以上の学校で利用されています。

*7 Isenberg, Daniel J. December 2008. "The Global Entrepreneur." *Harvard Business Review*, http://hbr.org/2008/12/the-global-entrepreneur/ar/1, (accessed 2013-12-24).

まだ事業構築のプロセスにあり、今後クイッパーがどう成長するのか、また事業の形をどう変えていくのかはわかりませんが、少なくとも、クイッパーの組織運営は特筆に値します。

日本で生まれ育った渡辺氏ですが、DeNA退職後にイギリスで起業し、クイッパーの本社はロンドンにあります。ロンドンを軸として、ニューヨークと東京にスタッフを配置すると同時に、その他のアジアの国にも展開し始めています。また、資金調達に関しても、イギリスのアトミコ（Atomico）、日本のグロービス、アメリカの500 startupsなど、世界中から行っています。

正社員の国籍も様々で、とくにロンドンの拠点にはヨーロッパ中から様々なバックグラウンドのメンバーが参画しています。そして、それ以上に、クラウドソーシングのプラットフォームを最大限に活用し、コンテンツの構築や市場調査、商品デザインなど広範囲の業務において世界中から優秀なスタッフを低コストで柔軟に採用し、それを効率的に運営するだけではなく、適切に品質管理を行う体制を構築している点はとくに優れています。

図13-1は、クイッパーの構築している教育コンテンツの開発網を簡略化して示したものです。この時点（2013年5月）では、英語のコンテンツはアメリカとイギリスを中心としたスタッフが作成していました。数学はインドのスタッフが多いチーム構成です。そして、自然科学関係の科目では、アメリカとドイツ、またインドのスタッフが中心です。さらに、注力エリアであるインドネシア、タイ、ベトナム、フィリピンで翻訳と現地化に関わるスタッフを集め、最大で200名程度もの世界中のスタッフによる開発網を構築しました。

図13-1 世界中に点在するクイッパーの開発網

出典：Quipper. "M-Learning and Crowdsourcing: Notes from a Truly Global Project.", http://www.quipper.com/m-learning/m-learning-and-crowdsourcing-notes-from-a-truly-global-project.

それぞれのスタッフが、カリキュラム作成、問題作成、難易度の判定、回答の確認などの業務プロセスのいずれかに関わります。とくに全世界的に共通のコンテンツを利用できる英語、数学、自然科学の科目では、それぞれの特性に合わせて、全世界的に分散させた業務フローを作成することが可能です。そして、クイッパーは正社員約30名の規模にもかかわらず、地理的に多様性を持った複数の価値連鎖を内包しています。

私の専門分野の1つは国際化戦略ですが、ソフトウェアの領域においてはこのような世界的に分散させた価値連鎖を構築し、それを柔軟に再配置しながら戦略転換を図っていくことは言わば一般的になりつつあります。同時に、世界の各地を活用した事業の設計は、次第に商品を企画し、販売する新興企業にとっても魅力的な選択肢となりつつあるのが現状です。

たとえば、ドイツのベルリンを本社とするファッションメーカーのフロント・ロウ・ソサエティ（Front Row Society）は、中国やポーランドの生産拠点を活用するだけではなく、マーケティングやカスタマーサポートで世界中の契約スタッフを活用していました。また、クイッパーと同様に、主要製品であるファッションアイテムのデザインを、インターネットを通じて世界中のユーザーから募集し、それをまたヨーロッパ各国およびアメリカ向けに販売しています。

インドのムンバイを主要拠点とするストランド・オブ・シルク（Strand of Silk）も同様の事業モデルです。ストランド・オブ・シルクは、インドとロンドンを中核拠点として、東ヨーロッパや中国の生産拠点を活用し、インドのデザイナーがデザインした現代的なファッションアイテムを、世界中の主にインド系移民を対象に販売しています。

このように、正社員が100名に満たないような小規模の企業でも、ただ単に輸出入のやりとりを行うだけではなく、実際に自社のスタッフを世界中に配置して事業を行うことはすでに現実的な選択肢です。

過去においては、こうした小規模企業は国際的な価値連鎖を構築するためのノウハウや必要な資金が不足し、また海外を活用する際に生じる大きな不確実性に対抗することができないとされていました。しかし、現在は、多様なアウトソーシングサービスを活用するなどして、大企業にも引けを取らない全世界的な価値連鎖を柔軟に構築することが可能となっているのです。

実際、ＤＨＬのような世界的な運送網を持つ運送会社は、単に小包を世界中に配送するだけではなく、通関援助や商材の購買、サプライチェーンマネジメント、部分的な製造委託や在庫管理に至るまで、多様なサービスを提供することで、比較的小規模な企業でも現実的に国際的に商材をやり取りすることを容易にしています。

同様にワールドペイなどのサービスを使えば、決裁も可能です。アマゾン・ウェブ・サービスが提供するインフラを活用することはもちろん、インフォシスリミテッドの会計、人事、法務、受発注管理支援の仕組みや、ジョンソンコントロールズが持つ全世界のオフィスの設計と運営の支援を使うこともできます。

さらに、フォックスコンやフレクストロニクスの製造設備を活用すれば、大企業のような大量生産のノウハウにアクセスすることも不可能ではありません。オーデスクやイーランスのようなクラウドソーシングサービスを活用することで、世界中から必要な人材を必要な期間だけ採用することも現実的な時代となりつつあるのです。

海外展開の知識を得るという観点からは、経営に必要な組織を必要なときに必要なだけ手に入れることができる時代も可能性として指摘されています。

より一般的には、現地のコンサルタントを雇ったり、または商工会議所やＪＥＴＲＯなどの公的機関の支援を受けて、海外展開に必要な知識を得ることが伝統的かと思います。しかし、それ以上に、全世界的な価値連鎖を現実かつ迅速に構築するために、海外展開に特化したパートタイムの経営陣を採用するという動きもあります。

このような経営陣の人材派遣は、「The Rise of the Supertemp（臨時雇い経営者の興隆）」として2012年の『ハーバード・ビジネス・レビュー』の記事[*8]でも特集されています。経営陣として活躍できるレベルの知識を持った人材を、期間限定、またはパートタイムで採用し、その豊かな経験や人脈、そして知見を、比較的小規模企業でも現実的なコストで活用することが行われ始めているという記事です。

組織の力は個人に宿るとも言いますが、世界有数の企業の経営陣を務めた人物の知見を活用し、業務の様々なレベルでの競争力強化を狙う施策といえるでしょう。

国際経営論に突きつけられた疑問

このように、誕生初期から全世界的な価値連鎖のポートフォリオを構築する企業が存在するようになりつつあります。これらの企業が、大企業に対抗できるような規模の経済を手に入れるのを助け得るインフラは着々と整備されつつあり、近い将来には、ソフトウェアやインターネットサービス以外の領域においても、比較的小規模な企業が全世界的な価値連鎖を構築することによって競争力を持つ時代が訪れるかもしれません。

たとえば、アメリカのビジオのような事例に私は注目しています。本社の人員数は極小にもか

*8 Miller, Jody Greenstone., and Miller, Matt. May 2012. “The rise of the supertemp.” *Harvard Business Review*. http://hbr.org/2012/05/the-rise-of-the-supertemp/, (accessed 2014-2-2).

かわらず、大企業と変わらぬ規模で事業を展開し、その柔軟性を最大限に活用して競争力を保っています。

ビジオと同様の事業モデルを取り、結果的に事業撤退に追い込まれた事例も多々存在するため盲信はできません。しかし、自社の従業員が現在でも400人程度のこの会社は、たとえば2009年時点ではわずか128名の正社員が、売上20億ドル（約2000億円）の事業を運営していました。この会社は、製品設計、営業とカスタマーサポートに注力し、それ以外の機能は全世界の多様な会社を活用しています。それにより、テレビやパソコン、タブレットなどの様々な製品を提供し、とくにアメリカ市場では極めて強い競争力（2009年の市場シェア20％以上）を発揮しています。[*9]

もちろん、ボーイング787の事例に示されるように、世界中の多様な取引先を管理運営し、1つの製品やサービスを提供することには困難が伴います。しかし、逆に言えば、政治的な意図も少なからずあったとは言え、飛行機のような巨大な商品を生産するにおいても、中国、日本、イタリア、カナダ、オーストリア、韓国、イギリス、フランス、スウェーデンなど世界中の国で生産された部材を活用することに利点があると見なされた事実は大きいと考えます。

現在は、CPUや携帯情報端末のように、高付加価値で軽量小型な製品が世界的な価値連鎖の中心といえるかもしれません。プライベート・エクイティやヘッジファンドのような例外を除けば、小規模で全世界に展開できる企業は未だ限定的です。

＊9　Palepu, Krishna G., and Kind, Elizabeth A. 2011. "VIZIO, Inc." *Harvard Business School Case* 110-024.

しかし、近い将来には、多様な産業領域が世界的な価値連鎖の中に置かれその連鎖を最大限に活用できる小規模な企業が、今以上に大きな存在感を示すようになるのではないかと私は考えています。それらの企業に規模の経済を提供できる数多くのビジネスインフラサービスとの連携のうえで、大企業にも対抗できる、柔軟な勝ちの連鎖を作り出す可能性があるでしょう。

もし、これまでに紹介したような小規模な企業が、小規模なままで全世界に展開する価値の連鎖を構築し、それを運営することになれば、それは既存の理論体系にも大きな意味合いを持ちます。重要なのは、小規模な企業が国際経営の中核に登場するとしたら、次世代の国際経営戦略論も大きな修正を迫られる可能性があるという事実です。

第8章で紹介した多国籍企業の理論や、本章で解説してきた国際経営戦略と国際起業家論における理論体系の最も大きな差異は、経営者個人の経歴や趣向、行動様式に対する捉え方です。既存の国際経営戦略の理論体系は、企業を分析の単位として、また大企業を調査の対象として進化してきました。

それも理由の一端として、企業が環境に対して、論理的に予測できる行動をとるという暗黙の了解のもとに議論が行われることが多く、1人ひとりの起業家の特性や、行動様式、認知に議論を展開することは極めて稀です。

しかしながら、国際起業家論の世界では、いわば本家の起業家論の影響を色濃く受けていることも背景として、経営者個人の経歴や考え方、思考の方向性、個人間でのつながりの分析をより重視します。大企業のように企業間の関係や合理的な計算を元に行動が策定されているという議論が成り立ちにくく、とくに急速な国際展開に成功する企業の行動や、その成功要因を説明しようとすれば、個人に分析の焦点を当てざるを得ないという事情もあります。

極小の企業にとっての最大のリソースは、人です。人が内包する知識、知見、経験、ネットワークがこれらの極小企業の競争優位の源泉でもあり、それを分析しなければ、企業の成長に影響する要因は捉えきれないのです。

極めて優秀な個人であれば、情報技術や事業インフラを提供するサービスを活用することで、短期間で大企業にも対応できる価値の連鎖を構築できる可能性があります。これは企業が分析の単位の中心であった国際経営戦略論に、理論的にも、実務的にも、これまでとは異なる文脈の議論を呼び込むと言えます。

とくに実務においての意味合いは重要です。創業の瞬間から、全世界の価値連鎖を活用することを検討する必要があります。それは何も海外で商品やサービスを得るということだけにとどまりません。たとえ母国、たとえば日本のみで販売やサービス展開を行うとしても、運営にあたっての効率性と柔軟性を追求するのであれば、自社の機能の多くの部分を海外に移転することを視野に入れる時代が来る可能性があります。

ボーングローバル企業や国際新興企業は、その存在そのものが、実践の科学たる国際経営戦略論に対して多くの疑問を投げかけています。それは一面において挑戦であり、ある一面では可能性でもあります。

次世代の国際経営戦略論は、より多くの、機動的に全世界に展開する小規模な、しかし柔軟で競争力のある企業を対象として、さらなる進化を遂げる必要があると言えます。

つまり、これも1つの、国際経営論の最先端と言えるでしょう。

第V部

新興国市場で変わる経営の「常識」

The Discipline of Crossing Border

第14章 新興国市場を読み解く3つの要素

中国をはじめとするいわゆる新興国の台頭により、世間には途上国や移行経済、BOP（Bottom of the Pyramid）市場を題材とした書籍があふれています。もちろん、最新の事例に基づき、有益な事実を紹介する著作も多く、1つひとつの作品は経験則として大いに価値があるものも多いと言えます。

しかしながら、本書がこれまで積み重ねてきたように、いわゆる新興国の市場とそこを背景として成長する組織を考える際にも、少し力を抜いて視野を広げ、より原理原則に基づいた検討が必要だと私は考えています。

氾濫するビジネス書に共通する背景の原理原則を理解することにより、これらの市場の根源的な違いをより的確に捉え、ひいては適切な打ち手を導出することにつながるはずなのです。

第1章で、経営学は二面性を持つとお伝えしました。実践の科学としての経営学と、社会科学としての経営学です。実際のところ、私が途上国市場、移行経済市場、BOP市場などを総称して呼んでいる「新興国市場（Emerging market）」を舞台とした経営学の世界は、最もこの二面性の乖離が激しい経営学の研究領域と言えるかもしれません。

その背景には様々な要因がありますが、1つには、実務家からの要請が学問の要請よりも急務である時代が続き、それに答える形で実務家のための方法論や理論の蓄積が先に進んだことが挙げられるかもしれません。

さらには、これらの新興国市場を理解する際に必須となる制度の概念を探究するグループが、たとえば経済学の領域では長らく主流派ではない時代が続いています。また、経営学を探究する人間にとっても、これが馴染みの薄い概念であった事実も理由として挙げることができるかもしれません。

いずれにせよ、新興国市場を取り入れた経営学の発達は経営学の最先端課題の1つであり、それが未だ不十分であるのは誰もが認めるところです。第V部では、また少し肩の力を抜いて、昨今話題に上ることの多い新興国という市場をどのように捉えれば良いかを俯瞰的に議論したいと思います。そのうえで、いわゆる「グローバル人材」というものを考えるときに、世界的な事業を展開する際に、どのような人材が必要となるかについて、私自身の考えをお伝えしたいと思います。

新興国市場を理解するための3つの要素

新興国という言葉は、1981年に世界銀行グループの国際金融公社（IFC）に勤務していたアントニー・フォン・アットマール氏が新興国向けの投資信託を売り出すために作り出した言葉であると、著書『The Emerging Markets Century（新興国の世紀）[*1]』で説明しています。その定義は様々ですが、私はその特性から少なくとも4つに分類するべきであると考えています。

1つの分類の軸は、経済発展と国民所得の程度です。それが比較的高いセグメントをいわゆる一般的な途上国市場と呼ぶことができます。逆にそれが極端に低く、通常の発想では商品やサービスの提供が難しいと考えられる市場を「BOP市場」と呼びます。

もう1つの分類の軸は、社会政治制度です。一方は民主主義の概念において国家を組成し成長してきた国。もう一方は、移行経済と言われる経済です。移行経済には2つのグループが存在します。1つは旧共産圏諸国であり、社会主義政権の崩壊を背景として民主主義と市場経済システムの導入を進めた国々です。もう1つは中国やベトナムのように社会主義を起点として、また広義には中東諸国のように絶対主義に近い体制を維持しながら、しかし漸進的に市場経済の発達を目指す国々です。

つまり、単純に経済の発達の程度が異なるという点と、経済の発展の起点となる体制が異なる

*1 Agtmael, Antoine van. 2007. *The Emerging Markets Century: How a New Breed of World-Class Companies Is Overtaking the World.* Free Press.

という2つの要素が、新興国の市場としての特性を示します。

また、個々の新興国の市場環境を理解するときに実務家が考えなければならない要素は少なくとも3つ存在します。

第一に、狭義の社会資本（Hard infrastructure）、たとえば道路や港湾、通信ネットワーク、発電設備といった経済の基盤と設備の整備状況を理解することが必要です。第二に、制度的な資本（Soft infrastructure）、とくに市場の取引を仲介する組織や個人がどの程度市場に発達して存在するかを把握する必要があります。さらに、第三として、第8章で簡単に紹介した制度の概念に基づいた、個々の市場の特性を理解する必要があります。

もちろん、これらの新興国に特殊な要因のうえで、マイケル・ポーター氏のファイブフォースで述べられているような一般的な戦略の分析も同時に活用する必要がありますが、ここでは新興国の市場に特有の要因に絞って議論を進めます。

社会資本への理解は不可欠である

第一の要素は極めて理解しやすいかと思います。

工場を動かそうとしても、そもそも部品を運び込むために必要な、整備された空港や港湾や道路がない状況があり得ます。空調機器や部材の洗浄などに用いる水の供給がないことは深刻な課題でしょう。電話が通じないことはもってのほかですが、インターネットの回線が不安定であれば、現代の情報ネットワークを十分に活用することはできません。下水道が整備されていないために衛生環境が不十分であったり、治水対策の不備などによりたびたび自然災害に脅かされる状況は、とてもわかりやすい先進国市場との差異です。

もちろん、これらは単に物理的に存在することだけでは不十分であり、システムとして適切に運用されている状況にある必要があります。初期投資として作られたあとに、適切に運用され、管理され、更新されている状態が継続していることが望ましい状況です。

これは日本のような国では空気のように行われていますが、ヨーロッパの先進国と言われている国ですら、ときにはなかなか実現しにくい困難な課題です。また、国家全域に対して物理的な資本を整備するためには、往々にして巨額の費用と時間がかかります。長い時間をかけて計画的に整備を進めることによって、国家財政に一時的な重い負担をかけず、短期的な経済状況に左右されることのないように長期的視座に立って開発を進める必要があります。

そして企業は、対象とするその市場の物理的な資本の現状がどのようになっており、それに対して中長期的にどのような投資がなされるかを理解して、事業を展開する必要があるのです。

制度的な資本を「仲介」する6つの存在

第二の要素は、それ以上に重要です。

ここで言う制度的な資本とは、タルン・カナ氏とクリシュナ・パレプ氏が2010年に出版した『Winning in Emerging Markets』*2において、「仲介者（Market intermediaries）」と呼び、また「市場の機能を支える各種の制度（Range of institutions to facilitate the functioning of markets）」とも呼ぶものです。これはとくに市場取引に不可欠な機能を提供する市場仲介者の存在であり、新興国市場では、これらの存在が不足していることにより各種の事業の困難が生まれると、カナ氏とパレプ氏は説明します。

彼らは、市場仲介者を次の6つに分類します。

①信用の裏付けを行う制度（例：各種認定機関、監査法人）
②情報分析とアドバイスを行う制度（例：経済誌、信用情報提供機関、市場調査会社）
③集約と流通を担う制度（例：大規模小売店、投資信託、農協、中間流通業者）
④取引支援の制度（例：証券取引所、卸売市場、クレジットカード会社）
⑤仲裁・審判を行う制度（例：裁判所、調停機関、業界団体）

*2 Khanna, Tarun., Palepu, Krishna G. with Bullock, Richard J. 2010. *Winning in Emerging Markets: A Road Map for Strategy and Execution.* Harvard Business School Press.（『新興国マーケット進出戦略』上原裕美子訳、日本経済新聞出版社、2012年）

⑥規制する制度（例：規制当局、公的機関、各種委員会）

（『新興国マーケット進出戦略』から引用）

これらの市場仲介者は、必ずしも相互に独立しているとは言えず、また1つの機関が複数の機能を担うことも多々あります。しかし、重要なことは、先進国においては空気のように存在しているこれらの市場仲介者の存在が、新興国市場では存在しない、あるいは不十分であるという事実です。

各種の市場仲介者の詳細な解説は原典に譲りますが、要点は、これらの市場での取引コストを低減される重要な枠組みの未発達が、先進国市場で事業を行う際に企業にとって挑戦となるということです。それは、先進国で事業をするにあたっては、当たり前のように存在していた要素が存在しないために生じる、要求能力と保持能力の間のギャップです。

彼らはこれを、「制度の隙間（Institutional voids）」と呼びました。

1つだけ例を挙げれば、私が香港に駐在して中国本土の市場調査のプロジェクトに関わっていたときのことをお話できます。

日本でコンサルティング会社が調査をする際には、多種多様な調査機関や調査会社のお世話になります。市場調査レポートを発行している調査会社のみならず、自社で調査パネルを持つような市場調査専業の会社との連携も行います。

日本のような先進国であれば、少数精鋭の調査部隊を内部に抱えて、ほとんどの機能は外部に委託できます。なぜなら、「情報分析とアドバイスを行う制度」が整っているからです。

しかし、今はだいぶ改善してきたそうですが、少し前まで、中国本土の市場調査報告書の数字は、デタラメとは言わないまでもブレがあまりにも大きく、とてもそのまま信頼することができない状況が続いていました。同じ市場の同じ年の同じ手法に基づいて推計しているはずの市場規模の調査結果が、一方は2000億円で、他方は100億円などというブレがあるのです。

こうした状況ではとても事実に基づいた論理的な検討ができません。そのため、少なくとも一昔前までは、中国市場では百人単位の内部調査部隊を抱えていました。この部隊はコンサルタントではなく、純粋に市場データを収集して整理する部隊です。本来であれば市場から簡単に手に入るはずの情報が未整備であることを背景として、より多くの労力を払って集める必要性が生まれていたのです。

新興国の制度設計における様々な課題

こういった制度的な資本の未整備は、狭義の社会資本である物的なインフラストラクチャーの整備が遅れていること以上に大きな意味を持ちます。それは、物理的な社会資本よりも、制度的な資本を短期間で整備することは極めて困難であるからです。世界の他の地域でも使われている技術をそのまま応用すればよい橋や港湾の建設とは異なり、その国の長期的な戦略や、より詳細な地域特性に根ざした制度設計を行う必要があります。

実は私も、ある途上国の制度的な資本の設計に関わったことがあります。詳しくは守秘義務の関係で申し上げることができませんが、そのときにどのような考え方で制度設計を行う必要があったかを簡単にお話しします。

その国は、それまで国営企業が独占していたある産業領域を抱えていました。その産業を自由化することで国際的な企業の参入を促し、より良い事業が国内で展開されるように、各種の制度的な資本を整備しようとしました。

しかし、そのためには単一の国営企業が独占していた産業領域に、秩序ある自由化、つまり競争のルールを作り出すことが不可欠です。単に自由にするのではなく、参入する企業の行動を適切に管理することは、高度な知見を必要とする作業なのです。

もちろん、物理的な資本、たとえば橋を作るときにも、橋を作る海峡の気象条件や土壌の種類、そのうえに走る車の交通量など、地場に即した様々な条件を加味して設計し、施工することが必要です。しかし、それに加えて国家の制度設計では、その国の将来像、将来戦略を織り込んだ制度設計が必要となります。

つまり、「秩序ある自由化」という言葉を用いましたが、単に自由化してなんでもやって良いと言うことは、とくに保守的な政権にとって受け入れられない方向性であり、逆に、秩序を高めすぎれば、その国に参入する魅力が大幅に低下してしまうため、競争力のある多国籍企業の進出を十分に促進することができなくなってしまいます。制度的な資本の設計は、極めてデリケートなバランスのうえに進められていく作業なのです。

1つの市場制度の方向性を設計すれば、市場制度の方向性は、その国の他の市場制度の設計の方向性にも否応なしに影響を与えます。その市場制度の与える国民へのインパクトが大きければ大きいほど、政権を支える利害関係者との調整作業も膨大におよぶこととなります。

とくに新興国では、特定の個人や組織が極めて強い影響力を持つ事例が多々存在するため、極めて強い影響力を持つ個人や組織が持つ趣向や意見を可能な限り取り入れたうえで、しかし国家全体の長期的な成長に資する方向性に制度設計を実現しなければなりません。

資金を政府が負担し、多くの場合、その便益を受ける側の人々が多数である物理的インフラと異なり、政策の方向性はより強く、利益を受ける人々と不利益を受ける人々の対立につながる可能性が高くなります。

新興国の多くでは、こういった制度設計を行うノウハウや経験を持った人材が不足しており、国際機関からのアドバイザーやNPO（特定非営利活動法人）から派遣された人材、国際的なコンサルティング会社が現地の政府や政府機関に助言を行うことも一般的です。しかしもちろん、あまりにも解決しなければならない課題が大きく、また専門知識が必要であることもあり、全体を設計して実行できる単一の機関は限られています。

実際、私が現場の責任者として関わったプロジェクトも、とても戦略コンサルティング会社の知見だけでは対処ができない要素が数多くありました。そのため、その産業特有の技術動向に関しての専門家、国際法の専門家、関連する国内法の専門家、その国の市場状況をよく知る地場のコンサルタントと社内外を横断したチームを組み、必要な部分は彼らの知見を活用しながら、私とチームは全体の方向性の議論とコーディネーションを担当するという体制でした。

しかしそれでも、現地政府の担当者が制度設計の経験を積まれていない状況や、家庭の事情など他の重要な案件に多くの時間を使われている環境では、検討が遅々として進まず、プロジェクトが停滞することも稀ではないそうです。私が担当したプロジェクトも、4ヵ月でようやく新規参入事業者の選定に必要な評価基準の策定と、それに基づいた事前審査資料の評価結果を確定するのが精一杯でした。そして、産業自由化という、より大きな課題に答えるには、最終的に2年以上の期間がかかったと聞いています。

国家全体の市場制度を設計し、それを多国籍企業にとって現実的に対応可能なものとするのには、数年では対応しきれない多様な課題を解決する必要があります。それを背景として、物理的な資本が十分に蓄積されているように見えても、実際は取引に必要な重要な要素が欠けている市場が今現在も無数に存在するのです。

現地特有の「非市場要因」は無視できない

第三の要素は、制度的な資本とは異なり、市場そのものの外側の社会的な枠組みまでも含めたものです。これは広義の制度の概念であり、とくにここでは、いわゆる非市場要因に着目します。これは、再度ダグラス・ノース氏の定義を借りれば、市場仲介者以外の存在も含めた、人と人との間の相互作用を規定し、特定の行動を動機づけする行動規範や制約と言えます。

誤解を恐れずに単純化すれば、ここで言う制度とは市場そのものの機能を直接的に補助する仲介者の存在や、ときに欠かせない形式化された法律や規則よりも、非公式の、たとえば慣習や暗黙のうちに共有されている人々の趣向、行動様式と規範が含まれます。市場の外側から、しかし市場のやり取りに影響する、いわば「非市場要因」と言うこともできるかもしれません。

分析の軸が異なるので簡単には1つの議論に収めることはできませんが、どちらかというと、これは非公式な制度（Informal institutions）の概念に近いものとも言えるはずです。

第二の要素で議論されている市場仲介者の機能により着目した視点は、より実践的で企業の実際の戦略構築やその実行につながりやすいのかもしれません。実際、制度の隙間の概念は、社会科学としての経営学に対する貢献よりも、実践の科学としての経営学に貢献することを根ざした考え方であり、著者であるタルン・カナ氏とクリシュナ・パレプ氏もそれは明示しています。しかしながら、極めて多くの事例において、仲介者の不在を解消しただけでは、事業を行うことができないのが現実です。

2人が紹介する数々の事例は、この制度の隙間をそれらの事例がどのように克服したかに関して詳細に記述します。しかし、そこで触れられていない数々の経営努力、現地の特性に事業を適合させていくことも、無視できない重要な要素なのです。

とくに、業務推進という方向から議論を進めれば、雇用慣習や働き方の特殊性は、制度の隙間の概念では十分に説明しきれません。一例を挙げれば、中東で仕事をされたことのある方は理解いただけると思いますが、彼らは自分たちの文化と伝統に誇りを持ち、その生活様式に対する強いこだわりを持たれています。また、つながりを重視し、必ずしも業務に携わらない方も組織に対して強い影響力を示すことがあります。

私も、中東に何ヵ月か駐在して仕事をしたことがあります。たとえば、とくに難しかったのはラマダン期間中の業務推進です。

現地のスタッフの方々の考え方や意思を尊重するためには、日中は水しか飲むことができず、また昼食を取るにしても自分の滞在していた国際ブランドのホテルにまで戻らなければなりません。クライアントの重要人物にアポイントを取ろうにも、出社が午前11時頃であることが大半で、また午後3時にはすでに帰宅されています。

しかし、それが現地の慣習であり、そこを無理に押すことは間違いなくクライアントの協力を得られなくなることにつながります。そういった事情を無理に変えようとするよりも、それを加味したうえでの業務運営をすることが、1人の管理者や1つの企業の観点からははるかに効率的で成果につながります。

古くから研究が進む異文化経営の概念も、ここに関連してくるでしょう。北ヨーロッパのあるクライアントのオフィスに訪問した際に、トランプのカードを配るかのように、先方の役員がテーブルの上を滑らせて名刺を流してきたときには、まだ日本から出て日が浅かった私は、顔には出さなかったはずですが、かなり驚いたのを覚えています。しかし、先方の方法論を理解せずに仕事を進めることはできません。

極めて古く、しかし新しい議論ですが、こうした各地域の特殊性に関する相互理解は、とくに私たちの環境とは異なる市場においては重要になります。

また、言うまでもありませんが、現地の製品趣向を理解しなければ、制度の隙間を埋めたとしても売上にはつながりません。当たり前のように聞こえますが、これはどのような商品にも言えます。

ヨーロッパの水産会社のマーケティングのプロジェクトをしていた際に、サーモンに対する各国の趣向の違いに驚いたことがあります。中国では比較的に赤い切り身が取れる個体が好まれるのに対して、台湾では贈答品需要のために目立つ大きな個体が好まれ、日本では脂身の多い部位が多く取れる個体が好まれるという調査結果でした。

また、某国の牛肉生産業者の組合に対してプロジェクト提案を検討したときにも、日本の霜降り信仰がいかに特殊なものであるかを痛感しました。赤身中心の肉であっても良い飼料を使い、良い環境で育った肉を適切な手法で熟成した肉であれば十分おいしいため、霜降りを好まない場所もあります。

こういった顧客趣向というものはときに社会的に作られ、大きな影響力を持ちます。それを打ち返すような力強いマーケティングを計画することもときには可能ですが、それには大きなリスクが伴い、また大規模な投資が必要です。多くの場合、これらを無視することはできません。

3つの要素は相互作用でも変化する

このように、新興国市場を考える際には、物理的な資本の発展状況、制度的な資本の発展状況、さらには広義の制度たる社会慣習や文化、行動規範、人々の趣向を理解する必要があります。この3つは後者に進むほど変えるのは難しくなります。また、3つは互いに関連しており、相互作用の中でも変化していきます。

第一の要素は、極論を言えばお金で解決できます。逆に言えば、資金力のない国は第一の要素を満たすことだけでも大きな困難を抱えます。さらに言えば、実際にはお金がないにもかかわら

20年間で大きな発展を遂げたドバイ

©アマナイメージズ

ず、お金を払うだけで手に入れることができてしまう見かけ上の発展でもあるため、東アジアや中央アジアの独裁主義の国の中には、無意味に巨大なインフラに投資する国もあると聞きます。

物理的な資本は極めて目につきやすく、また資金さえ捻出できれば、世界のどのような地域でも構築できる知見が十分に蓄積されているために、政策の重点となりがちです。それには、短期的な成果を目に見えるように示したい政策意思決定当事者の意向もあるでしょう。

上の写真は、成長著しいとされるアラブ首長国連邦のドバイにある、ブルジュ・ハリファという超高層ビル周辺の景色を撮影したものです。

ドバイは、この20年ほどの期間で非常に大きな発展を遂げたと言われています。その結果として、写真に見えるブルジュ・ハリファ周辺以外にも、ドバイ・マリーナなど数多くの大型の不動産開発が進んでおり、眼を見張るような建築物が随所にできています。

しかし、こうした道路や港湾、そして不動産に対する大規模な投資の裏側で、そこに移り住み、暮らしている人々がどれだけいるのか、そして、この国の産業が実際はどれだけ発達しているのかに関しては、疑問の声を投げかける方もいます。

私自身もマッキンゼーの中東の拠点がドバイにあったこともあり、ドバイには頻繁に通いました。もちろん、物理的なインフラの発展に最初は驚愕したのを覚えています。しかし、次第に現地の同僚と議論する中から理解していったのは、もちろん比較的先進的な地域ではあるとはいえ、そこには第二の要素である市場仲介者の不在があり、第三の要素である特殊な歴史と伝統があるということでした。

事実、すでに完成し、完売しているはずの超高層マンション群が、平日の夜間で人がいるはずの時間帯であったにもかかわらず、まったくの暗闇に包まれていたのを覚えています。それは、昼間に旧市街にあるスーク（市場）で眺めた、活気のある伝統的な商取引とは対照的な、居心地の良いとは言えない静けさでした。

ドバイの学びは、その後北アフリカを対象とした新規事業立案プロジェクトにも生かされました。現地市場を進出対象として理解するためには、まず前提条件としての物理的なインフラを理解し、さらに市場取引に不可欠な制度の整備状況を理解し、そして事業を提供し、また共に働く現地の人々と、文化と、歴史を理解する必要があるのです。

第15章

「非常識」な新興国に挑戦する可能性とリスク

新興国で事業を行うには、様々な意味で常識を捨てる必要があります。なぜなら、私たちの常識ではない常識を、彼らは持っている可能性が高いからです。

もちろん第一には、現地の状況を深く理解する努力を継続する必要があります。それは前章で述べたように、単に物理的な資本だけにとどまらず、制度的な資本と、広義の制度の特性を理解することが重要です。

そのうえで、事業展開にあたっては、商品とサービスの設計のみならず、自社の関わる価値連鎖全体に対して、自社の従来の常識を超えた考え方を実践することが求められます。さらには、新興国への進出がもたらすリスクを正確に把握し、そのリスクを最小化するための方策を実践することも必要です。

現状では、多種多様な新興国市場の環境にどのような戦略的な打ち手を持つべきか、これに対する明確な学術的解答は出ていません。したがって本章では、いくつかの事例を交えながら、新興国へ乗り込むという挑戦の意味を議論して行きたいと思います。

新しい発想で前提を打ち崩して成功する企業

まず、新興国に進出するにあたって最もわかりやすい原理原則は、製品やサービスをゼロから現地のニーズに合わせて設計することと同時に、自分たちが競争優位の源泉と考える要素を、積極的に考え直すことの重要性です。その「製品とサービス」とは、単に自社が提供する部分だけではなく、それを消費する顧客が経験するすべての要素、プロセスを対象とした概念です。これは、自社の既存の商品やサービスを競争力の源泉として認識するのではなく、そうした製品を生み出せる組織能力と技術を競争力の源泉として再認識する作業でもあります。

たとえば、生命保険会社のアリアンツは、インドネシアを起点として、現在ではインドやマレーシア、アフリカ諸国を含む10ヵ国以上で「マイクロインシュアランス」という商品を開発しています。コストの掛かる、しかし保険会社の収益性の根幹とも言える個人ごとの加入者審査と支払い審査をでき得る限り簡略化し、また事業のすべてを自社で行うのではなく、現地の様々なパートナー、電話会社やNPOなどと連携することで、これまでの保険商品では不可能であったシンプルで超低価格の商品の提供に成功しています。[*1]

*1 Allians. "Microinsurance.", https://www.allianz.com/en/products_solutions/sustainable_solutions/microinsurance.html#!c5d22a4b2-28a6-4e5b-8ece-67586d729b23, (accessed 2013-12-24).

自社の本質を、保険の技術を用いて人々の厚生に貢献することと捉え、現在持つ商品群が現地では採算が合わないからと諦めるのではなく、自社の強みを再度見直し、事業パートナーと深い協業関係を築き、採算が合う商品を開発していく姿勢が強みにつながります。

他にも、エプソンの大容量インクタンク搭載のプリンターは示唆に富む事例です。私自身もプリンター事業の新規事業とマーケティングに関わったことがあるのでよくわかりますが、日本などの先進国市場においては、プリンター事業の収益の源泉は、インクカートリッジやトナーカートリッジです。とくに一般向けのインクジェットプリンターの事業では、本体の販売では利益は出ないかむしろ赤字であり、その後に購入者が利益率の高いインクカートリッジを購入することで、利潤を上げるという仕組みです。

しかし、エプソンの大容量インクタンク搭載のインクジェットプリンターは、本体価格は通常品の3倍とする一方、インク代を従来の10分の1として、高耐久性という現地のニーズに合わせ、カートリッジの模造品対策と低印刷コストを両立させ、急速に売上を伸ばしました。[*2]

2010年に東南アジアで発売されたあとには、中国や東欧にも拡大、2013年中頃までには、世界のインクジェットプリンターの売上の20％近くを占め、新興国売上の過半を占める利益商品に育っています。すなわち、これまでの事業の勝利の方程式を否定し、新しい収益モデルの可能性を探った顕著な事例と言えます。

徹底的なマーケティングと技術力をつなぎ合わせた例としては、インドにおけるパナソニック

*2 後藤達也. 2013-6-26.「エプソン、新興国は『大容量』で稼げ」日本経済新聞, http://www.nikkei.com/article/DGXNMSGD25034_V20C13A6000000/,（アクセス2013-12-24）.

のエアコン事業の急成長も注目に値します。

インド市場は、日本のように室内機と室外機が分かれているセパレート型が主要な市場とは異なり、窓に取り付けるウィンドウ一体型が主流の市場です。そこに対してパナソニックは、新たな商品として「CUBE」シリーズと言われる商品を開発することで、インドにまったく新しい商品カテゴリーを作り出しました。

インド市場においては、セパレート型が売れない理由は、価格が高いこと、ウィンドウ一体型は一般家庭の貴重な採光源である窓を埋めてしまい、また音もうるさくなることが挙げられていました。市場の大半はウィンドウ型で占められるなか、それを追従するのではなく、低価格のセパレート型を開発すれば売れると確信し、そのために機能を徹底的に絞り込みます。極めて熱い気候のために電源をつけっぱなしの家庭が多いことを理由に、リモコンを省略し、その一方で大型のファンで大風量を実現し、カラフルなデザインを採用するなど大胆な商品設計を行いました。

その結果、2010年の発表以降、元来パナソニックが得意としていた高機能高価格製品が中心であった2008年には1%未満であった市場シェアは、2010年には6%、2013年には15%以上にまで急成長しています。*3

これらの取り組みに共通しているのは、ゼロベースで商材を捉え直しているという点です。自社の強みは、自社が現在持つ商品やサービスではなく、それを生み出す組織能力と技術の蓄積であることを理解し、その組織能力と技術を活用して、新興国市場に最適な商品を開発しています。

＊3 Panasonic. May 20, 2013. "Panasonic Achieves New Milestone, Reaches 1 Million AC Sales In India.", http://www.panasonicnews.in/panasonic-achieves-new-milestone-reaches-1-million-ac-sales-in-india/, (accessed 2013-12-24).

それは、すでにある製品を改修するという次元ではなく、新しい発想で事業の前提条件を打ち壊すという意味につながります。そしてはじめて、簡単には変わりようのない、現地の制度に根ざした事業と製品展開につながります。

新興国ではゼロベースから捉え直す

新興国での事業展開においては、自社を取り巻く価値連鎖全体の前提条件に対して挑むこともときには必要です。つまり、事業に必要な物理的なインフラ、制度的なインフラを自分自身で作り出してしまうという考え方です。

与えられた環境を変えられないものとして認識するのではなく、それに対して戦略的に取り組むことで、自社に有利なインフラを構築できるという可能性を理解する作業でもあります。

たとえば、アフリカ諸国で展開していたセルテル（2010年にバーティ・エアテルの一部となった）という携帯電話会社の物語は、この要素を考える際に最適な事例かと思います。

商品だけを見れば、セルテルは毎月の支払いが必要ないプリペイドの携帯電話に注力し、数ドルで利用可能な携帯電話サービスを展開した企業であり、なんら特別なところはないのかもしれません。しかしこの企業が注目に値するのは、必要な物理的、制度的インフラを自分自身で作り上げたという点です。

それまで、アフリカ諸国では道路と電力が十分に整備されておらず、基地局のメンテナンスが大きな課題でした。しかし、セルテルは自家発電機やソーラーパネルで基地局に電力を供給し、ヘリコプターを用いて冷却に必要な水や発電機の燃料を補給することもありました。

また、自社自らビジネス教育を現地の人々に施し、代理店としてプリペイドカードを販売する人々を育成します。現地の優秀な人材を惹きつけるために、ときには学校や医療機関を整備し、保険や教育を提供し、設立から6年後には、5000人の従業員の9割以上はアフリカの現地の人々でした。*4

これは、会社に必要な価値連鎖を自分自身で作り出したという意味で稀有な事例です。事業が提供するべきもの、目標を先に掲げ、その障害となるものを1つひとつ取り除いていく。その作業にあたって、自社の事業に直接関わりがないものであっても、価値連鎖の観点から必要とされるものすべてに対して行動を起こしていく。

そうした姿勢を学ぶことができます。

自分自身で電力を供給するというのはさすがに極端な例かもしれませんが、自分自身で販売のネットワークを作り出すということは、経済成長期には必要かつ有効な作業です。

日本の高度経済成長期においても、1957年に開始し、松下幸之助氏が自ら全国を回り、作り出していった現在のパナソニックショップの店舗網は、当時の松下電器産業が成長する原動

*4 Ibrahim, Mo. October 2012. "Celtel's Founder on Building a Business on the World's Poorest Continent." Harvard Business Review, http://hbr.org/2012/10/celtels-founder-on-building-a-business-on-the-worlds-poorest-continent/, (accessed 2013-12-24).

力となりました。

同様に、ヤクルトが１９６３年に作り出した「ヤクルトレディ」のコンセプトは、個人事業主として彼女たちがヤクルト製品を仕入れ、それを販売する方法論であり、地域密着の事業展開を行うことで、着実に全国に広がる販売網を作り上げました。こういった販売網を自分自身で作り出していく方策は、日本の経済成長期には重要であり、もちろん、新興国に進出する際にも重要になります。

実際、２０１３年3月末時点で、ヤクルトは国内に約4万人のヤクルトレディを抱える一方、国外にも約４万人のヤクルトレディを抱えています。*5 ヤクルトのヤクルトレディのコンセプトは、台湾、ブラジル、タイ、韓国、フィリピンなど世界12の国と地域において自社製品の強力な販売網の構築に成功しているのです。

また、販売網という観点からは、ユニリーバが言う「Distributive trade（配分的取引）」というコンセプトも参考になります。これは、先進国で一般的な小売チェーン以外の、様々な形式の流通業者、小規模小売店、キオスクを活用した多様な販売網を自ら構築するという考え方です。*6

とくに有名なのは、「シャクティ（Shakti）」と言われるユニリーバがインドで持つ訪問販売網です。これは所得水準の低い地方を中心にカバーしています。

主力となっているのは女性であり、ユニリーバが事業の知識を与え、また貧困層のニーズに即した製品を提供します。２０１２年には、４万８０００人の個人事業主が13万５０００の村の

*5 Yacult. "ヤクルトレディについて", http://www.yakultlady50th.jp/yakultlady/, (アクセス2013-12-24).
*6 Unilever. "SUPPORTING SMALL-SCALE DISTRIBUTORS.", http://www.unilever.com/sustainable-living/betterlivelihoods/supporting-small-scale-distributors/, (accessed 2013-12-24).

330万世帯をカバーするネットワークが完成しており、これをユニリーバはバングラデシュやスリランカ、ベトナムでも拡大していくことを計画しています。

このように、起業家を目指す個人を教育して独立を支援することは社会貢献としての意味も強く存在します。その意義に照らして、現地のNGO（非政府組織）や政府機関と協調して、貧困層への事業機会を提供する活動を推し進めることも比較的容易です。そして、そのインフラを活用し、たとえば携帯電話会社のプリペイドカードを販売したり、銀行口座開設の営業を行うことで、事業の多角化を検討すると同時に、地方経済の発展に寄与することも狙っています。

ユニリーバは、携帯電話のアプリケーションで販売支援をするなど、低コストの運用形態を確立しています。そして同時に、事業主の採用と教育に丹念な手間暇をかけることで、自社が影響力を行使することができる、大規模な制度的なインフラを構築しているとも言えるでしょう。

新興国の経営環境には、それに即した事業モデルが存在するはずです。そしてその事業モデルは、たとえ先進国に存在するような最先端の技術を用いなくても、現地環境に即した最適なシステムとして構築することは不可能ではありません。

たとえば、インドのとくにムンバイで構築されている弁当の配送網である「ダッバーワーラー（Dabbawala）」[*7]は、100年以上の歴史を持ち、また毎日13万個近い弁当を約5000人ほどのスタッフが人力で、公共交通機関を用いてほぼ間違いなく配送しています。[*8]

*7 Dabbawala. http://www.dabbawala.in/, (accessed 2013-12-24).
*8 Thomke, Stefan H. November 2012. "Mumbai's Models of Service Excellence." *Harvard Business Review*, http://hbr.org/2012/11/mumbais-models-of-service-excellence/ar/1, (accessed 2014-1-26).

無論、技術の活用や先進国の経験を活かすことも重要です。しかしそれと同じかそれ以上に、その国の環境を最大限に活かした、独自の発想で考え抜く姿勢が必要となるのです。

この他にも無数の事例を挙げることはできますが、本書ではこの程度にとどめます。より事例紹介が豊富な書籍[*9]にその任は譲りますので、そちらを参照してください。

これらの多くの成功事例が示す事実は、ゼロベースで商品やサービスを捉え直すこと、自社を取り巻く価値連鎖全体を対象として事業立案を行うこと、現地市場の特異性を活かした事業設計を意識すること、この3つが新興国市場において最も重要な要素であるということです。

実際、私自身の研究とコンサルティングからも、多くの企業の海外進出がそこまでの取り組みに至ってはいないと指摘することができます。とくに、ゼロベースから商品やサービスを捉え直すということは、やろうとしてもなかなか実現できません。

コンサルタントという職業は、ゼロベースで事業や商品を考え直す状況ばかりを経験するので、逆に企業の通常のオペレーションでいかにそれが難しいかを痛感する職業でもありました。それは私自身が小さな会社を運営していた頃の体験と比較しても、極めて大きな違いでした。

コンサルティングが価値を出せる1つの要因は、社内のしがらみや事情に左右されずに、最良の製品とサービスを考えることができるという点です。とくに単価の高いコンサルティング会社の場合は、経営陣の指示の下、部署横断的に資源と人を集めて、根源的な問題解決を進めること

*9　たとえば、日本でも『ネクスト・マーケット――「貧困層」を「顧客」に支える次世代ビジネス戦略【増補改訂版】』（スカイライト コンサルティング訳、英治出版、2010年）として紹介されているC・K・プラハラード氏の『The Fortune at the Bottom of the Pyramid: Eradicating Poverty Through Profits』（Prahalad, C. K. 2009. Pearson.）の最新版は、BOP市場参入の事例が豊富で参考になるでしょう。

が可能です。

クライアント企業でプロジェクトを担当する方々は極めて優秀で、コンサルタントなどではおよびがつかないほどの経験と知識を持っています。しかしそこに、部署横断的なプロジェクト編成と、トップの号令に基づくコミットメントと、コンサルタントが提供する問題解決の知識と、他業界の知識と、ときにはマーケティング調査などの特殊な技能が合わさることで、それまでには生み出せなかった価値につながります。

もちろん、このプロセスに必ずしもコンサルティング会社が関わる必要はありません。必要なのは、既存の枠組みを乗り越える勢いであり、またそれをサポートする経営陣の強い意思であり、新しい方法論を実践するという決意と言えます。

すべてのプロジェクトが成功すると言うわけではなく、失敗につながるプロジェクトも存在します。しかし、長期的な事業の成長とは、すべてを失敗しないことではなく、打率を上げていくことであり、空振りの中にホームランを生み出すことかと思います。計算されたリスクを取る。その行為を積み重ねることで、新興国市場の開拓も可能なのではないでしょうか。

つまり、ゼロベースというリスクも、計算されたリスクと捉えることが可能であり、それをポートフォリオとして運用することで、新興国のような難しい市場も、長期的には計算された収益につなげることができるのです。

1つひとつの試みの多くは失敗するかもしれません。しかし、数多くのそうした試みを同時並行的に進めていくことにより、会社全体としての成功可能性を高めることができます。たとえ数多くの案件が失敗しようとも、その失敗をコントロールすることができれば、手元には失敗の経験から成長した組織や個人が残ります。そして、そうした組織や個人の存在が、成功の芽が見えてきた数少ない案件をさらに成長させようとするとき、大きな助けとなるでしょう。

ナイキとアップルが直面した新興国進出の大きなリスク

さて、ここまでは新興国に乗り込むことによる収益拡大の可能性を中心に説明してきました。その一方、新興国へ乗り込むという挑戦は、別の角度から見れば、全世界的なリスクにつながる可能性が存在することも指摘しなければなりません。新興国に進出する際には、成長のための検討と同時に、リスクの側面も理解する必要があります。

実際、この事業リスクの側面は軽視されがちです。日本で出回る多くの新興国に関係する書籍を見ても、可能性の側面への言及が中心であり、リスクの側面に対する検討が不十分な印象があります。

新興国の現場で日々取り組む方々は、可能性と同時に、その困難とリスクの側面が非常に大きいことを体感されています。本社や外部から、こんなに市場が成長しているのだから、もっと早く成長できるだろうと、可能性のほうばかりを指摘されるそうです。その一方、実際に実行して、一歩間違えると事業全体を危機にさらすリスクと向かい合ってる現実がなかなか理解されていない、との声を耳にします（現場の方々の間では、ＯＫＹ［Omae-ga Kite Yattemiro］という造語が流行しているという話も聞いています）。

現場の方々が理解しているように、新興国の事業リスクの側面を理解するのは極めて重要です。そのため、オックスフォード大学をはじめとする欧米のビジネススクールにおいて新興国を議論する際には、収益可能性と同時に、必ず事業リスクの可能性が併せて討議されます。

なかでもよく採用される事例は、ナイキとアップルが直面した途上国における労働環境に関する議論や、グーグルが中国で直面した検索エンジンの検閲問題、そしてアメリカで事業を展開する企業が直面する「連邦海外腐敗行為防止法」を巡る議論です。

ナイキが直面した問題は、ナイキがブランド戦略に注力し、海外に生産工程をアウトソーシングすることでコストを低減させていくなかで起きた問題でした。１９９０年代初頭から、インドネシアや中国、ベトナムへ生産拠点を移転させていたナイキは、その頃から各種の人権団体から現地の生産拠点における劣悪な労働条件を問題視されるようになります。

現地の最低賃金以下で働く人々や、13歳や14歳といった日米欧の基準からは人権を守るべき子どもたちが、１日20時間も生産活動に従事していることも問題視されました。１９９６年には、ナイキも拡大する批判に対処するための専門部署を設立します。しかしそれでは解決せず、90年代後半にはそのブランド価値や売上に影響するほどの問題となりました。

抜本的な対策を迫られたナイキは、2002年には契約する約600の工場を定期的に訪問して検査することを開始し、2005年以降には700にも上る全契約工場の一覧と、そこで働く労働者の数や労働条件をすべて開示することを始め[*10]、ようやく問題の収束を迎えるに至りました。すなわち、全面的な解決に10年以上の歳月を要しており、その期間に生じたブランド価値の毀損は、今でも尾を引いています。

アップルが直面した問題も、ナイキと同じような経緯をたどります。

2010年頃から、アップル製品のかなりの部分を受託製造していたフォックスコンの中国工場で、立て続けに十代後半から二十代前半の10数人の若者が命を絶ちます。

週60時間以上働く労働条件で、欧米の水準では考えられないほど低い賃金で働く労働者が、輝かしい成長と圧倒的な利益率を誇るアップル製品を製造しているという事実はメディアの注目を集め、大きな問題として認識されることとなりました。基本月給290ドル（約2万9000円）以下で働く労働者たちが、6人で1つの部屋に住み、工場の敷地内で生活のすべてを賄う姿は、現代の奴隷制であるとまで訴える団体もありました。

アップルはフォックスコンと協議を重ねて賃金を引き上げたり、労働時間を短縮するなどの改善策を進め、またサプライヤーの一覧を提示し、2012年にはCEOのティム・クック自らが工場を視察するなど対策に乗り出します。そして現在では、ナイキと同様に海外における安全で適切な労働環境を実現するための取り組みを開示する動きにも至りました[*11]。

*10　NIKE. "MANUFACTURING.", http://nikeinc.com/pages/manufacturing, (accessed 2013-12-24).
*11　Apple. "Supplier Responsibility at Apple", http://www.apple.com/supplierresponsibility/, (accessed 2013-12-24).

しかし、2013年7月にNPOの中国労工観察（China Labor Watch）が発表した調査報告[*12]は、アップルが公式に表明している労働問題の解決は、実際には実現していないと主張しています。また2013年11月の『Bloomberg Businessweek（ブルームバーグ・ビジネスウィーク）』の特集記事[*13]も、アップルの契約工場で働く移民労働者の苦境を説明します。つまり、アップルの公式発表とは裏腹に、問題の根源はほとんど改善していない可能性もあり、この課題は未だ全面的な解決に至ってはいません。

ナイキとアップルの事例に共通して言えるのは、新興国の特殊性を活用して事業を展開する、とくに現地の労働習慣を活用して事業を展開することの難しさです。

もちろん、ナイキやアップルだけがこうした課題を抱えているわけではありません。最も著名であるということや、最も利益を挙げているという理由で、ある意味〝やり玉〟に挙げられているという側面は否定できません。また、先進国から見れば非常識に映る労働条件も、現地の人々から見ればそれほど不自然なものではないという可能性もあります。

しかし重要なのは、世界的な価値連鎖の時代では、単にその地域の労働慣行で許されているからと言って、現在の先進国の水準から見れば到底許され得ない労働条件を看過することはできない風潮になりつつあるという事実です。これは、新興国における事業展開のリスクが、他の主要市場、日米欧の市場にも波及し得るという挑戦とも言えます。

*12 China Labor Watch. July 29, 2013. "Apple's Unkept Promises: Investigation of Three Pegatron Group Factories Supplying to Apple.", http://www.chinalaborwatch.org/pro/proshow-181.html, (accessed 2013-12-24).
*13 Simpson, Cam. November 7, 2013. "An iPhone Tester Caught in Apple's Supply Chain." *Bloomberg Businessweek*, http://www.businessweek.com/articles/2013-11-07/an-iphone-tester-caught-in-apples-supply-chain, (accessed 2013-12-24).

グーグル、ファイザー、シーメンスに下された厳しい評価

新興国における事業展開がリスクにつながるという観点からは、グーグルの中国展開に関連する議論も有名です。

新興国に限らず、各国の政府はその領域内で活動する企業に対して権力を行使します。その国で事業を行うのであれば、たとえ会社の方針が自由で公平で適切な検索結果の提供を実現することであろうとも、政府の方針には一定以上準拠する必要があります。

実際、グーグルが開示する情報によれば、グーグルは2012年の1年間で全世界各地の裁判所から2251の削除要請を受け取り、また政府や警察等の統治機関から1849の削除要請を受け付けています。[*14]

しかし、2012年の3月に至るまで、グーグル・チャイナが中国政府の要請に従い、天安門事件や、台湾、チベットなど中国政府にとって都合の悪い情報を検索結果として表示しないことに全面的に同意していた事実は、世界中で大きな波紋を呼びました。とくに視覚的なインパクトが強かったのは、グーグル・イメージの検索において、天安門を検索した際に表示される検索結果の極めて大きな違いでした。

2009年3月18日の『Huffington Post（ハフィントン・ポスト）』の記事[*15]は、イギリスで

*14 Google. "透明性レポート　政府からのコンテンツ削除リクエスト", http://www.google.com/transparencyreport/removals/government/?hl=ja, (accessed 2013-12-24).

*15 Leo, Alex. March 18, 2010. "Google Search Results For Tiananmen Square: UK Vs. China (PICTURE)." The Huffington Post, http://www.huffingtonpost.com/2009/11/26/google-search-results-for_n_371526.html, (accessed 2013-12-24).

「Tiananmen Square protest（天安門事件）」と検索した場合と、中国で同様の検索をした場合を並べて表示し、イギリスでは、戦車が行進して人々が倒れている写真で検索結果が埋め尽くされているのに対して、中国では、天安門での豪華な式典や、平和な日常が表示されることを対比しています。

これも、現地政府の要請に従うことが、逆に主力市場である先進国での事業展開に大きな影響を与えた例と言えます。とくに中国における検索結果に表示されていた「According to local laws, regulations and policies, some search results are not shown.（現地の法律、規制、政策に基づき、いくつかの検索結果は表示されていません）」という記述は、実際そこまでのコントロールが先進国で行われることは考え難いとは言え、利用者に衝撃を与える結果となりました。

さらには、現地政府の高官がときに求めてくる賄賂に関しても、大きな議論となっています。新興国で事業を行うには、特定の利害関係者に便宜を図ることも、現地のネットワークに食い込んでいくためには必要であるとする人もいます。実際、とくに政府機関の仕事に関わっていくためには、また政府の規制が強い産業で事業展開をするには、影響力のある高官の印象を良くすることの利点は大きいと言えます。

しかしながら、こうした直接的な利益供与が国際商取引の競争条件を歪めているという理解のもとに、１９９７年12月には、「国際商取引における外国公務員に対する贈賄の防止に関する条約（外国公務員贈賄防止条約）」が発効されました。[*16] そしてこの条約には、現在OECD加盟34ヵ国を含む40ヵ国が加盟しています。

とくにアメリカで事業を行う企業は、この条約を反映して1998年に改正された連邦海外腐敗行為防止法[*17]の適用を受けることとなりました。また日本でも、1994年と2004年の「不正競争防止法」の改正により、日本国民が日本国外で行った贈賄行為についても、「外国公務員贈賄罪」の対象とされることになりました。

日本においては、2011年12月のOECDの調査報告が指摘するところでは、この法律の執行状況には重大な懸念があるとされています。刑事罰は定義されているものの、日本が外国公務員贈賄事件の探知と捜査に積極的に取り組んでおらず、また認知度も高いとは言えず、実効性を発揮してはいないとするものです。[*18]

その一方、アメリカにおいては、この法律が脅威として認知されており、実際に多くの大企業、そして企業の関係者がこの法律を背景として逮捕されて刑事罰を受けるか、罰金の支払いを求められています。

2012年に製薬会社のファイザーが、ブルガリアやクロアチア、カザフスタンやロシアにおいて、国家公務員でもある医師や政府機関の意思決定に影響を与え得る個人に支払った報酬が問題となった事件[*19]や、2012年にアメリカの軍需産業企業の1つであるケロッグ・ブラウン・アンド・ルートが、ナイジェリアの政府高官に賄賂を送っていたことにより30ヵ月の懲役を言い

*16 OECD. "OECD Convention on Combating Bribery of Foreign Public Officials in International Business Transactions.", http://www.oecd.org/corruption/oecdantibriberyconvention.htm, (accessed 2013-12-24).

*17 The United States Department of Justice. "Foreign Corrupt Practices Act.", http://www.justice.gov/criminal/fraud/fcpa/, (accessed 2013-12-24).

*18 OECD. "Serious Concerns Remain over Japan's Enforcement of Foreign Bribery Law, Despite Some Positive Developments.", http://www.oecd.org/daf/anti-bribery/seriousconcernsremainoverjapansenforcementofforeignbriberylawdespitesomepositivedevelopments.htm, (accessed 2012-12-24).

*19 The United States Department of Justice. August 7, 2012. "Pfizer H.C.P. Corp. Agrees to Pay $15 Million Penalty to Resolve Foreign Bribery Investigation.", http://www.justice.gov/opa/pr/2012/August/12-crm-980.html, (accessed 2012-12-24).

渡された事件[*20]など、数多くの案件が立件されています。

さらに、とくに著名なのは2008年にドイツのエンジニアリング会社であるシーメンスが、世界中の新興国の公務員4000人に対して多額の贈賄を行い、それをコンサルタント費用や弁護士費用として計上していたのが発覚した事件です。シーメンスの贈賄行為自体を判断して処分する判決は避けられたものの、シーメンスは司法取引に応じて、総額16億ドル以上もの罰金を支払うこととなりました。[*21]

「非常識」な市場で成功を収める前提とは

もちろん、現地の政府関係者との良好な関係を築けなければ、貴重な事業プロジェクトへの投資が水泡に帰するという事態すら、可能性としては十分あり得ます。

2000年代に入ってからも、たとえば当初ロイヤル・ダッチ・シェルと三井物産と三菱商事が出資していたサハリン2への工事承認が、ロシア政府によって環境破壊への懸念を理由に突如取り消されたことに発端を持つ事件はとくに有名です。交渉と紆余曲折を経て、このプロジェクトは、結局ロシアの政府系エネルギー会社であるガスプロムが、市場価格以下とも言われる対価で過半の株式を握ることとなりました。[*22]

結果としてガスプロムへの株式譲渡は約75億ドルの有償譲渡で決着したこともあり、大きな損

*20 The United States Department of Justice. February 23, 2012. "Former Chairman and CEO of Kellogg, Brown & Root Inc. Sentenced to 30 Months in Prison for Foreign Bribery and Kickback Schemes.", http://www.justice.gov/opa/pr/2012/February/12-crm-249.html, (accessed 2013-12-24).

*21 The United States Department of Justice. "Siemens AG and Three Subsidiaries Plead Guilty to Foreign Corrupt Practices Act Violations and Agree to Pay $450 Million in Combined Criminal Fines.", http://www.justice.gov/opa/pr/2008/December/08-crm-1105.html, (accessed 2013-12-24).

*22 Kramer, Andrew E. December 21, 2006. "Shell cedes control of Sakhalin-2 to Gazprom - Business - International Herald Tribune." The *New York Times*, http://www.nytimes.com/2006/12/21/business/worldbusiness/21iht-shell.3981718.html?_r=0, (accessed 2013-12-24).

失とはならなかったという見方もあります。しかしこの案件は、新興国における事業運営のリスク、そして政府関係者との友好的な関係の重要性を再確認させるものとなりました。

私自身も、ある新興国で行ったプロジェクトの最終提案において、クライアントの現場のチームと自分たちのチームにおいてA案で行くということで合意が取れ、全体の方向性が固まったところで最良の結末を迎えたと思っていたプロジェクトの結果が、後日になって政府機関からの強い要請によりC案に変更されたことを聞いたときは、少し落胆すると同時に、そういった利害関係者の調整が十分でなかったことを深く反省したのを覚えています。新興国で事業を行う際に、力を持つ関係者との関係を十分に構築する重要性は、もちろん消えてはいません。

しかし現在は、新興国で力を持つ政府の重要な関係者との関係性を構築するにせよ、贈賄と捉えられる行為は決して行ってはならないという方向に変わりつつあるかと思います。

OECDに加盟しておらず、また汚職防止に関連する条約も批准していないアジアの大国が、アフリカ諸国で柔軟なやり取りを行うことで政府関係者との良好な関係を築き上げている状況を指摘する声は、とくにアメリカに根強くあります。日本企業も、先ほど触れたように、とくにアメリカにおいても展開している企業であれば、なおさらその国の常識や慣習に対して柔軟に対応すると同時に、国際社会が求める行動規範に従って事業展開を行うことが求められる時代となりました。

その前提のうえで事業展開を行うことが、必須となりつつあるのです。

新興国に乗り込むという挑戦には、まずその市場自体の特性を、物理的な資本、制度的資本、制度の観点から十分に理解することが求められます。そのうえで、自分たちの「常識」ではない「常識」を持つ市場に対して、自社の従来の「常識」を克服し、ゼロベースで商品やサービスを設計すること、さらには自社のみならず自社の関わる価値連鎖全体に対しての解決策を考案することが必要となります。

また、価値連鎖全体に対しての対策を考案することが成長の指針であるとするならば、逆に、価値連鎖全体の構造がもたらす潜在的なリスクの側面にも十分留意する必要があります。

価値連鎖の時代、新興国では許されるという単純な理由で、先進国では許され難い行為を行うことは大きなリスクを伴います。その市場の要請に応えると同時に、しかし全世界的な事業ポートフォリオを鑑みたとき、新興国を活用して生産することや、そこで事業を展開するリスクをも十分に把握することが必要です。

進出した新興国の内部において異なる常識の間の差異を乗り越えながら、世界の多様な市場の差異がもたらす様々な衝突に対して留意することが、新興国に乗り込むという挑戦だと言えるでしょう。

第16章 後追いでも同質でもない、新たな多国籍企業の登場

10年で急速な成長を遂げる新興国

現代は、途上国市場の外側においても、先進国の企業が数多くの新興国の企業から挑戦を受ける時代となりました。

しかし、新興国を母国として急成長する企業と全世界市場で戦うこと、これが一般的に認知され始めたのは過去10年ほどのことです。新興国を母国とする企業との戦いは、単に低品質、低価格の商品カテゴリーにとどまらず、多種多様な製品とサービスの領域に拡大しつつあるのが現状です。

図16－1からもわかるように、UNCTADによれば、2000年時点における新興国からの対外直接投資は全世界の直接投資のわずか12パーセント程度に過ぎませんでした。しかし、これ

図16-1 急速に拡大する新興国からの対外直接投資（2000～2012年）

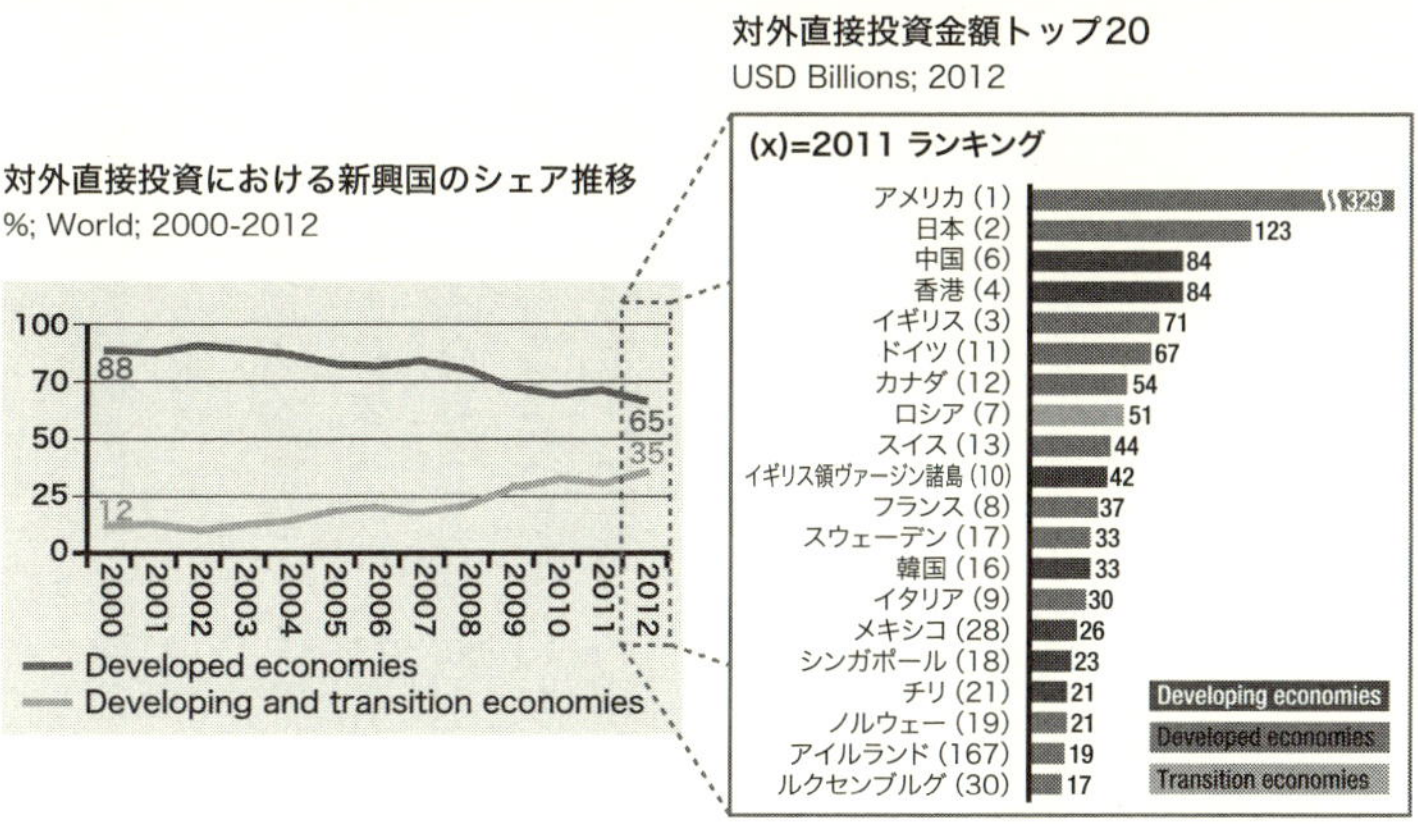

出典：UNCTAD. "World Investment Report 2013: Global Value Chains: Investment and Trade for Development.", http://unctad.org/en/pages/PublicationWebflyer.aspx?publicationid=588 より筆者作成

が2012年になると、一気に35パーセントまで拡大しています[*1]。この背景には、中国や香港はもちろん、ロシアやメキシコ、チリからの投資の成長も含まれます。

国際連合の定義上、イギリス領バージン諸島や韓国とシンガポールも新興国の定義に含まれます。

しかし全体の傾向として、いわゆる広義の新興国が、10年前では考えられないほどの積極的な海外展開を図っていることが見て取れます。

この成長が持続するのであれば、もちろん次の10年以内には、現在の先進国よりも、現在の新興国のほうが、対外直接投資において大きな存在感を示す時代が訪れます。

*1　新興国に進出した先進国企業の子会社が、その利潤を母国を経由せずに再投資する資金の流れもこれに含まれますが、それがどの程度の規模かはまだ試算がありません。いずれにせよ、新興国からの資金の流れが急速に拡大しているのは事実です。

1960年代から始まった議論の変遷

新興国を巡る戦後の議論は、少なくとも約50年前まで遡ります。1961～62年にかけて、日本の経済学者の赤松要氏が戦前に着想した「雁行型経済発展モデル」が、2編の英語論文[*2*3]として欧米に向けて発表されました。この理論は、その後も小島清氏らによって理論化と細緻化が進められ、90年代に至るまでの長きにわたり、後進国とも言われる、新興国の経済成長の形態を説明する考え方として発展します。

この考え方は、とくにアジア経済が、雁《がん》が飛ぶときに編隊を組むように、日本を先頭として同じ方向に進みつつあり、しかし各国は別々の成長段階にあるという考え方です。成長段階を進むにつれて、各国は特定の産業領域に競争力を持つようになり、逆に別の産業領域での競争力を失います。

これは各国の経済が農業から製造業、そしてサービス業へと次第に形態を変えていくという考え方でした。基本的には、新興国は先進国の後を追うという発想が源泉にあります。その意味では、アレクサンダー・ガーシェンクロン氏が唱えた後発性の利益（Latecomer's advantage）の概念[*4]も、この理論には関連してくるでしょう。第7章で解説した、レイモンド・バーノン氏のプロダクト・サイクル理論も関連する概念です。

*2　Akamatsu, Kaname. 1961. "A Theory of Unbalanced Growth in the World Economy." *Weltwirtschaftliches Archiv* 86(1): 196-217.

*3　Akamatsu, Kaname. 1962. "A historical pattern of economic growth in developing countries." *The Developing Economies* 1(1): 3-25.

*4　Gerschenkron, Alexander. 1962. *Economic Backwardness in Historical Perspective: A Book of Essays.* Belknap Press of Harvard University Press.（『後発工業国の経済史：キャッチアップ型工業化論』絵所秀紀・峯陽一・雨宮昭彦・鈴木義一訳、ミネルヴァ書房、2005年）

2000年代に入るまでは、それでも新興国の企業は、世界に漕ぎ出すというよりも、世界的な多国籍企業の現地市場侵攻に対してどう「Survival」するか、つまり生き残るかという議論が中心でした。たとえば、ニラジュ・ダワー氏とトニー・フロスト氏が1999年に『ハーバード・ビジネス・レビュー』で発表した記事*5も、大規模な多国籍企業に比べれば力の劣る現地企業がどのように戦うかという文脈で議論を進めています。

しかし、すでにこの記事でも、海外でも活用可能な競争資産を持つ新興国の企業は、それを活用して海外に活路を見出せる可能性があることを指摘しています。

この記事では、「競争者（Contender）」と呼ばれる、多国籍企業に対抗できる組織能力と資源を手に入れて、世界的に隙間市場に注力することで競争を進める戦略がまず紹介されます。そして同時に、「拡張者（Extender）」として母国市場と同じような事業環境にある市場に対して、母国で培った能力を活用して進出していく戦略も解説されています。

次第に、新興国の企業が、単により強い多国籍企業の後追いをするという発想から、それとは異なる競争優位を身につけるという発想が一般的に浸透し始めたのが、この時期とも言えるでしょう。

2000年代中頃になると、新興国を母国とする企業と、多国籍企業とのある意味対等な競争という文脈に議論は移り変わります。たとえば、2006年のタルン・カナ氏とクリシュナ・パレプ氏の記事*6は、新興国の企業が世界に漕ぎ出すための戦術を説きます。そして、とくに競争

*5 Dawar, Niraj., and Frost, Tony. March 1999. “Competing with Giants: Survival Strategies for Local Companies in Emerging Markets.” *Harvard Business Review*, http://hbr.org/1999/03/competing-with-giants-survival-strategies-for-local-companies-in-emerging-markets/ar/1, (accessed 2013-12-24).

*6 Khanna, Tarun and Palepu, Krishna G. October 2006. “Emerging Giants: Building World-Class Companies in Developing Countries.” *Harvard Business Review*, http://hbr.org/2006/10/emerging-giants-building-world-class-companies-in-developing-countries/ar/1, (accessed 2013-12-24).

図16-2　新興国市場の4層構造と、現地企業と多国籍企業の戦略比較

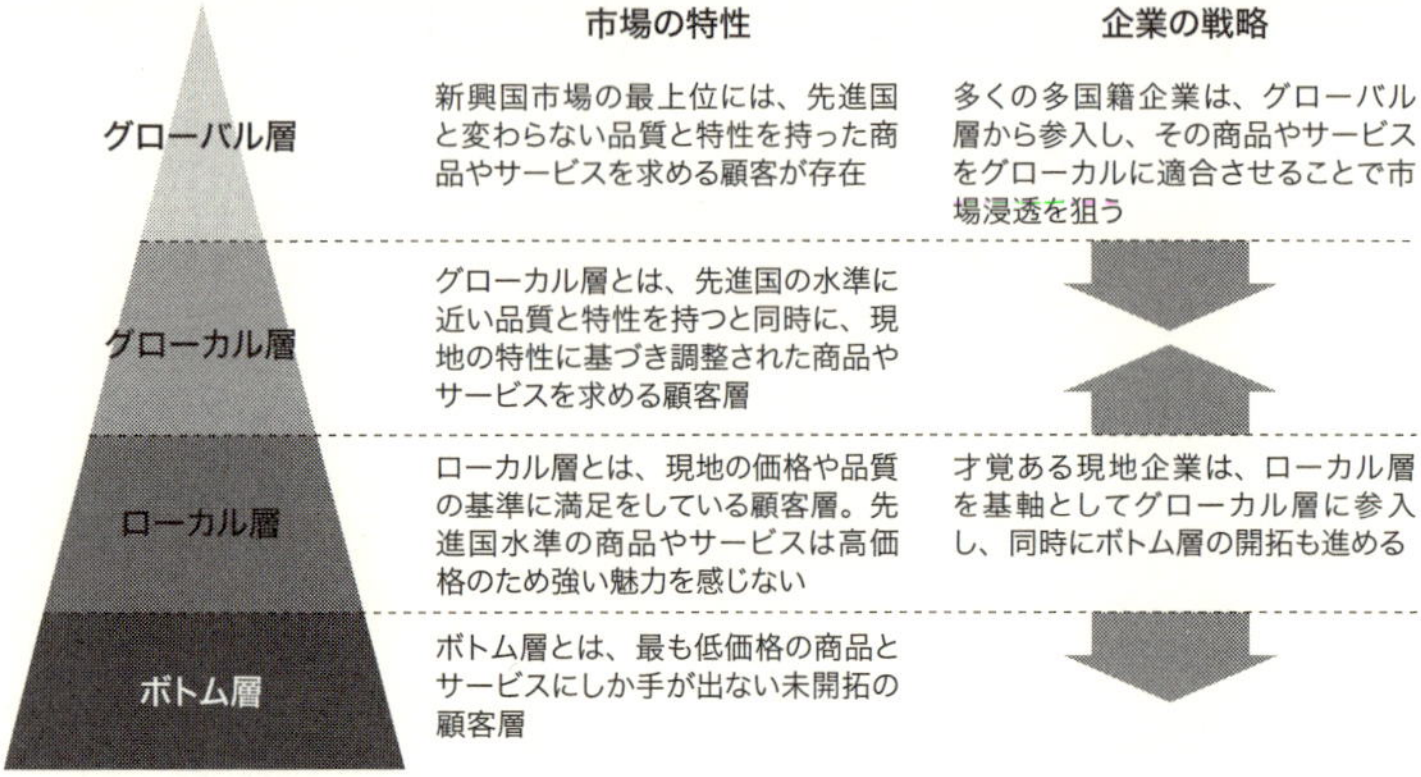

	市場の特性	企業の戦略
グローバル層	新興国市場の最上位には、先進国と変わらない品質と特性を持った商品やサービスを求める顧客が存在	多くの多国籍企業は、グローバル層から参入し、その商品やサービスをグローカルに適合させることで市場浸透を狙う
グローカル層	グローカル層とは、先進国の水準に近い品質と特性を持つと同時に、現地の特性に基づき調整された商品やサービスを求める顧客層	
ローカル層	ローカル層とは、現地の価格や品質の基準に満足をしている顧客層。先進国水準の商品やサービスは高価格のため強い魅力を感じない	才覚ある現地企業は、ローカル層を基軸としてグローカル層に参入し、同時にボトム層の開拓も進める
ボトム層	ボトム層とは、最も低価格の商品とサービスにしか手が出ない未開拓の顧客層	

出典：Khanna, Tarun and Palepu, Krishna G. October 2006. "Emerging Giants: Building World-Class Companies in Developing Countries." *Harvard Business Review*, http://hbr.org/2006/10/emerging-giants-building-world-class-companies-in-developing-countries/ar/1 より筆者作成

力のある新興国企業は、世界的な多国籍企業の後追いをすることはなく、またそれと直接的に競合することもないと主張します。

こうした企業は、自らがすでに持つ強み、たとえば市場特性の理解を背景として、現地顧客の特殊な要請に応えるとともに、現地の企業間ネットワークのつながりを活用することで、多国籍企業の市場への浸透を防いでいると解説しました。

簡略化すれば図16-2に示したように、市場に存在する4層の異なる顧客層のうちのローカル層を起点に、グローカル層とボトム層に革新的な製品群を投入していくことにより、グローバル層から参入する多国籍企業との五分の戦いを実現しているとするものです。

これは、後追いと生き残りの議論から、新興国企業が先進国を母国とする多国籍企業とは異なる形で、競争力を持って母国で戦い、海外に漕ぎ出していくという現実を照らした新たな理解の流れです。

同時期の2004年には、すでに紹介したC・K・プラハラード氏の『The Fortune at the Bottom of the Pyramid』の初版が出版されており、そこでは果敢にボトム層に取り組む先進国からの多国籍企業も紹介されています。しかし、一部の先進事例を除けば、多くの多国籍企業の途上国進出とは、グローバル層からグローカル層に食い込むための取り組みを進める段階でした。

新興国からの挑戦は先進国の後追いを越える

このような理解の変化を反映して、新興国から世界に漕ぎ出す多国籍企業は、単に先進国からの多国籍企業と同じような実力を持つというだけではなく、これまでの多国籍企業とは異なる特徴を持つ、新たな多国籍企業の形態なのではないかという議論が生まれます。

すなわち、2010年前後、現在における新興国を母国とする多国籍企業を巡る議論は、新興国から世界に漕ぎ出した企業が、すでに先進国を母国とする企業と対等以上の力で戦っているという単純な事実だけではなく、これらの企業が持つ独特の強みとは何であるかの検証へと議論の重点を移しつつあります。

たとえば、2009年にマウロ・ギーエン氏とエステバン・ガルシア＝カナル氏が『Academy

of Management Perspective（アカデミー・オブ・マネジメント・パースペクティブ）』に発表した論文[*7]は、こうした新興国から成長した企業がこれまでの多国籍企業の成長パターンとは完全に異なる成長のパターンを示してきたと主張します。論文では、そのスピードが驚異的に早いという事実や、元々の母国での競争力がそれほど強いわけではなかったという事実、不確実性の高い政治状況で成長したことを背景として政治環境に対する対応力が高いこと、先進国と途上国に同時並行的に参入し、合従連衡と買収を中心とした拡大を志向し、組織的な適応能力が比較的高いことを指摘します。

その他にも、２０１０年にアルバロ・クエルヴォー＝カズッラ氏とメフメト・アーデム・ゲンク氏が『ジャーナル・オブ・マネジメント・スタディーズ』に発表した論文[*8]は、先進国を発祥とする多国籍企業と、新興国を発祥とする多国籍企業の競争優位の違いを比較した論文です。この論文は、個々の企業が特定の環境で事業を行うことにより、築きあげる資源の特性が、先進国の企業と途上国の企業で異なることをもとに、それを「非市場競争優位（Non-market advantages）」と定義し、競争優位の特性が新興国の企業と先進国の企業ではどのように異なるかを議論しました。

さらに、２０１１年にビジェイ・ゴビンダラジャン氏とラヴィ・ラーマムールティ氏が『Global Strategy Journal（グローバル・ストラテジー・ジャーナル）』に発表した論文[*9]は、日本版でも２０１２年に「リバース・イノベーション（Reverse innovation）」として紹介された概念に触れています。

ここでも、イノベーションが先進国ではなく新興国で生まれ、それが先進国に伝播していくと

*7 Guillén, Mauro F., and García-Canal, Esteban. 2009. "The American Model of the Multinational Firm and the "New" Multinationals From Emerging Economies." *Academy of Management Perspective* 23(2): 23-35.

*8 Cuervo-Cazurra, Alvaro., and Genc, Mehmet Erdem. 2011. "Obligating, Pressuring, and Supporting Dimensions of the Environment and the Non-Market Advantages of Developing-Country Multinational Companies." *Journal of Management Studies* 48(2): 441-455.

*9 Govindarajan, Vijay., and Ramamurti, Ravi. 2011."Reverse innovation, emerging markets, and global strategy." *Global Strategy Journal* 1(3-4): 191–205.

いう従来とは逆の流れを解説し、そのプロセスにおいては、先進国の多国籍企業だけではなく、新興国の多国籍企業も大きな役割を果たせるとします。なぜなら、新興国の企業には、先進国の企業に比較してリバース・イノベーションに際しての優位があるからです。

たとえば、新興国の企業は、新興国市場に対する深い洞察や、現地の資源や能力に対するアクセスがあり、さらには過去の投資の悪影響や既存製品との競合の可能性が低いことを理由として指摘します。すなわち、この研究も、新興国の企業は先進国企業の後追いとは成り得ない、独自の競争優位を持つ可能性があるという主張と読み取ることができるのです。

また、マイク・ペング氏の2012年の論文[*10]では、中国企業の世界戦略は一般的な多国籍企業と似通う点も多いものの、過去に蓄積された母国政府の影響、技術的または経営的な知見が低かった状況、急速かつ規模の大きな買収を中心とした拡大の3点を背景として、今後の多国籍企業の理論構築に、こうした新興国からの多国籍企業の存在が大きな影響をもたらす可能性を指摘しています。

同様に、同年のジョンフランソワ・ヘナートの論文[*11]は、これまでの理論体系、特に第8章でも解説したOLI理論では、新興国を発祥とする多国籍企業の動態を十分には説明できないと議論します。

どちらの論文も最終的な答えを提供するものではないものの、明確な説明をもって、新たに世界市場に登場した新興国を発祥とする多国籍企業は、これまでの多国籍企業とは異なるという事

*10 Peng, Mike W. 2012. "The global strategy of emerging multinationals from China." *Global Strategy Journal* 2(2): 97-107.

*11 Hennart, Jean-François. 2012. "Emerging market multinationals and the theory of the multinational enterprise." *Global Strategy Journal* 2(3): 168-187.

実を指摘し、新たな理論的発展を喚起していると言えるでしょう。

これらの研究は、限られた例に過ぎません。しかし、共通するのは、新興国の企業と戦うことは、単に後発性の利益を持つ経済から生まれた企業と戦うこととは言えないという事実です。

すでに解説した制度の考え方、とくに資本主義の多様性における制度変化の議論も、これらの研究の予測と合致します。非市場要因までをも含めた新興国の特殊な競争環境が、その程度の差はあるとは言え、そこで生まれ育ち、世界に羽ばたこうとする多国籍企業の独特な競争力を特徴付けています。

新興国が世界で戦うための3つの道

では、こうした新興国で生まれ世界で戦う多国籍企業は、どのような戦略で世界に展開しているのでしょうか。

たとえば、第14章でも紹介したタルン・カナ氏とクリシュナ・パレプ氏が2010年に出版した書籍（『新興国マーケット進出戦略』）では、次の3つの道を例示しています。

①母国と同じような環境を持つ市場に展開する（例：Zain）
②ビジネスモデルを先進国向けに適合させる（例：Haier）

③グローバルで戦える力を手に入れる（例：海外上場、海外買収）

本書は日本の方を読者と想定しており、またこの3つの分類も当然と言えば当然の分類なので、深く解説をすることはしません。しかしながら、2つ目の道の重要な要素である、先進国の隙間市場に進出するという部分と、3つ目のグローバルで戦える力を持つという点に関しては、これをより強く補完する形で触れておきます。

先進国の隙間市場に進出するというのは、いわば橋頭堡の位置づけで、先進国の企業には見出されていない小さな市場に参入するという方策です。その際にはとくに、母国市場での強みを活かせる、隙間市場に注力して展開する事例が見受けられます。先進国の企業から見れば魅力の少ない、言わば見捨てられた市場を全世界で丹念に網羅していくことで、世界を舞台にした規模の経済を実現しようとする戦略です。

たとえば、インドのマヒンドラ＆マヒンドラのトラクター事業は、1994年、当初は隙間市場に過ぎなかったアメリカの小型トラクター市場に参入しました。アメリカではより大型の業務用トラクターが主力商品であったのに対して、購入しやすく、また燃費の良い製品ラインを投入し、たとえば日本の基準だと少し大きめの家庭菜園を営む個人でも、購入を検討できる商品として売り込みました。個人向けを意識してより入念なマーケティングと顧客サポート体制を作り出し、そこを軸足として次第に大型のトラクター市場へも乗り出そうとしています。

またインドからは、タタ自動車が同様の戦略展開を実現しようとしているとの報道があります。タタ自動車の2012年10月の発表によれば、インドで開発した超低価格車のタタ・ナノを、2015年にもアメリカ市場に投入する計画があります。[*12] タタ自動車は、そのためにアメリカのみならずヨーロッパ市場も意識した車両設計の見直しを進めており、この車両を軸としてアメリカのマスマーケットに進出する考えと伝えられています。[*13]

もし実現すれば、すでにアメリカ市場に確固たる販売実績を積み上げている主要な自動車会社にとっては、なかなかできない戦略です。たとえば、自ら低価格帯の商品を投入することにより販売単価が下がるリスクは、なかなか取れるものではありません。

逆に、タタ自動車にとっては、アメリカに増加する低所得者層のニーズを刈り取るために、1万ドル以下の超低価格で市場に進出することは、マヒンドラ&マヒンドラが成功したのと同様に、買収したジャガーやローバーに依存しているアメリカでの展開を加速できる可能性があります。歴史をひも解けば、大型車が中心であった60年代70年代のアメリカ市場に、燃費の良い小型車で乗り込んだ日本の自動車メーカーの事例が想起されます。

すなわち、先進国で忘れ去られている市場セグメントにおいて、母国で作り出した商品群で橋頭堡を築き、それを起点としてより大きな市場セグメントへの参入を狙うというものです。

*12 Kurylko, Diana T. October 15, 2012. "Tata will redo Nano for the U.S." *Automotive News*, http://www.autonews.com/apps/pbcs.dll/article?AID=/20121015/OEM03/310159955/tata-will-redo-nano-for-the-u-s#axzz2kDo7bBkk, (accessed 2013-12-24).

*13 現状では、タタ自動車が、先進国でタタ・ナノを販売できるかは不透明な情勢です。実際、タタ自動車が2013年にオーストラリアに参入した際、タタ・ナノが投入されることはありませんでした。

「二重のとんぼ返り」戦略

このような隙間市場への参入を橋頭堡とする戦略とともに、大きな成果を挙げていると言われるのは、新興国企業の買収戦略です。ピーター・J・ウィリアムソン氏らの2013年編著の『The Competitive Advantage of Emerging Market Multinationals（新興国多国籍企業の競争優位性）』[*14]の第3部においては、このような新興国企業の買収の戦術は、「二重のとんぼ返り（Double handspring）」と解説されています。

この捉え方は、元来は中国企業の買収戦略をもとに作り出された考え方ですが、これを応用すると、中国以外の新興国も含めた企業の事業拡大のための方策が想起できます。たとえば、原著を拡大解釈した私の理解は次のようなものです。

第一段階として、先進国では十分に評価されていない企業や個人に対して、自社の母国の事業でその企業や個人の能力をより高く活用できることを理由に極めて高い評価額を提示し、それにより、企業や個人に宿る知見や技術を自社に取り込みます。

日本でも新聞記事に出るような部品メーカーの買収や、企業の事業部門の切り売りは、こうした場合にも該当します。政府の要請や自社からの呼びかけにより提携を軸としたり、合弁企業を設立する事例もあるでしょう。

*14 Williamson, Peter J., Ramamurti, Ravi., Fleury, Afonso., eds. 2013. *The Competitive Advantage of Emerging Market Multinationals.* Cambridge University Press.

これは、個人レベルにおいても同様です。企業において十分に評価されていないと感じている技術者や経営陣に高額の報酬を提示することで、かれらの知見やノウハウを取り込むのはわかりやすく一般的に行われている戦術です。

また、日本でよくある事例は、業績の回復のために人員を削減したいが、厳しすぎる雇用保護規制と社会の厳しすぎる拒否反応のために自社ではそれを実行できず、やむなく技術やノウハウごと新興国の企業に引き取ってもらうという事例です。その後、そうした制約条件が少ない新興国の企業の多くは、不要なものは数年程度の冷却期間の後に会社の外に出し、余計な作業の対価として得た製品や生産の技術をもとに競争力を高めます。

これは市場の実態にそぐわない極端な規制が、逆に日本企業の相対的な競争力を削いでいる一例でもあります。

取り込んだ製品や生産の技術は、まずは母国での生産活動に反映されます。日本の携帯電話全盛期を築いた技術者たちは韓国や中国の企業にも現在多数在籍していますし、それは他の情報家電の領域でも同様です。話題に上がるかなり前から、週末に某国に向かう飛行機は、製造業の知り合い同士が「アルバイト先」への通勤途中に乗り合わせ、気まずい空気が流れていたと聞きます。自動車や造船など幅広い分野において、先進国、たとえば日本において正当に評価されていないか、少なくともそう感じていた企業や個人たちが、新興国企業の一部となって第二の人生を見出し、ときに奮迅の活躍をすることとすらあります。*15

*15 2年や3年という定期契約終了後に解雇される事例もありますが、そのような場合でも、契約期間内に前職の数倍から十倍に近い年収を手に入れていると言います。

ある自動車関係の老練な技術者は、「日本も昔はＧＭに教えてもらったのだから、今中国を教えることになんの抵抗もない。逆に、彼らは熱心で、真剣で、自分の昔の姿を見ているようだ」と言います。別の電気関係の技術者は、「日本にいたときは、本社から冷遇され、せっかくの利益も吸い取られ、新しい技術や製品の開発はままならなかった。ここであれば自分にも発言権があるし、より理想的な製品が作れる。もちろん、それに対する対価もこれまで以上に正当に評価される」と言います。

ある意味、移籍する側、そして移籍を承認する側のニーズと、移籍を受け入れる側のニーズの一致により、こうした買収が実現する事例が数多く存在するのです。

さらには、第二段階として、様々な形により実現した技術導入が、母国市場およびすでに進出している海外市場での成長と、さらなる買収の余力を生み出します。より付加価値の高い、企業、個人、技術を求めて、外部から知見を取り入れることで成長した企業群は、より積極的な成長を志向します。

第一段階で外部から取り入れた知見を活用することの経験を蓄積した新興国の企業は、第二段階においてこの手法自体、つまり、外部の知見や資源を活用して競争力を高めるという手法自体をも磨き込みます。

どのように取り込む企業や個人を発見するのか、発見した企業や個人とどのように交渉すれば

図16-3 二重のとんぼ返り戦略を取る新興国多国籍企業のM&A

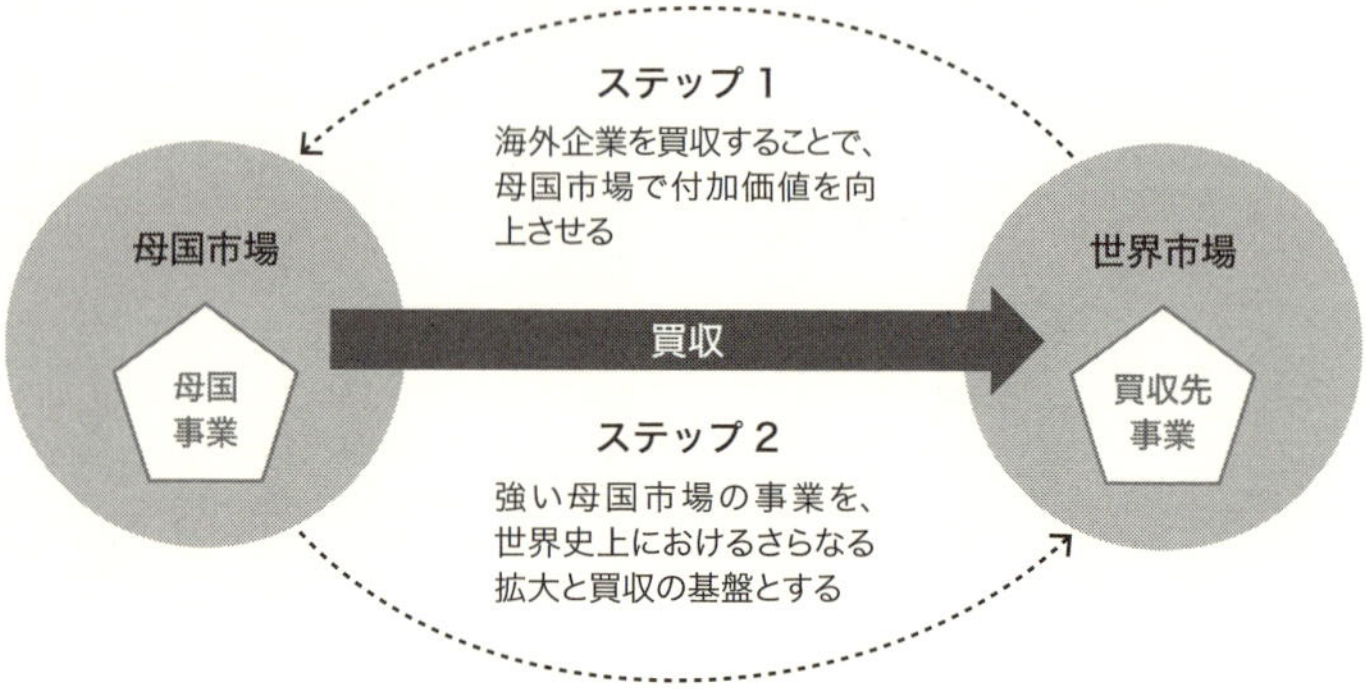
ステップ1
海外企業を買収することで、母国市場で付加価値を向上させる
母国市場
母国事業
買収
世界市場
買収先事業
ステップ2
強い母国市場の事業を、世界史上におけるさらなる拡大と買収の基盤とする

出典：Williamson, Peter J., Ramamurti, Ravi., Fleury, Afonso., eds. 2013. *The Competitive Advantage of Emerging Market Multinationals.* Cambridge University Press. より筆者作成

いいのか、取り込んだ企業や個人に、どこまで与え、どこまでを吸収し、どこまでを与えずに、どこからは吐き出すのか。合理的な経営手法としての、取り込みと吸収のノウハウを蓄積し、世界市場でのより広範囲にわたる合従連衡を駆使した成長戦略を展開します。

もちろん、自社内でも人材育成を行い、また自社独自の技術を開発し、より強い組織能力を育成します。しかし急速な拡大を支援するのは、それに付随する強力な成長戦略です。

新興国から成長する企業グループは、自国経済のかなりの部分を支配しており、特定の一族が支配権を握っていることが多いのが現実です。トルコのＫｏｃグループや、インドのタタ・グループや、韓国のサムスン・グループはとくに有名です。リスクを十二分に取れる企業の経営者兼オーナーが、多少の失敗を許容して積極的な拡大策を図ることも、こうした買収を活用した成長戦略につながっているといえるでしょう。

新興国の批判は日本の歴史の自己否定

よくある論調は、新興国の企業は「ズルい」という歪んだ論調です。日系企業から新興国の企業に移籍した個人を指して、国賊のように批判する論調を目にしたこともあります。

しかし現実的には、私たちに新興国の戦術を批判できる論理はありません。

私は、ある新興国企業の経営幹部が、彼らの戦略についてこう述べていたのを覚えています。

「これは、君たちの父や祖父の世代から学んだことなのだよ。歴史的な対立はさておいて、日本の経済成長に私たちは感銘を受けた。そして、真摯な気持ちでその成功の歴史を学んだ。

そこで理解したのは、君たち日本人のように、貪欲に先進国の技術を導入し、しかもそれを自分たちの手でよりよい物にし、それを武器にして世界で戦うということを、私たちも実践するべきであるということなのだ」

明治維新期の日本を考えてみてください。日本がどのように超短期間で富国強兵と近代化を成し遂げたのか。そこには、先進国から、ときには内閣総理大臣以上の報酬によって招かれた外国人研究者や技術者の姿がありました。世界中の先進国から、最先端の生産設備や製品を高額で導入し、それを研究しつくしました。

戦後にも、日本の自動車メーカーの多くは外国のメーカーと提携し、技術導入とライセンス生産を行いました。電機産業においても、たとえば松下成長の影には、少なからずフィリップスからの技術導入がありました。それ以上に、日本の成長を支えた主要製品、テレビやラジオやカメラなども、貪欲に先進国からの技術導入を行い、それを発明した国や企業以上に磨き込むことにより、成長を実現した歴史があります。

彼らはそれに学び、土台にして、それを乗り越える可能性のある経営モデルを試行しているのです。多くの進化は模倣から生まれます。たとえば、2010年のオーデッド・シェンカー氏の著作[*15]は、革新的と言われる企業も模倣を行い、そして模倣の行為も戦略的なプロセスになり得ると主張します。それ自体を批判することは、私たち自身の自己否定にもつながります。

実際のところ、これらの新興国からの挑戦者が今後どのように世界市場でのプレゼンスを築いていくのかは不明です。とくに、学ぶ段階から、自分たちで作り出す段階に到達した企業群は、次世代の成長を模索しているようにも思えます。

しかし、たとえば彼らは、顧客が満足する限度まで品質を抑えて低コストを実現する商品やサービスの開発と提供に先進国の企業以上に経験を積んでいます。先進国で魅力がないと思われているか、十分に評価されていない組織や人材を取り込み続けることにより、急速に足元の技術水

*15 Shenkar, Oded. 2010. *Copycats: How Smart Companies Use Imitation to Gain a Strategic Edge.* Harvard Business School Press.（『コピーキャット――模倣者こそがイノベーションを起こす』井上達彦監訳、遠藤真美訳、東洋経済新報社、2013年）

準を引き上げています。また、母国の急成長を背景とした好業績により、十分な投資余力が存在します。それを活用して、たとえば先進国の貧困層に向けた商品やサービスを提供しようとする動きもあります。

高品質化と高付加価値化の成功体験や、既存事業との共存の難しさからなかなか割り切れない先進国の企業に対して、こうした途上国からの企業は、間違いなく特色ある競争優位を築きつつあります。

すでに現在、多くの新興国から世界に乗り出したグローバル企業は、先進国の企業を大幅に凌ぐ技術力、組織力、資金力を持つに至っています。彼らは決して、私たちの単純な後追いではなく、同質的な競争優位を持つ企業でもありません。

新興国からの挑戦者を、言わば異質の、日米欧とは異なる経済制度を背景に築きあげた特色ある競争優位を持つ強い競合として認識し、そして協調と競争を織り交ぜた柔軟な戦略構築を進めることが、先進国の企業には求められる時代となりつつあるのです。

第17章

本物の「グローバル人財」を考える

ここまで述べてきたように、次世代の経営環境はこれまでとは大きく異なります。世界的に競争力のある企業は、世界中から最適な人材を探し求める時代となります。また、これまでのように自分たちに比較的「距離が近い」地域のみで事業を行うのではなく、新興国市場のように自分たちとは常識の異なる市場においても事業展開を進めつつあるのです。

人材の採用、育成、登用、活用は、企業成長の根源とも言えます。それにもかかわらず、日本におけるグローバル人材を巡る議論は、次世代におけるローカル人材の要求水準を満たすのみにとどまっているように思えます。

グローバル「人財」とは、まさに世界に展開する組織の骨格となり得る貴重な経営資源としての人材です。その希少性と重要性から、それは「材」ではなく「財」と見なせます。

もちろん、何をもって「財」とするかは厳密には幅広い議論があるかと思います。しかし、こここではそれを広く捉え、ある組織の世界的な競争力に貢献できる、得難い人材としてのグローバル「人財」について考えてみましょう（ただし、混乱を避けるため、以降文中では「人材」を用います）。

この議論を巡っては、一部において、グローバルリーダーを育成するという言葉も使われます。しかし、多くの企業や個人にとって、グローバルリーダーとは何かというイメージがつかめていないためか、その言葉も迷走を続けます。

人材の側においても、危機感が足りない状況が続きます。いつかは英語を話せるようにならなければ、異文化理解が重要ならば海外旅行をしなければ、というまだ遠い世界の出来事だと捉えている人々も多いように思えます。近い将来に、ときには突然に必要となるであろう技能の開発に対して、真摯に取り組めていない人材育成の状況を耳にします。

ここで国際人的資本管理理論に踏み込んだ議論をするつもりはありません。しかし、今後の世界経済の発展の方向性を見据え、グローバル人材が意味するところを少しだけ議論してみたいと思います。

寿司職人スクールが最大のグローバル人材輩出企業

まず、興味深い現実から考えてみたいと思います。近年のヨーロッパでは、一見不自然に見えることですが、極めて自然な現象が起きています。

リーマン・ショックやギリシャの経済危機など様々な経済的な困難により、ヨーロッパの失業率は高止まりを続けており、それを背景としてヨーロッパの先進国と言われる国々から、旧植民地諸国へ出稼ぎに出る人々が増加していると言われているのです。

2012年3月の『フィナンシャル・タイムズ』の記事[*1]には、とくに経済状況が厳しいポルトガルから、モザンビークのような貧しいが経済成長が早い、しかも旧植民地で言語が通じる国々に移住することで可能性を見出そうとしている人々の報告がありました。これまでの流れから逆行するように、途上国への出稼ぎが急速に拡大していることを解説しています。

同様に、2012年10月の『The Economist（エコノミスト）』の記事[*2]では、経済危機に喘ぐスペインから、数多くのコロンビア人やエクアドル人がラテンアメリカに帰国している事実が報告されています。そして、それだけではなく、2011年には2万人近くのスペイン人がラテンアメリカ諸国に移住したと報告します（図17-1参照）。

彼らの多くは若く、大学卒業の資格を持っており、しかし、母国で仕事を見つけられなかった人々です。新興国で不足するエンジニアリングや高度な知識を持つ人材が、母国に見切りをつけて、成長の早い南米諸国に移住しているといいます。

日米欧が興隆を極めた時代のみを捉えて考えるのであれば、不自然にも見えるかもしれません。しかし、ドイツやアイルランドを中心としたヨーロッパから北アメリカへ、そして、日本からも南アメリカへ多くの人々が夢と豊かさを求めて移住した時代は、そう遠い昔の話ではありません。

*1 England, Andrew. March 18, 2012. "Portuguese seek future in Mozambique." *Financial Times,* http://www.ft.com/intl/cms/s/0/84622634-6b66-11e1-ac25-00144feab49a.html?siteedition=intl#axzz2kKyEcq5x, (accessed 2013-12-24).

*2 The Economist. October 6, 2012. "¡Ya me voy!: Latinos and locals alike are leaving for the new continent.", http://www.economist.com/node/21564255, (accessed 2014-1-19).

図17-1　ラテンアメリカ諸国に流入するスペイン人

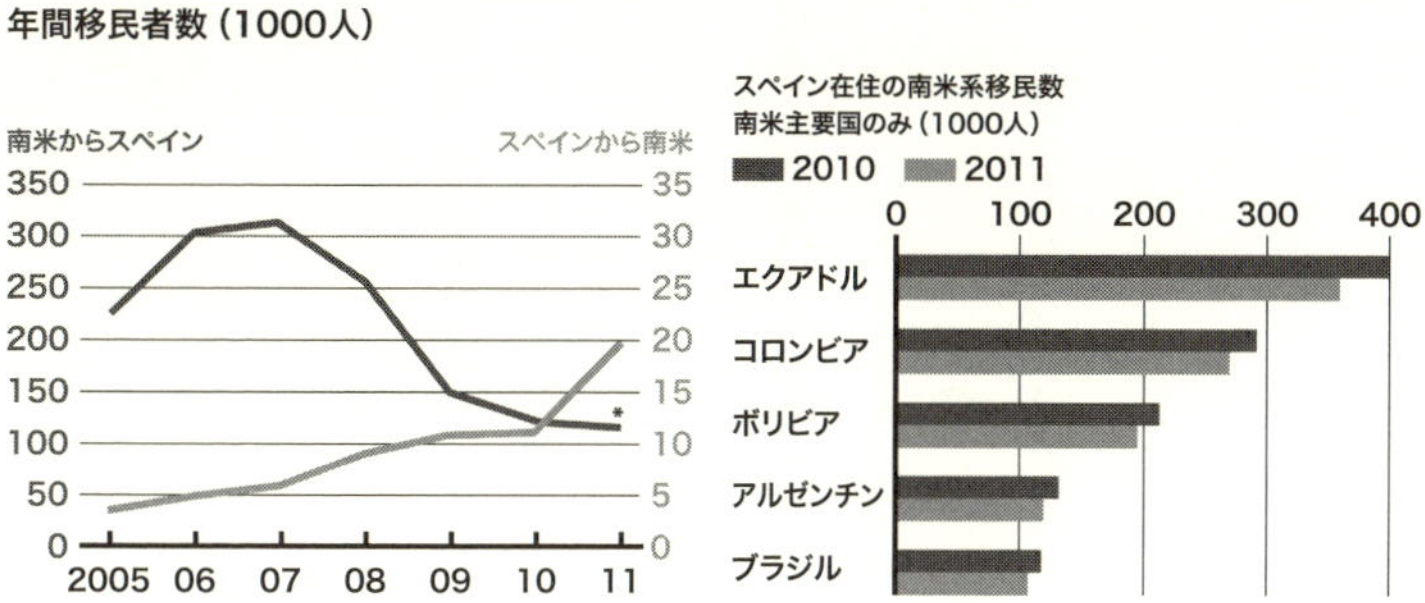

Sourcas: OECD; Spain' s National Statistics Institute; The Economist　＊推定

出典：The Economist. October 6, 2012. "¡Ya me voy!: Latinos and locals alike are leaving for the new continent." , http://www.economist.com/node/21564255 より一部筆者加工

もし現在の先進国経済が行き詰まりを見せるのであれば、生きるために、家族のために、移住することすら選択肢となり得る時代がまたやって来るのかもしれません。

グローバル人材とは、何なのでしょうか。私の知る限り、日本で最も多くの「日本国外でも特殊技能により職を得ることができる専門職」を排出している組織は、東京にある新興の寿司職人養成スクールです。

この学校の寿司シェフコースは2010年にできたばかりですが、卒業生の約45%が海外への就職に成功しているそうです。単に海外に出て働きたいだけなのであれば、日本人であることの優位性が最大限に活かせる、寿司職人や日本料理の料理人としての技能を磨くのは、決して悪くはない選択肢と言えます。

もちろん、日本の失業率は依然として低い水準であり、ポルトガルやスペインのような状況とは大きく違っています。海外に興味があったとしても、本当に寿司が好きであったり、料理に興味がある人以外が、こうした専門学校の門を叩いて海外に出て行く状況にはないでしょう。

日本には十分な求人があり、それ以上に少なくとも正社員の職は比較的安定的であり、上司も同僚も多くの場合は日本人であり、海外を意識する人は多くありません。北欧や東南アジアの小国のように、一国の人口が横浜市程度しかなく、海外に出て行かなければ仕事ができない状況ではないのです。

経営者は人材採用の理想と現実に頭を抱えている

語学を学ぶことも、日本人にとっては切羽詰まった要請ではないでしょう。そして、外国語が話せるからといって、何かが変わるという実感を持つこともなかなかできません。英語教育の重要性であったり、会社の昇進試験にＴＯＥＩＣが必須となる現実であったり、海外企業に買収された日本企業の管理職の苦労が伝えられるにせよ、多くの人々にとっての英語の必要性は、海外旅行に出かけるときに感じる程度に過ぎません。

一方、海外の新興国に行くとかなりの場所で英語が通じるのがわかります。一時期、現地の人々の英語学習に興味があり、少し長めの時間をともにしたガイドやホテルのスタッフに、どうやって英語を勉強したのかを聞いたことがあります。彼らの答えは、私たちの感覚とはかけ離れたものでした。

たとえば、街のマーケットで土産物屋を経営するトルコ人の男性は、「親戚や近所の友人から借金をして勉強した。3ヵ月だけマルタ島で英語を勉強したが、そのときは寝る暇も惜しんで勉強した。英語が話せれば収入がときには3倍以上になるのだから、人生を変える気持ちで勉強して話せるようになった」と言います。

また、リゾートホテルに勤めるインドネシア人の女性は、「英語は私の人生を変えました。大学では英語しか勉強しなかったけど、必死で勉強しました。そのおかげで今では家族に家を買ってあげることもできた。英語のおかげで豊かな暮らしができるし、世界中からのお客様とも交流できるのが自分の誇りです」と言います。

さらに、中国とベトナムの国境近くでトレッキングガイドをするベトナム人の女性は、「ベトナム語と英語を話せるガイドに同伴して、英語を話す外国人と接していた時間で、最低限の英語を耳で習得した。学校にも行っていないし、本も1冊も買っていない。英語ができるようになって、村の外の世界を知ることができたし、直接仕事を引き受けて、以前より豊かな暮らしができるようになった」と言います。

日本人の私たちは、ここまでの緊張感と、人生を変えるための決意を持って英語を学ぶことなど、考えもしません。日本国内では、日本語を話すだけで、十分な収入を得ることが〝今〟は可能です。国際経営の前線に立つ実務家でないのであれば、それはなおさらのことでしょう。

しかしながら、経営者の視点からは、国際経営への対応は急務です。

表17−1は、日本の東証一部上場企業の中で、海外売上比率の開示がある675社の海外売上比率上位50社を示したものです。実に上位220社までの企業の海外売上比率は50％を超えており、さらに412社の海外売上比率は30％を超えています。

2013年12月現在の東証一部上場企業の数は1782社[*3]ですので、少なくともそのうちの12％以上は売上の半分超を海外に依存しており、35％以上は3割超を海外で挙げています。そして、少なくとも4割近くの企業に何らかの形で海外での売上があることとなります。

この流れは、何も東証一部に上場するような大企業だけに起きていることではありません。中堅中小の企業でも、世界を相手に素晴らしい商品やサービスを提供している企業は無数に存在します。世界で戦う企業は、知られている以上に数多く存在するのです。

しかし、今の日本を生きる人々に、外国語が話せるだけで年収が3倍になるような国々や、海外に就職できれば、母国の十倍以上の年収を手にできる状況、自国の失業率が20％を超えて海外に逃げ出さなければ生きていけない苦境は想像もできないでしょう。

日本に生きる人々の大半が、低い失業率と十分な所得水準に、そして大きくて安全な経済に安住する一方、世界で戦う日本企業のトップは、求められる人材と、供給される人材のミスマッチ

＊3　東京証券取引所. 2013-12-27.“現在の上場会社数”, http://www.tse.or.jp/listing/companies/, (accessed 2013-12-27).

表17-1 東証一部上場企業の海外売上比率上位50社

順位	社名	業種	海外売上比率
1	三井海洋開発	その他の機械製造業	100
2	宮越ホールディングス	その他電気機械器具製造業	100
3	共栄タンカー	水運業	100
4	ユニデン	通信機械器具製造業	91
5	第一中央汽船	水運業	90
6	マブチモーター	その他電気機械器具製造業	89
7	アドバンテスト	その他電気機械器具製造業	89
8	村田製作所	その他電気機械器具製造業	89
9	GMB	自動車製造業	89
10	シマノ	自転車その他輸送用機器製造業	88
11	TDK	通信機械器具製造業	88
12	アルパイン	通信機械器具製造業	87
13	ヤマハ発動機	自動車製造業	87
14	富士機械製造	金属加工機械製造業	87
15	ニコン	計量器、測定器、測量機械、医療機械、光学機械等	86
16	ローランド ディー．ジー．	その他電気機械器具製造業	86
17	日精エー・エス・ビー機械	その他の機械製造業	86
18	TOWA	その他の機械製造業	85
19	ツガミ	金属加工機械製造業	85
20	島精機製作所	繊維機械製造業	85
21	タカタ	自動車製造業	84
22	ホンダ	自動車製造業	83
23	太陽ホールディングス	塗料、インキ製造業	83
24	ネクソン	その他サービス業	82
25	ローランド	通信機械器具製造業	82
26	三菱自動車	自動車製造業	82
27	マキタ	その他電気機械器具製造業	82
28	船井電機	通信機械器具製造業	81
29	東洋エンジニアリング	その他の機械製造業	81
30	テイ・エス テック	その他の製造業	81
31	日産自動車	自動車製造業	80
32	コマツ	その他の機械製造業	80
33	ミネベア	その他の機械製造業	80
34	東光	通信機械器具製造業	80
35	JUKI	その他の機械製造業	79
36	新光電気工業	その他電気機械器具製造業	79
37	エフ・シー・シー	自動車製造業	79
38	キヤノン	計量器、測定器、測量機械、医療機械、光学機械等	79
39	スター精密	計量器、測定器、測量機械、医療機械、光学機械等	78
40	太陽誘電	通信機械器具製造業	78
41	ファナック	その他電気機械器具製造業	78
42	日本電気硝子	窯業，土石製品製造業	78
43	郵船ロジスティクス	運輸に付帯するサービス業	78
44	ブリヂストン	ゴム製品製造業	77
45	日揮	その他の機械製造業	77
46	エフテック	自動車製造業	77
47	ブラザー工業	その他の機械製造業	77
48	新川	その他電気機械器具製造業	77
49	アルプス電気	通信機械器具製造業	77
50	スミダコーポレーション	その他電気機械器具製造業	76

出典：筆者作成

に苦慮する状況が続いているとも言えるのかもしれません。

グローバルリーダーに求められる条件

企業にはどのような人材が必要なのでしょうか。

第10章の内容を思い出していただければ、その原理原則は理解いただけるかと思います。すなわち、「グローバル統合に対応できる人材」「ローカル適合を実現させる人材」、そしてその両者が全世界で協同する組織を経営できる人材、すなわち「グローバルリーダー」が必要です。

その人材の組み合わせがどのようになるかは、その会社の置かれている経営環境や、取り得る戦略によって変わるでしょう。

もちろん、自社のこれまでの歴史と伝統を鑑みるときに、そこに自社の現在の経営陣と幹部が話す母語を話せることや、自社の現在の経営陣と幹部がよりどころとする国家の歴史と文化と慣習を深く理解すること、などという注意書きが必要なことは多々あります。また、この3つは類型であり、これらの中間のような人材を否定するものではありません。

しかし、まずここでは、理想論としての原理原則を考えてみたいと思います。

グローバル統合を実現できる人材とは、別の言い方をすれば、世界水準の業務を遂行できる専門家ということもできるかと思います。とくに、グローバル化の進む産業でこういった能力を持つ人材は重要視されます。

たとえば、金融の領域で数学と統計学を駆使した金融商品を開発する専門家や、大規模でありながら安定して柔軟性の高いシステムを設計できるエンジニア、低予算でありながら高い耐久性とシンボリックな意匠をまとう建築物を設計できる建築家などが想起できます。また、自動車や家電、造船などのものづくりの領域で高い品質の製品、部品、素材を開発し、製造できる技術者も、もちろんグローバル統合に対応できる人材と言えます。

国際会計基準が浸透し、医療分野での法制度の共通化が進めば、こうした専門職も世界のどこでも働ける時代になるのかもしれません。もちろん、スポーツ選手や芸術家も世界で戦えます。

これらの人材が戦う場所に、国境はありません。製造業であろうと、サービス業であろうと、統一的な方法論に従い、世界水準の業務を遂行する必要があります。さらに言えば、国境を越えて働くコンサルタントも、これに近い要素を持っています。

私もコンサルタントとして、オスロ、ヘルシンキ、デュッセルドルフ、フランクフルト、パリ、ロンドン、ドーハ、ドバイ、シンガポール、香港、上海、ソウルなどの拠点に滞在して、中期経営計画の策定、新規事業開発、新しい地域への参入の戦略立案など様々なプロジェクトに関わりました。

シンガポールのときはニューヨークとバンコクから来た2人のコンサルタントと一緒に働き、

ドバイのときはドイツとインドから来たコンサルタントと働きました。また、パリのときはフランス、イタリア、スペインからのコンサルタントとともに働き、ロンドンのときはポルトガルとベルギーから来たコンサルタントと働きました。

驚くべきことは、会ったその日から、何の障壁もなく業務を遂行できるという事実です。技術者の世界にも似たものがあると聞いていますが、作っているモノも、作るための技術も、全世界である程度までは共通化されているために、世界のどこに行っても、誰と働いても、困難なく協調作業ができる世界です。必要なのは、そうして世界規模で整えられた土俵のうえで、世界水準で戦える成果を挙げることなのです。それと同時に、単に仕組みやルールを理解して仕事をするだけではなく、自らが統合を実現する、それをより良くするルール、仕組み、新しい概念などを創り出していけることが求められます。

無論、採用するすべての人間がグローバル統合の流れに対応できるような人物であることは現実的には難しいかもしれません。しかし少なくとも、社内に少数であってもそういった人材を抱え、その少数の知見に触れて、ともに働くことで、将来においてグローバル統合の流れに対応できる人物に成長できる潜在性を持った人材を採用していくことが求められます。

同時に、ローカル適合を実現させる人材も必要となります。現地の市場における物理的インフラと制度的インフラの整備状況、そして広義の制度たる歴史、文化、慣習、規範に精通するだけではなく、その特殊性に対して適切な打ち手を立案し、それを実行できる人材です。

とくに、その地域に特殊な事業推進の方法であり、その地域の人的つながりや組織的なつながりを活用した業務の運営であり、グローバル統合の流れには乗らない、特殊性に対して十分に理解があり、それを噛み砕いたうえで組織戦略の実行案に落とし込める人材です。

たとえば、世界的に展開しているヨーロッパの高級ブランドが、日本市場でその商品群を発売したいとします。そのときに、日本市場のマーケティングマネージャーがゼロからマーケティング案を生み出すことを求められる可能性は低いかと思います。消費財のように、より深く現地顧客のニーズに合わせた商品設計と販売促進策の立案が求められる商材と異なり、より世界的に均質的な趣向を持つ顧客層に対して、世界的に均質な機能やイメージが求められる商品のマーケティングを行うこととなるため、必要となるのはより限定的なローカル適合となります。

しかし、逆に言えば、その限定的なローカル適合は極めて重要です。日本市場において影響力を持つメディアや個人に対しての適切なプロモーション活動を行う必要があり、それには長年培ってきた人脈が必要とされる場合があります。適切なメディアミックスを実現するためには、定量的な分析のみならず、熟練のマーケターが持つ勘どころの活用も求められるでしょう。

現地の広告代理店と良好な関係を築くことで優良な広告枠を押さえ、百貨店やショッピングモールの担当者との情報交換を密にすることで、立地条件の良い出店候補地を迅速に押さえる必要があります。こういった販売促進の細部の作り込みには、現地市場を熟知したローカル適合を実現させる人材が必須です。

ローカル適合を実現させる人材は、ただ単に現地市場を熟知しているだけではなく、全社の方向性や戦略に関しても熟知している必要があります。さらに根源的には、会社が公式言語として採用している英語などの自然言語や、本社での稟議書を通すために必要なプロセスや言葉遣いなどの組織内の人工言語を使いこなせる必要があります。

こうした人材は、必ずしも1つの国や地域だけの専門家である必要はなく、複数の国で実績を挙げられる人材もいます。そして、そうした優れた人材の一部は、ローカル適合で実績を挙げていくことにより、次第にグローバルリーダーになっていきます。

グローバルリーダーの資質とは

いわゆるグローバルリーダーとは、多様な人材を内包する世界的な組織に対して、ビジョンを示し、行動様式を作り出し、戦略を立ち上げ、それを実行できる経営幹部です。

こうしたリーダーは、一夜で生まれることはありません。高い素質のうえに適切な経験と実績が積み重なることで、ある程度は必然的に、しかし多くは偶発的に生まれます。

また、外部から高賃金と高待遇で招聘することも可能かもしれません。しかし理想的には、高い素質を持つ人材のたまごを自ら採用し、適切な責任と義務を与え、現経営陣をはじめとした組織一丸となって育てていくことが必要です。

現在、私は、ある国際的な自動車会社と協力して、このようなリーダーが持つ能力に関しての調査を行い、その本質とは何かについての議論を重ねています。

学問的な理論をひとまず脇に置き、観察をもとにその能力を論ずるならば、グローバルリーダーには、まず前提条件としての知性と知見が必要なことがわかります。これは業務経験から培われた経験則であり、幅広い人的ネットワークを通じて導入される新鮮な知見であり、複雑な経営課題の本質を見通し、その本質を解くための戦略的方向性を指し示す知的能力です。

そして、世界的な組織のリーダーとして成果を出すためには、その知性と知見を、組織内外の様々な階層に対して、適切な形で伝達する技能も必要です。その技能とは、たとえば他の経営陣と厳密な数字と論理的な議論によって意見を擦り合わせるだけではなく、販売や製造の現場で、極めて本質的で、しかし容易にできる組織の方向性を指し示すことも含まれます。

そこには、知性や知見だけではなく、人間としての魅力も必要となります。論理的に人を説得するだけではなく、人々を共感させ、同調させ、人々の行動を刺激するための洗練されたコミュニケーションの技能が求められます。

グローバルリーダーは、知性と知見を持ち、それを効果的に伝達できる能力と人間としての魅力を持ちます。そして、世界各地の拠点を精力的にめぐり、組織の隅々に至るまで現場で何が起きているのかを様々な手段で把握しようとします。

彼らは、社長室や役員室においてではなく、現場で、移動時間で、隙間時間で進捗状況を管理し、指示を出し、判断を下します。彼らの知性や知見は厳密な数字と論理的な議論によるだけではなく、世界を手足で把握し、現地と現場の声を取り込むことによって、深みを纏い、実効性を高めているのです。

理想としては、経営トップだけではなく、それを取り巻く経営陣の全員が、多かれ少なかれこういった資質を持っていることが望まれます。

経営陣と同じ本質をもとに判断して行動できる本部長、部長、課長、すなわち広義の指導者層をどれだけ厚くできるかが、組織能力に直結します。こういった素質を持つ稀有なリーダーたちを組織内に何人育てられるかが、不確実性の高い、競争優位の持続しない、多様な市場を内包した世界市場で戦っていくうえでの組織生存の鍵となるのです。

実際、とくに日本企業にとって、内部育成は大きな課題です。

現実問題として、いわゆる「外国企業」のようにグローバルリーダーとしての実績を積んでいる経営者を高いプレミアムを払って外部から招聘することは、現実的に極めて困難であり、大きなリスクを伴います。さらに言えば、そうしたグローバルリーダーとして実績を上げる経営者の多くは、日本企業の現状の特殊性とその運営に必要な特殊技能の難しさを知るため、日本企業の経営に魅力を感じていません。現実的には、遠回りのように見えても、素質のある人材を採用し、それを長い時間かけて育成し、その中の限られた一部がグローバルリーダーとなることを期待するのが、遠いけれども近道なのだと思います。

中途半端なグローバル人材より、将来のグローバルリーダー

価値連鎖の戦略を効果的に実行できるグローバル統合企業には、グローバル統合に対応できる人材と、ローカル適合を実現させる人材と、それを束ねるグローバルリーダーが必要です。

現在の日本企業では、とくにグローバルリーダーの可能性を持った人材が極端に不足しているのが現状なのかもしれません。それを背景として、グローバル化、グローバル人材という言葉が叫ばれています。しかし、その取り組みの現状は芳しくはありません。

たとえば、2012年5月の『ニューヨーク・タイムズ』に「Young and Global Need Not Apply in Japan（若くてグローバルな人材は日本で就職する必要はない）」という挑戦的なタイトルの記事[*4]が掲載されていました。この記事には、オックスフォード大学の大学院で応用統計学を学んだ日系人の卒業生の体験が書かれています。

彼は3つの非日系企業からの内定を手にして、イギリスの大手銀行の東京でのポジションを選んだ一方で、日系企業からは面接にも呼ばれなかったと言います。そして彼は、「日本企業は本当にグローバルに戦える人材を求めているのでしょうか。私には、彼らが本当に真剣に取り組ん

*4 Tabuchi, Hiroko. May 29, 2012. "Young and Global Need Not Apply in Japan" *The New York Times*, http://www.nytimes.com/2012/05/30/business/global/as-global-rivals-gain-ground-corporate-japan-clings-to-cautious-ways.html?_r=2&adxnnl=1&smid=tw-share&adxnnlx=1387891864-24eXSXILJawkVgwdeDphdA, (accessed 2013-12-24).

でいるようには思えません」と語ります。

実際、中国、韓国、インドの企業が積極的に欧米のトップスクールでの採用活動を行うなか、日本企業の姿を見ることは極めて稀です。この記事では12名の日本人海外留学生に対する取材をもとにして、日本企業の多くは海外の学位の価値を良く理解していなかったり、こうした海外大学卒の人材を過剰性能（オーバースペック）な人材と見なしていたと伝えます。日本企業の画一的な採用システムにより海外留学は利点よりも困難が注目され、多くの人材はその道を選ぼうとはしていません。

現在では、たくさんの企業が海外での採用枠の積極的な拡大を行うとしています。しかし蓋を開けてみれば、その募集の大半はローカル適合を実現させる人材であり、将来においてグローバルリーダーになることを期待して採用しているわけではなさそうです。

実際のところ、日本企業の大半は、日本人で、日本語が話せて、英語もある程度は話せて、海外の短期留学や海外旅行の経験がある人材を嗜好しているようにすら思えます。

日本人で、日本語が話せて、日本文化を理解しており、しかし英語がある程度は話せて多少海外の経験がある人材は、価値連鎖の戦略を効果的に実行できるグローバル統合企業にとっては、「ローカル適合を実現させる人材」です。「グローバル統合に対応できる人材」が作り出した製品を日本という市場に浸透させるために必要な人材であり、グローバルリーダーたる経営陣と英語でコミュニケーションを行うことができて、そのやり方を多少なりとも理解できる人材です。

このタイプの人材は、グローバル統合企業が日本市場で事業を行うためには極めて重要です。しかし、必ずしも日本国外で価値を発揮できる人材とはなり得ません。限られた一部がグローバルリーダーとなる可能性を否定することはできませんが、それはある意味、確率論的な可能性です。

ヨーロッパのある国の現地統括の方は「日本で採用している、中途半端なグローバル人材というのは現地に必要ない。現地では現地の優秀な人材を採用しているので、本社の都合で送りつけられても活躍の場所はない。にもかかわらず、費用を現地が負担するとなると、本音では断りたい」と言います。

「ローカル適合を実現させる人材」は、結局のところ各国で必要な人材であり、日本で採用したこの種の人材は、日本の外で十分に価値を発揮する可能性は極めて低いのが現状です。

さらに言えば、日本国外の各国で優秀な「ローカル適合を実現させる人材」を採用できる企業には、日本において、必要以上にこの種の人材を指定して採用する必要はまったくないのです。

その一方、「グローバル統合に対応できる人材」を採用し、育成し、惹きつけることに関しては、日本企業は極めて弱い状況が続いています。会社の競争力の根幹ともなり得る世界中の企業が諸手を挙げて欲しがる技術者や経営幹部に対して、十分な待遇を与えることをしません。

もちろん、彼らの能力は会社の教育のおかげであるという議論や、社内の融和を損なうという議論も理解できます。しかし現実的に、第16章で解説したような新興国の企業が、多種多様な手段を駆使して引き抜きにかかる現状において、競争力の源泉たる「グローバル統合に対応できる人材」を、集団としてのつながりや、日本人としての責任感というような、重要ではあるものの、弱まりつつある日本独自の価値観のみで縛り続けることが、果たしてこれからも持続可能なのでしょうか。

国際的に競争力のある人材に対して正当な対価を与えることができないのであれば、正当な価値を与えることができる企業に人材が流出するのは当然の成り行きにも思えます。

極めて優秀な技術者に、大学生の息子と、美術の才能がある高校生の娘と、35年ローンで購入したマイホームがあるとします。新興国の企業が喉から手が出るほど欲しい技術を簡単に開発できる技術者が、1000万円に満たない年収で教育と持ち家のためにやりくりをしているのを見たとき、それをチャンスと考えない新興国の経営者を、私は想像することができません。

日本人が脈々と受け継ぐ挑戦の系譜

現在におけるグローバル人材の議論は、あえて批判的に書くとすれば、実際のところは採用する側が持つ「変わる責任」「変えさせない責任」を、採用する側、働く側に押し付けている現実であるとさえ言うことができます。

採用する側が真に変われば、実はグローバルリーダーの候補となり得る「エリート・コモデティ」、すなわち高い教育水準を持ち、やる気のある人材は、欧米では景気が芳しくないこともあり、決して日本で採用できない状況ではありません。日本企業の待遇条件や、その企業が持つ魅力、商品とサービスを前面に押し出して、彼らが求める待遇、成功すれば報われ、逆に失敗すればその責任を取る必要がある労働条件を提示できれば、多様性を持つグローバルリーダーの候補者たちを採用できるはずです。

もちろん現状のままでは、活躍できない、評価されない、報酬が上がらないという評判が出回り、丁寧な説明なくしては採用できない状況になりつつあるのも事実です。しかし、それも採用する側の伝達不足と変革の遅れに一因があるのです。

今は、自分たちが見えている範囲の人材プールにのみ視野を絞り、そのプールの側に変革を望んでいるように思えます。この行為は、組織内の人間からすれば、組織外の環境に責任転嫁ができるために比較的容易な方法です。

本質的に必要な行動は、今見えていない人材プールからの採用であることは理解されているのかもしれません。しかし、そのためには、ときに抜本的な改革が必要となり、また不容易な責任が付いて回るために、試行が成功しても直接的かつ短期的な評価や報酬増につながらず、逆に失敗すれば左遷の口実にされ得る可能性により、敬遠されていることも想像できます。

韓国や中国の企業に転職していった「グローバル統合に対応できる人材」に対して、裏切り者と罵ることは、必要な変革をしていない人間にとっては、都合の良い責任転嫁だと問う声も少なからずあります。仕事人（プロフェッショナル）と組織の関係には緊張関係が必要であり、片方にのみ責任があることなどあり得ません。有力な人材に対して、より魅力的な仕事環境を整備するという「変えさせない責任」を果たさずして、より魅力的な環境、やりがいのある環境を求めて働く場を変えていった人々だけを批判するのは、筋違いの批判となる可能性すらあるのです。すなわち、これは両者の関係性の問題とも言えます。

セミ・グローバリゼーションの時代、これはまさに、国、企業、個人が別々の方向を向くことが可能となった現代の現実です。企業が１つひとつの国の方策から独立して世界中で事業を行うのと同時に、競争力のある個人も１つひとつの企業から独立して、仕事人としてのキャリアを開発していくことが可能となっています。

第Ｖ部で紹介した新興国のような特殊な環境に対しても、新たな商材を生み出し、現地の人材と協働し、成果を挙げられるグローバル統合に対応できる人材を、私たちは育成できるのでしょうか。その正解を、ここで提示することはできません。

しかし、１つだけ言えるのは、私たちは戦後間もないときから国際化に突き進んだ先人たちの系譜につながっているという事実です。日本企業は、戦後の国際展開において驚くべきことを実現してきました。自らアメリカに移住して「Made in Japan」の言葉を強烈に印象づけたソニーの盛田昭夫氏をはじめとして、１９６０年代、70年代に積極的に海外展開を図っていった人々の

「Made in Occupied Japan」と刻まれた製麺機

© Benjamin Katsuo Johnson

経験が、私たちの中にも生きているはずなのです。

私のオックスフォード大学時代の友人が、ハワイの実家で見つけたそば製麺機が、世界に漕ぎ出す日本人の直接的な原点を示しているような気がします。

そば製麺機は日本製で、そこには「Made in Occupied Japan」という刻印があります。1947〜52年の占領下の日本においても、日本人は、厳しい環境の中でブリキの玩具やそば製麺機の輸出を開始していました。

敗戦から立ち上がった日本はまさに当時の新興国であり、焼け野原から世界展開を開始した新しい力でした。その時代の挑戦に比べれば、新興国の挑戦など、たいしたことではないのかもしれません。日本はまさに、新たな国際化の時代を迎えているのです。

第VI部

100年後の世界市場を予測する

The Discipline of
Crossing Border

第18章

2000年の歴史で見通す100年後の世界

本書では、第Ⅰ部において、経営学の持つ特性について議論しました。さらに第Ⅱ部では、国際経営をめぐる議論の背景と、その歴史をひも解きました。第Ⅲ部で国際経営論の原点である国際貿易論と対外直接投資の理論に遡り、第Ⅳ部では、国際経営論の現代の焦点である、国際経営戦略をめぐる議論に焦点を移しました。そして第Ⅴ部では、これまでの理論の前提条件にすら挑戦する新興国市場と、新興国を母国とする企業をどのように捉えればいいかを解説し、また世界に存在する多様性に企業が応えるために必要な人材像を議論しました。

第Ⅵ部では、より不確定な未来について議論していきます。それは、世界的な経営環境の未来を考えることで、超長期的な国際経営戦略を考える土台としていただくためです。

第9章の冒頭で簡単に触れたように、私は、戦略とは、「行動環境の状況把握に基づいてその将来変化をできるだけ先読みし、その環境下で自らの強みを活かし他者に対する優位を維持し得る最善な行動を見極め、それを実現するための総合的なアクションを具体的に設計したもの」であると考えています。

すなわち、長期的に成功する戦略を論理的に考え出すには、第一にできるだけ的確な将来の事業環境の予測が必要です。さらに、ここで言う、「状況把握」とは、単なる事実の把握ではなく、実態とその要因の構造的把握に基づいた将来予測であるべきです。

しかしながら、グローバル統合企業の運営に必要な世界規模の変化を検討するための考え方は、それほど一般的ではありません。現在、単一の市場を分析する枠組みは氾濫しています。しかし、真のグローバルリーダーに必要な、より俯瞰的で世界的な視座を議論するための考え方は、取り上げられることがそれほど多くないのです。

もちろん、未来については、原理原則も、経験則も、代替案すらも提示が難しいのが事実です。しかしいくつか、近未来の可能性を左右する要因を概観し、その可能性を予測するための思考方法を紹介することで、本書のひとまずの区切りとしたいと思います。

新興国の台頭は、どのような意味を持つのでしょうか。将来、新興国が成長することにより、これらの国々は私たちが暮らしている先進国のような経済となるのでしょうか。

まずはこの設問に対して、経済的な豊かさの視点から、長期予測と歴史的な発展の経緯をひも解くことから、議論を進めていきたいと思います。

2050年の先進国は現在の先進国ではない

未来は新興国市場の時代と言われます。この主張を裏付けるときによく引用されるのが、ゴールドマン・サックスが発表している2050年の購買力平価をベースとしたGDPの予測です。[*1]

表18－1にあるように、BRICs（ブラジル〔Brazil〕・ロシア〔Russia〕・インド〔India〕、中国〔China〕）と呼ばれる4ヵ国は、2050年にはトップ5に入るという予測です。そしてこの4ヵ国以外にも、メキシコ、インドネシア、ナイジェリア、トルコ、エジプト、パキスタン、イラン、フィリピンといった新興国と言われる国々が上位に登場します。

同様の予測は、PwC（プライスウォーターハウスクーパース）の2013年の「World in 2050」[*2]という調査資料でも行われています。多少の差異はありますが、この調査でも、購買力平価で換算したときには、トップ5は、中国、アメリカ、インド、ブラジル、日本であり、6位にロシアがつけています。

多くの場合、こうしたデータを参照しながら、21世紀は新興国の時代であるという主張が展開されているのかと思います。しかし、イギリスやフランスなどの他の先進国が衰退してなくなるわけではありません。今と同じように重要な市場であり、たとえ成長率が低いからといって、捨て置いてよい市場では決してありません。

*1 Wilson, Dominic., Trivedi, Kamakshya. Carlson, Stacy., et al. December 7, 2011. "The BRICs 10 Years On: Halfway Through The Great Transformation." *Global Economics Paper No: 208*, http://blogs.univ-poitiers.fr/o-bouba-olga/files/2012/11/Goldman-Sachs-Global-Economics-Paper-208.pdf, (accessed 2013-12-24).

*2 PricewaterhouseCoopers, January 2013. "World in 2050 The BRICs and beyond: prospects, challenges and opportunities.", http://www.pwc.com/en_GX/gx/world-2050/assets/pwc-world-in-2050-report-january-2013.pdf, (accessed 2013-12-24).

表18-1 2050年までのGDP上位20ヵ国の予測

	1980	2000	2010	2050*
1	アメリカ	アメリカ	アメリカ	中国
2	日本	日本	中国	アメリカ
3	ドイツ	ドイツ	日本	インド
4	フランス	イギリス	ドイツ	ブラジル
5	イギリス	フランス	フランス	ロシア
6	イタリア	中国	イギリス	日本
7	カナダ	イタリア	ブラジル	メキシコ
8	メキシコ	カナダ	イタリア	インドネシア
9	スペイン	メキシコ	カナダ	イギリス
10	アルゼンチン	ブラジル	インド	フランス
11	中国	スペイン	ロシア	ドイツ
12	インド	韓国	スペイン	ナイジェリア
13	オランダ	インド	オーストラリア	トルコ
14	オーストラリア	オーストラリア	メキシコ	エジプト
15	サウジアラビア	オランダ	韓国	カナダ
16	ブラジル	アルゼンチン	オランダ	イタリア
17	スウェーデン	トルコ	トルコ	パキスタン
18	ベルギー	ロシア	インドネシア	イラン
19	スイス	スイス	スイス	フィリピン
20	インドネシア	スウェーデン	ポーランド	スペイン

＊projections;Source: GS Global ECS Research

出典：Wilson, Dominic., Trivedi, Kamakshya. Carlson, Stacy., et al. December 7, 2011. "The BRICs 10 Years On: Halfway Through The Great Transformation." *Global Economics Paper No: 208*, http://blogs.univ-poitiers.fr/o-bouba-olga/files/2012/11/Goldman-Sachs-Global-Economics-Paper-208.pdf より一部筆者加工

同じように、今からほぼ40年後の2050年にも、日本が世界で第5位か第6位という試算であるという見落とされがちな事実も、自信を失いがちな私たちは意識してよいかと思います。

もちろん、この事実をそのまま受け止めるだけでは十分な理解にはつながりません。たとえば、これらが超長期の試算であり、また特定の購買力平価を用いるなど一定の前提を置いているため、それが最適かという疑問を投げかける人もいると思います。また、実際にこうした調査機関で推計業務に従事した経験のある方は、推計手法自体の科学的厳密性の欠如を指摘することもできるかもしれません。

そして、1人あたりのGDPで見れば、依然として先進国のほうが豊かな経済である

図18-1　1人あたりGDPの2011年と2050年の比較

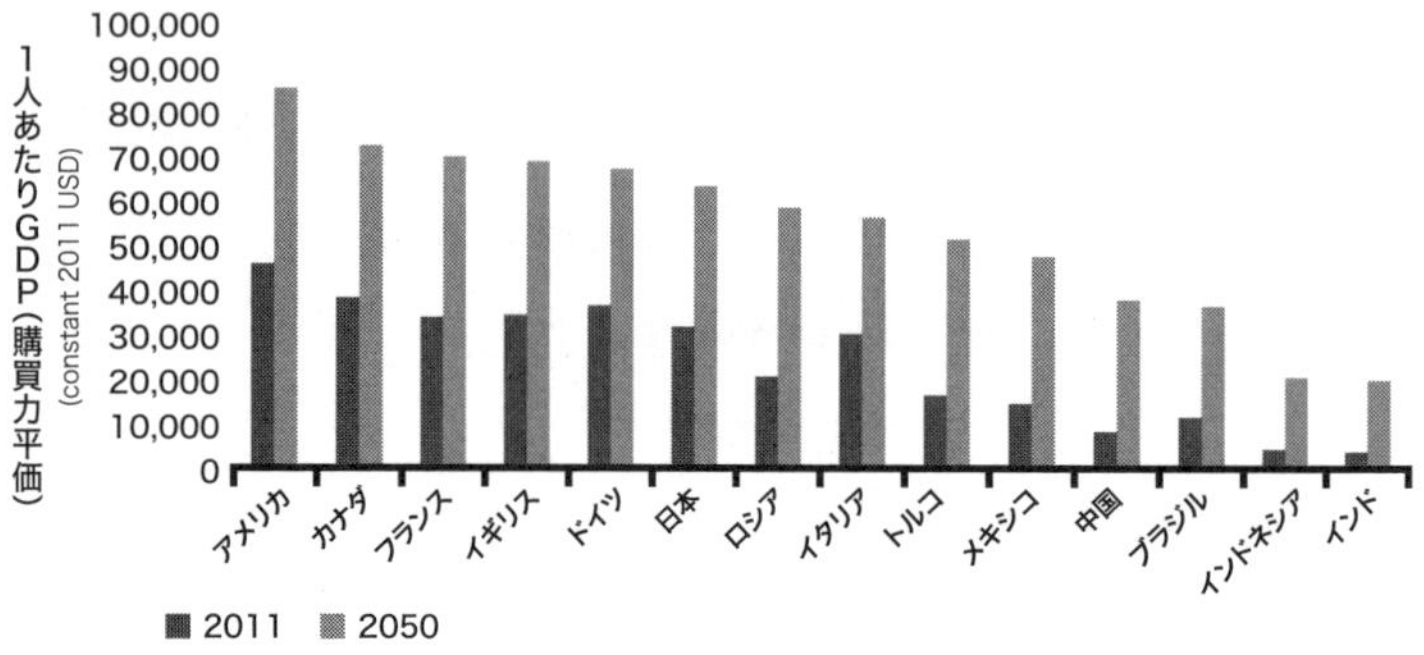

出典：PricewaterhouseCoopers, January 2013. "World in 2050 The BRICs and beyond: prospects, challenges and opportunities." , http://www.pwc.com/en_GX/gx/world-2050/assets/pwc-world-in-2050-report-january-2013.pdf より一部筆者加工

という事実を指摘する人もいるかと思います。

先述のPwCのレポートにおいても、総体的な規模では新興国が現在の先進国を追い越すとするものの、1人あたりの豊かさで見れば、今から約40年後においても先進国の平均値を上回ることはないという予測をしている点も重要です（図18―1参照）。

これは、ゴールドマン・サックスの予測でも同様です。20～30年の長期的なスパンで考えてみた場合、新興国は現在の先進国に迫る総体的な規模を持ちます。しかし、それは先進国と同じような市場に成長するということではありません。より絶対的な所得レベルが低い消費者が、大量に存在するという、現在の先進国とは性質の異なる市場に成長するという予測なのです。

年収300万円の価値をグローバルに考える

この変化は、これまでに議論したセミ・グローバリゼーションの現実を思い返してみれば、容易に想像できるとも言えるでしょう。

過去に比べれば、権力も技術も、世界を1つにする方向を向いています。人とモノと情報が容易に移動することとなり、いくつかの人工言語と自然言語がより広い範囲で運用されるようになります。

そして、そのような事実を背景として、多国籍企業は世界的な価値の連鎖を作りつつあります。グローバル統合企業と言われるような企業は、世界中で最もふさわしい場所にそれぞれの機能を分散させ、適正な場所で、適正な時期に、適正な価格で提供できる体制を動的に構築しようとしています。

一面において、日本やアメリカのような先進国にも、中国からの製造業の回帰が起き始めたことはすでに数年前から認識されています。

たとえば、2011年8月にBCGが公開したレポート[*3]や、2012年3月に公開したレポート[*4]は、アメリカへの製造業の回帰の理由を、コストの分析から議論した資料です。

これは、中国での生産コストが、賃金以外の不動産や電力などのすべてのコストを換算すると

*3 Sirkin, Harold L., Zinser, Michael., and Hohner, Douglas. August 25, 2011. "Made in America, Again: Why Manufacturing Will Return to the U.S." *bcg.perspectives,* https://www.bcgperspectives.com/content/articles/manufacturing_supply_chain_management_made_in_america_again/, (accessed 2013-12-24).

*4 Sirkin, Harold L., Zinser, Michael., Hohner, Douglas., and Rose, Justin. March 22, 2012. "U.S. Manufacturing Nears the Tipping Point: Which Industries, Why, and How Much?" *bcg.perspectives,* https://www.bcgperspectives.com/content/articles/manufacturing_supply_chain_management_us_manufacturing_nears_the_tipping_point/, (accessed 2014-1-19).

相対的に上昇を続けており、中国で生産することの魅力が少しずつ低下していることを示します。これを背景として、自動化を進めた製造工程であれば、先進国に製造拠点を置く魅力が再度高まっていると指摘します。

しかし、それは企業が相対的な製造コストの差異をもとに最適な場所を選定するという事実の変化ではありません。そして、一部に先進国に回帰する産業があるとしても、過去に存在した雇用の大半は、機械やシステムや生産手法の進化による自動化によって回帰しないのです。

このレポートが示す回帰は、中国からアメリカへの回帰です。しかし、おそらくそれ以上に大きな流れは、中国沿岸部から内陸部へ、そして中国から別の新興国、たとえばメキシコやベトナムやインドネシアへと進む、さらなる生産と労働の移転の現実です。

この大きな流れが作り出そうとしているのは、より平等な世界なのかもしれません。先進国に生まれたという事実だけで、新興国に生まれた人々よりも豊かな暮らしを得ることができる時代が終わりつつあるのかもしれません。国家の境界が大きな意味をなした時代から、グローバル化が進む時代には、局所的に極端な集中も加速するとは言え、総体的な富の格差は低下していくのかもしれません。

実際、図18-2に示されているように、全世界の総体的な傾向を見れば、世界はより平等な世界へと進化すると予測されています。2050年の所得配分構成を2010年と比較すれば、

図18-2　2050年までの全世界の富の配分の変化予測

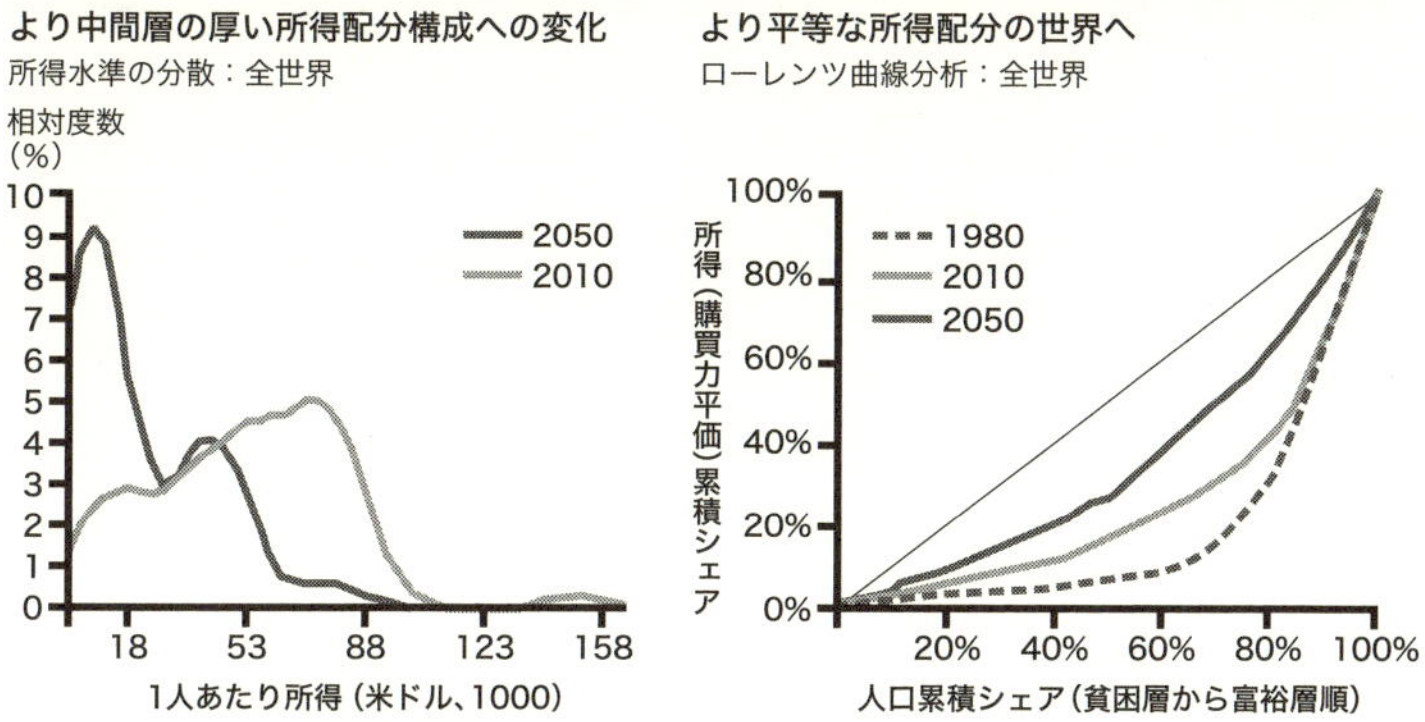

Source: GS Global ECS Research

出典：Wilson, Dominic., Trivedi, Kamakshya. Carlson, Stacy., et al. December 7, 2011. "The BRICs 10 Years On: Halfway Through The Great Transformation." *Global Economics Paper No: 208*, http://blogs.univ-poitiers.fr/o-bouba-olga/files/2012/11/Goldman-Sachs-Global-Economics-Paper-208.pdf より一部筆者加工

一部において極めて豊かな層が進化することも事実ですが、その一方で、最貧困層の中間層への成長が全体の底上げにつながると予測されているのです。

富の集中を分析する際に利用されるローレンツ曲線分析を見ても、少なくとも1980～2010年には、より平等な所得配分が実現したことがわかります。そしてこの予測をもとにすれば、2050年に向けてより平等な所得配分へと、世界が向かっていると読み取れるでしょう。

もちろん、これらは楽観的な予想に過ぎないのかもしれません*5。そして、現在起きつつある富の移動は、私たちのように先進国に暮らす人間から見れば脅威であり、防ぐべきことであるのは事実です。実際、日本国政府を含む先進国の政府は、全力でこの富の再配分

＊5　世界の不平等がどの程度なのかは、データが不正確であるため、大きな議論があります。より学術的な議論は次の論文を参照。Anand, Sudhir., and Paul, Segal. 2008. "What Do We Know about Global Income Inequality?" *Journal of Economic Literature* 46(1): 57-94.

の流れを押しとどめようとしています。

しかしこの流れ自体は、日本を越えて世界の視野で見るのであれば、歓迎すべき流れとして捉えるべきかもしれません。それは、生まれた場所が違うだけで豊かさを享受できなかった人たちがより豊かになり、生まれた場所が先進国であるだけで、努力をせずとも世界平均から見れば法外な富の配分を得てきた現実が、改善の方向に向かうのかもしれないからです。

日本人の豊かさの感覚をつかんでいただくために、「Global Rich List」[*6]というウェブサイトを紹介します。これは国際的なNGOのケア・インターナショナルが作成した世界の年収ランキングです。

ここに、年収300万円と入力します。日本ではときとして、低所得の代名詞として語られる金額です。しかし、このリストによると、年収300万円は、世界の上位1・90%に入ることがわかります。年収300万円の人は世界では、約1億1400万番目に豊かな人であり、ジンバブエの人々の年収の25年分を1年間で稼ぐこともわかります。そしてこの「低所得」は、アフリカの小国・マラウイの医者の年収の156倍であり、中央アジアのパキスタンの医者の年収の114倍であることも示されます。

単純な答えを出すのは困難ですが、この格差は不自然なようにも思えます。人によっては、不正義を感じるかもしれません。少なくとも、特定の労働や産業が日本やアメリカのような先進国から少なくなっていくことは、想定される自然な流れと捉えることもできるでしょう。

＊6　Global Rich List. http://www.globalrichlist.com/, (accessed 2013-12-24).

なぜなら、同じ仕事を、同じ品質で、より安く提供できる人々が地球上に存在していて、グローバル化によって、その人々に仕事を依頼する困難が、過去に比較すれば低下しつつあるのが事実だからです。

1800年の流れを変えた、過去200年の3つの革命

国境がより大きな意味を持っていた時代、地域間の隔たりが生産要素の動的な移動を阻害していた時代、そのような時代が長らく続いたことで、国家間の産業競争力の格差が国家間の個人の富の如実な格差を生み出しました。これは個々人の努力の差異や、挑戦的な事業の有無のみが作り上げた差異ではなく、国家間の「隔たり」が作り出した格差です。

ピーター・ドラッカー氏の1993年の名著『Post-Capitalist Society』[*7]は、「産業革命（The industrial revolution）」による機械の導入と、「生産性革命（The productivity revolution）」による知識の仕事への応用と、「マネジメント革命（The management revolution）」による成果を生み出すための知識に対する応用が、近年に至る西側諸国資本主義社会の発展の礎であったと解説します。これが国家間の差異となり、戦争のような要因とも折り重なりながら、現代の先進国と新興国の間に存在する、豊かさの差異を作り出したことに異論は少ないでしょう。

ドラッカー氏は、産業革命が世界中で支配的な流れとなるまでに、18世紀の中盤から19世紀の

*7 Drucker, Peter F. 1993, *Post-Capitalist Society*, HarperBusiness.（『ポスト資本主義社会』上田惇生訳、ダイヤモンド社、2007年）

中盤までの期間を要したとします。そして、フレデリック・テイラー氏の「科学的管理法（Scientific management）」を発端とする生産性革命の普及には1880年から第二次世界大戦末期までの70年弱の期間を要したと言います。さらにマネジメント革命は、1945～90年までの50年弱の期間において、さらに組織間、ひいては国家間の差異を作り出したと主張します。

私は、新興国の成長という世界経済の未来は、これらの3つの革命がもたらした先進国の優位が、セミ・グローバリゼーションの現実と世界的な価値連鎖の成長により、新興国によって再度吸収されていく流れであると理解しています。

図18-3は、この理解を支持できる事実の1つです。この図は、こうした超長期の経済規模比較の推計で必ずと言っていいほど引用されるアンガス・マディソン氏の2007年の著作『Contours of the World Economy 1-2030 AD（西暦1年から2030年までの世界経済の輪郭）』[*8]に記載されている統計表を、その時系列的変化が読み取りやすいように筆者が図に起こしたものです。

もちろん、これほどの長期間の推計を行うのは極めて大きな困難を伴いますが、OECDの研究者を長年務め、こういった超長期の経済規模推計に専門に取り組んできた彼の研究成果は、私の知る限り、現時点では最良の超長期の推計です。

この図からすぐに読み取れることは、過去2000年の世界経済の生産消費の構造を眺めてみれば、欧米諸国が世界を席巻していたのは産業革命後のわずか200年弱の出来事であったという事実です。

＊8 Maddison, Angus. 2007. *Contours of the World Economy 1-2030 Ad: Essays in Macro-economic History*. Oxford University Press.

図18-3　世界のGDPの超長期推移試算（西暦1～2003年）

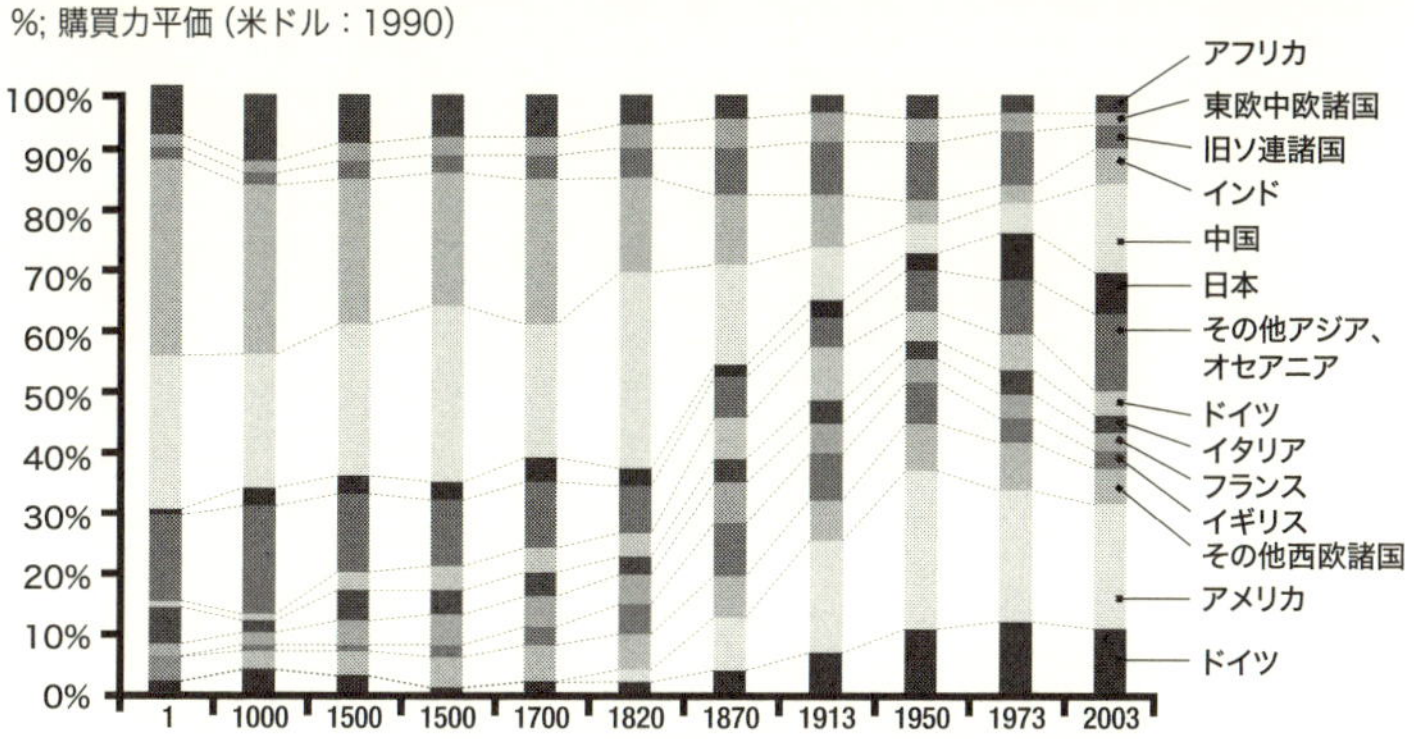

出典：Maddison, Angus. 2007. *Contours of the World Economy 1-2030 Ad: Essays in Macro-economic History*. Oxford University Press. より筆者作成

1820年頃までの長きにわたり、国連が定義するような広い定義のアジア地域*9は、その豊かな大地を背景として多くの人口を抱え、また、たとえば船舶の技術や農耕の技術など様々な側面において世界をリードしていました。

その傾向に変化が訪れ始めたのは、18世紀半ばから19世紀にかけて発生した産業革命が契機です。動力と機械を用いて、1人あたりが生産できる成果の量が飛躍的に高まった時代です。

イギリスで起きたこの産業工業化の流れは、1700年と1870年を比較したときに、イギリスの世界シェアを1・4%から2・5%に引き上げました。同時期に生産されたイギリス工業製品の多くはイギリスの持つ広大な海外植民地や誕生間もないアメリカにも輸

*9　ここでいうアジアには、中東地域や、中央アジア、東南アジアまでの広い地域が含まれる。(United Nations. "Composition of macro geographical (continental) regions, geographical sub-regions, and selected economic and other groupings.", http://unstats.un.org/unsd/methods/m49/m49regin.htm#asia, [accessed 2013-12-24].)

出されます。

さらに、1880年頃から始まるテイラー氏が確立した科学的管理法の実践が、さらに大きな差異を作り上げます。1901年以降次第にアメリカに浸透し始め、1911年の『The Principles of Scientific Management』[*10]は、現代の経営学においても必読書として挙げられるほどの影響力を持つに至りました。

これにより、共通語を十分に話せない移民労働者が中心であったアメリカは、逆にヨーロッパのように職人層の大きな反発を受けることもなく、生産性革命の先駆者となります。これが二度の大戦による母国の被害をほとんど受けずに、むしろ、それが国内生産の拡大に貢献したことも契機として、第二次世界大戦後のアメリカ一極体制へとつながります。

戦後から1980年代頃までの期間においてはドラッカー氏の言うマネジメント革命の旗手とも言える日本の興隆が注目を集めます。それと同時並行的にグローバル化の動きも加速します。そしてそのグローバル化の流れが、国家間の隔たりを溶かし始めました。

これにより、これまでは一蓮托生の存在であった国と企業と個人という3つの存在が、それぞれ別の方向を見始める時代が始まり、国境を越えて、組織を超えて知識と生産が移転し、その枠組を超えた優位性の伝播が生じる時代となりました。

*10 Taylor, Frederick W. 1911. *The Principles of Scientific Management.* Harper.（『新訳 科学的管理法――マネジメントの原点』有賀裕子訳、ダイヤモンド社、2009年）

100年後のために2000年前を振り返る価値

新興国の台頭は、この大きな世界経済の流れの中に位置づけられます。全世界的な力関係の変化は、実は100年を単位として眺めるのであれば、揺り戻しにすぎない傾向なのかもしれません。新興国の40年後を考えるときに、過去2000年を振り返る図18-4は大きな示唆を与えてくれるのではないでしょうか。

工業化と機械化、生産性の改善、知識を応用する知識の発展、これらの要素が人々の間の争いとともに作り出した特定の国家や組織の優位性は、セミ・グローバリゼーションの現実の中で長期的かつ継続的には保てない時代となりつつあります。そしてこの流れは、過去200年の発展に言わば取り残されていた国々に、挽回と再成長の機会を与えているのです。

購買力平価で見たとき、2050年には新興国が世界の上位に成長してきます。先述のPwCの2013年のレポートによれば、2011年の米国通貨建てMER（Market Exchange Rate）で見たときの予測でも、細部に違いはあるものの、ほぼ同様の傾向が確認できます。

しかし、この時点では少なくとも、新興国経済は、全体の経済規模では日米欧に匹敵するものの、より所得水準の低い大量の消費生産者を抱えた市場になるとも理解されています。

すなわち、新興国は、今から40年弱の期間を過ぎれば、国家の経済規模から見たときに、全世界に今以上に強い存在感を示すこととなります。その時点では、これらの市場は所得レベルの比較的低い消費生産者を無数に抱えることにより大国としての存在感を示すという、日米欧とは異なった特色を持つ市場経済となると予測されているのです。

100年後に国家がどの程度の相対的な力と意味を保持しているかはわかりません。しかし、100年単位で予測をするならば、200年前の状況が再現される可能性がないとは言い切れないでしょう。

このまま力関係が大きく変わる傾向が続くのであれば、超長期的には現在とは逆の状況に向けて、全世界が進んでいくのかもしれません。

少なくとも、現在の新興国と現在の先進国が、1人あたりの所得水準においても対等に並び立つ時代は、超長期的な可能性としては十分に現実的です。

第19章 資本主義の多様性を受け入れる

100年後の世界を考えたとき、新興国は先進国のような経済となるのでしょうか。豊かさという意味ではそうかもしれません。社会の一部分を切り取れば、そうなるとも言えるかもしれません。

しかし現実としては、現在の先進国とまったく同じような経済、市場となるとは、私は考えません。

その主張の源泉となるのが、第8章の後半でも簡単に紹介し、第14章の冒頭で議論した第二の要素と第三の要素の背景理論として存在する、制度の考え方です。

制度という概念は、元々は制度派や新制度派経済学と言われる研究の系譜が発想の原点です。この研究の流れには、ゲーム理論（Game theory）に寄り添うような定量的な分析から、社会学に源流を持つような作品まで、幅広い理論と議論の広がりがあります。

国際経営論を議論するとき、その中でもとくにセミ・グローバリゼーションの現状とその将来を議論するときの1つの大きな設問は、唯一無二の正解となるべき資本主義制度は存在するのか、というものです。

これは言い換えれば、新興国と言われる国々の制度が、今後、発展する未来において、現状ではGNP（国民総生産）でより優れた成果を発揮している先進国の制度に対して、似通っていくのかという設問でもあります。

ここまでに実践の科学としての国際経営論の観点から新興国市場の特殊性を眺めてきましたが、より社会科学としての国際経営論に近づき、この設問に答えたいと思います。

ここではとくに、企業の戦略の議論に対して最も応用可能性が高いと私が考えている、資本主義の多様性の概念を紹介し、新興国市場の長期的な今後の発展について考えていきます。

90年代前半から始まった多様性の議論

資本主義の多様性という概念は、1992年にハーバード大学とベルリン社会科学研究センターが共同で開始した研究プロジェクトの成果として、2001年にピーター・A・ホール氏とデヴィッド・ソスキス氏が出版した『Varieties of Capitalism』[*1]によって広く知られるようになった概念です。これはその後もボブ・ハンク氏らが2007年に出版した著作『Beyond Varieties

＊1 Hall, Peter A., and Soskice, David., eds. 2001. *Varieties of Capitalism: The Institutional Foundations of Comparative Advantage*. Oxford University Press.（『資本主義の多様性――比較優位の制度的基礎』遠山弘徳・安孫子誠男・山田鋭夫・宇仁宏幸・藤田菜々子訳、ナカニシヤ出版、2007年）

of Capitalism（資本主義の多様性を超えて）[*2]』や、彼が関連する主要な論文や著作の一部を再編した2009年の『Debating Varieties of Capitalism（資本主義の多様性を議論する）[*3]』などによってその議論の進展が紹介されています。

また、私自身も、直接は関連しないものの同じ課題を扱う関連した研究で、2冊ほどの書籍の分担執筆[*4][*5]に関わっています。本節ではこれ以降、やや厳密性は下がるものの、要点を絞ってこの研究の概要を解説します。

企業の国際経営戦略を考える際にとくに重要なのは、この考え方が「比較制度優位（Comparative institutional advantage）」という概念を紹介している点です。

比較制度優位の考え方では、個々の経済体に特有の諸制度が、その経済体の中に存在する企業の特定の国際競争力の獲得とその保持に影響を与えるとします。そして、個々の経済体の持つ制度の特性が各々異なるため、その中に存在する企業や組織が獲得する比較制度優位にも各々特色が生じるとします。

2001年のホール氏とソスキス氏の著作（『資本主義の多様性』）においては、わかりやすい経済システムの対比として、「コーディネートされた市場経済（Coordinated market economy）」と「自由な市場経済（Liberal market economy）」という2つの異なる方向性を提示しています。そして、この各々が、各々に属する企業に異なる比較競争優位を与えると解説しています。

コーディネートされた市場経済は、市場で行われる個別の取引の直接的な経済的損得よりも、

*2 Hancké, Bob., Rhodes, Martin., and Thatcher, Mark., eds. 2007. *Beyond Varieties of Capitalism: Conflict, Contradictions, and Complementarities in the European Economy*. Oxford University Press.

*3 Hancké, Bob., ed. 2009. *Debating Varieties of Capitalism: A Reader*. Oxford University Press.

*4 Walter, Andrew., and Zhang, Xiaoke., eds. 2012. *East Asian Capitalism: Diversity, Continuity, and Change*. Oxford University Press.

*5 Lane, Christel., and Wood, Geoffrey T., eds. 2012. *Capitalist Diversity and Diversity within Capitalism*. Routledge.

より市場参加者間のコーディネーション、関係性の保持とそれがもたらす便益の評価を重視します。企業や個人はより長期的な関係性の構築を重視し、個々の取引の損得だけではなく、その取引がもたらす協働的な関係性への影響を加味する傾向にあるとします。

逆に、自由な市場経済は、市場で行われる個別の取引の直接的な便益を重視し、公平対等な市場環境の保持とそれがもたらす便益を評価します。企業や個人は企業内部に取引を取り込むにせよ、市場において取引を行うにせよ、個々の取引の価値によりその取引の正否を判断する傾向にあると説明します。

これらの議論は、1970〜80年代に全盛を極めた日本的経営と欧米的経営の対比から学んでいる側面が数多くあります。

この研究以前にも、たとえば日本の経済システムの取引参加者間の関係性の特性として、企業内部における階層を用いた取引統治でもなく、市場の規制や慣習や規範を用いた取引でもなく、取引参加者間の長期的に持続する社会的なつながりを用いてより継続的な改善を実現することは、十分に様々な角度から議論されてきました。[*6] また、このような多様性の説明に際して、別の用語を用いて異なる角度から議論する研究も数多く存在します。[*7]

しかし、資本主義の多様性の概念は、より明確に、さらに言えば形式的に経済システムの構造を捉え、そしてその経済システムの中に存在する金融制度や労働制度や組織間関係などのサブシステムが相互に依存しつつ、同時に補完し合いながら、どのようにその中に存在する組織や個人

*6　たとえば、青木昌彦氏とロナルド・ドーア氏が1994年に編纂した『The Japanese Firm: Sources of Competitive Strength』（Aoki, Masahiko, and Dore, Ronald P., eds. 1994. Oxford University Press.［『国際・学際研究 システムとしての日本企業』NTTデータ通信システム科学研究所訳、NTT出版、1995年］）などがある。

*7　たとえば、リチャード・ウィットレイ氏による2000年の著作の『Divergent Capitalisms: The Social Structuring and Change of Business Systems（多岐にわたる資本主義）』（Whitley, Richard. 2000. Oxford University Press.）などがある。

の比較制度優位を作り出していくかを議論します。たとえば、これらのサブシステムは相互に依存しつつ、相互に補完し合う関係にあるため、単一のサブシステムを変えようとしても、それは他のシステムとの整合性が取れず、十分な機能を発揮できないと説明します。

資本主義の多様性の概念は、サブシステムの集合体としての経済システムがどのように機能し、どのようにその安定性を保ちながら変容と発展を遂げるのかに関して、優れた議論を展開しました。そして一国の特殊性だけではなく、多様な国の体制を内包できる分析の軸を示すことで、多様性の議論を進化させようとしました。

さらに、この資本主義の多様性の概念は、これらの市場特性の違いにより生まれる、異なる比較制度優位が、各国の最適な事業運営に直接的に影響すると説明します。

たとえば、よりコーディネートされた市場経済に近いとされるドイツや日本では、関係者が長期的な関係性を用いて少しずつ商品やサービスの品質を作り込んでいく斬新なイノベーションに対して優位性がもたらされると言うことができます。

なぜなら、金融制度はメインバンクのように単に金融機能を提供する以上に長期的に忍耐力のある資金提供を行い、労働市場は1つの会社に長く継続的に所属することを支援し、さらにその他の様々な枠組みも、集団が協調的に長期的に1つの技術や商品やサービスを段階的に磨き込んでいくことを支援するからです。

逆に、アメリカやイギリスが例として用いられる自由な市場経済では、より優れた技術や考え方が、たとえ関係性を持たない新しい組織や個人が生み出したものであっても迅速に取り入れられて評価されることから、革新的なイノベーションに対して優位性がもたらされるとされています。

このような経済では、ベンチャー・キャピタルのような金融機関が、過去の成功が限られていたとしても、有望で可能性のある技術やサービスには十分な資金を提供します。そして、比較的柔軟な労働市場が、新しい産業や若いが競争力のある企業に対して必要な労働力を、市場を通じて十分に提供することができます。同様に、その他の様々な枠組みも、企業の冒険的な挑戦を支援します。

制度の隙間がハンディではなく、強みになることもある

資本主義の多様性の概念は、個々の市場が持つ制度がもたらす全体の特性が、その中に存在する企業の特定の戦略や行動に競争優位をもたらすと議論を重ねます。市場の制度が、その中に存在する企業や個人に対して、特有の強みと、そしてときには弱みを与えるという考え方の進化系の1つとも言えます。

これは、とくに国際経営戦略論の領域では重要な議論となり得ます。国際の名がつかない経営

戦略論の世界では、その戦略が行われる環境、つまり市場の特性は単一であるという前提で議論を進めます。すなわち、その中に存在するすべての企業がほぼ同一の比較制度優位を持った状態で、それが差別化要因とならない状況下で競争を行うことが前提です。

それに対して、国際経営戦略の世界では、企業は複数の市場をまたいで事業を行っており、異なった市場に主要な拠点を持つ競合との競争を強いられるのです。

すなわち、比較制度優位を理解し、その強みを最大限に生かし、その弱みを克服することが、国際経営戦略においては重要となります。

これが、新興国群と比較すれば似通っている日米欧のみで戦う状況であれば、その重要性はそこまで高くはなかったかもしれません。しかし、新興国という大きく異なる制度条件が取り入れられた現在においては、ここで議論されている比較制度優位の考え方は大きな意義を持つと考えられます。新興国が加わることにより、多様性の議論にはこれまでにない彩りがもたらされたとも言えるでしょう。

もちろん、新興国の大多数の企業の競争力は、未だグローバルに戦うという次元に至ってはいません。しかし、第16章で解説したように、新興国から国際展開する企業が、母国とする市場の制度条件の影響を受け、特殊な比較制度優位を構築していると見なす研究も2010年頃以降から多くなりつつあります。

つまり、新興国の持つ特殊な制度要因は、単なる制度の隙間ではなく、制度の隙間が織り成す独特の模様と捉えることもできるかもしれません。私たちが制度の隙間と捉えるその経済の特色は、その新興国の組織や個人に取っては常識であり、文化であり、日常であることが多々あります。

私たちが隙間と捉えるような制度を日常と捉える組織や個人は、ときとして、とくに同様の制度的な特徴を持つ市場に参入する際に、大きな強みとなることが現実としてあり得るのです。

たとえば、お金を貸すときに金利を取るという概念を、少なくとも建前上は許さない宗教が支配的な国においては、その宗教が許容できる範囲で、しかしまったく別の枠組みで同様の機能を実現する必要に迫られます。

街を歩く人々がライフル銃を持ち歩く環境で成長した企業は、そういった厳しい労務環境においても十分な生産性を発揮できる人事管理制度を磨き込んでいます。また、警察組織が十分ではない地域で成長した企業は、身代金の交渉も、役員の防弾車も、従業員への安全研修も日常であり、特別ではありません。闇経済と非合法組織が力を持つ地域で事業をする企業は、そういった境界線上の関係をうまく立ちまわる能力に長けています。

たとえば、第15章で紹介したセルテルは、アフリカ全土に急速に事業を拡大することができました。道路がない場合にヘリコプターを使うことや、電力がない場合に発電機を設置すること、さらにはその発電機をどのようにメンテナンスして燃料を補充するかなど、アフリカの特殊環境に合わせた知見の蓄積が進んでいたためです。

このような知見は、各国を支配する権力者とどのような関係を築きあげるべきか、ゲリラ部隊から襲撃を受けた場合にどう対応するべきかなど、多種多様な知見が含まれます。そしてそれ以上に、その知見をもとに設計された組織構造や組織制度、実施の戦略が、現地の状況に適合したものとなることが大きな差別化につながります。

もちろん、先進国から参入する企業も、その運営の実績を積み重ねれば、こうした特殊事情に対応する組織制度の設計が進みます。

結局は実現しませんでしたが、私が南米の非常に治安の悪い地域でのプロジェクトへの参画を検討した際には、事前に元CIAのエージェントから研修を受けることを指示されました。研修に参加した同僚に聞くと「腕時計をしていると腕を切り落とされる可能性があるから、やめたほうがいい」などの脅し文句にはじまり、そうした治安の悪い地域でどのように事業を行うかに関しての実践的かつ経験に基づく情報を事前に知ることができたそうです。実際のプロジェクトでも、アシスタントが装甲車のような防弾性能を持った車両の手配方法を熟知していたり、護衛の手配も手馴れていたといいます。

先進国からの企業も少しずつですが、特殊な環境への適合を進めていることがわかります。総合商社に勤めていて途上国で働いたことがある方には、これはもはや日常のことなのかもしれません。しかし、先進国の大半の企業にとって、こうした特殊条件への対応には想像以上に長い時間がかかっています。

つまり、私たちにとって隙間に見えるからといって、それが私たちよりも劣るものであると単純に理解することはできません。それが現実であり、それを変えることができない前提で、事業を進めることが求められる状況も存在します。

新興国の企業が国境を越えて海外に漕ぎ出して戦うとき、母国の特殊な環境で培った能力が、同様な制度的特徴を持つ環境で大きく生きる可能性もあるのです。

制度の変化は急速には起こりにくいという現実

資本主義をめぐる議論は、古くは共産主義と資本主義の対立に遡ります。しかし、ほぼすべての共産主義国の体制が崩壊したとき、その議論の中心は資本主義の中に存在する多様性の存在に移り変わりました。

この議論の周辺には、1970〜80年代に盛んであった日本的経営システムをめぐる研究や、それと対比したときの欧米の資本主義システムの研究があります。90年代には日本をめぐる特殊性の議論はいったんの収束を迎え、2000年代以降は、より多くの資本主義の類型を対象とした多様性の議論が生まれます。

同時並行的に、すでに存在する体制の多様性を議論することとは別に、制度がどのように発展し、どのように変化できるのかという研究の流れが大きくなります。

途上国の発展に関する制度的な資本の発達の側面からの関心や、移行経済の共産主義から資本主義体制への移行のプロセスに関する研究は、この大きな研究の系譜の一部に位置付けることができます。さらに言えば、日本的経営システムの近年の変遷も、ある意味コーディネートされた市場経済から、自由な市場経済に向かう1つの漸進的な制度変化（Incremental institutional change）と捉えることもできます。

現在では、この変化や進化に焦点を当てた研究が、この資本主義の多様性を巡る議論の主要な関心の1つとなりつつあります。

厳密な論点は数多く存在しますが、国際経営論、とくに新興国の議論において重要な事実は、現在の世界に存在する資本主義の多様性が、いずれは1つの「理想形たる資本主義」に収斂《しゅうれん》していくという理解の方向性とはなっていないという事実です。

一面において、ドイツや日本のような経済がアメリカやイギリスのような経済の方向性を指向しているように見えても、それは1つの制度の形が消え、よりよい別の形に変化するという状況とはなっていません。

1つの理想形に収束し得ると考える研究者もいます。しかし、私自身の調査からも、また他の多くの調査からも、その発展や変化の実際の方向性はハイブリッドとも言えるような新しい特色を持つ、新たな制度への進化であるか、もしくは単なる一時的な乱れであり、回帰する予兆にすぎない可能性が高いと私は考えています。

また、統計データや立法の記録などの形式的な事実をもとにして全世界が自由な市場経済に向かいつつあるという事実を主張する声もあります。しかしそれ以上に、それらの枠組みを実際に運営する人間たちの価値観や行動様式は簡単には変わり得ず、実際にそういった形式的な枠組みが利用される際には、運用において骨抜きになる実態が大勢を占めるように思えます。

とくに、漸進的な制度変化の文脈において、1つの制度が異なる別の制度に変容することは極めて難しいと言えます。

もちろん、革命や体制崩壊などの急進的な制度変化（Radical institutional change）であれば、過去の体制を完全に捨て去り、新しい考え方を取り入れることもできるかもしれません。

欧米列強の植民地化の脅威の中で急速な富国強兵政策に迫られたときや、敗戦に続く占領下においてこれまでの体制の多くの部分を否定されたときには、日本という国が骨の髄まで入れ替えるような制度変化を克服する事例もありました。

しかし、想定し得る範囲で楽観的な予測をするのであれば、代表的な新興国が、日本が経験したのに匹敵するような急進的な制度変化の道を取るとは想定できません。

いくらかの衝突や恫喝があろうとも、それが急進的な制度変化につながる可能性は、突発的な事件・事故のようにないとは言えませんが、通常の想定では低いと考えます。急速に経済成長する一部の国が、急速な拡大の反動で一時期停滞することもあるかもしれません。しかし、それがその国の制度の抜本的な組み換えにつながる可能性は低いかと思います。

なぜなら、その国が培ってきた文化や伝統、人と人や組織と組織のつながり、常識と慣習、さらには雇用や契約などの慣行は相互に依存しており、相互に補完的であるからです。全体を一気に入れ替えるような急進的な改革の可能性を否定するわけではありません。しかし、1つひとつの改革は、相互の調整と影響のプロセスの中で漸進的に進むと考えるのが自然かと思います。

世界は最高で唯一の社会制度に統合されるのか

おそらく、現在の新興国は現在の制度の土壌のうえに、新たな経済の枠組みや、発想を斬新的に取り入れていくと予測するのが合理的だと私は考えます。

つまり、現代においては、新興国は、先進国と言われる国々の単純な後追いではないという事実です。たとえ表面的な特徴や、形式化された法律や規則の面において先進国から多くを学んだとしても、経済全体の特色を相対的に鑑みれば、それは多様性を構成する独特な新たな類型となるべき存在です。

現在においても、新興国が持つ比較制度優位は、その国を母国とする組織や個人に対して、同様の制度的な特徴を持つ海外市場における競争優位をもたらそうとしています。そして、将来においても、独特な制度的な枠組みが持つ個性は、資本主義の多様性の中で際立つ個性を保ち続けるであろうと、私は考えています。

１００年単位の未来を考え、そして過去の全世界経済の競争の経緯も鑑みて、セミ・グローバリゼーションの発展を思考に取り込むのであれば、経済規模や所得レベルで見れば、現在の先進国と現在の新興国は、少なくとも同じような土俵で競争する時代になると予測することもできます。

しかし、それは今の新興国が現在の先進国と同じような未来の先進国になることを意味するわけではありません。先進国に住む私たちから見れば制度の隙間と捉えることができる現地の特性も、実はその現地の内部で営む組織や個人の比較制度優位につながる可能性があります。

市場を取り巻く制度の発展の考え方は、資本主義の議論に多様性をもたらします。そして将来において、単一の優れた最高の資本主義に全世界が収斂していくことを、必ずしも示唆するものではないのです。

すなわち、新興国の40年後は、総体としての経済規模が現在の先進国に並ぶものの、1人あたりの収入は今の新興国よりも低いという特殊な経営環境となる可能性が高いと言えます。

１００年後も国の境目に意味があるという前提で将来を考えれば、過去２０００年の経緯を踏まえると新興国の力がさらに高まり、1人あたりの収入も先進国と遜色なくなることは十分に想定できます。しかし、それは現在の新興国が今の先進国とまったく同一の環境となるということではないのです。

一面において世界規模の価値観の統一が進むとは言え、個々の地域や、個人や組織間のつながりが作り出すネットワークに、固有の制度が保持され、あるいは強められていく方向性が、より強く未来の新興国を彩ると、私は考えています。

第20章 「企業の倫理」が未来を変える

不平等な世界への多国籍企業の責任とは

新興国の成長を考えたとき、私たちの世界は平等になりつつあるのかもしれないという事実があります。しかし、新興国への富の移動が起こる一方で、個人のレベルで見るならば、限られた人々への富の集中が同時並行的に起きているのも事実です。

その一因には、多国籍企業の成功と拡大があることを指摘する声もあります。

この極端な集中がどのように起きているのかをわかりやすく単純化した「Global Wealth Inequality（世界の富の不平等）」というビデオを、Purpose[*1]という団体が公開しています。このビデオは『Aljazeera（アルジャジーラ）』の2013年4月の記事[*2]でも紹介されており、極端に集中していく富の姿がわかりやすく描かれています。

＊1　Purpose. http://www.purpose.com/, (accessed 2013-12-24).
＊2　Hickel, Jason. April 14, 2013. "The truth about extreme global inequality: Global inequality is growing in part because of the neoliberal economic policies imposed on developing countries." *Aljazeera*, http://www.aljazeera.com/indepth/opinion/2013/04/201349124135226392.html, (accessed 2013-12-24).

これは、世界で最も豊かな人口の1％が全世界の43％の富を持ち、世界の貧しいほうから80％の人々の富をすべて合わせても、全世界の富の6％にすぎない事実を示します。

さらに衝撃的なのは、上位のわずか300人が、下位30億人分の合計と同じ富を持つという指摘です。実際、『フォーブス』の2013年の記事[*3]によれば、世界の1426人のビリオネア（10億ドル以上の資産を持つ個人）の富を合わせれば、約5・4兆ドル（約540兆円）、ほぼ日本のGDPに匹敵する富を持つことからも、その集中度がわかります。

これは先進国の限られた人間が富を握ると同時に、新興国でも一部の富裕層のみが富を独占している可能性を示唆します。たとえば、先ほどの『フォーブス』の記事でも、1426人中の129名はアメリカ本国以外のアメリカからであり、また103名は中東とアフリカからでした。また、「Ventures Africa」による2013年のアフリカの富豪ランキング[*4]は、アフリカの富豪上位55人の富を合わせれば、その資産は1438億ドル（約14兆円）に上ると紹介しています。さらには、『フォーブス』による2013年の中国の富豪ランキング[*5]は、中国の富豪上位100人の富を合わせれば、その富は3160億ドル（約31兆円）にもなることを報告しています。

この事実には、多国籍企業が新興国との取引において不当に安価な価格で取引を行っていることが原因ではないかと主張する声もあります。同様に、新興国の先進国に対する負債や、自由貿易による、すなわち企業による資源や労働力の搾取が、状況をさらに悪化させているという見方もあります。また、包括的な調査としては、クリスティア・フリーランド氏の2012年の著作[*6]

*3 Kroll, Luisa. April 3, 2013. "Inside The 2013 Billionaires List: Facts and Figures." *Forbes*, http://www.forbes.com/sites/luisakroll/2013/03/04/inside-the-2013-billionaires-list-facts-and-figures/,（accessed 2013-12-24）.

*4 Ventures Africa. October 9, 2013. "The Richest People In Africa 2013.", http://www.ventures-africa.com/2013/10/richest-people-africa-2013/,（accessed 2013-12-24）.

*5 Flannery, Russell. October 15, 2013. "Inside The 2013 Forbes China 400: Facts And Figures On China's Richest." *Forbes*, http://www.forbes.com/sites/russellflannery/2013/10/15/inside-the-2013-forbes-china-400-facts-and-figures-on-chinas-richest/,（accessed 2013-12-24）.

*6 Freeland, Chrystia. 2012. *Plutocrats: The Rise of the New Global Super-Rich and the Fall of Everyone Else*. Penguin Press.（『グローバル・スーパーリッチ――超格差の時代』中島由華訳、早川書房、2013年）

がこうした超富裕層の実像に迫っています。

実際、これらの富豪の多くが多国籍企業の運営によりその財を成したことを考えれば、ある一定以上の多国籍企業の責任を考える必要はたしかにあるのかもしれません。

競争し、成長することで生まれる負の側面

個人間の富の格差の拡大の背景には、多国籍企業が経営者や投資家に対して支払う報酬が高騰している事実を捉える必要もあるでしょう。

新しい事業を作り出すこと、巨大な事業を運営して成果を出すことに対する見返りが急増する現実があります。新興国への進出にあたって、現地の政治と経済を支配する実力者を説得できる便益を提供する必要があるのも事実です。

多国籍企業が世界で戦える一流の人材を取り合うことにより、その希少性を反映して釣り上げられていくのは、実は自然な現象なのかもしれません。しかし、それにより、今ですら極めて大きな個人間での貧富の格差がさらに拡大していくのは、企業の競争と成長の負の側面と言えます。

企業の価値連鎖の全世界への拡大は、新興国に新しい商品とサービスと同時に、多くの新しい職業をもたらしています。そしてそれは、たしかに先進国から新興国への富の再配分につながるという事実でもあるはずです。

しかし同時に、数多くのグローバル統合企業の発達が、世界に、そして新興国の中にも存在する個人間の富の格差を、より広げている可能性も否定することはできません。

さらには、1つの国が統制管理できない世界的な価値連鎖を持つという事実を用いて、多国籍企業やその経営者ができるだけ納税責任を果たさないことが、一般的に行われている可能性もあります。

アメリカの民間団体である「Citizens for Tax Justice」が2013年6月に発表したレポート*7は、一時期メディアに取り上げられたアップル以外にも、多くのアメリカ企業がアメリカ連邦政府への納税を回避しようとしている可能性を指摘します。

実際、アメリカのフォーチュン500社のうち、バミューダ諸島やケイマン諸島などの租税回避地に納税が必要な可能性を持つ海外利益があると公開している企業は、アップルを含めて18社しか存在しないとしています。そして、これらの18社だけでも、2830億ドル（約28兆円）の資金が、少なくとも現段階では世界のどの政府にもほとんど税金を納めていない資金として確保されていると報告しています。

このレポートは、正確にどの程度の税金がアメリカに帰属するべきであるかを試算することは不可能であるとしながらも、悲観的な試算をするならば、フォーチュン500社のうち租税回避地に資金が存在するとされる290社だけでも、税収につながる最大で4910億ドル（約

*7 Citizens for Tax Justice. June 2, 2013. “Apple Is Not Alone.”, http://ctj.org/ctjreports/2013/06/apple_is_not_alone.php#.UrmxMmRdWCA, (accessed 2013-12-24).

図20-1　イギリスのスターバックスの3つの主要な節税スキーム

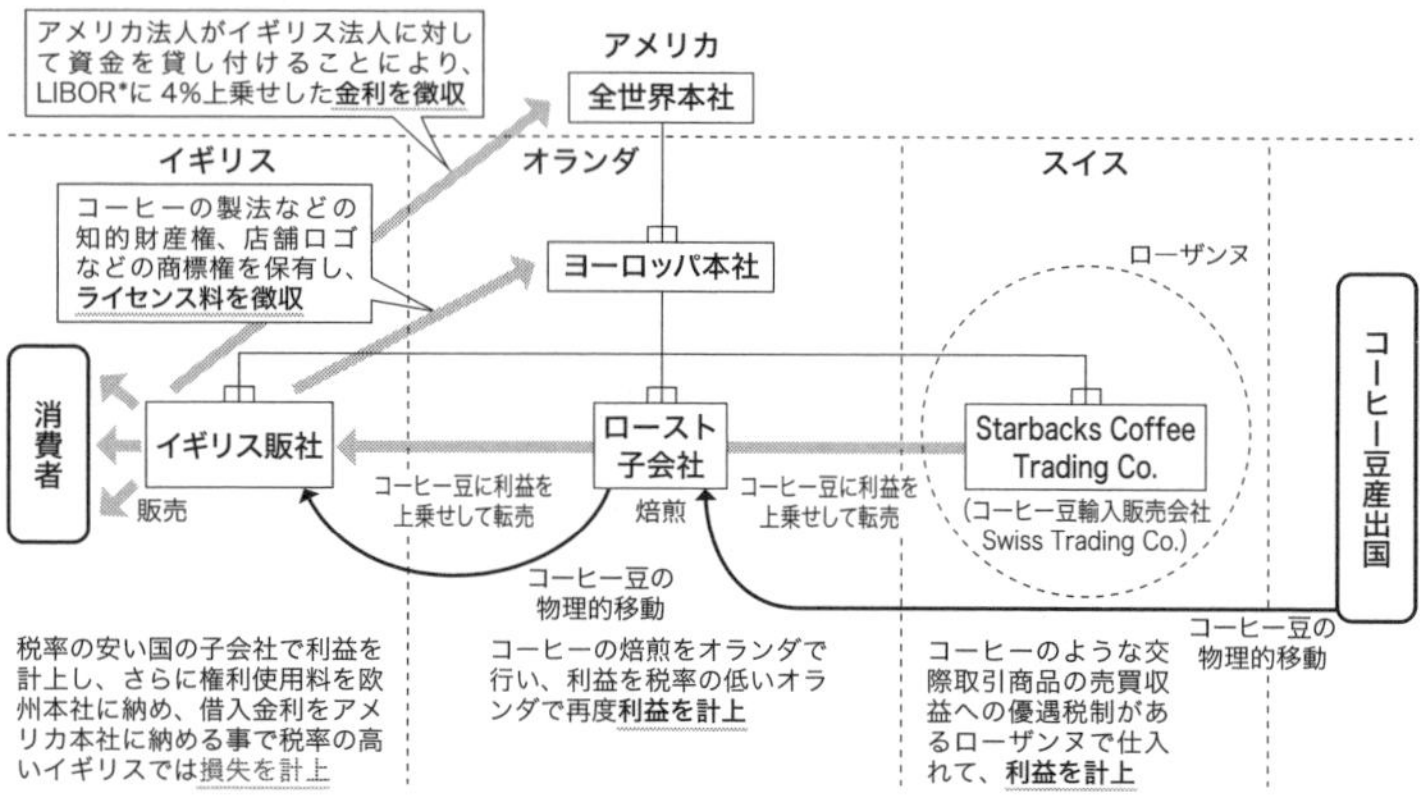
アメリカ法人がイギリス法人に対して資金を貸し付けることにより、LIBOR*に4%上乗せした金利を徴収
アメリカ
全世界本社
イギリス
オランダ
スイス
コーヒーの製法などの知的財産権、店舗ロゴなどの商標権を保有し、ライセンス料を徴収
ヨーロッパ本社
ローザンヌ
コーヒー豆産出国
消費者
イギリス販売
ロースト子会社
Starbacks Coffee Trading Co.
（コーヒー豆輸入販売会社 Swiss Trading Co.）
販売
コーヒー豆に利益を上乗せして転売
焙煎
コーヒー豆に利益を上乗せして転売
コーヒー豆の物理的移動
コーヒー豆の物理的移動
税率の安い国の子会社で利益を計上し、さらに権利使用料を欧州本社に納め、借入金利をアメリカ本社に納める事で税率の高いイギリスでは損失を計上
コーヒーの焙煎をオランダで行い、利益を税率の低いオランダで再度利益を計上
コーヒーのような交際取引商品の売買収益への優遇税制があるローザンヌで仕入れて、利益を計上

＊ロンドン銀行間取引金利

出典：内閣府. 2013-10-24. "第1回　国際課税ディスカッショングループ（2013年10月24日）資料一覧"、http://www.cao.go.jp/zei-cho/gijiroku/discussion1/2013/25dis11kai.html より筆者作成

49兆円）の資金が海外に留保されていると指摘します。

　これはアメリカのみの、しかも大企業だけの調査です。世界の他の国々や、より規模の小さい企業の実情も調査すれば、全体ではこれよりもさらに大きな規模の租税回避が行われているのは、ほぼ間違いないでしょう。

　図20－1で示した事例のように、スイスの法人で原材料を輸入したり、オランダの法人に特許を取得させたりイギリスの自治領に事業投資会社を集約したり、もはや国の数以上に節税のスキームが存在します。[*8] 管理会計の数字と財務会計の数字は大幅に乖離し、節税目的で商品とサービスが国家間を移動することすらあるのです。多数の国に展開する価値連鎖を活用すれば、税金の低いところに利益を配分することは難しくはありません。[*9]

＊8　イギリスのスターバックスの節税スキームについては、2012年の『Reutors（ロイター）』の特別レポートも比較的詳細に報じています。(Bergin, Tom. October 15, 2012. "Special Report: How Starbucks avoids UK taxes." *Reuters*, http://uk.reuters.com/article/2012/10/15/us-britain-starbucks-tax-idUSBRE89E0EX20121015, [accessed 2013-12-24].)

＊9　とくに、租税回避地（タックス・ヘイブン）に関する詳細な調査としては次の著作が詳しい。Palan, Ronen P., Murphy, Richard., and Chavagneux, Christian. 2010. Tax Havens: How Globalization Really Works. Cornell University Press.（『【徹底解明】タックスヘイブン――グローバル経済の見えざる中心のメカニズムと実態』青柳伸子訳、作品社、2013年）

また、多国籍企業の事業自体が進出国に不利益をもたらすこともあります。

多国籍企業は、世界に存在する無数の立地の候補地から、自社の事業にとって最適な候補地を選択します。しかし、その選択の行為の中で、先進国であれば許され得ない行為が、容易に許される環境に立地を選択しようとする事例があります。

たとえば、先進国で操業しようとすれば多額の環境対策費を計上しなければならない化学プラントも、新興国の一部では必ずしもそうした負担を払う必要がない状況があり得ます。先進国の生産工程では使用することができない化学物質も、途上国の生産工程では必ずしも使用を禁止する必要がないという現実も指摘できます。

多くの良識ある多国籍企業が自発的にそうした化学物質の使用を自粛し、進出先の地域の環境に配慮した操業を行う一方、極論を恐れずに言えば、外部不経済を撒き散らすように事業を行う多国籍企業が存在する可能性も、否定はできません。

無論、これは限られた例に過ぎません。しかし、一国の法制度に基づかない事業展開を実現するこれらの企業は、過去よりもはるかに大きな力を持ち、それゆえに社会を歪めることや、国家への義務を果たさない選択をすることもできるかもしれないのです。

善悪では片付かない、企業倫理の枠を超える判断

多国籍企業は、その力を用いて販売促進活動、製品開発や製品調達などのすべての活動において、潜在的に進出国の市場環境を破壊する力を持ちます。

商品開発においては、先進国に比較して規制の少ない現状を活用し、先進国では規制されている素材や原料を用いた商品の提供が行われることもあります。製品の調達においても、第15章で触れたように、新興国の劣悪な労働条件を言わば看過すること、つまり、先進国の水準では到底許されない生活や労働環境を黙認していた事実はときに大きな批判にさらされます。

販売促進活動においても、たとえばタバコメーカーの例は議論を呼びます。日米欧において喫煙の危険性が指摘されるなか、多くの先進国市場においてはテレビ広告などにおいて商品イメージを強く売り込む宣伝活動は規制されつつあります。その一方、規制の少ない国々において、できるかぎり自社の利益を中心に販売活動を行う行動が大きな議論を呼んでいます。

さらには、自社の利益を守るために、そうした新興国の政策意思決定プロセスに対して影響をもたらそうとする動きも見られます。顕著な例としては、タバコ販売業者のフィリップ・モリスがコンサルティング会社のアーサー・D・リトルに依頼して作成したチェコ共和国における喫煙の政府支出への影響を分析したレポート[*10]が有名です。

*10　ADL., and Arthur D. Little. November 28, 2000. "Public Finance Balance of Smoking in the Czech Republic." *Legacy Tobacco Documents Library*, http://legacy.library.ucsf.edu/tid/jxn10c00, (accessed 2013-12-24).

このレポートは、喫煙する人口が早期に死亡することによって、医療費と年金と公的支援が抑制できることと、喫煙する人口がたばこ税を収めることによる増収効果により、喫煙する人口に対する医療費等の政府支出の増加は相殺できると主張します。無論、このような乱暴な議論は大きな反発を呼び、フィリップ・モリスは公式に謝罪すると同時に、他の新興国でも行っていた同様の調査を中断するに至りました。

国際的な経営環境においては、「正しい」とされる論理や行動をどう考えるかは、相対主義（Relativism）を取るのか、規範主義（Normativism）を取るかによって大きく異なります。

企業倫理という言葉を考えるとき、「倫理」という言葉が何を指すかは実は様々です。その倫理が法律で厳格に定義されている場合はわかりやすいかもしれません。しかし、それが政府や顧客、取引先、メディアに期待される暗黙的な要請となったとき、その解釈は多様になります。

倫理観を持つ企業は一般的に社会的により評価され、また採用や販売など様々な側面で優位に立つことができると理解されています。これは、企業がよって立つ環境が均質的（Homogeneous）であれば、比較的単純な議論につながります。

しかし資本主義の多様性の時代、国際的な経営環境では、その環境が不均一（Heterogeneous）な制度により構成されています。すなわち、よって立つべき倫理が絶対的ではない可能性を理解する必要があるのです。

制度の多様性は、文化、慣習、規範、法制度の多様性の言い換えということもできます。このとき、社会的責任という言葉の定義も、揺るがざるを得ません。

無論、規範主義の立場に立てば、全世界で統一的に企業が果たすべき行動規範が存在し得るという議論ができます。しかし、相対主義の立場に立てば、倫理が指し示す正しさは無数に存在し、絶対的ではなく、集団間で異なる可能性を意識する必要があります。

すなわち、「郷に入りては郷に従え」という考え方を取ることが正解と言えるかもしれません。これは善悪ではなく、白黒でもない議論であり、答えは恐らくその中間のどこかにあります。少なくとも、そう想定するのが無難です。

どこまでを規範主義に基づく正義と捉え、どこからを相対主義に基づいて現地の状況に合わせるのか、その判断をどこで下すかに絶対的な答えがないからこそ、国際的な状況では、単一の国の中で議論するよりもはるかに企業倫理という考え方の重要性が高まります。そして、世界統一的な法規制や国際的な協調の枠組みが十分に整備されていない状況が追い打ちをかけるのです。国際的な組織、多国籍企業には、まさしく自制することが求められます。

これは、企業の社会的責任（CSR：Corporate Social Responsibility）という領域の議論でありながら、その定義を超える議論なのかもしれません。

企業は、倫理的、法的、商業的に、顧客、利害関係者、従業員、そして社会の期待値に応えなければなりません。したがって、多国籍に展開する企業は、多様な価値観を背景とする論理間の広がりを満たすための困難に直面すると言えます。

仕組みとして可能であり、それを許さないものが存在しない行動であっても、ときとして世界のどこかからか問題視されることがあり得ます。このような、世界中の多様性を源泉とする多様な要請に対するコストを考えれば、企業の社会的責任を企業の通常業務とは切り離したものとして考えるのではなく、自社の組織や事業に一体化したものとして捉え直す必要があるのかもしれません。

「共益価値の創造（CSV）」という概念の登場

実際、増え続ける危険性と事業費用を考えると、企業の社会的責任と企業の通常業務の両面を一体化するべきだと主張する声もあります。

マイケル・ポーター氏とマーク・クラマー氏は、これからの企業は、企業の社会的責任から、共益価値の創造（CSV：Creating Shared Value）にその社会貢献への意識を転換していくべきだとします。

企業の社会的責任が、企業の評判を高めるために実業と切り離されて運用されていたことが多いのに対して、共益価値の創造という概念は、社会への貢献を実業に取り込み、それをもとにして収益性や競争優位を実現していく発想が求められると主張します。

ポーター氏とクラマー氏は、これからの企業は、その独特の資源や知見を活かすことで共益価値を創造し、それにより経済的な価値を創造することが求められるとします。さらには、資本主義経済システムの機能不全の現実に対して、その定義を拡張することで、企業にその事業のあり方の変革を求め、市場経済が果たす役割を転換させ、事業が持つ社会に対する意味を再生させることができるとも言います。

残念ながら、この概念の実現可能性は、十分な事実や研究に支持されているわけではありません。ポーター氏とクラマー氏が共益価値の創造の概念を発表したのは、実務家向けの経営誌である『ハーバード・ビジネス・レビュー』の中でも「The Big Idea」というセクション、つまり提言として記載された記事[*11]でした。

この概念の価値が低いと言っているわけではありません。重要なのは、これが実現するかどうかは、まだ不明であるという事実です。

理想として社会の要請に応えることと、利益の要請に応えることを両立するのは、もちろん魅力的です。しかし私は、そのような行動を大多数の多国籍企業が取れる世界がすぐ実現するかと問われると、難しいと答えずにはいられません。

多国籍企業を所有する経営者たちが、一部の著名な慈善活動家のようにその富を世界のために使う時代が来るかは、わかりません。しかしだからこそ、私たちはより強く、明確に多国籍企業の果たすべき大きな責任を意識する必要があるのです。

＊11 Porter, Michael E., and Kramer, Mark R. January 2011. “Creating Shared Value.” *Harvard Business Review*, http://hbr.org/2011/01/the-big-idea-creating-shared-value, (accessed 2013-12-24).

第Ⅱ部や第Ⅳ部でも紹介してきたように、多くの企業が多国籍に展開して世界的な価値連鎖を実現する時代を迎え、極めて小さな企業も含めた企業の集合体でもある多国籍企業が、世界経済の未来に与える影響は極めて大きいと言えます。

したがって、私たちが直面し、私たちの子孫が直面する未来の経済と組織の姿がどのようになるかは、国家よりも大きく、どの国家にも依存せず、しかし人間の行動と生活に大きな影響を与える多国籍企業が、どのような正義に影響されて事業活動を行うかに大きく左右される可能性があります。

そのとき、企業の意思決定に影響を与える1人ひとりが、高い倫理性、それが規範的であろうと相対的であろうとも、すなわち一定の正しさに基づいた、人類の幸せに貢献する方向に資する意思決定を行う必要があります。

それをできるかできないかが、私たちの未来を大きく左右しているのです。

第21章　「都市の成長」が描く新しい世界

未来の世界は国ではなく都市単位で創られる

企業倫理の重要性が高まることに加えて世界経済の未来に関してもう1つだけわかることは、未来は国を単位とするのではなく、都市や街区を単位とする時代となるということです。

国がもたらす役割が相対的に低下し、人々が職と豊かさを求めて自由に移動し、多国籍企業が国境を越えてさらに動的に価値連鎖の網の目を構築すると仮定した場合、次の数十年の経済成長も、都市化の流れとともにあることは容易に想像できます。

過去の経済発展の経緯を遡れば、都市化の流れは、経済成長とは切り離せない動きとして見ることができるでしょう。たとえば、2012年6月のマッキンゼー・グローバル・インスティテュート（McKinsey Global Institute）のレポート[*1]では、主要国の1人あたりGDPの成長と、都市化

*1 Dobbs, Richard., Remes, Jaana., Manyika, James., et al. June 2012. "Urban world: Cities and the rise of the consuming class." *McKinsey Global Institute*, http://www.mckinsey.com/insights/urbanization/urban_world_cities_and_the_rise_of_the_consuming_class, (accessed 2013-12-24).

図21-1 1人あたりGDPの増加と都市化進行の関連性

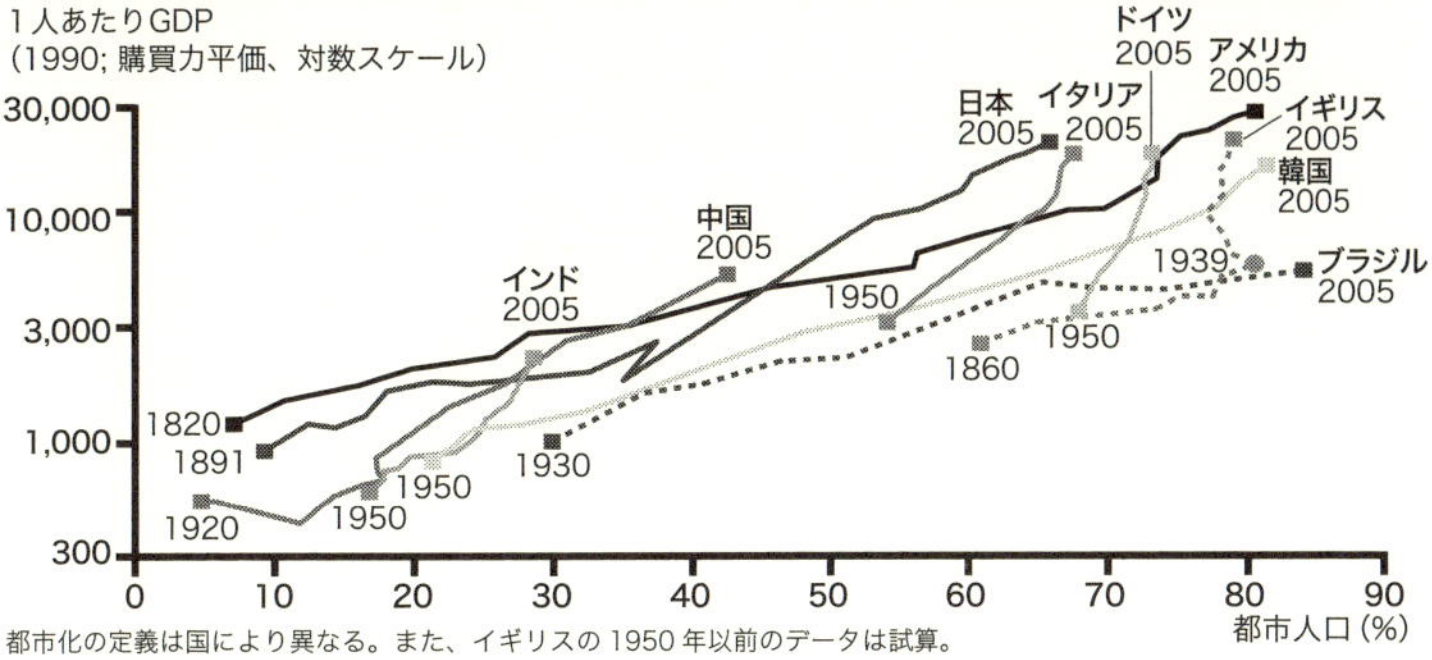

都市化の定義は国により異なる。また、イギリスの1950年以前のデータは試算。
SOURCE: Population Division of the United Nations; Angus Maddison via Timetrics; Global Insight; Census reports of England and Wales; Honda in Steckel & Floud,1997; Bairoch, 1975

出典：Dobbs, Richard., Remes, Jaana., Manyika, James., et al. June 2012. "Urban world: Cities and the rise of the consuming class." *McKinsey Global Institute*, http://www.mckinsey.com/insights/urbanization/urban_world_cities_and_the_rise_of_the_consuming_class より一部筆者加工

の進行の間に存在する関連性を明確に図示しています（図21-1参照）。

この分析では、50年以上前まで遡る購買力平価換算の1人あたりGDPの数値と、その国の都市化の程度を示す指標を組み合わせ、アメリカやイギリス、そして日本、中国、ブラジルといった主要国のすべてにおいて、経済の発達が都市化の進行と相関の関係にあることを視覚的に示しています。

この調査ではさらに、新興国に存在するわずか４４０の都市が、２０１０年から２０２５年の経済成長の47%、年収７万ドル以上の高収入世帯の増加の60%を生み出すと予測します。すなわち、次世代の成長は新興国にあると同時に、都市にあると予測しています。

また、同じ研究プロジェクトの２０１１

年3月のレポートを参照すれば、現在においても、世界の100の都市が世界GDPの38％を占め、600の都市が世界GDPの約60％を占めていることがわかります。

GDPには様々な要素が含まれるために、各企業が個別の商品やサービスに関連する市場の動態を入念に調査する必要はあります。しかし、全体的な傾向として、現在でもすでに高い都市への集中が、これから先の未来ではさらに進むことが予期できます。そして、その都市の規模が大きくなればなるほど、都市ごとの個性も深くなり、たとえば都市ごとに広告販売促進の戦略を適合させる必要性も高まります。

実際、詳細なマーケティングデータを分析すると、同じ国であっても都市ごと、より正確に言えば都市圏ごとに顧客趣向は異なります。

これは、関西圏と関東圏の味覚の違いを想像していただければ、わかりやすいかと思います。同じうどんであっても、薄味を好む都市クラスターと、濃い味を好む都市クラスターが存在します。味覚と同様に、風土が違えば生活習慣も異なります。国に進出することの困難性が低下すればするほど、その都市クラスターごとの差異の意味が際立ちます。

もちろん、製品やサービスの特性の違いによりその重要性にも差異がありますが、国ごとに議論をするよりも、都市ごとに議論を重ねたほうが、より有効な価値連鎖の構築と、販売効率化につながる可能性は十分にあります。

すでに高級嗜好品の領域では、この事実は感覚的に理解されています。こうした商品の価値を理解し、またそれを購入できる顧客層が集中している都市は世界の限られた場所であるため、商品やそれに関連するサービスを提供する企業群は、都市の枠をさらに超え、都市の中の特定の地域に出店することを望みます。

それはニューヨークの5番街かもしれませんし、パリのサントノレ通りかもしれませんし、ロンドンのオールド・ボンド・ストリートかもしれませんし、東京の銀座かもしれません。こうした企業は、「国」ではなく、「都市」でもなく、「街区」で選んでいる、とすら言えるのかもしれません。

国家単位の産業振興政策の終わり

都市を単位とするというのは、現在でも一部の企業においては当然のように行われています。実際、実務において生産拠点としての進出や、販売店舗の展開の検討をする際に、中国とフランスとアメリカを比較することは極めて考えにくいと思われる方も多いでしょう。国家単位の比較では具体性が低過ぎると感じるからです。

マッキンゼーのレポートで紹介されている2012年2月の調査によれば、2962名の経営者に対して調査を行ったところ、所属する企業の進出先の意思決定を国単位ではなく都市単位で行っているのは19％の企業に過ぎません。

しかし、将来の消費の成長がこれだけ限られた数の都市に集中するという予測を鑑みれば、近い将来において、都市を中心に考える戦略構築がより重要視される時代となる可能性は高いと言えます。

そして、国を単位としてではなく、より細緻な都市や街区のレベルで世界中の立地を比較し、それをもとに価値連鎖を構築することは、第13章で述べたように、決して大企業の専売特許とはなり得ません。逆に、国際新興企業やボーングローバル企業と呼ばれる企業のほうが、柔軟に、機動的に、こうした意思決定を行える可能性が高いと言えます。

世界起業家は、より機動的に、より論理的に、世界の都市をつなげて、その事業を十分な低コストで運営する能力と実績を持とうとしているのです。

このように、商品やサービスの特性に合わせ、それごとに生産と販売のネットワークを設計する時代、どのような企業でも、販売において「都市」を選択する時代が到来すると予測することは、一定以上の合理性があるはずです。

同様に、「国」と「都市」を巡る議論は、生産拠点を巡る議論にも関連します。販売面の戦略検討において「国」ではなく「都市」が重要となる以上に、古くから生産拠点の検討においては、産業集積の重要性が認識されています。

これは経済学において古くから議論されており、私の理解でも少なくともアルフレッド・マーシャル氏の1890年の著作『Principles of Economics』[*2]にまで遡ることができる古い概念です。

これは、さらに新貿易理論に関連する議論によって国際経済学に導入され、対外直接投資の研究者によって国際経営論の領域にも紹介されます。日本では産業振興策を議論する文脈から検討されることが多く、シリコンバレーの興隆の原因を分析したアナリー・サクセニアン氏の1994年の著作『Régional Advantage』[*3]は有名かと思います。

このように社会科学的な、または政策的な関心から発展した産業集積に関する議論は、とくに1990年代後半から実践への関心、つまり企業戦略にその意味をどう反映するべきかという議論にもつながっているのです。

企業の経営の文脈にこの概念を広めた代表者の1人は、あえて繰り返し言及するのであれば、これもマイケル・ポーター氏と言えるでしょう。彼は1990年の記事[*4]やこれに関連する書籍を中心に、国家や地域の競争力の議論を展開します。そしてさらに、たとえば1998年の記事[*5]においては、この産業集積の意味を実務家の戦略にどう落とし込むべきかを議論しました。これも彼の、実践の科学としての経営学への貢献の1つです。

この記事では、クラスターの概念を理解して戦略に落とし込む際には、どのクラスターを選択するか、どのようにクラスター内のネットワークに入り込むか、どうすればクラスターの魅力を高められるか、そして、どのようにクラスター内の他者と協調的に事業を展開するかを詳細に検討する必要があるとします。すなわち、実際に進出する場所に存在する産業集積の特徴を理解し、

*2 Marshall, Alfred. 1890. *Principles of Economics*. Macmillan.(『経済学原理』馬場啓之助訳、東洋経済新報社、1965年)
*3 Saxenian, AnnaLee. 1994. *Regional Advantage: Culture and Competition in Silicon Valley and Route 128*. Harvard University Press.(『現代の二都物語』山形浩生・柏木亮二訳、日経BP社、2009年)
*4 Porter, Michael E. March 1990. "The Competitive Advantage of Nations." *Harvard Business Review*, http://hbr.org/1990/03/the-competitive-advantage-of-nations/ar/1, (accessed 2013-12-24).
*5 Porter, Michael E. November 1998. "Clusters and the New Economics of Competition." *Harvard Business Review*, http://hbr.org/1998/11/clusters-and-the-new-economics-of-competition/, (accessed 2013-12-24).

それに入り込み、貢献し、それと協調することが求められると解説しています。

こうした議論は、世界的な価値連鎖の時代が進む現代であるからこそ、実践の科学としての重要性をより増していきます。国にこだわらず、世界各地から最良のものを選び取ることは、さらに言えば、世界中のクラスターを活用した最良の価値連鎖を構築することでもあります。

アメリカとして競争力を議論するのではなく、シアトルの航空宇宙産業、シリコンバレーのＩＴビジネス、ラスベガスのカジノ産業、ハリウッドの映画産業、ニュージャージーの医薬品産業というように、各地域が各地域での競争優位をもって世界と戦うことが必要です。逆に言えば、企業の側もこのような各地域の集積を理解し、それを戦略的に活用することが求められる時代であると言えるのです。

クラスターがさらに吸引力を増せば、そこにより多くの人材が集まり、より多くの人材が集まれば、またクラスターの魅力が高まります。それは、都市の側からすれば、特色ある産業開発と育成が求められるという事実にもつながります。そして国の政策から見れば、国家単位の政策形成から、地域単位の政策形成への転換を迫られる時代であるという事実へとつながるのです。

この事実を鑑みれば、国家単位で画一的な産業振興政策を立案する時代は終わろうとしているとすら言えるのかもしれません。地方分権を盲信しているわけではありませんが、少なくとも、各地域が世界で戦える独自性に注力をした特色あふれる施策立案を行える自由度を、担保する必要性が高まっているように思います。

地域を基準に職場を選ぶ可能性

1人ひとりの個人の立場から見れば、この現実は、自分が探究したい道の最先端が生まれる地域にいる重要性が高まることも意味します。

現在においても、料理人、職人、音楽家、研究者が海外の様々な場所で武者修行をしています。もし各地域、各産業クラスターの専門化が進む時代となれば、企業の実務家も、自分の専門性が最も発揮できる地域に移動していく時代になるのかもしれません。

実際、近年の東アジアの管理部門のシンガポールへの集積は、バックオフィスに関わる業務が、シンガポールへ次第に集積している事実を物語っているようにも思えます。ITに関わる事業を行う際に、シリコンバレーで起業することの利点が指摘されるのと同様に、世界中に専門化したクラスターが興隆し、特定の専門家を惹き付けるようになる可能性は十分にあり得ます。

第3章で示した三菱商事の金属資源トレーディング事業のシンガポールの移転や、日立製作所の本社機能の移転の検討は、このような未来を想起させる事実かもしれません。これ以外にも、たとえば2013年12月の新聞記事[*6]では、日本のガンホー・オンライン・エンターテイメントが、買収したスーパーセルの資源を活用して、本社機能をフィンランドに移転することを検討しているという報道がされています。

*6 Grundberg, Sven., and RossiThe, Juhana. November 14, 2013. “GungHo Chairman: Company May Move Headquarters to Finland – Update.” *Wall Street Journal*, http://online.wsj.com/article/BT-CO-20131114-710563.html?dsk=y, (accessed 2013-12-24).

現状では、トミ・ラーマネン氏らの2012年の論文[*7]によれば、企業が本社を移動させる背景には、税金や労働需給の要因の影響が色濃く見られる状況です。しかし、企業がその本社さえも柔軟に移動させ得る世界が訪れようとしているのであれば、世界中に専門化したクラスターが興隆する未来も、あながち大それた未来像とは言い切れない可能性があります。

このような時代においては、海外に出るときに、それぞれの多様な選択肢の中から選ばれることになります。少なくとも、欧米や中国などの特定の国だけが検討の対象に上がる時代は終わりを告げるでしょう。自分の目指す道に応じて、自分の働く場所を世界から選ぶ時代になるのかもしれません。それは、組織にとっても、個人にとっても同様です。

消費の側面では、都市化のさらなる進行が、国ごとに進出先を考えるのではなく、都市ごとに戦略を考えることにつながります。そして、生産の側面では、集積の利点を享受する生産のクラスターが、セミ・グローバリゼーションの恩恵を受けてさらにその吸引力を増すことが考えられます。

この流れが、グローバル統合企業がとり得る価値連鎖の戦略との相乗効果により、より強く進行する未来があると予測することは可能です。

2013年の7月に「アカデミー・オブ・インターナショナル・ビジネス」の年次総会の基調講演において、ザ・コカ・コーラ・カンパニーの会長兼CEOであるムーター・ケント氏は、現代の経営は、「作り上げる人々のネットワークと、消費する人々のネットワークをどう革新する

*7 Laamanen, Tomi., Simula Tatu., and Torstila, Sami. 2012. "Cross-border relocations of headquarters in Europe." *Journal of International Business Studies* 43(2): 187-210.

か」であると主張しました。全世界的に展開する企業の経営者には、国単位ではなく、より細緻な都市を単位とした生産と消費のネットワークの構築がすでに想起されているはずです。

2013年のUNCTADの「World Investment Report」[*8]の副題は、「Global Value Chains: Investment and Trade of Development（世界的な価値の連鎖：投資と貿易の発展）」でした。このレポートは、国際的な調査機関が作成した国際的な価値連鎖に対して、各国の政策担当者をはじめとする実務家がどのように理解を深め、行動を起こせばいいのかを議論できる数多くの分析を掲載しています。

すでに国際的な議論の俎上にも、この世界的な価値連鎖のもたらす意味を巡る議論がのせられる時代が来ています。

「多様性の組み換え」で本格的な都市の時代へ

私は、セミ・グローバリゼーションの先に来るのは、国ではなく、都市の多様性の時代であると考えています。そしてそれは、きたるべき多様性の組み換え（Recombination of the varieties）の兆候です。

セミ・グローバル化の議論は、フラット化するのか、しないのかという議論でした。フラット化する方向に向かっているとはいえ、まだグローバル化は完璧ではないとするセミ・グローバリ

*8 UNCTAD. "World Investment Report 2013: Global Value Chains: Investment and Trade for Development.", http://unctad.org/en/pages/PublicationWebflyer.aspx?publicationid=588, (accessed 2013-12-24).

ゼーションの世界観は、現代を理解するには極めて有用な概念です。

しかし未来を考えるときには、どこまでも現在のセミ・グローバリゼーションの状況が続くと考えるのは不適切です。世界が完全にフラット化することはないと私は考えます。しかし、現在の多様性、セミ・グローバル化がいつまでも続くとも思いません。多様性が消えるわけではありませんが、多様性の組み換えが起きるのです。

現在の先にあるのは、国境と地理的な距離による断絶がさらに解消していき、世界各地の相互理解が進む側面もある一方、消費のクラスターたる都市の重要性が高まり、同時に生産のクラスターである産業集積の独自性がより重要となる世界です。国家が消え去るわけではなく、その影響力は残ります。しかし企業が意思決定するとき、検討するべき多様性の分析の単位（Unit of Analysis）が変わる時代です。

国家間での制度の違いは、経済的格差が解消されるとしても残るでしょう。一面において自然言語と人工言語の共通化は進み、文化的な相互理解も進むものの、しかし逆に個性が生き続けます。そして、情報技術を活用したより複雑な個人間と組織間のネットワークが存在するとき、私たちの戦略の背景とするべき立地の特殊性の理解は、立地の概念を細緻化し、ときに立地の概念を超える必要があるはずです。

世界が多様性を保持しながらも、多様性の有り様が変化する。これを私は、「多様性の組み換え」と呼びます。

もちろん、地理的な隔たりを超えてつながり合う個人や、より動的に立地選択を行う企業の行動が、具体的にどのような多様性の組み換えにつながるかはまだわかりません。フェイスブックやラインなどの新しい技術がもたらす人々のつながりが、マーケティングを超えて企業の国際経営戦略にどのような意味をもたらすかは、まだ想像の域を出ないでしょう。

しかし少なくともわかるのは、その兆候として、都市の時代が訪れるということなのです。世界的な価値連鎖を活用した企業の戦略と、それを呼び込もうとする各国政府の産業振興策は、「国家」を単位とした時代から、「都市」や「街区」を単位とする時代への進化につながります。極めて楽観的な予測に基づけば、その時代はすぐ先の未来です。

その先に、国際という名がつく経営戦略がどのような多様性を扱う必要があるのか。その問いに対しては、多様性の組み換えが起こるということしか、まだ未来は見えていません。

第22章 「ブラック・スワン」に備えるシナリオ分析

予測できる未来とできない未来を切り分ける

超長期の未来がどこに向かうのか、その推測には大きな困難が伴います。

しかし、全般的な方向性として、人口がどうなるかであるとか、高齢化がどうなるか、経済成長がどのように進むかなどのマクロ的な予測は可能です。地球温暖化の影響や、技術進化や情報技術がもたらす人々のつながりの未来を想像することもできるでしょう。

近未来の世界に対する近年の予測として最も有名なのは、『エコノミスト』が2012年3月に出版した『Megachange』[*1]と、アメリカの政府機関である国家情報会議（NIC）が2012年12月に公開した「Global Trends 2030」[*2]かと思います。

たとえば、『エコノミスト』は、医療技術の進歩や、経済成長による女性の社会進出、ソーシ

*1 Franklin, Daniel., and Andrews, John., eds. 2012. The Economist: Megachange: *The World in 2050*. Profile Books.（『2050年の世界』船橋洋一解説、東江一紀・峯村利哉訳、文藝春秋、2012年）

*2 The National Intelligence Council. "Global Trends 2030: Alternative Worlds." *the Office of the Director of National Intelligence*, http://www.dni.gov/index.php/about/organization/national-intelligence-council-global-trends, (accessed 2013-12-25).（『2030年 世界はこう変わる――アメリカ情報機関が分析した「17年後の未来」』谷町真珠訳、講談社、2013年）

ャルネットワークの発展、英語の一極支配の継続、宗教の後退、中国の軍事的な台頭とテロの脅威、世界的な高齢化、宇宙開発の進展など、数々の未来の可能性を予測します。そして、ＮＩＣのレポートも、個人の力の増大、新興国の台頭、人口構成の変化、食料と水とエネルギーの問題、世界経済の不安定化、大国の対立、地域紛争の可能性や、技術革新の影響を予測します。

これらの予測は、全世界の規模で見たときに、全世界に影響を与えるマクロ的な要因を議論したものです。現在の経済や社会、技術の変化の方向性を鑑みて、想定され得る世界構造の変化に関して貴重な洞察を与えてくれます。

しかし、いわゆる「決め打ち」で世界がこうなっていくという予測は、得てして人間社会の不確実性によって大きく的を外すものです。これらの予測で描かれている将来像も、基本的な経済成長の予測ですら、かけ離れた未来が待っている可能性があるのです。

現在の経済成長のトレンドや、多国籍企業の戦略と世界的な価値連鎖がもたらす世界的な生産活動のつながりを前提とすれば、先進国に集中する生産と消費の活動が、ある程度以上は新興国に流出していくことは合理的な予測ではないかと思います。そして、すでに述べたように、国を単位としてではなく、都市を単位として考える時代が到来することも、一定以上の確度を持って主張できるのではないかと思います。さらには、その先に多様性の組み換えが起こることも、高い可能性として指摘できます。

しかし、それ以上の詳細については、私たちは多くの不確実な可能性を議論することしかできません。たとえば、中国がこのまま経済成長を続け、世界の富の過半を占めるようになる世界が訪れるのかに関しては、懐疑的な声を挟む人々も多くいます。

過去を振り返れば、1970年代の後半から80年代の前半にかけて、世界を飲み込むかのように成長を続ける日本の経済成長を垣間見た世界が、同じような予測をしました。様々な多国間の調整と対立があったとしても、もしかしたら日本が世界経済を完全に掌握する日が来るのではないか、と想像した時代があったのです。

今となっては、日本の80年代後半からの急激な土地価格と株価の上昇はバブル経済であったことが認知されています。しかし、そのただ中にあっては、あたかもそれが永遠に続くかのように想像した人間が無数におり、だからこそ、あれほどの異常な市場変動が起きたのは、少なくとも事実の1つの側面でしょう。

私たちは未来を想像することはできますが、その想像の方向性は、決して1つであるべきではなく、想像を絶えず磨き込み、検証し続けなければならないとも言えるのです。

実際、アメリカ合衆国大統領の政策判断の参考材料にも利用されるNICの長期予測は、4年に1度見直されています。また、そのレポートが示唆する2030年の姿も、シナリオ分析の形で4つの異なる方向性として表されています。そして、このシナリオ分析の手法は、2025年版、2020年版、2015年版には明確に含まれ、また公開されている最も古い

2010年版においても、会議の席上においてシナリオ予測が議論されたと記載されています。

シナリオ分析とは、不確定要素の大きな超長期の予測においても、全世界のおおまかな方向性として、どういった方向に世界が移動していく可能性があるかを議論するための方法論です。また、不確実性の高い未来を想定するために、異なる条件を設定した複数の未来を仮定し、その未来が現実に現れたときに、どのように対応すればよいかを議論するための方法論でもあります。[*3]

もちろん、個別のシナリオそのままの世界が現出することもあり得ますが、多くの場合は、複数の特徴的なシナリオの複合体としての、現実の未来が現れてくるとされています。重要なのは、その可能性の全体の広がりに対して、十分な対応力を担保することにあります。

企業の経営者には、そして国の政策当事者には、さらには未来にも生きる個人にも、複数のシナリオを想定することで未来の振れ幅を予測し、それをもとに幅を持った将来予測を行うことが求められるのです。

未来がわからないのは当然です。とくに国際的な経営環境となればなおさらです。しかし、どの程度未来がわかるかを理解し、わかる範囲と、わからない範囲を切り分け、それにより起こり得る可能性に対処しておく必要があるのです。

*3　シナリオ分析の手法の詳細に関しては、たとえば、次の書籍が写真や図表を交えて端的に解説しています。Wade, Woody. 2012. *Scenario Planning: A Field Guide to the Future*. Wiley.（『シナリオ・プランニング――未来を描き、創造する』野村恭彦監訳、関美和訳、英治出版、2013年）

予測が的中するかどうかは重要ではない

NICの2030年を予測したレポートでは、「欧米没落型」「米中協調型」「格差支配型」「非政府主導型」の4つの可能性（シナリオ）を想定し、それぞれにどのような特徴があるかを議論しています。

15年先の将来予測を評価することは困難を伴います。したがってまず、私たちが結果をほぼ理解している過去の予測を簡単に解説することで、この手法のイメージをつかんでいただければと思います。

次に挙げる4つのシナリオは、NICが1999年に発表したレポート*4に記載されている、2015年の4つの予測シナリオです。まずは15年前に予測されたこの予測を、2015年を想像しながら概観してみましょう。

①包括的グローバル化（Inclusive globalization）
②有害なグローバル化（Pernicious globalization）
③地域競争（Regional competition）

＊4 The National Intelligence Council. "Global Trends 2015: A Dialogue About the Future With Nongovernment Experts.", http://www.dni.gov/files/documents/Global%20Trends_2015%20Report.pdf, (accessed 2013-12-25).

④一極支配後の世界（Post-polar world）

①と②のシナリオは、グローバル化が良い方向に進んだ場合と悪い方向に進んだ場合の議論を比較します。③と④のシナリオは、地域競争が紛争とならない未来と、地域紛争が頻発する未来を対比させています。

包括的なグローバル化が進む方向以外の未来は、世界的な協調体制は十分には構築されない未来です。そして、後者に進むにしたがって、地域間の紛争の可能性が高まる未来を示します。すべてのシナリオにおいて、世界は人口増加、資源の枯渇、不完全な統治体制の悪い影響を受け、グローバル化のメリットを十分には受けられない人々が存在し、内戦や政府の機能不全の危険性にさらされる可能性も消えません。ここまでが、ある程度予測できる未来です。

包括的なグローバル化の未来は、グローバル化が着実に進行し、多数の人々がその恩恵を享受できる未来です。経済の自由化は進み、多くの政府は安定し、政府の力は相対的に小さくなります。非営利組織や非政府組織などの民間の活力や、そして情報通信技術の進化により多くの課題が解決されていく未来です。

有害なグローバル化の未来は、グローバルに活躍する人々が増えていく一方、世界の多数の人々はグローバル化の恩恵を受けることができず、人口増加と資源枯渇が多くの国々の重荷となります。技術は十分に新興国の課題を解決することができず、経済成長も一部の先進国と限られた途上国のみが享受します。

地域競争の未来は、地域の独自性がより意識される未来です。個々の地域が自分の地域の利益を優先し、地域経済の統合が進む一方、ヨーロッパ、アジア、アメリカの諸国間の競争関係が熾烈となります。これは地域間紛争とはならないものの、地域内競争の激化につながり、それ以外の国々をも巻き込んだ対立となります。

一極支配後の世界は、アメリカの力の低下を原因として、世界各地、なかでもラテン・アメリカで紛争の火種が広がります。朝鮮半島の安定は継続する一方、アジア諸国の対立の可能性が高まります。とくに中国と日本の対立が激化し、日本のアメリカに対する支援の要請により、アメリカはアジアとラテン・アメリカに注力せざるを得ない状況となります。

1999年のNICの長期予測は15年後、すなわち2015年の世界を予測したものです。この15年前の予測は、現在の状況を予測できていたでしょうか。

別の言い方をすれば、この4つのシナリオの予測する振れ幅の範囲に、2015年の世界は存在していたでしょうか。

未来を決め打ちで予測するのではなく、未来を左右する環境要因を構造的に把握し、構造的に異なる未来の可能性をシナリオとして複数作成することで、より実践的で現実的な超長期の予測が可能となります。

重要なのは、その予測があっていたかどうかではなく、その予測を通じて、未来を左右する要因を理解し、それを現在の行動に落とし込めるかどうかなのです。シナリオ分析のベストセラーであるキース・ヴァン・デル・ハイデン氏の『Scenarios』[*5]によれば、このシナリオ分析の考え方を最初に継続的に将来予測と戦略構築に活用したのは、エネルギー会社のシェルであると言われています。

シェルは現在においてもシナリオ分析を活用しており、その取り組みはシェルのウェブページにおいて詳細に解説されています。そこには、シナリオ分析の結果に関するレポートだけではなく、その方法論に関してや、またシナリオ分析自体に関する解説も充実しています。

シェルのシナリオ分析採用40周年の特集ページ[*6]や、2013年発表の本稿執筆時点での最新のシナリオ[*7]、そして、これまでシェルが発表してきた2050年や2025年のシナリオ分析など、過去のシナリオ分析の資料[*8]が豊富に揃っています。

そのほかにも、たとえば海運を中心とした2030年のシナリオ分析である「Shipping Scenarios 2030」[*9]がフィンランドの船舶用機械のメーカーであるバルチラから公開されています。これはシェルの予測がエネルギーを中心とした未来を予測しているのに対して、海運産業を中心にした未来を想定しており、海運に関係した産業に多くの示唆を与えてくれます。

また、世界的な運輸会社のDHLが公開した2050年予測である「Delivering Tomorrow」[*10]も、運輸業界に関連する要素を中心にした予測ですが、より多くの実務家にとって関連する未来

*5 van der Heijden, Kees. 1996, *Scenarios: The Art of Strategic Conversation*. John Wiley & Sons.(『シナリオ・プランニング』西村行功訳、グロービス監訳、ダイヤモンド社、1998年)
*6 Shell. "40 years of Shell Scenarios.", http://www.shell.com/global/future-energy/scenarios/40-years.html, (accessed 2013-12-25).
*7 Shell. "Past scenarios.", http://www.shell.com/global/future-energy/scenarios/previous.html, (accessed 2013-12-25).
*8 Shell. "Past scenarios.", http://www.shell.com/global/future-energy/scenarios/previous.html, (accessed 2013- 12-25).
*9 Wärtsilä. "Shipping Scenarios 2030.", http://www.shippingscenarios.wartsila.com/, (accessed 2013-12-25.)
*10 DHL. "Delivering Tomorrow.", http://www.dpdhl.com/en/logistics_around_us/delivering_tomorrow_logistics_2050.html, (accessed 2013-12-25).

の姿を示唆してくれます。

これらの予測をご覧いただければ、それぞれの産業における未来の可能性が、どのように意識されているかを見て取ることができます。そして同時に、ご自身が関わる産業の未来に関してどのように想像すればいいかも、多少なりとも感覚をつかんでいただけるのではないでしょうか。

シナリオ分析は、とくに超長期の戦略構築には欠かせない方法論です。世界規模に展開する大企業であれば、機動力が限られることも理由として、こうした分析を頻繁に行っています。

私自身も、ヨーロッパの複数のクライアントが合同で参画した、情報通信産業におけるシナリオ分析のプロジェクトにフランスで携わったことがあります。市場構造と産業構造を細密に構造化して数値モデル化すると同時に、その産業構造と規模の変化に影響をもたらす要因を分析し、さらには、将来の変化の方向性を複数のシナリオとしてまとめ上げる作業は、極めて困難でしたが価値のある作業でした。

そしてこの経験は、売上が数兆円以上にも上る巨大な多国籍企業の戦略の方向性を議論する際に、そういった企業の経営陣がどのような未来像やデータをもとに議論を重ね、そして意思決定を行っているのかを知るこれ以上ない機会でもありました。そして同時に、この方法論はこうした巨大企業以外でも十分活用可能であると考えるに至りました。

シナリオ分析の適切な実行には、極めて厳密な科学と、ときには経営陣の多大な時間と金銭面の投資が必要です。しかし、それにより精度の高い予測を確立することで、実際に企業の長期的な意思決定を目に見える形で改善させることが可能だと考えています。

あり得ない「ワイルド・カード」を可視化する

この検討における重要な点を1つだけ述べると、シナリオ分析を十分に練り込んだとしても、もう1つ追加的に行う必要のある分析があるという事実です。

これは、「ワイルド・カード（Wild Card）」とも言われる、鬼札やジョーカーを理解することであり、ナシーム・ニコラス・タレブ氏がその著書『The Black Swan』[*11]で「ブラック・スワン（Black Swan）」、つまり黒い白鳥と呼ぶような、情勢を一挙に変化させる可能性を議論することです。

私自身が初めてこの方法論に触れたのは、ヨーロッパのあるハイテク企業で全社戦略の立案に関わっていたときのことでした。この分析は難しく、産業構造を熟知する専門家や実務家の意識の下に眠っている「あり得ない」の可視化が必要で、私の知る限り、決定的な方法論は確立されていません。それはどのようにして、第一次世界大戦や、アメリカ同時多発テロ事件や、2007～08年の金融危機を予測できたのかという議論にすら近いものがあるからです。

しかし、これは事業戦略のストレス・テストとも言える重要な作業です。そのため、担当者間で丹念なブレーン・ストーミングを繰り返し、経営陣や専門家の意識の深層に入り込むインタビューや、フォーカス・グループ・インタビューを実施し、多面的に「あり得ない」を議論して、

*11 Taleb, Nassim Nicholas. 2008. *The Black Swan: The Impact of the Highly Improbable*. Random House.（『ブラック・スワン 上・下』望月衛訳、ダイヤモンド社、2009年）

その状況を少なくとも意識に取り込むことで、最低限、今現在において行うべき打ち手が見えてきます。

手法の詳細はお話できませんが、もう7年以上も前に、あるヨーロッパのハイテク企業の戦略構築において提言した「ジョーカー」を例として挙げます。

それは、「アップルのような企業が、進化した情報通信技術とソフトウェアを武器とした新たな携帯情報通信端末を市場に投入し、産業構造を入れ替える」という可能性の示唆でした。まだ噂も存在しなかった時代にこうした可能性を指摘できたのは、専門家や実務家の理解の深淵に入り込む調査を実践できた結果であると考えています。

もちろん、これは数十個の実現の兆候も見えないワイルド・カードの1枚でしたが、少なくともその1枚として、カードの存在を指摘し、その意味合いと対策を実際に経営陣が議論できたことは、この考え方の手法の意義を多少なりとも示していると思います。

シナリオ分析が、「予測され得る未来」なのであれば、「予測され得ない未来の広がり」も、絶えず意識する必要があります。実際のところ、世界を大きく変化させ、すなわち戦略を大きく変化させる要因は、こうした「あり得ない」であり、その「あり得ない」を「あり得るかもしれない」と捉えることができる企業が、数十年を超えて生き残ると考えます。実際、シェルの成長の背景にも、可能性としての「石油ショック」をシナリオの一部に織り込むことができたという事実がありました。

近い将来、多国籍に展開する企業の未来を考え、その超長期戦略を考えるときに、不確実性を取り込んだ戦略構築が不可欠の世界が訪れるのではないでしょうか。

グローバリゼーションが進展し、規模にかかわらず、どのような企業であっても機動的に全世界の資源や市場に触手を伸ばし、競争力の最大化を図ろうとすることができるようになりつつある現代であるからこそ、こうした不確実性を取り込める方法論を活用することが必要です。

そのためにも、第Ⅵ部で取り上げてきたような超長期の世界の未来の姿を絶えず想像し、議論し、その未来における自社の国際経営の姿を想起して共有することが必要です。

とくに世界に展開する企業は、それが小さな多国籍企業であっても、世界経済の方向性に大きく影響されます。日々の現場の実務を遂行し、四半期計画を達成して行くなかでも、長期的な方向性が見えているのと見えていないのとでは大きな差につながります。

見えない未来を、少なくとも見ようとしていない競合他社よりは見えるようにすることで、国際的な競争環境において、より優位に立てる可能性が高まるはずなのです。

終章

経営学の未来とは

本書の第I部では、経営学がどのような学問であり、それに対して私がどう考えているかについてお話をしました。紀元前にまで遡り、また100年先の未来にまで踏み込んだ本書の締めくくりとして、本章では、私の考える経営学の未来について、簡単に述べておきます。

「誰が言ったのか」ではなく「何を言ったのか」

経営学の未来に必要なのは、社会科学としての経営学と実践科学としての経営学の、相互に独立した、しかし創発的な関係性の進化と言えます。どちらか一方だけの進化では、この学問領域の未来はありません。

それには、発信者の1人ひとりが、謙虚に客観的に、自分たちの伝える事実の内的妥当性と外的妥当性を意識する必要があります。そして同時に、受信者の側の1人ひとりも、多様な発信者の考え方を噛み砕き、自分自身での解釈を生み出す努力を継続することが必要です。

社会科学としての経営学の発展に寄与しようとするものであろうと、実践の現場で起きている現実を無視することは許されない時代となります。同様に、実践科学としての経営学の発展に寄与するものの、社会科学としての蓄積を無視した議論を展開することは許されない時代となります。

定量的な手法を信奉する者は、定性的な手法からの学びを仮説導出や結果の解釈に最大限活用する必要があります。逆に、定性的な手法を信奉する者も、定量的な手法を妥当性確保のための手法として取り込む必要があるでしょう。

経営学の過去の発展が、その領域学的な性質に基づく他分野からの発想や方法論、分析手法の取り込みによるところが大きかったように、これからの経営学も、貪欲に新たな発想や方法論を、そして分析手法を他分野から取り込み続けることが必要とされます。

そして、その多様性の土壌に、確立されつつある独自の理論体系や議論の系譜を磨き込み、絶えず検証していくことが求められるのです。

この理想を追求するためには、より柔軟に、より平等に、新たな発想や突拍子もない考え方を正当に評価する環境作りが必要です。「誰が言ったのか」ではなく、「何を言ったのか」を重要視する文化が、研究者、実務家、学習者の間に浸透していく必要があるのです。

性別、国籍、年齢、学歴、実績で発言を評価するのではなく、客観的に、科学的に、そして批判的に、主張の中身を評価する文化を作り出していく必要があるでしょう。

そしてその評価が、もし高いのであれば確実により多くの人々に伝播し、もし低いのであれば確実に早期に消し去る枠組みの整備が必要です。

未来の経営学は、社会科学としての経営学のみを純粋に探究し、現実社会への応用可能性の低い研究は、正しいとは見なさないでしょう。また、トップジャーナルのみを評価し、その査読論文ばかりを重要視し、定量的なデータの分析に明け暮れ、実務家との対話を二次的なものとして、教育を軽視する傾向があるのだとすれば、それを否定しようとするでしょう。

そして、解釈主義の思想により、先進事例と特殊事例を追い求め、事実の科学的な検証に背を向け、相互評価と監視のない内輪の世界で互いを承認し合い、実務家と学習者にはもっともらしいものの、しかし普遍性の低い主張を繰り返す傾向があるのだとすれば、それを否定しようとするはずです。

未来の経営学がこれらを否定できないのであれば、この学問体系に未来はないのかもしれません。

経営学に用意された4つの未来

経営学は、深く、動的で、白熱的で、活動的な研究領域です。

本書のように、国際経営論という1つの領域の、多国籍企業というトピックを軸にして議論しようとするだけでも、紀元前3500年前にまで遡り、100年後の未来までを想定した全世界規模の分析を行う必要があると私は考えます。この学問全体が内包するべき要素は多岐にわたり、そのすべてを理解しようとすれば、大きな尽力を必要とするのです。

実践科学としての経営学を得意とする者と、社会科学としての経営学を得意とする者は、別の人間であることが多々あります。そしてまた、その教育を行うことと、理論構築を行うことは、別の能力や知見が求められるとも言えます。

誰一人として、ある程度経営学の全学術分野を理解できない一方、その理論を実践する者（すなわち実務家）は、少なからずすべての要素に関しての知見を保つ必要があります。そして、経営学の数多くの理論が説明しようとする現実（すなわち経営という行為と、それを行う組織と個人の実態）は、それらの理論の集合体でしか説明し切ることができない複雑性で構成されています。

したがって、対話が求められるのです。国境を越えて、言語を超えて、研究領域を超えて、理論を超えて、手法を超えて、信念を超えて、研究と実践の壁を越えて、あらゆる垣根を越えて経営学の未来を作り出そうとする私たちは、対話を積み重ねる必要があります。
そしてその対話は、議論であり、批評であり、相互監視であり、すなわち、緊張感のある本質的な対話である必要があるのです。

未来の経営学の姿は、本質的にはこの学問領域がどれだけ科学としての体制を整えることができるのか、そして、どれだけ定量的手法と定性的手法の対立を解消できるかに左右されます。すなわち、自然科学に準拠するような体系的な定量的方法論を整備し、しかし同時に、社会科学が対象とする事象の持つ、反証可能性や再現性に関わる不完全生を取り扱うための定性的な手法をも内包する、統合された知見と理論の体系を築き上げる必要があります。

もちろん、決め打ちで「未来の経営学がこうなる」と言い切ることはできません。そして、言い切れる未来が少ないことは、すでに第Ⅵ部のここまでで述べました。そのため、1つの思考実験として、簡単なシナリオ分析により、未来の経営学の可能性について議論できればと思います。

図終章－1に挙げた未来の経営学の4つの可能性は、経営学がどれだけ科学として発展できるのか、そして、どれだけ定量的手法と定性的手法の融合を果たせるかを2つの主軸として描き出した未来のシナリオです。

「理想の未来」は、科学としての経営学が次の次元に到達する進化を示す未来です。
経営学が科学としてさらに進化し、定量的手法と定性的手法の高次元での融合が進みます。こ

図終章-1　経営学の将来、その4つの方向性

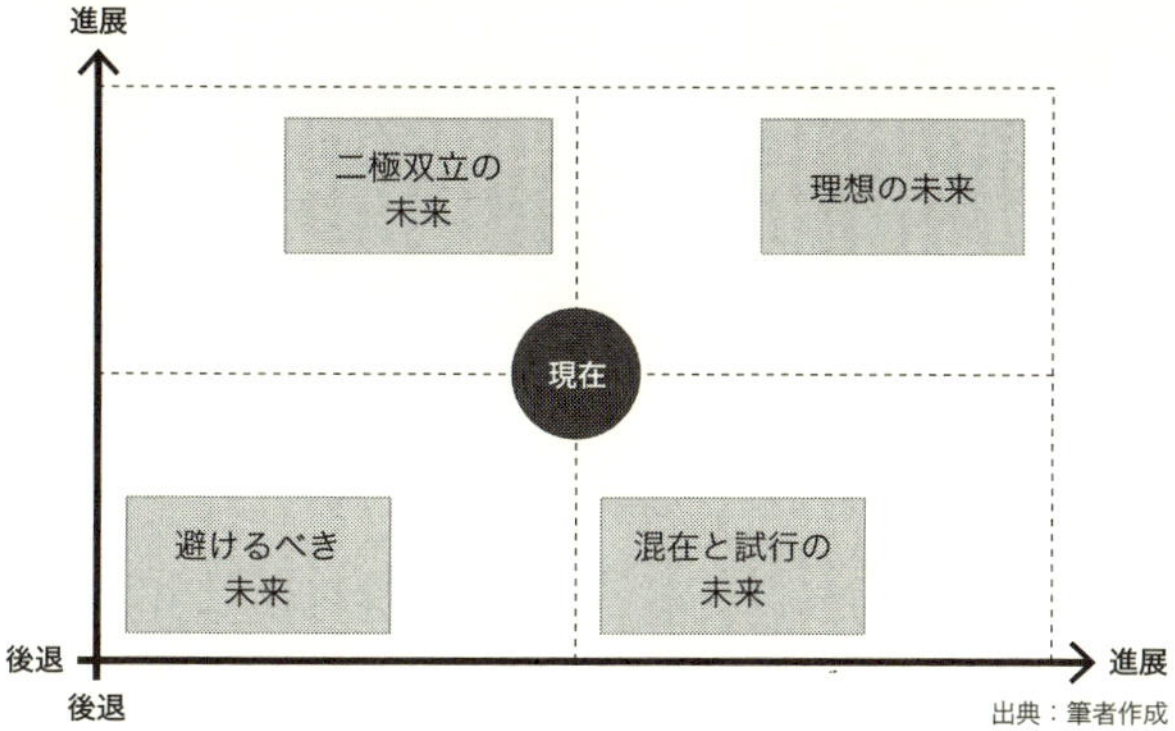

出典：筆者作成

れは、経営学が解釈主義的な考え方と実証主義的な考え方を融合させることで、社会科学としての価値を持ち、同時に、実践的な科学的手法の体系を生み出す未来です。脳科学や複雑系、コンピューターサイエンスの最新の知見を取り込み、同時にそれが経営学独自の理論体系として普遍的な説明力を持つ法則性を描き出す世界です。

「避けるべき未来」は、科学としての経営学の存在価値が揺らいでいく未来です。

経営学は科学として進化せずに、定量的手法と定性的手法の対立が続きます。定量的研究は実業からかけ離れたデータをもとに、実務への応用ができない、しかし、高度な統計的手法を駆使した研究へ突き進みます。それにより、実践と研究の乖離が加速します。また、絶えず新しい経営コンセプトが定性的な手法で生み出され、理論と名のつく主張が繰り返されます。しかし、その理論の大半は実際の検証と細緻化が十分になされず、それらは一世を風靡しては消えていく現実が続きます。その結果、実務家と社会からの経営学への信頼が大きく揺らぐ世界です。

「二極双立の未来」では、経営学が科学としてさらに進化するものの、定量的手法と定性的手法の融和は進みません。

実務への有効な意味合いがありながら、科学としても意義のある定量的研究が数多く世に出され、根拠に基づいた経営（Evidence-Based Management）[*1]が一般化します。定量的な検証手法が実務家の実践にも反映され、より高度な手法への理解も深まります。同時に、外れ値と見なされる稀有な事例を丹念に洗い出すことから、定性的な研究も、実務家に対して示唆と具体性に富む貢献を行います。ときには定量研究に資する概念構築も実現するでしょう。しかし依然として両者の対話は限定的であり、その協業は現在以上には進みません。

「混在と試行の未来」においては、定量的手法と定性的手法の融和が進み、両者の対話が進むものの、それが十分な経営学の科学としての発展には結びつきません。混合研究法（Mixed methods research）が普及する一方、それが科学としての進化につながらず、逆に研究の質も量も低下する悪影響をもたらします。実務家は、曖昧で煮え切らない経営学の試行錯誤に混乱し、経営学の学問としての価値に疑問符を投げかける未来です。

*1　より詳しい「Evidence-Based Management」の説明は、たとえば、次の論文が参考になります。Rousseau, Denise M. 2006. "Is there such a thing as evidence-based management?" *Academy of Management Review*, 31(2): 256-269.

これは思考実験にすぎません。しかし、学問としての経営学の「予測され得る未来」は、恐らくこの4つのシナリオの振れ幅のどこかにあるでしょう。

もちろん、「予測され得ない未来」の可能性も存在します。

アダム・スミス氏やジョン・メイナード・ケインズ氏、ジョン・フォン・ノイマン氏のような天才の登場が、現在では想像できない経営学の発達をもたらすのかもしれません。また、情報通信技術の発達と、企業と個人によるその活用が、調査と分析技術の大幅な刷新につながるのかもしれません。そして、経営という行為とそれを行う組織と個人の重要性のさらなる増大により、社会学や政治学、経済学や心理学といった他分野における主要な研究が、より経営学の概念に近い場所で行われるようになるのかもしれません。

いずれにせよ、1つだけたしかなことは、世界中の研究者が、昼夜惜しまずに、経営学という学問分野のさらなる進化を目指して研鑽を続けているという事実なのです。

おわりに

本書を執筆する動機となったのは、実務家や学習者の方々に、より深く、より広く、厳密な社会科学としての経営学と、哲学や考古学の要素をも含む広範な実践科学としての経営学の姿を組み合わせてお伝えすることが、理想の経営学の未来に資すると考えたためでした。

すべてを網羅することは叶わずとも、少なくとも、自分の専門分野である国際経営論、とくに国際経営戦略と多国籍企業を中心に、過去から未来に至る1本の系譜の解釈をお伝えすることはできたと考えています。

また、実務家と研究者の間で、優れた成果を挙げるために未だ試行錯誤する私の目を通してではありますが、新興国やグローバル人材といった、国際経営論で注目を集める議題に対しても、多少なりとも考えを深めていただける材料を提供できたと信じています。

本書の執筆にあたって悩んだのは、どこまで社会科学としての経営学を厳密に紹介するかという点でした。

それは、私自身が実務家の端くれとして、学生時代や非常勤の期間を含めて13年間ほどで蓄積してきた実務の知見に対して、立命館大学に着任するまでの5年間ほどの期間、オックスフォード大学を拠点として学習し、教育し、研究することで蓄積してきた欧米の経営学の知見とのバランスをどのように取るかという悩みでもありました。

第1章で述べたように、実践科学としての経営学と、社会科学としての経営学の両立は極めて困難です。しかし同時に、その両立こそを、理想の経営学の未来に向けて、私を含めた1人ひとりの研究者が意識しなければなりません。

本書は、経営の第一線で活躍される方や、これから第一線で活躍するために経営を学んでいる方、さらには、経営学を「怪しい学問」だと感じている方や、経営学の第一線で研鑽に励む方をも念頭に置いて、独創的な視点で仕上げた作品です。

別の言葉で言えば、実務と理論の中間点から、両者を取り込んだ「おもしろい」物語を編み出すことが目標でした。すなわち、社会科学としての経営学の厳密性に立脚しつつも、ある程度の細かい厳密性は犠牲にし、実務家が、国際経営が関連する他の書籍にはない新たな発見ができることです。

それは、専門家が、本書に記載された主張と論理の深みと、その背景にある厳密性と事実に頷くことだけを目的とするのではありません。専門家ではない学習者や実務家が刺激を受け、少なくとも、「自分はこう思う!」と、本書を通じた議論を沸き起こさせることでもあります。

同時に、本書は学問に閉じない、より多様な、より広い国際経営論の世界の入り口へのガイドブックとして使っていただくことも念頭に置いてきました。それは、国際的な学術誌に掲載される学術論文や、実務家向けの経営誌に掲載される数々の提言記事だけではなく、まだ明確な答えのない事象を捉える調査会社の報告書や、新聞雑誌記事をも紹介することにつながります。

つまり本書は、根源的な、世界の未来に関する議論であり、世界の過去に関する本質の洞察への入り口なのです。

様々な入り口を用意することで、この先に広がる世界を感じていただくことができたと考えています。逆に言えば、本書は入り口であるため、より厳密な議論や詳細な解説に関しては、引用元を参照していただければと思います。引用元で紹介されている文献をさらにたどることで、無数に広がる研究の系譜の広がりを感じていただくことができるでしょう。

私自身の国際経営戦略の実務経験が、日本やアメリカの企業ではなく、北欧、西欧、中東、東南アジア諸国、そして東アジア諸国で展開する企業であることは、純粋な日本企業で実務を行う方々や、日本企業の事例を中心に紹介する書籍とは、異なる解釈につながっているのかもしれません。

また、学部生時代に経営学のゼミにも参加していたとはいえ、環境情報学部の出身であり、また経営者の実務にほとんどの時間を割いていたこと、そして、学問としての経営学に本格的に触れたのがイギリスのオックスフォード大学であることもあり、日本語で書かれた経営学の本をほとんど読んだことがありませんでした。そのため、日本の経営研究の現在の体系をほとんど知らないとも言えます。

さらに、私はどちらかというと経済学ディシプリンに影響を受け、国際経営における「企業とは何か」を探究している人間です。薫陶を受けた研究者が社会学や社会経済学的な視点も高く評価している方々であるため、それに関連する研究の紹介が厚い分、逆に、その他の学問に関する知識は比較的薄くなります。

そして、オックスフォード大学の、ヨーロッパ的な、「本質」を探究する研究のスタイルと、アメリカ的な、「科学」を重要視する研究のスタイルが交じり合った環境で研究者として成長してきたため、いわゆる純粋なアメリカ流の発想とは異なる観点を持っている可能性があるかと思います。

しかし、だからこそその新鮮な、もしかしたら「突拍子もない」と感じる議論ができたのではないかと信じています。多少拍子が外れる程度ではなく、これまで見たこともない拍子を感じていただけるのであれば、それは大成功の兆しです。

本書を契機としてより多くの実務家の方々や、研究者の方々と議論を重ねることができるようになるのであれば、これ以上の喜びはありません。

本書の執筆の背景には、イギリスで研究の道を探究した時代や、ドイツを拠点に世界の経営の実際に触れた時代、コンサルタントとして駆け出しだった東京の時代、零細企業の経営者として神奈川と東京と山梨を往復していた時代、さらには、もがき苦しんだ高校以前の時代に至るまで、公私にわたり自分の成長を支えてくれた数えきれない方々のお力があります。

ここでお名前を上げるのは逆にご迷惑になるかとも思い、また紙幅の都合もありますので差し控えさせていただきますが、まずは、これまでに私と接点のあった数多くの方々に深い感謝の気持ちをお伝えしたいと思います。皆様との時間をなくしては、ここまでの人生を送ることは絶対にできませんでした。ありがとうございます。

そして、私の本務校である、立命館大学経営学部の同僚、職員、生徒の皆様に感謝を申し上げます。欧米に残るか、日本に戻って貢献するか、あるいはコンサルティング会社に戻るかと悩んでいた折に、とても温かいご支持をいただくことにより、日本での教育と研究が実現しました。日本には、少なくとも立命館大学には、オックスフォード大学に負けない可能性を持った学生が少なからず在籍していると知り、その世代に自分の知識と技術を、そして実務家の方々の創意と苦悩を伝えていくことに、強い情熱を持つことができています。

また、本書が生まれた直接のきっかけは、不思議と、しかし現代的なことに、ツイッター（@kotosaka）での交流がきっかけでした。２００６年に日本を飛び出して以来、ほとんど日本で活動することがなかった私を見出し、また本書の出版の機会を与えてくれたダイヤモンド社、そして、編集担当の村田康明さんに改めて感謝を申し上げます。

同様に、本書の原案に貴重なコメントをいただいた方々、とくに荒木英士氏、入山章栄氏、島田敏宏氏にも感謝を申し上げます。

そして、2000年に始めたブログの時代から、現在もツイッターで続けている、私の気軽で無責任な情報発信にお付き合いいただいているフォロワーの皆様にも、感謝の気持ちをお伝えしたいと思います。

最後に、私を育ててくれた家族、そして妻の寿美子に、文章には表し尽くせない感謝の気持を伝えたいと思います。これからの人生も、理想の経営学の実現を目指し、1人の研究者として、誇れる成果を世界に向けて示していきたいと思います。

ありがとう。そして、これからもよろしく。

2014年2月吉日
心から愛する海と、行き交う船を眺めながら

立命館大学経営学部国際経営学科　琴坂将広

Wilson, Dominic., Trivedi, Kamakshya. Carlson, Stacy., et al. December 7, 2011. "The BRICs 10 Years On: Halfway Through The Great Transformation." *Global Economics Paper No: 208*, http://blogs.univ-poitiers.fr/o-bouba-olga/files/2012/11/Goldman-Sachs-Global-Economics-Paper-208.pdf, (accessed 2013-12-24).

World Trade Organization. "World Trade Report 2013: Factors shaping the future of world trade.", http://www.wto.org/english/res_e/publications_e/wtr13_e.htm, (accessed 2013-12-24).

Worldwide Governance Indicators. http://info.worldbank.org/governance/wgi/index.aspx#home, (accessed 2013-12-23).

Yacult. "ヤクルトレディについて", http://www.yakultlady50th.jp/yakultlady/, (アクセス2013-12-24).

Yaron, Reuven. 1988. *The laws of Eshnunna*. Magnes Press.

Zaheer, Srilata A. 1995. "Overcoming the Liability of Foreignness." *Academy of Management Journal* 38(2): 341-363.

Zahra, Shaker A. 2005. "A Theory of International New Ventures: A Decade of Research." *Journal of International Business Studies* 36(1): 20-28.

浅川和宏『グローバル経営入門——マネジメント・テキストシリーズ』日本経済新聞社、2003年

入山章栄『世界の経営学者はいま何を考えているのか——知られざるビジネスの知のフロンティア』英治出版、2012年

大前研一, 小川剛. 2012-2-20. "私は「物理学」で世界を見ている", *PRESIDENT* online, http://president.jp/articles/-/5616, (アクセス2013-12-23).

後藤達也. 2013-6-26.「エプソン、新興国は『大容量』で稼げ」日本経済新聞, http://www.nikkei.com/article/DGXNMSGD25034_V20C13A6000000/ (アクセス2013-12-24).

多部田俊輔. 2013-5-12.「平井ソニー、トヨタに学ぶ　張氏の教え胸に現場走る 本業・電機の復活探る」日本経済新聞, http://www.nikkei.com/article/DGXZZO54850170Q3A510C1000000/ (アクセス2013-12-23).

東京証券取引所. 2013-12-27. "現在の上場会社数", http://www.tse.or.jp/listing/companies/, (accessed 2013-12-27).

戸部良一・寺本義也・鎌田伸一・杉之尾孝生・村井友秀・野中郁次郎『失敗の本質——日本軍の組織論的研究』(ダイヤモンド社、1984年).

三菱商事. 2012-12-21. "シンガポールにおける金属資源トレーディング子会社の新規設立と金属資源トレーディング事業の会社分割(吸収分割)による三菱商事ユニメタルズへの承継に関するお知らせ", http://www.mitsubishicorp.com/jp/ja/pr/archive/2012/html/0000017938.html, (アクセス2013-12-20).

横山三加子. 2013-12-09.「日立社長:本社機能の一部、来年にも海外移転へ」毎日新聞, http://mainichi.jp/select/news/20131210k0000m020064000c.html, (アクセス2013-12-20).

Teece, David J. 2007. "Explicating dynamic capabilities: the nature and microfoundations of (sustainable) enterprise performance." *Strategic Management Journal* 28(13): 1319-1350.

Teece, David J., and Pisano, Gary P. 1994. "The Dynamic Capabilities of Firms: an Introduction." *Oxford Journals* 3(3): 537-556.

Teece, David J., Pisano, Gary P., and Shuen, Amy. 1997. "Dynamic Capabilities and Strategic Management." *Strategic Management Journal* 18(7): 509-533.

The Economist. October 6, 2012. "¡Ya me voy!: Latinos and locals alike are leaving for the new continent." , http://www.economist.com/node/21564255, (accessed 2014-1-19).

The National Intelligence Council. "Global Trends 2015: A Dialogue About the Future With Nongovernment Experts." , http://www.dni.gov/files/documents/Global%20Trends_2015%20Report.pdf, (accessed 2013-12-25).

The National Intelligence Council. "Global Trends 2030: Alternative Worlds." *the Office of the Director of National Intelligence*, http://www.dni.gov/index.php/about/organization/national-intelligence-council-global-trends, (accessed 2013-12-25).（『2030年 世界はこう変わる――アメリカ情報機関が分析した「17年後の未来」』谷町真珠訳、講談社、2013年）

The Observatory of Economic Complexity. http://atlas.media.mit.edu/, (accessed 2013-12-23).

The United States Department of Justice. "Foreign Corrupt Practices Act." , http://www.justice.gov/criminal/fraud/fcpa/, (accessed 2013-12-24).

The United States Department of Justice. "Siemens AG and Three Subsidiaries Plead Guilty to Foreign Corrupt Practices Act Violations and Agree to Pay $450 Million in Combined Criminal Fines." , http://www.justice.gov/opa/pr/2008/December/08-crm-1105.html, (accessed 2013-12-24).

The United States Department of Justice. August 7, 2012. "Pfizer H.C.P. Corp. Agrees to Pay $15 Million Penalty to Resolve Foreign Bribery Investigation." , http://www.justice.gov/opa/pr/2012/August/12-crm-980.html, (accessed 2012-12-24).

The United States Department of Justice. February 23, 2012. "Former Chairman and CEO of Kellogg, Brown & Root Inc. Sentenced to 30 Months in Prison for Foreign Bribery and Kickback Schemes." , http://www.justice.gov/opa/pr/2012/February/12-crm-249.html, (accessed 2013-12-24).

Thinkers50, http://www.thinkers50.com/, (accessed 2013-12-20).

Thomke, Stefan H. November 2012. "Mumbai's Models of Service Excellence." *Harvard Business Review*, http://hbr.org/2012/11/mumbais-models-of-service-excellence/ar/1, (accessed 2014-1-26).

UNCTAD. "World Investment Report 2013: Global Value Chains: Investment and Trade for Development." , http://unctad.org/en/pages/PublicationWebflyer.aspx?publicationid=588, (accessed 2013-12-24).

Unilever. "SUPPORTING SMALL-SCALE DISTRIBUTORS." , http://www.unilever.com/sustainable-living/betterlivelihoods/supporting-small-scale-distributors/, (accessed 2013-12-24).

United Nations. "Composition of macro geographical (continental) regions, geographical sub-regions, and selected economic and other groupings." , http://unstats.un.org/unsd/methods/m49/m49regin.htm#asia, (accessed 2013-12-24).

van der Heijden, Kees. 1996, *Scenarios: The Art of Strategic Conversation*. John Wiley & Sons.（『シナリオ・プランニング』西村行功訳、グロービス監訳、ダイヤモンド社、1998年）

Ventures Africa. October 9, 2013. "The Richest People In Africa 2013." , http://www.ventures-africa.com/2013/10/richest-people-africa-2013/, (accessed 2013-12-24).

Vernon, Raymond.1966. "International Investment and International Trade in the Product Cycle." *The Quarterly Journal of Economics* 80(2): 190-207.

Wade, Woody. 2012. *Scenario Planning: A Field Guide to the Future*. Wiley.（『シナリオ・プランニング――未来を描き、創造する』野村恭彦監訳、関美和訳、英治出版、2013年）

Walter, Andrew., and Zhang, Xiaoke., eds. 2012. *East Asian Capitalism: Diversity, Continuity, and Change*. Oxford University Press.

Wärtsilä. "Shipping Scenarios 2030." , http://www.shippingscenarios.wartsila.com/, (accessed 2013-12-25.)

Wernerfelt, Birger. 1984. "A resource-based view of the firm." *Strategic Management Journal* 5(2): 171-180.

Whitley, Richard. 2000. *Divergent Capitalisms: The Social Structuring and Change of Business Systems*. Oxford University Press.

Williamson, Oliver E. 1971. "The Vertical Integration of Production: Market Failure Considerations." *American Economic Review* 61(2): 112-123.

Williamson, Peter J., Ramamurti, Ravi., Fleury, Afonso., eds. 2013. *The Competitive Advantage of Emerging Market Multinationals*. Cambridge University Press.

Rugman, Alan M. 2009. *Rugman Reviews International Business: Progression in the Global Marketplac*. Palgrave Macmillan.（『ラグマン教授の国際ビジネス必読文献50撰』江夏健一・山本崇雄・太田正孝・桑名義晴・佐藤幸志・竹之内秀行訳、中央経済社、2010年）

Rugman, Alan M. April 9, 2013, "Dynamic capabilities equals Recombination capabilities in IB", *UNCTAD International Business Conference*, http://www.henley.ac.uk/web/FILES/international-business-and-strategy/Rugman_capabilities.pdf, (accessed 2013-12-24).

Rugman, Alan M., and Collinson, Simon L. 2012. *International Business 6th Edition*. Pearson.

Rugman, Alan M., and Verbeke, Alain L. 2002. "Edith Penrose's contribution to the resource-based view of strategic management." *Strategic Management Journal* 23(8): 769-780.

Rugman, Alan M., and Verbeke, Alain L. 2004. "A perspective on regional and global strategies of multinational enterprises." *Journal of International Business Studies* 35(1): 3-18.

Rugman, Alan M., Verbeke, Alain L., and Nguyen, Cand. Quyen T. K. 2011. "Fifty Years of International Business Theory and Beyond." *Management International Review* 51(6): 755-786.

Saxenian, AnnaLee. 1994. *Regional Advantage: Culture and Competition in Silicon Valley and Route 128*. Harvard University Press.（『現代の二都物語』山形浩生・柏木亮二訳、日経ＢＰ社、2009年）

Shell. "40 years of Shell Scenarios.", http://www.shell.com/global/future-energy/scenarios/40-years.html, (accessed 2013-12-25).

Shell. "New Lens Scenarios.", http://www.shell.com/global/future-energy/scenarios/new-lens-scenarios.html, (accessed 2013-12-25).

Shell. "Past scenarios.", http://www.shell.com/global/future-energy/scenarios/previous.html, (accessed 2013-12-25).

Shenkar, Oded. 2010. *Copycats: How Smart Companies Use Imitation to Gain a Strategic Edge*. Harvard Business School Press.（『コピーキャット――模倣者こそがイノベーションを起こす』井上達彦監訳、遠藤真美訳、東洋経済新報社、2013年）

Simon, Herbert A. 1947. *Administrative Behavior: A Study of Decision Making Processes in Administrative Organization*. Macmillan.

Simpson, Cam. November 7, 2013. "An iPhone Tester Caught in Apple's Supply Chain." *Bloomberg Businessweek*, http://www.businessweek.com/articles/2013-11-07/an-iphone-tester-caught-in-apples-supply-chain, (accessed 2013-12-24).

Sirkin, Harold L., Zinser, Michael., and Hohner, Douglas. August 25, 2011. "Made in America, Again: Why Manufacturing Will Return to the U.S." *bcg.perspectives*, https://www.bcgperspectives.com/content/articles/manufacturing_supply_chain_management_made_in_america_again/, (accessed 2013-12-24).

Sirkin, Harold L., Zinser, Michael., Hohner, Douglas., and Rose, Justin. March 22, 2012. "U.S. Manufacturing Nears the Tipping Point: Which Industries, Why, and How Much?" *bcg.perspectives*, https://www.bcgperspectives.com/content/articles/manufacturing_supply_chain_management_us_manufacturing_nears_the_tipping_point/, (accessed 2014-1-19).

Smith, Adam. 1776. *An Inquiry into the Nature and Causes of the Wealth of Nations*. W. Strahan, and T. Cadell.（『国富論』『諸国民の富』など邦訳多数）

Smith, Colin. December 18, 2012, "Gerry George in focus: the work behind his Editor-in-chief title.", *Imperial College London*, http://www3.imperial.ac.uk/newsandeventspggrp/imperialcollege/newssummary/news_18-12-2012-16-10-15, (accessed 2013-12-20).

Srivastava, Mehul., and MacAskill, Andrew. August 29, 2012. "Mehul Srivastava and Andrew MacAskill", *Bloomberg*, http://www.bloomberg.com/news/2012-08-28/poor-in-india-starve-as-politicians-steal-14-5-billion-of-food.html, (accessed 2013-12-23).

Starwood. March 4, 2013. "Starwood Hotels and Resorts Relocates Global Headquarters to Dubai for Month-Long Immersion.", http://development.starwoodhotels.com/news/5/540-starwood_hotels_and_resorts_relocates_global_headquarters_to_dubai_for_month-long_immersion, (accessed 2013-12-20).

Steele, Francis R. 1948. "The code of lipit-ishtar." *American Journal of Archaeology* 52(3): 3-28.

Stopford, Martin. 2009. *Maritime Economics 3rd edition*. Routledge.

Tabuchi, Hiroko. May 29, 2012. "Young and Global Need Not Apply in Japan" *The New York Times*, http://www.nytimes.com/2012/05/30/business/global/as-global-rivals-gain-ground-corporate-japan-clings-to-cautious-ways.html?_r=2&adxnnl=1&smid=tw-share&adxnnlx=1387891864-24eXSXILJawkVgwdeDphdA, (accessed 2013-12-24).

Taleb, Nassim Nicholas. 2008. *The Black Swan: The Impact of the Highly Improbable*. Random House.（『ブラック・スワン 上・下』望月衛訳、ダイヤモンド社、2009年）

Taylor, Frederick W. 1911. *The Principles of Scientific Management*. Harper.（『新訳 科学的管理法――マネジメントの原点』有賀裕子訳、ダイヤモンド社、2009年）

Teece, David J. 1981. "The Multinational Enterprise: Market Failure and Market Power Considerations. *Sloan Management Review* 22(3): 3-17.

Palmisano, Samuel J. 2006. "The Globally Integrated Enterprise." *Foreign Affairs* 85(3): 127-136.

Panasonic. May 20, 2013. "Panasonic Achieves New Milestone, Reaches 1 Million AC Sales In India.", http://www.panasonicnews.in/panasonic-achieves-new-milestone-reaches-1-million-ac-sales-in-india/, (accessed 2013-12-24).

Peng, Mike W. 2012. "The global strategy of emerging multinationals from China." *Global Strategy Journal* 2(2): 97-107.

Penrose, Edith T. 1959. *The Theory of the Growth of the Firm*. Basil Blackwell.（『会社成長の理論』末松玄六訳、ダイヤモンド社、1962年）

Peregrine, Peter N., and Ember, Melvin., eds. 2002. *Encyclopedia of Prehistory: Volume 8: South and Southwest Asia*. Kluwer Academic/Plenum.

Perry, Mark J. October 6, 2012. "Even with baggage fees, the 'miracle of flight' remains a real bargain; average 2011 airfare was 40% below 1980 average." *AEIdeas*, http://www.aei-ideas.org/2012/10/even-with-baggage-fees-the-miracle-of-flight-remains-a-real-bargain-average-2011-airfare-was-40-below-1980-level/, (accessed 2013-12-23).

Pomeranz, Kenneth L., and Topik, Steven C. 2012. *The World That Trade Created: Society, Culture, and the World Economy, 1400 to the Present 3rd edition*. M.E. Sharpe.（『グローバル経済の誕生：貿易が作り変えたこの世界』福田邦夫・吉田敦訳、筑摩書房、2013年）

Porter, Michael E. March 1979. "How Competitive Forces Shape Strategy." *Harvard Business Review*, http://hbr.org/1979/03/how-competitive-forces-shape-strategy/ar/1, (accessed 2014-2-2).

Porter, Michael E. 1980. *Competitive Strategy: Techniques for Analyzing Industries and Competitors*, Free Press.（『新訂 競争の戦略』土岐坤・中辻萬治・服部照夫訳、ダイヤモンド社、1995年）

Porter, Michael E. 1985. *Competitive Advantage: Creating and Sustaining Superior Performance*. Free Press.（『競争優位の戦略』土岐坤・中辻萬治・小野寺武夫訳、ダイヤモンド社、1985年）

Porter, Michael E. 1986. *Competition in Global Industries*. Harvard Business School Press.（『グローバル企業の競争戦略』土岐坤・中辻萬治・小野寺武夫訳、ダイヤモンド社、1989年）

Porter, Michael E. 1990. *The Competitive Advantage of Nations*. Free Press.（『国の競争優位 上・下』土岐坤・小野寺武夫・中辻萬治・戸成富美子訳、ダイヤモンド社、1992年）

Porter, Michael E. January 2008, "The Five Competitive Forces That Shape Strategy." *Harvard Business Review*, http://hbr.org/2008/01/the-five-competitive-forces-that-shape-strategy/ar/1, (accessed 2014-1-18).

Porter, Michael E. March 1990. "The Competitive Advantage of Nations." *Harvard Business Review*, http://hbr.org/1990/03/the-competitive-advantage-of-nations/ar/1, (accessed 2013-12-24).

Porter, Michael E. November 1998. "Clusters and the New Economics of Competition." *Harvard Business Review*, http://hbr.org/1998/11/clusters-and-the-new-economics-of-competition/, (accessed 2013-12-24).

Porter, Michael E., and Kramer, Mark R. January 2011. "Creating Shared Value." *Harvard Business Review*, http://hbr.org/2011/01/the-big-idea-creating-shared-value, (accessed 2013-12-24).

Powell, Thomas C. 2011. "Neurostrategy." *Strategic Management Journal* 32(13): 1484-1499.

Prahalad, C.K. 1975. "The strategic process in a multinational corporation." *Thesis--Harvard University.*

Prahalad, C. K. 2009. *The Fortune at the Bottom of the Pyramid: Eradicating Poverty Through Profits*. Pearson.（『ネクスト・マーケット 【増補改訂版】――「貧困層」を「顧客」に変える次世代ビジネス戦略』スカイライト コンサルティング訳、英治出版、2010年）

Prahalad, C. K., and Doz, Yves L. 1987. *The Multinational Mission: Balancing Local Demands and Global Vision*. Free Press.

PricewaterhouseCoopers, January 2013. "World in 2050 The BRICs and beyond: prospects, challenges and opportunities.", http://www.pwc.com/en_GX/gx/world-2050/assets/pwc-world-in-2050-report-january-2013.pdf, (accessed 2013-12-24).

Purpose. http://www.purpose.com/, (accessed 2013-12-24).

Rassweiler, Andrew. September 25, 2013. "Groundbreaking iPhone 5s Carries $199 BOM and Manufacturing Cost, IHS Teardown Reveals.", *IHS*, http://www.isuppli.com/Teardowns/News/Pages/Groundbreaking-iPhone5s-Carries-199-BOM-and-Manufacturing-Cost-IHS-Teardown-Reveals.aspx, (accessed 2013-12-24).

Rennie, Michael W. 1993. "Born Global." *The McKinsey Quarterly* 4: 45-52.

Ricardo, David. 1817. *On the Principles of Political Economy, and Taxation*. John Murray.（『経済学および課税の原理』邦訳多数）

Rousseau, Denise M. 2006. "Is there such a thing as evidence-based management?" *Academy of Management Review*, 31(2): 256-269.

Rugman, Alan M. 1981. *Inside the Multinationals: The Economics of Internal Markets*. Columbia University Press.（『多国籍企業と内部化理論』江夏健一訳、ミネルヴァ書房、1983年）

Maersk, Emma. "Container vessel specifications". http://www.emma-maersk.com/specification/, (accessed 2013-12-23).

Makhija, Mona V., Kim, Kwangsoo., and Williamson, Sandra D. 1997. "Measuring Globalization of Industries Using a National Industry Approach: Empirical Evidence across Five Countries and over Time." *Journal of International Business Studies* 28(4): 679-710.

Marshall, Alfred. 1890. *Principles of Economics*. Macmillan. (『経済学原理』馬場啓之助訳、東洋経済新報社、1965年)

Martin, Roger. 2012. "The Price of Actionability." *Academy of Management Learning & Education* 11(2): 293-299.

McDougall, Patricia P. 1989. "International versus domestic entrepreneurship: new venture strategic behavior and industry structure." *Journal of Business Venturing* 4(6): 387-400.

McNeill, John R., and McNeill, William H. 2003. *The Human Web: A Bird's-Eye View of World History.* W.W. Norton.

Melitz, Marc J. 2003. "The Impact Of Trade On Intra-Industry Reallocations And Aggregate Industry Productivity," *Econometrica* 71(6): 1695-1725.

Mellor, John W. 1964. "Shaping the World Economy: Suggestions for an International Economic Policy by Jan Tinbergen." *Journal of Farm Economics* 46(1): 271-273.

Miller, Jody Greenstone., and Miller, Matt. May 2012. "The rise of the supertemp." *Harvard Business Review*. http://hbr.org/2012/05/the-rise-of-the-supertemp/, (accessed 2014-2-2).

Miller, Terry., Holmes, Kim R., and Feulner, Edwin J. 2012. "Chapter 1 of 2013 Index of Economic Freedom." *The Heritage Foundation and The Wall Street Journal*, http://www.heritage.org/index/, (accessed 2013-12-24).

Mintzberg, Henry., Ahlstrand, Bruce., and Lampel, Joseph. 1998. *Strategy Safari: The Complete Guide Through the Wilds of Strategic Management*, Financial Times Prentice Hall. (『戦略サファリ』齋藤嘉則監訳、木村充・奥澤朋美・山口あけも訳、東洋経済新報社、1999年)

Moore, Karl., and Lewis, David C. 2009. *The Origins of Globalization*. Routledge.

Moore, Karl., and Reid, Susan. 2008. "The Birth of Brand: 4000 Years of Branding History." *Business History* 50(4): 419-432.

Muller, Joann. May 5, 2006. "The Impatient Mr. Ghosn", *Forbes*, http://www.forbes.com/forbes/2006/0522/104.html, (accessed 2013-12-23).

NIKE. "MANUFACTURING.", http://nikeinc.com/pages/manufacturing, (accessed 2013-12-24).

Nissan Motor Company. May 23, 2012. "Eyeing Expansion, Infiniti Opens Hong Kong Global Headquarters.", http://reports.nissan-global.com/EN/?p=4715, (accessed 2013-12-20).

North, Douglass C. 1990. *Institutions, Institutional Change and Economic Performance*. Cambridge University Press. 『制度・制度変化・経済成果』竹下公視訳、晃洋書房、1994年)

O'Danleyman, Grastivia., Lee, Jake Jungbin., Seebens, Hanno., et al. March 28, 2011. "Complexity in human transportation networks: A comparative analysis of worldwide air transportation and global cargo ship movements." *Cornell University Library*, http://arxiv.org/abs/1103.5451, (accessed 2014-1-18).

OECD. "OECD Convention on Combating Bribery of Foreign Public Officials in International Business Transactions.", http://www.oecd.org/corruption/oecdantibriberyconvention.htm, (accessed 2013-12-24).

OECD. "Serious Concerns Remain over Japan's Enforcement of Foreign Bribery Law, Despite Some Positive Developments.", http://www.oecd.org/daf/anti-bribery/seriousconcernsremainoverjapansenforcementofforeignbriberylawdespitesomepositivedevelopments.htm, (accessed 2012-12-24).

OECD. 2011. "OECD Guidelines for Multinational Enterprises.", http://www.oecd.org/daf/inv/mne/oecdguidelinesformultinationalenterprises.htm, (accessed 2014-1-26).

OECD(経済協力開発機構)閣僚理事会. 2011-5-25. "OECD 多国籍企業行動指針　世界における責任ある企業行動のための勧告 2011 年", http://www.mofa.go.jp/mofaj/gaiko/csr/pdfs/takoku_ho.pdf, (accessed 2013-12-20).

Ohlin, Bertil G. 1933. *Interregional and International Trade*. Harvard University Press. (『貿易理論——域際および国際貿易』木村保重訳、ダイヤモンド社、1970年)

Ohmae, Kenichi. 1990. *The Borderless World: Power and Strategy in the Interlinked Economy.* HarperCollins Publishers. (『ボーダレス・ワールド』田口統吾訳、プレジデント社、1990年)

Olsen, John Andreas., and Gray, Colin S., eds. 2011. *The Practice of Strategy: From Alexander the Great to the Present*. Oxford University Press.

Palan, Ronen P., Murphy, Richard., and Chavagneux, Christian. 2010. *Tax Havens: How Globalization Really Works*. Cornell University Press. (『【徹底解明】タックスヘイブン——グローバル経済の見えざる中心のメカニズムと実態』青柳伸子訳、作品社、2013年)

Palepu, Krishna G., and Kind, Elizabeth A. 2011. "VIZIO, Inc." *Harvard Business School Case* 110-024.

Khanna, Tarun and Palepu, Krishna G. October 2006. "Emerging Giants: Building World-Class Companies in Developing Countries." *Harvard Business Review*, http://hbr.org/2006/10/emerging-giants-building-world-class-companies-in-developing-countries/ar/1, (accessed 2013-12-24).

Khanna, Tarun., Palepu, Krishna G. with Bullock, Richard J. 2010. *Winning in Emerging Markets: A Road Map for Strategy and Execution*. Harvard Business School Press.（『新興国マーケット進出戦略』上原裕美子訳、日本経済新聞出版社、2012年）

Kim, W. Chan., and Mauborgne, Renée. 2005. *Blue Ocean Strategy: How to Create Uncontested Market Space and Make the Competition Irrelevant*. Harvard Business School Press. （『ブルー・オーシャン戦略——競争のない世界を創造する』有賀裕子訳、ランダムハウス講談社、2005年）

Kindleberger, Charles P. 1969. *American Business Abroad: Six Lectures on Direct Investment*. Yale University Press.（『国際化経済の論理』小沼敏訳、ぺりかん社、1970年）

Knickerbocker, Frederick T. 1973. *Oligopolistic Reaction and Multinational Enterprise*. Division of Research, Graduate School of Business Administration, Harvard University.（『多国籍企業の経済理論』藤田忠訳、東洋経済新報社、1978年）

Kogut, Bruce M. 1985. "Designing Global Strategies: Comparative and Competitive Value-Added Chains." *Sloan Management Review* 26(4): 15-28.

Kogut, Bruce M., and Zander, Udo. 1992. "Knowledge of the Firm, Combinative Capabilities, and the Replication of Technology." *Organization Science* 3(3): 383-397.

Kotha, Suresh. 2010. "Spillovers, spill-ins, and strategic entrepreneurship: America's first commercial jet airplane and Boeing's ascendancy in commercial aviation." *Strategic Entrepreneurship Journal* 4(4): 284-306.

Kramer, Andrew E. December 21, 2006. "Shell cedes control of Sakhalin-2 to Gazprom - Business - International Herald Tribune." *The New York Times*, http://www.nytimes.com/2006/12/21/business/worldbusiness/21iht-shell.3981718.html?_r=0, (accessed 2013-12-24).

Kroll, Luisa. April 3, 2013. "Inside The 2013 Billionaires List: Facts and Figures." *Forbes*, http://www.forbes.com/sites/luisakroll/2013/03/04/inside-the-2013-billionaires-list-facts-and-figures/, (accessed 2013-12-24).

Krugman, Paul R. 1980. "Scale Economies, Product Differentiation, and the Pattern of Trade." *The American Economic Review* 70(5): 950-959.

Kungliga Vetenskapsakademien. 2008. "Trade and Geography - Economies of Scale, Differentiated Products and Transport Costs.", http://www.nobelprize.org/nobel_prizes/economic-sciences/laureates/2008/advanced-economicsciences2008.pdf, (accessed 2013-12-13).

Kurylko, Diana T. October 15, 2012. "Tata will redo Nano for the U.S." *Automotive News*, http://www.autonews.com/apps/pbcs.dll/article?AID=/20121015/OEM03/310159955/tata-will-redo-nano-for-the-u-s#axzz2kDo7bBkk, (accessed 2013-12-24).

Laamanen, Tomi., Simula Tatu., and Torstila, Sami. 2012. "Cross-border relocations of headquarters in Europe." *Journal of International Business Studies* 43(2): 187-210.

Lane, Christel., and Wood, Geoffrey T., eds. 2012. *Capitalist Diversity and Diversity within Capitalism*. Routledge.

Lawrence, Paul R., and Lorsch, Jay W. 1967. "Differentiation and Integration in Complex Organizations." *Administrative Science Quarterly* 12(1): 1-47.

Lawrence, Paul R., and Lorsch, Jay W. with the research assistance of Garrison, James S. 1967. *Organization and Environment, R.D.* Irwin.（『組織の条件適応理論——コンティンジェンシー・セオリー』吉田博訳、産業能率短期大学出版部、1977年）

Leo, Alex. March 18, 2010. "Google Search Results For Tiananmen Square: UK Vs. China (PICTURE)." *The Huffington Post*, http://www.huffingtonpost.com/2009/11/26/google-search-results-for_n_371526.html, (accessed 2013-12-24).

Leontief, Wassily. 1953. "Domestic Production and Foreign Trade; The American Capital Position Re-Examined." *Proceedings of the American Philosophical Society* 97(4): 332-349.

Levinson, Marc. 2006. *The Box: How the Shipping Container Made the World Smaller and The World Economy Bigger*. Princeton University Press.（『コンテナ物語——世界を変えたのは「箱」の発明だった』村井章子訳、日経BP社、2007年）

Levitt, Theodore. May 1983. "The Globalization of Markets" *Harvard Business Review*, http://hbr.org/1983/05/the-globalization-of-markets, (accessed 2014-2-2).

Lilienthal, David. 1960. "The Multinational Corporation. In Anshen, Melvin., and Bach, George Leland., eds. " *The Management and corporations, 1985: a symposium held on the occasion of the tenth anniversary of the Graduate School of Industrial Administration, Carnegie Institute of Technology*. 183-204. McGraw-Hill.

Maddison, Angus. 2007. *Contours of the World Economy 1-2030 Ad: Essays in Macro-economic History*. Oxford University Press.

Ghoshal, Sumantra., and Nohria, Nitin. January 15, 1993. "Horses for Courses: Organizational Forms for Multinational Corporations." *MIT Sloan Management Review*, http://sloanreview.mit.edu/article/horses-for-courses-organizational-forms-for-multinational-corporations/, (accessed 2013-12-24).

Global Rich List. http://www.globalrichlist.com/, (accessed 2013-12-24).

Google. "透明性レポート　政府からのコンテンツ削除リクエスト", http://www.google.com/transparencyreport/removals/government/?hl=ja, (accessed 2013-12-24).

Govindarajan, Vijay., and Ramamurti, Ravi. 2011. "Reverse innovation, emerging markets, and global strategy." *Global Strategy Journal* 1(3-4): 191-205.

Govindarajan, Vijay., and Trimble, Chris., foreword by Nooyi Indra K., 2012. *Reverse Innovation: Create Far From Home, Win Everywhere*. Harvard Business Press Books.（『リバース・イノベーション――新興国の名もない企業が世界市場を支配するとき』渡部典子訳、ダイヤモンド社、2012年）

Granovetter, Mark S. 1973. "The Strength of Weak Ties." *American Journal of Sociology* 78(6): 1360-1380.

Grundberg, Sven., and RossiThe, Juhana. November 14, 2013. "GungHo Chairman: Company May Move Headquarters to Finland - Update." *Wall Street Journal*, http://online.wsj.com/article/BT-CO-20131114-710563.html?dsk=y, (accessed 2013-12-24).

Guillén, Mauro F., and García-Canal, Esteban. 2009. "The American Model of the Multinational Firm and the "New" Multinationals From Emerging Economies." *Academy of Management Perspective* 23(2): 23-35.

Hall, Peter A., and Soskice, David., eds. 2001. *Varieties of Capitalism: The Institutional Foundations of Comparative Advantage*. Oxford University Press.（『資本主義の多様性――比較優位の制度的基礎』遠山弘徳・安孫子誠男・山田鋭夫・宇仁宏幸・藤田菜々子訳、ナカニシヤ出版、2007年）

Hamel, Gary., and Prahalad, C. K. 1996. *Competing for the Future*. Harvard Business School Press.（『コア・コンピタンス経営――未来への競争戦略』一條和生訳、日本経済新聞社、2001年）

Hamilton, Walton H. 1919. "The Institutional Approach to Economic Theory." *The American Economic Review* 9(1): 309-318.

Hancké, Bob., ed. 2009. *Debating Varieties of Capitalism: A Reader*. Oxford University Press.

Hancké, Bob., Rhodes, Martin., and Thatcher, Mark., eds. 2007. *Beyond Varieties of Capitalism: Conflict, Contradictions, and Complementarities in the European Economy*. Oxford University Press.

Helpman, Elhanan., and Krugman, Paul. R. 1985. *Market Structure and Foreign Trade: Increasing Returns, Imperfect Competition, and the International Economy*. MIT Press.

Henderson, Jeffrey., Dicken, Peter. Hess, Martin., et al. 2002. "Global production networks and the analysis of economic development." *Review of International Political Economy* 9(3): 436-464.

Hennart, Jean-François. 1982. *A Theory of Multinational Enterprise*. University of Michigan Press.

Hennart, Jean-François. 2012. "Emerging market multinationals and the theory of the multinational enterprise." *Global Strategy Journal* 2(3): 168-187.

Hickel, Jason. April 14, 2013. "The truth about extreme global inequality: Global inequality is growing in part because of the neoliberal economic policies imposed on developing countries." *Aljazeera*, http://www.aljazeera.com/indepth/opinion/2013/04/201349124135226392.html, (accessed 2013-12-24).

Hofstede, Geert. 1983. "The Cultural Relativity of Organizational Practices and Theories." *Journal of International Business Studies* 14(2): 75-89.

Hymer, Stephen H. 1976. *The International Operations of National Firms: A Study of Direct Foreign Investment*. MIT Press.（『多国籍企業論』宮崎義一編訳、岩波書店、1979年）

Ibrahim, Mo. October 2012. "Celtel's Founder on Building a Business on the World's Poorest Continent." *Harvard Business Review*, http://hbr.org/2012/10/celtels-founder-on-building-a-business-on-the-worlds-poorest-continent/, (accessed 2013-12-24).

Isenberg, Daniel J. December 2008. "The Global Entrepreneur." *Harvard Business Review*, http://hbr.org/2008/12/the-global-entrepreneur/ar/1, (accessed 2013-12-24).

JETRO. 2012-10-4. "世界と日本のFTA一覧（2012年10月）", http://www.jetro.go.jp/world/japan/reports/07001093, (accessed 2013-12-24).

Johanson, Jan., and Vahlne, Jan-Erik. 2009. "The Uppsala internationalization process model revisited: From liability of foreignness to liability of outsidership." *Journal of International Business Studies* 40(9): 1411-1431.

Jones, Geoffrey. 2005. *Multinationals and Global Capitalism: From the Nineteenth to the Twenty-first Century*. Oxford University Press.（『国際経営講義』安室憲一・梅野巨利訳、有斐閣、2007年）

Jones, Marian V., Coviello, Nicole E., and Tang, Yee Kwan. 2011. "International Entrepreneurship research (1989-2009): A domain ontology and thematic analysis." *Journal of Business Venturing* 26(6): 632-659.

Dunning, John H. 2009. "Location and the Multinational Enterprise: A Neglected Factor?" *Journal of International Business Studies* 40(1): 5-19.

Dunning, John H., and Lundan, Sarianna M. 2008. "Institutions and the OLI paradigm of the multinational enterprise." *Asia Pacific Journal of Management* 25(4): 573-593.

Dunning, John H., and Lundan, Sarianna M. 2008. *Multinational Enterprises and the Global Economy 2nd Edition*. Edward Elgar Publishing.

Dunning, John H., and Lundan, Sarianna M. 2010. "The institutional origins of dynamic capabilities in multinational enterprises." *Industrial & Corporate Change* 19(4): 1225.

Dunning, John H., and Pitelis, Christos N. 2008. "Stephen Hymer's contribution to international business scholarship: an assessment and extension." *Journal of International Business Studies* 39(1): 167-176.

Eisenhardt, Kathleen M., and Martin, Jeffrey A. 2000. "Dynamic capabilities: what are they?" *Strategic Management Journal* 21(10-11): 1105-1121.

England, Andrew. March 18, 2012. "Portuguese seek future in Mozambique." *Financial Times*, http://www.ft.com/intl/cms/s/0/84622634-6b66-11e1-ac25-00144feab49a.html?siteedition=intl#axzz2kKyEcq5x, (accessed 2013-12-24).

ESCP Europe. "ESCP Europe, The World's First Business School.", http://www.escpeurope.eu/escp-europe/history-of-escp-europe-business-school/, (accessed2014-1-26).

Flannery, Russell. October 15, 2013. "Inside The 2013 Forbes China 400: Facts And Figures On China's Richest." *Forbes*, http://www.forbes.com/sites/russellflannery/2013/10/15/inside-the-2013-forbes-china-400-facts-and-figures-on-chinas-richest/, (accessed 2013-12-24).

Frankel, Jeffrey A., and Rose, Andrew. 2002. "An Estimate of the Effect of Common Currencies on Trade and Income." *Quarterly Journal of Economics* 117(2): 437-466.

Franklin, Daniel., and Andrews, John., eds. 2012. *The Economist: Megachange: The World in 2050*. Profile Books.（『2050年の世界』船橋洋一解説、東江一紀・峯村利哉訳、文藝春秋、2012年）

Freeland, Chrystia. 2012. *Plutocrats: The Rise of the New Global Super-Rich and the Fall of Everyone Else*, Penguin Press.（『グローバル・スーパーリッチ——超格差の時代』中島由華訳、早川書房、2013年）

Friedman, Thomas L. 2005. *The World Is Flat: A Brief History of the Twenty-first Century*. Allen Lane.（『フラット化する世界 上・下』伏見威蕃訳、日本経済新聞社、2006年）

Gapminder World. http://www.gapminder.org/, (accessed 2014-1-20).

Gereffi, Gary. 1999. "International trade and industrial upgrading in the apparel commodity chain." *Journal of International Economics* 48(1): 37-70.

Gereffi, Gary., and Korzeniewicz, Miguel., eds. 1994. *Commodity Chains and Global Capitalism*. Praeger.

Gereffi, Gary., Humphrey, John., and Sturgeon, Timothy. 2005. "The Governance of Global Value Chains." *Review of International Political Economy* 12(1): 78-104.

Gerschenkron, Alexander. 1962. *Economic Backwardness in Historical Perspective: A Book of Essays*. Belknap Press of Harvard University Press.（『後発工業国の経済史——キャッチアップ型工業化論』絵所秀紀・峯陽一・雨宮昭彦・鈴木義一訳、ミネルヴァ書房、2005年）

Ghemawat, Pankaj. September 2001. "Distance Still Matters: The Hard Reality of Global Expansion." *Harvard Business Review*, http://hbr.org/2001/09/distance-still-matters-the-hard-reality-of-global-expansion/ar/1, (accessed 2014-1-19).

Ghemawat, Pankaj. 2003. "Semiglobalization and international business strategy." *Journal of International Business Studies* 34(2): 138-152.

Ghemawat, Pankaj. December 2005. " Regional Strategies for Global Leadership." *Harvard Business Review*, http://hbr.org/2005/12/regional-strategies-for-global-leadership/ar/1, (accessed 2014-1-19).

Ghemawat, Pankaj. 2007. *Redefining Global Strategy: Crossing Borders in A World Where Differences Still Matter*. Harvard Business School Press.（『コークの味は国ごとに違うべきか』望月衛訳、文藝春秋、2009年）

Ghemawat, Pankaj. March 2007. " Managing Differences: The Central Challenge of Global Strategy." *Harvard Business Review*, http://hbr.org/2007/03/managing-differences-the-central-challenge-of-global-strategy/ar/1, (accessed 2014-1-19).

Ghemawat, Pankaj. July 3, 2013. "AIB Fellows Opening Plenary: How Much Does Distance Still Matter in International Business?", *AIB 2013 Annual Meeting*, http://aib.msu.edu/events/2013/Videos/SessionVideos.asp?videoid=36., (accessed 2014-1-18).

Ghoshal, Sumantra. 1987. "Global Strategy: An Organizing Framework." *Strategic Management Journal* 8(5): 425-440.

Ghoshal, Sumantra., and Bartlett, Christopher A. 1990. "The Multinational Corporation as an Interorganizational Network." *The Academy of Management Review* 15(4): 603-625.

Christensen, Clayton M. 2000. *The Innovator's Dilemma: When New Technologies Cause Great Firms to Fail*. HighBridge.（『イノベーションのジレンマ——技術革新が巨大企業を滅ぼすとき』玉田俊平太監修、伊豆原弓訳、翔泳社、2001年）

Citizens for Tax Justice. June 2, 2013. "Apple Is Not Alone.", http://ctj.org/ctjreports/2013/06/apple_is_not_alone.php#.UrmxMmRdWCA, (accessed 2013-12-24).

Clark, William. 2006. *Academic Charisma and the Origins of the Research University*. The University of Chicago Press.

Coase, Ronald H. 1937. "The Nature of the Firm." *Economica* 4(16): 386-405.

Coleman, James S. 1988. "Social Capital in the Creation of Human Capital." *American Journal of Sociology 94*, Supplement: Organizations and Institutions: Sociological and Economic Approaches to the Analysis of Social Structure, S95-S120.

Colvin, Geoff. October 15, 2012. "There's no quit in Michael Porter." *CNNMoney*, http://management.fortune.cnn.com/2012/10/15/michael-porter/, (accessed 2013-12-20).

Coviello, Nicole E., McDougall, Patricia P., and Oviatt, Benjamin M. 2011. "The emergence, advance and future of international entrepreneurship research — An introduction to the special forum." *Journal of Business Venturing* 26(6): 625-631.

Cuervo-Cazurra, Alvaro., and Genc, Mehmet Erdem. 2011. "Obligating, Pressuring, and Supporting Dimensions of the Environment and the Non-Market Advantages of Developing-Country Multinational Companies." *Journal of Management Studies* 48(2): 441-455.

Cummings, Thomas G., and Jones, Yolanda., "Creating Actionable Knowledge.", http://meetings.aomonline.org/2004/theme.htm, (accessed 2013-12-20).

Dabbawala. http://www.dabbawala.in/, (accessed 2013-12-24).

Dawar, Niraj., and Frost, Tony. March 1999. "Competing with Giants: Survival Strategies for Local Companies in Emerging Markets." *Harvard Business Review*, http://hbr.org/1999/03/competing-with-giants-survival-strategies-for-local-companies-in-emerging-markets/ar/1, (accessed 2013-12-24).

Devinney, Timothy M., Midgley, David F., and Venaik, Sunil. 2000. "The Optimal Performance of the Global Firm: Formalizing and Extending the Integration-Responsiveness Framework." *Organization Science* 11(6): 674-895.

DHL. "Global Connectedness Index 2012.", http://www.dhl.com/en/about_us/logistics_insights/studies_research/global_connectedness_index/global_connectedness_index_2012.html#.UrgXH2RdWCA, (accessed 2012-12-23).

DHL. "Delivering Tomorrow.", http://www.dpdhl.com/en/logistics_around_us/delivering_tomorrow_logistics_2050.html, (accessed 2013-12-25).

DHL. "Get Rate and Time Quote"., http://www.dhl.co.uk/en/express/shipping/get_rate_time_quote.html, (accessed 2013-12-23).

Dicken, Peter., Kelly, Philip F., Olds, Kris., et al. 2001. "Chains and networks, territories and scales: towards a relational framework for analysing the global economy." *Global Networks* 1(2): 89-112.

DiMaggio, Paul J., and Powell, Walter W. 1983. "The Iron Cage Revisited: Institutional Isomorphism and Collective Rationality in Organizational Fields." *American Sociological Review* 48(2): 147-160.

Disdier, Anne-Célia., and Head, Keith. 2008. "The Puzzling Persistence of the Distance Effect on Bilateral Trade." *The Review of Economics and Statistics* 90(1): 37-48.

Dobbs, Richard., Remes, Jaana., Manyika, James., et al. June 2012. "Urban world: Cities and the rise of the consuming class." *McKinsey Global Institute*, http://www.mckinsey.com/insights/urbanization/urban_world_cities_and_the_rise_of_the_consuming_class, (accessed 2013-12-24).

Doz, Yves L. 1976. "National policies and multinational management." *Thesis--Harvard University*.

Doz, Yves L., Asakawa, Kazuhiro., and Santos, José. et al. 1997. "The Metanational Corporation." *INSEAD Working Paper*, https://flora.insead.edu/fichiersti_wp/inseadwp1997/97-60.pdf, (accessed 2014-1-28).

Doz, Yves L., Santos, José., and Williamson, Peter J. 2001. *From Global to Metanational: How Companies Win in the Knowledge Economy*. Harvard Business School Press.

Drucker, Peter F. 1993. *Post-Capitalist Society*. HarperBusiness.（『ポスト資本主義社会』上田惇生訳、ダイヤモンド社、2007年）

Dunning, John H. 1979. "Explaining Changing Patterns of International Production: In Defence of the Eclectic Theory." *Oxford Bulletin of Economics and Statistics* 41(4): 269-295.

Dunning, John H. 1995. "Reappraising the Eclectic Paradigm in an Age of Alliance Capitalism." *Journal of International Business Studies* 26(3): 461-491.

Dunning, John H. 1998. "Location and the Multinational Enterprise: A Neglected Factor?" *Journal of International Business Studies* 29(1): 45-66.

参考文献・ウェブサイト一覧

ADL., and Arthur D. Little. November 28, 2000. "Public Finance Balance of Smoking in the Czech Republic." *Legacy Tobacco Documents Library*, http://legacy.library.ucsf.edu/tid/jxn10c00, (accessed 2013-12-24).

Agtmael, Antoine van. 2007. *The Emerging Markets Century: How a New Breed of World-Class Companies Is Overtaking the World*. Free Press.

Akamatsu, Kaname. 1961. "A Theory of Unbalanced Growth in the World Economy." *Weltwirtschaftliches Archiv* 86(1): 196-217.

Akamatsu, Kaname. 1962. "A historical pattern of economic growth in developing countries." *The Developing Economies* 1(1): 3-25.

Aldrich, Howard E. 1999. *Organizations Evolving*. SAGE Publications.（『組織進化論――企業のライフサイクルを探る』若林直樹・高瀬武典・岸田民樹・坂野友昭・稲垣京輔訳、東洋経済新報社、2007年）

Allians. "Microinsurance.", https://www.allianz.com/en/products_solutions/sustainable_solutions/microinsurance.html#!c5d22a4b2-28a6-4e5b-8ece-67586d729b23, (accessed 2013-12-24).

Anand, Sudhir., and Paul, Segal. 2008. "What Do We Know about Global Income Inequality?" *Journal of Economic Literature* 46(1): 57-94.

Aoki, Masahiko., and Dore, Ronald P., eds. 1994. *The Japanese Firm: Sources of Competitive Strength*. Oxford University Press.（『国際・学際研究 システムとしての日本企業』NTTデータ通信システム科学研究所訳、NTT出版、1995年）

Apple. "Supplier Responsibility at Apple", http://www.apple.com/supplierresponsibility/, (accessed 2013-12-24).

Bair, Jennifer. 2008. "Analysing global economic organization: embedded networks and global chains compared." *Economy and Society* 37(3): 339-364.

Barney, Jay B. 1986. "Strategic Factor Markets: Expectations, Luck, and Business Strategy." *Management Science* 32(10): 1231-1241.

Bartlett, Christopher A. 1985. "Global Competition and MNC Managers." *Harvard Business School Background Note* 385-287.

Bartlett, Christopher A., and Ghoshal, Sumantra. 1989. *Managing Across Borders: The Transnational Solution*. Harvard Business School Press.（『地球市場時代の企業戦略』吉原英樹訳、日本経済新聞社、1990年）

Bartunek, Jean M., and Rynes, Sara L. 2010. "The Construction and Contributions of "Implications for Practice": What's in Them and What Might They Offer?" *Academy of Management Learning & Education* 9(1): 100-117.

Bergin, Tom. October 15, 2012. "Special Report: How Starbucks avoids UK taxes." *Reuters*, http://uk.reuters.com/article/2012/10/15/us-britain-starbucks-tax-idUSBRE89E0EX20121015, (accessed 2013-12-24).

Bluhm, Dustin J., Harman, Wendy., Lee, Thomas W., et al. 2011. "Qualitative Research in Management: A Decade of Progress." *Journal of Management Studies* 48(8): 1866-1891.

Boddewyn, Jean J., ed. 2008, *International business scholarship: AIB fellows on the first 50 years and beyond*. Emerald JAI.

Buckley, Peter J., and Casson, Mark C. 1976. *The Future of the Multinational Enterprise*. Macmillan.（『多国籍企業の将来』清水隆雄訳、文眞堂、1993年）

Burt, Ronald S. 1995. *Structural Holes: The Social Structure of Competition*. Harvard University Press.（『競争の社会的構造』安田雪訳、新曜社、2006年）

Carmeli, Abraham., and Markman, Gideon D. 2011. "Capture, governance, and resilience: strategy implications from the history of Rome." *Strategic Management Journal* 32(3): 322-341.

Cavusgil, S. Tamer., Knight, Gary A., and Riesenberger, John R. 2011. *International Business: The New Realities 2nd Edition*. Pearson.

Chandler, Jr, Alfred D. 1977. *The Visible Hand: The Managerial Revolution in American Business*. Belknap Press.（『経営者の時代 上・下』鳥羽欽一郎・小林袈裟治訳、東洋経済新報社、1979年）

China Labor Watch. July 29, 2013. "Apple's Unkept Promises: Investigation of Three Pegatron Group Factories Supplying to Apple.", http://www.chinalaborwatch.org/pro/proshow-181.html, (accessed 2013-12-24).

【ま】

マークマン, ギデオン (Markman, Gideon D.) …… 092
マーシャル, アルフレッド (Marshall, Alfred.) …… 388-389
マーティン, ジェフリー (Martin, Jeffrey A.) …… 167
マーティン, ヘス (Hess, Martin.) …… 244
マーティン, ロジャー (Martin, Roger.) …… 047-048
マーフィー, リチャード (Murphy, Richard.) …… 376
マキージャ, モナ (Makhija, Mona V.) …… 199
マクドゥーガル, パトリシア (McDougall, Patricia P.) …… 249
マクニール, ウィリアム (McNeill, William H.) …… 086, 089
マクニール, ジョン (McNeill, John R.) …… 086, 089
マディソン, アンガス (Maddison, Angus.) …… 352-353
マルキデス, コンスタンチノス (コスタス) (Markides, Costas.) …… 048
ミッジリー, デヴィッド (Midgley, David F.) …… 190
ミラー, ジョディ・グリーンストーン (Miller, Jody Greenstone.) …… 255
ミラー, マット (Miller, Matt.) …… 255
ミンツバーグ, ヘンリー (Mintzberg, Henry.) …… 048, 061, 179-181, 190
ムーア, カール (Moore, Karl.) …… 087-088, 091
ムダンビ, ラム (Mudambi, Ram.) …… 148
村井友秀 …… 094
メラー, ジョン (Mellor, John W.) …… 148
メリッツ, マーク (Melitz, Marc J.) …… 146-147
モボルニュ, レネ (Mauborgne, Renée.) …… 030, 055

【や】

ヤロン, レウヴェン (Yaron, Reuven.) …… 097
ヨハンソン, ヤン (Johanson, Jan.) …… 186

【ら】

ラーマネン, トミ (Laamanen, Tomi.) …… 392
ラーマムールティ, ラヴィ (Ramamurti, Ravi.) …… 306, 311, 314
ライド, スーザン (Reid, Susan.) …… 088
ライネス, サラ (Rynes, Sara L.) …… 046
ラグマン, アラン (Rugman, Alan M.) …… 075-076, 082, 161, 167-168, 173, 177, 225
ランペル, ジョセフ (Lampel, Joseph.) …… 061, 180
リー, ジェイク・ジョンビン (Lee, Jake Jungbin.) …… 109
リー, トーマス (Lee, Thomas W.) …… 064
リーセンバーガー, ジョン (Riesenberger, John R.) …… 173, 203
リカード, デヴィッド (Ricardo, David.) …… 136, 141-143, 203
リリエンタール, デビッド (Lilienthal, David.) …… 076
ルイス, デビッド (Lewis, David C.) …… 087, 091
ルソー, デニス (Rousseau, Denise M.) …… 414
ルメルト, リチャード (Rumelt, Richard P.) …… 048
ルンダン, サリアンナ (Lundan, Sarianna M.) …… 076, 168-170
レイン, クリステル (Lane, Christel.) …… 359
レオンチェフ, ワシリー (Leontief, Wassily.) …… 143
レニー, マイケル (Rennie, Michael W.) …… 249
レビット, セオドア (Levitt, Theodore.) …… 117
レビンソン, マルク (Levinson, Marc) …… 109
ローシュ, ジェイ (Lorsch, Jay W.) …… 190
ローズ, アンドリュー (Rose, Andrew.) …… 127-128
ロードス, マーティン (Rhodes, Martin.) …… 359
ローレンス, ポール (Lawrence, Paul R.) …… 190

【わ】

ワーナーフェルト, ビルガー (Wernerfelt, Birger.) …… 166

トピック, スティーヴン (Topik, Steven C.) …… 108
戸部良一 …… 094
トムキ, ステファン (Thomke, Stefan H.) …… 287
ドラッカー, ピーター (Drucker, Peter F.) …… 351, 354
トリンブル, クリス (Trimble, Chris.) …… 030
トルスティラ, サミ (Torstila, Sami.) …… 392

【な】

ナイト, ゲイリー (Knight, Gary A.) …… 173, 203
ニッカバッカー, フレデリック (Knickerbocker, Frederick T.) …… 165
ノース, ダグラス (North, Douglass C.) …… 169, 273
ノーリア, ニティン (Nohria, Nitin.) …… 048, 199
ノイマン, ジョン・フォン (Neumann, John von.) …… 415
野中郁次郎 …… 094

【は】

バート, ロナルド (Burt, Ronald S.) …… 244
バートレット, クリストファー (Bartlett, Christopher A.) …… 193, 199, 203, 229
バーニー, ジェイ (Barney, Jay B.) …… 166
バーノン, レイモンド (Vernon, Raymond.) …… 143
バーベク, アラン (Verbeke, Alain.) …… 082, 167-168
ハーマン, ウェンディ (Harman, Wendy.) …… 064
ハイマー, スティーブン (Hymer, Stephen H.) …… 076, 155-157, 162, 172, 177, 183-184
パウエル, ウォルター (Powell, Walter W.) …… 128, 169-170
パウエル, トーマス (Powell, Thomas C.) …… 062
バックレー, ピーター (Buckley, Peter J.) …… 161
ハミルトン, ウォルトン (Hamilton, Walton H.) …… 169
ハメル, ゲイリー (Hamel, Gary.) …… 030
パラン, ロナン (Palan, Ronen P.) …… 376
バルツネク, ジーン (Bartunek, Jean M.) …… 046
パルミサーノ, サミュエル (Palmisano, Samuel J.) …… 078, 081-082, 218, 224
パレプ, クリシュナ (Palepu, Krishna G.) …… 256, 267, 273, 303-304, 308
ハンク, ボブ (Hancké, Bob.) …… 358-359
ピサノ, ゲイリー (Pisano, Gary P.) …… 167
ピテリス, クリストス (Pitelis, Christos N.) …… 157
ヒル, リンダ (Hill, Lynda.) …… 048
フェファー, ジェフリー (Pfeffer, Jeffrey.) …… 048
プラハラード, C. K. (Prahalad, C.K.) …… 030, 189-190, 192, 199, 288, 305
フランクリン, ダニエル (Franklin, Daniel.) …… 396
フランケル, ジェフリー (Frankel, Jeffrey A.) …… 127-128
フリードマン, トーマス (Friedman, Thomas L.) …… 117
フリーランド, クリスティア (Freeland, Chrystia.) …… 373
ブルーム, ダスティン (Bluhm, Dustin J.) …… 064
フルーリ, アフォンソ (Fleury, Afonso.) …… 311, 314
フロスト, トニー (Frost, Tony.) …… 303
ブロック, リチャード (Bullock, Richard J.) …… 267
ベアー, ジェニファー (Bair, Jennifer.) …… 245
ヘクシャー, エリ (Heckscher, Eli F.) …… 142
ヘッド, キース (Head, Keith.) …… 131
ヘナート, ジョンフランソワ (Hennart, Jean-François.) …… 162, 307
ペリー, マーク (Perry, Mark J.) …… 109
ペレグリン, ピーター (Peregrine, Peter N.) …… 088
ペング, マイク (Peng, Mike W.) …… 173, 307
ヘンダーソン, ジェフリー (Henderson, Jeffrey.) …… 244
ペンローズ, エディス (Penrose, Edith T.) …… 166, 168
ポーター, マイケル (Porter, Michael E.) …… 043-044, 047-048, 053, 055, 146, 199, 223-224, 228, 265, 381-382, 389
ポール, シーガル (Paul, Segal.) …… 349
ホール, ピーター (Hall, Peter A.) …… 358-359
ボッドウィン, ジーン (Boddewyn, Jean J.) …… 162
ホフステード, ヘールト (Hofstede, Geert.) …… 128
ポメランツ, ケネス (Pomeranz, Kenneth L.) …… 108

グラノヴェッター, マーク (Granovetter, Mark S.) …… 244
クラマー, マーク (Kramer, Mark R.) …… 381-382
クリステンセン, クレイトン (Christensen, Clayton M.) …… 030, 048
クルーグマン, ポール (Krugman, Paul R.) …… 145-147
グレイ, コリン (Gray, Colin S.) …… 093
ゲマワット, パンカジ (Ghemawat, Pankaj.) ……048, 127, 129-130, 148, 223-225
ケリー, フィリップ (Kelly, Philip F.) …… 244
ゲンク, メフメト・アーデム (Genc, Mehmet Erdem.) …… 306
コヴィエロ, ニコル (Coviello, Nicole E.) …… 249
コーサ, スレシュ (Kotha, Suresh.) …… 094
コース, ロナルド (Coase, Ronald H.) …… 159-160
コールマン, ジェームズ (Coleman, James S.) …… 244
コグート, ブルース (Kogut, Bruce. M) …… 166-167, 243
小島清 (Kiyoshi, Kojima.) …… 302
ゴシャール, スマントラ (Ghoshal, Sumantra.) …… 193, 199, 203, 229
ゴビンダラジャン, ビジャイ (Govindarajan, Vijay.) ……030, 048, 306
コリンソン, サイモン (Collinson, Simon L.) ……076, 173, 177
コルゼニエヴィッチ, ミゲル (Korzeniewicz, Miguel.) …… 236

【さ】

サイモン, ハーバード (Simon, Herbert A.) …… 160
サクセニアン, アナリー (Saxenian, AnnaLee.) …… 389
サッチャー, マーク (Thatcher, Mark.) …… 359
ザハラ, シェイカー (Zahra, Shaker A.) …… 249
ザヒル, スリラタ (Zaheer, Srilata A.) …… 183
ザンダー, ウド (Zander, Udo.) …… 167
サントス, ホセ (Santos, José) …… 215, 217
シーベンス, ハンノ (Seebens, Hanno.) …… 109
ジェレフィ, ゲイリー (Gereffi, Gary.) ……236, 238, 241
シェンカー, オーデッド (Shenkar, Oded.) …… 316
シミュラ, タトゥ (Simula Tatu.) …… 392
シャヴァニュー, クリスチャン (Chavagneux, Christian.) …… 376
シュエン, エミー (Shuen, Amy.) …… 167
ジョージ, ゲリー (George, Gerry.) …… 051
ジョーンズ, ジェフリー (Jones, Geoffrey.) …… 116-117, 158
ジョーンズ, マリアン (Jones, Marian V.) …… 249
ジョーンズ, ヨランダ (Jones, Yolanda.) …… 046
杉之尾孝生 …… 094
スティール, フランシス (Steele, Francis R.) …… 097
ストップフォード, マーティン (Stopford, Martin.) …… 103
スミス, アダム (Smith, Adam.) ……133-135, 142-143, 172, 203, 415
スミス, コリン (Smith, Colin.) …… 051
ソスキス, デヴィッド (Soskice, David.) …… 358-359

【た】

ダニング, ジョン (Dunning, John H.) …… 076, 153, 155, 157-158, 164, 168, 170
ダベニー, リチャード (D'Aveni, Richard.) …… 048
タレブ, ナシーム・ニコラス (Taleb, Nassim Nicholas.) …… 405
ダワー, ニラジュ (Dawar, Niraj.) …… 303
タン, イー・クワン (Tang, Yee Kwan.) …… 249
チャン, ショウコク (Zhang, Xiaoke.) …… 359
チャンドラー, アルフレッド (Chandler, Jr, Alfred D.) …… 117
ティース, デビッド (Teece, David J.) …… 162, 167
ディスディエール, アンネ=セリア (Disdier, Anne-Célia.) …… 131
ディッケン, ピーター (Dicken, Peter.) …… 244
ディマジオ, ポール (DiMaggio, Paul J.) …… 128, 169-170
テイラー, フレデリック (Taylor, Frederick W.) …… 352, 354
ティンバーゲン, ヤン (Tinbergen, Jan.) …… 148
デビニー, ティモシー (Devinney, Timothy M.) …… 190
寺本義也 …… 094
ドーア, ロナルド (Dore, Ronald P.) …… 360
ドーズ, イブ (Doz, Yves L.) …… 189-190, 192-193, 199, 208, 215, 217

人名索引

【あ】

アイエンガー, シーナ (Iyengar, Sheena.) …… 048
アイゼンバーグ, ダニエル (Isenberg, Daniel J.) …… 250
アイゼンハート, キャサリン (Eisenhardt, Kathleen M.) …… 167
青木昌彦 (Aoki, Masahiko.) …… 360
赤松要 (Akamatsu, Kaname.) …… 302
浅川和宏 (Asakawa, Kazuhiro.) …… 211, 217
アットマール, アントニー・フォン (Agtmael, Antoine van.) …… 264
アナンド, スーディア (Anand, Sudhir.) …… 349
アマビール, テレサ (Amabile, Teresa.) …… 048
アルストランド, ブルース (Ahlstrand, Bruce.) …… 061, 180
アロー, ケネス (Arrow, Kenneth J.) …… 160
アンドリュース, ジョン (Andrews, John.) …… 396
イバーラ, ハーミニア (Ibarra, Herminia.) …… 048
入山章栄 (Akie, Iriyama.) …… 042
ヴァルネ, ヤン=エリク (Vahlne, Jan-Erik.) …… 186
ヴァン・デル ハイデン, キース (van der Heijden, Kees.) …… 403
ウィットレイ, リチャード (Whitley, Richard.) …… 360
ウィリアムソン, オリバー (Williamson, Oliver E.) …… 159, 160, 162, 164, 169
ウィリアムソン, サンドラ (Williamson, Sandra D.) …… 199
ウィリアムソン, ピーター (Williamson, Peter J.) ……215, 311, 314
ヴェナイク, スニル (Venaik, Sunil.) …… 190
ウォルター, アンドリュー (Walter, Andrew.) …… 359
ウェイド, ウッディー (Wade, Woody.) …… 399
ウッド, ジェフリー (Wood, Geoffrey T.) …… 359
エドモンドソン, エイミー (Edmondson, Amy.) …… 048
エルハナン, ヘルプマン (Helpman, Elhanan.) …… 146
エンバー, メルヴィン (Ember, Melvin.) …… 088
オヴィアット, ベンジャミン (Oviatt, Benjamin M.) …… 249
大前研一 (Ohmae, Kenichi.) …… 117
オールズ, クリス (Olds, Kris.) …… 244
オダンレイマン, グラスティヴィア (O'Danleyman, Grastivia.) …… 109
オリーン, ベルティル (Ohlin, Bertil.) …… 142-143
オルセン, ジョン・アンドレアス (Olsen, John Andreas.) …… 093
オルドリッチ, ハワード (Aldrich, Howard E.) …… 244

【か】

ガーシェンクロン, アレクサンダー (Gerschenkron, Alexander.) …… 302
カーメリ, アブラハム (Carmeli, Abraham.) …… 092
カカバッツィ, アンドリュー (Kakabadse, Andrew.) …… 048
カソン, マーク (Casson, Mark C.) …… 161
カナ, タルン (Khanna, Tarun.) …… 267, 273, 303-305, 308
カプラン, ロバート (Kaplan, Robert.) …… 048
鎌田伸一 …… 094
カミングス, トーマス (Cummings, Thomas G.) …… 046
ガルシア=カナル, エステバン (García-Canal, Esteban.) …… 305-306
カンター, ロザベス・モス (Kanter, Rosabeth Moss.) …… 048
ギーエン, マウロ (Guillén, Mauro F.) …… 305-306
キム, グァンス (Kim, Kwangsoo.) …… 199
キム, チャン (Kim, W. Chan.) ……030, 048, 055
ギャリソン, ジェームズ (Garrison, James S.) …… 190
キンド, エリザベス (Kind, Elizabeth A.) …… 256
キンドルバーガー, チャールズ (Kindleberger, Charles P.) …… 156-157, 162
クエルヴォー=カズッラ, アルバロ (Cuervo-Cazurra, Alvaro.) …… 306
グエン, キャンド・クエン (Nguyen, Cand. Quyen T. K.) …… 167
クマー, ニルマリャ (Kumar, Nirmalya.) …… 048
クラーナ, ラケシュ (Khurana, Rakesh.) …… 048

ボーングローバル企業 …… 248-249, 258, 388
北米自由貿易協定（NAFTA） …… 098
母国複製戦略 …… 204-205, 209, 221
保護主義 …… 117
ポジショニング・スクール …… 180
ボトム層 …… 304-305

【ま】

マネジメント革命 …… 351-352, 354
マルチドメスティック移行産業群 …… 200-201
マルチドメスティック産業群 …… 200, 206
マルチドメスティック戦略 …… 206, 221
マルチフォーカル戦略 …… 208
メタナショナル …… 215, 217-219, 222-223, 226, 228
メルコスール（南米南部共同市場） …… 098

【や】

有害なグローバル化 …… 400-401

【ら】

ラーニング・スクール …… 180
リーマン・ショック …… 118, 320
リスク平準化 …… 225
理想の未来 …… 412-413
立地特有の強み（CSA） …… 161-162
立地の優位 …… 163-164
リバース・イノベーション …… 030, 306-307
リピト・イシュタル法典 …… 097
連邦海外腐敗行為防止法 …… 291, 296
労働の自由度 …… 122
ローカル層 …… 304-305
ローカル適合
——への圧力 …… 191-192, 194, 197, 199-201, 204-205, 207, 209
——を実現させる人材 …… 326, 328, 330, 333-335
ローレンツ曲線分析 …… 349

【わ】

ワイルド・カード …… 405-406

仲裁・審判を行う制度 …… 267
通貨制度の自由度 …… 122
適応戦略 …… 225
デザイン・スクール …… 180
統合グローバル産業群 …… 199-201, 209-210, 221
投資の自由度 …… 122
統治戦略 …… 093
独占の優位 …… 104, 156-157, 159, 164, 172
トランスナショナル戦略 …… 204, 207-210
トランスペアレンシー・インターナショナル …… 125
取引コスト理論 …… 159, 162, 166, 237
取引支援の制度 …… 267

【な】

内部化の優位 …… 163-164
内部化理論 …… 161-165, 167-168, 178, 217, 221
二極双立の未来 …… 413-414
二重のとんぼ返り …… 311
日本貿易振興機構（JETRO） …… 184, 254
ネットワークの特殊性 …… 186

【は】

バスコ・ダ・ガマ …… 103-108
パワー・スクール …… 180
ハンザ同盟 …… 098, 108, 132
販売増 …… 224
ハンムラビ法典 …… 097
比較制度優位 …… 359, 361, 363, 369-370
比較優位 …… 136, 138-139, 141, 149
東インド会社 …… 085, 108
非公式な制度 …… 273
非市場競争優位 …… 306
非市場要因 …… 172, 273, 308
非政府主導型 …… 400
ファイブフォース …… 002, 053, 265
フォーチュン500社 …… 375
不完全競争 …… 156
不完全市場 …… 160, 162, 172
不正競争防止法 …… 296
腐敗認識指数 …… 125-126
ブラック・スワン …… 405
プランニング・スクール …… 180
プロダクト・サイクル理論 …… 143, 149, 302
米中協調型 …… 400
ヘクシャー＝オリーンの定理 …… 143, 149
貿易における重力モデル …… 148
貿易の自由度 …… 122
包括的グローバル化 …… 400
法の支配 …… 122
ポートフォリオ …… 065, 078, 198, 229, 239-240. 243-244, 246, 248, 255, 289, 299

循環型経済発展モデル …… 143
証券投資 …… 155, 157
情報分析とアドバイスを行う制度 …… 267, 269
省力化 …… 093
所有の優位 …… 163, 168
新グローバル経済の時代 …… 116-117, 131
新興国市場 …… 263, 267-268, 276, 280, 283, 288-289, 304, 307, 318, 342, 344, 358
新制度派経済学 …… 169, 357
新貿易理論 …… 145, 147, 149, 389
信用の裏付けを行う制度 …… 267
生産性革命 …… 351-352, 354
生産要素の賦存 …… 142-143, 145
制度
——の差異 …… 170-171
——の隙間 …… 268, 273-275, 364, 370
正統性 …… 170
制度的な資本 …… 265, 267, 269-271, 273, 276, 280, 367
政府支出 …… 122, 378-379
世界ガバナンス指標 …… 124
世界起業家 …… 248, 250, 388
世界銀行 …… 124, 215, 264
世界的な価値連鎖 …… 236, 240-241, 243, 245-248, 253-257, 293, 352, 375, 383, 390, 393, 395, 397
世界的な生産ネットワーク …… 243-246
世界貿易機関（WTO） …… 099-100, 118, 184
絶対優位 …… 134-136, 139, 143, 145, 147-148, 203, 221
折衷理論 …… 163-165, 168-169
セミ・グローバル …… 009, 132, 393-394
前哨拠点化 …… 093
漸進的な制度変化 …… 367-368
戦略資源探索 …… 154
戦略要素市場 …… 166
相対主義 …… 379-380
組織間ネットワーク …… 229
組織内部のルーチン …… 168
組織の復元力 …… 092-093
組織フィールド …… 128-129

【た】

第一次グローバル経済 …… 116, 158
対外直接投資（FDI） …… 009, 065, 076, 130, 151-159, 163-165, 167, 171, 173, 176, 190, 206, 219-221, 230, 300-301, 342, 389
代替案 …… 051-052, 054-055, 063, 071, 343
ダイナミック・ケイパビリティ …… 167-168
多国籍企業論 …… 065, 067, 076, 083-084, 131, 133, 151, 154-155, 164, 168-169, 172-173, 177
多様性の組み換え …… 393-395, 397
探索コスト …… 160
地域競争（の未来） …… 400-402
小さな政府 …… 122
知識の創造 …… 225
知識ベース理論 …… 167
仲介者 …… 267-268, 273-274, 278
中国労工観察 …… 293

交渉と意思決定のコスト …… 160
購買力平価 …… 120-121, 344-346, 349, 353, 355, 385
後発性の利益 …… 302, 308
効率性探索 …… 153, 154, 187, 218
コーディネートされた市場経済 …… 359, 361, 367
国際通貨基金（IMF） …… 118
国際起業家論 …… 248, 257
国際金融公社（IFC） …… 264
国際商取引における外国公務員に対する贈賄の防止に関する条約（外国公務員贈賄防止条約） …… 295
国際新興企業 …… 248-249, 258, 388
国際電気標準会議（IEC） …… 101
国際標準化機構（ISO） …… 101
コグニティブ・スクール …… 180
国連貿易開発会議（UNCTAD） …… 167, 185, 300, 393
コスト・リーダーシップ戦略 …… 055
コスト削減 …… 191, 224
国家情報会議（NIC） …… 396-398, 400, 402
孤立化／弱体化 …… 093
混在と試行の未来 …… 413-414
コンティンジェンシー理論（条件適応理論） …… 190
コンフィギュレーション・スクール …… 180

【さ】

財産権 …… 122
知的―― …… 163, 165, 376
財政の自由度 …… 122
裁定戦略 …… 225
避けるべき未来 …… 413
サファリ …… 061
差別化 …… 035, 190, 197, 224, 363, 365
差別化戦略 …… 055
産業革命 …… 351-353
産業ごとの環境 …… 193
産業魅力度の向上 …… 225
参入規制 …… 156, 200
事業ごとの環境 …… 193, 198
事業の自由度 …… 122
資源探索 …… 153-154, 187, 218
資源ベース理論 …… 166-168, 172
市場探索 …… 153-154, 187, 218
市場の機能を支える各種の制度 …… 267
市場の失敗 …… 159-160, 162
シナリオ分析 …… 398-399, 403-406, 412
資本主義の多様性 …… 131, 308, 358-362, 367, 369, 379
社会的ネットワークの（を）分析 …… 244-245
収穫逓増 …… 145
重商主義 …… 133-134
集中戦略 …… 055
自由な市場経済 …… 359-360, 362, 367-368
自由貿易 …… 099, 116-117, 134-135, 184, 373
集約戦略 …… 225
集約と流通を担う制度 …… 267

【か】

外国公務員贈賄罪 …… 296
階層的な組織構造 …… 162
外部者性による負債 …… 186-187
科学的管理法 …… 352, 354
格差支配型 …… 400
拡張者 …… 303
獲得戦略 …… 093
価値連鎖の戦略 …… 010, 228, 230, 245-247, 333-334, 392
カルチャー・スクール …… 180
関係の特殊性 …… 186
雁行型経済発展モデル …… 302
監視と強制のコスト …… 160
関税及び貿易に関する一般協定(GATT) …… 099
環太平洋戦略的経済連携協定(TPP) …… 098, 100
機会主義的行動 …… 160
機会費用 …… 139-141
企業特有の強み(FSA) …… 161-162, 167
企業の異質性 …… 147, 149
企業の社会的責任(CSR) …… 380-381
規制する制度 …… 268
規制の効率性 …… 122
機能ごとの環境 …… 193
規範主義 …… 379-380
規模の経済(性) …… 145, 147, 156, 170, 181-182, 188, 191, 255, 257, 309
急進的な制度変化 …… 368
共益価値の創造(CSV) …… 381-382
狭義の社会資本 …… 265, 269
競争者 …… 303
業務ごとの環境 …… 193
拠点化 …… 093
金融制度の自由度 …… 122
空間経済学 …… 145
グローカル層 …… 304-305
グローバル人材 …… 010, 112, 263, 318-319, 321, 333, 335-336, 416
グローバル層 …… 304-305
グローバルリーダー …… 319, 326, 330-337, 343
グローバル経営 …… 008-009, 011-012, 028, 205, 220
グローバル産業群 …… 199-201, 206, 209, 221
グローバル戦略 …… 204 206-207, 209, 221, 223
グローバル統合
——企業 …… 078, 218-219, 221, 226, 228, 333-335, 343, 347, 375, 392
——に対応できる人材 …… 326-327, 333-338
——への圧力 …… 191-192, 194, 197, 199, 200-201, 204-205, 209
ケア・インターナショナル …… 350
経験則 …… 051-055, 063, 071, 262, 331, 343
経済協力開発機構(OECD) …… 082-083, 086, 296, 298, 321, 352
経済自由度指数 …… 122, 125
経済的自由主義 …… 122
経済複雑性指標 …… 124-125
ゲーム理論 …… 062, 357
限定合理性 …… 160
原理原則 …… 051-055, 063, 071, 149 193, 262, 281, 326, 343
公開市場 …… 122

事項索引

【数字・アルファベット】

1人あたりGDP …… 120-121, 125, 346, 384-385
AAAトライアングル …… 224
ADDING価値スコアカード …… 224
BOP（Bottom of the Pyramid） …… 262-264, 288
CAGE …… 128, 148, 224
Citizens for Tax Justice …… 375
CSA→立地特有の強み
CSR→企業の社会的責任
CSV→共益価値の創造
EU→欧州連合
FDI→対外直接投資
FSA→企業特有の強み
GATT→関税及び貿易に関する一般協定
IEC→国際電気標準会議
IEEE→アイ・トリプル・イー
IFC→国際金融公社
IMF→国際通貨基金
I-Rフレームワーク（Integration Responsiveness Framework） …… 189-192, 198-199, 203, 207-208, 211, 220
ISO→国際標準化機構
JETRO→日本貿易振興機構
NAFTA→北米自由貿易協定
NIC→国家情報会議
OECD→経済協力開発機構
OLI理論（OLIパラダイム） …… 163, 221, 217, 307
The FSA/CSA Matrix …… 161
Thinkers 50 …… 047, 225
TPP→環太平洋戦略的経済連携協定
UNCTAD→国連貿易開発会議
WTO→世界貿易機関

【あ】

アイ・トリプル・イー（IEEE） …… 101
アクション・マトリックス …… 055
アクターネットワーク理論 …… 244
アントレプレナー・スクール …… 180
移行経済 …… 171, 217, 262-264, 367
異質性による負債 …… 183, 187
一極支配後の世界 …… 401-402
エシュンナ法典 …… 097
エリート・コモデティ …… 336
エンバイロメント・スクール …… 180, 190
欧州連合（EU） …… 099
欧米没落型 …… 400
汚職からの自由度 …… 122

[著者]

琴坂将広（ことさか・まさひろ）

立命館大学経営学部国際経営学科准教授。

慶應義塾大学環境情報学部卒業。在学時には、小売・ITの領域において３社を起業、４年間にわたり経営に携わる。大学卒業後、2004年から、マッキンゼー・アンド・カンパニーの東京およびフランクフルト支社に在籍。北欧、西欧、中東、アジアの９ヵ国において新規事業、経営戦略策定のプロジェクトに関わる。ハイテク、消費財、食品、エネルギー、物流、官公庁など多様な事業領域における国際経営の知見を広め、世界60ヵ国・200都市以上を訪れた。

2008年に同社退職後、オックスフォード大学大学院経営学研究科に進学し、2009年に優等修士号（経営研究）を取得。大学の助手を務めながら、国際経営論の研究を進める。在籍中は、非常勤のコンサルティングに関わり、ヨットセーリングの大学代表に選出されるなど、研究・教育以外にも精力的に活動した。2013年に博士号（経営学）を取得し、同年に現職。専門は国際化戦略。

共編著に『マッキンゼーITの本質』（ダイヤモンド社）、分担著に『East Asian Capitalism』（オックスフォード大学出版局）などがある。

領域を超える経営学
——グローバル経営の本質を「知の系譜」で読み解く

2014年２月20日　第１刷発行

著　者——琴坂将広
発行所——ダイヤモンド社
〒150-8409　東京都渋谷区神宮前6-12-17
http://www.diamond.co.jp/
電話／03･5778･7234（編集）　03･5778･7240（販売）

装丁————bookwall
製作進行——ダイヤモンド・グラフィック社
DTP　———ディグ（成宮 成）
印刷————勇進印刷（本文）・共栄メディア（カバー）
製本————ブックアート
編集担当——村田康明

ISBN 978-4-478-02720-2